Karl Uhr, Daniel Bösch, Peter Egli, Michael Rohner, Flavia Sutter u. a.

Gesellschaft

Lehrmittel für den Lernbereich «Gesellschaft» / «Sprache und Kommunikation» | **Ausgabe C**

Arbeitsheft mit zahlreichen Übungen
ISBN 978-3-03905-991-1

Karl Uhr, Daniel Bösch, Peter Egli, Michael Rohner, Flavia Sutter u. a.
Gesellschaft
Lehrmittel für den Lernbereich «Gesellschaft» / «Sprache und Kommunikation» | Ausgabe C
ISBN 978-3-0355-0132-2

Gestaltung und Layout: Renate Salzmann / Philippe Gertsch, Bern

Bibliografische Information der Deutschen Nationalbibliothek:
Die Deutsche Nationalbibliothek verzeichnet diese Publikation
in der Deutschen Nationalbibliografie; detaillierte bibliografische
Daten sind im Internet über http://dnb.dnb.de abrufbar.

2. Auflage 2014
Alle Rechte vorbehalten
© 2014 hep verlag ag, Bern

www.hep-verlag.ch

Zusatzmaterialien und -angebote zu diesem Buch:
http://mehr.hep-verlag.ch/gesellschaft-c

Vorwort

Das vorliegende Lehrmittel «Gesellschaft/Ausgabe C» dient zur Umsetzung aller relevanten Themen des Lernbereichs Gesellschaft. Berufslernende sollen im allgemeinbildenden Unterricht auf die Herausforderungen im privaten, gesellschaftlichen und beruflichen Leben vorbereitet werden. Das inhaltlich verdichtete, in verständlicher Sprache geschriebene Werk ist methodisch-didaktisch vielseitig einsetzbar. «Gesellschaft/Ausgabe C» enthält eine neue, angepasste Kapitelstruktur. Sie orientiert sich am Schullehrplan der Arbeitsgemeinschaft SLP St. Gallen, ist aber auch für Schulen mit anderen Lehrplänen geeignet. Ausserdem enthält das Buch einen Nachschlageteil zu «Sprache und Kommunikation». Integriert ins neue Lehrmittel sind je eine politische Karte der Schweiz, Europas und der Welt sowie zwei Massstäbe, die mit Grundwissen zu den beiden Lernbereichen «Gesellschaft» und «Sprache und Kommunikation» bedruckt sind.

Die Grundstruktur entspricht derjenigen der Ausgaben A und B:

- Jedem Themenbereich ist ein Kapitel gewidmet.
- Eine Leitidee führt übersichtlich ins jeweilige Thema ein.
- Verständnisfragen am Schluss des Kapitels unterstützen den Lernprozess.
- Wissensfragen, weiterführende Aufgaben und Aufträge sind in einem Arbeitsheft zusammengefasst.

Das Autorenteam wurde von Peter Egger, Verlagsleiter hep verlag, mit seinem Fachwissen und seinem grossen Engagement tatkräftig unterstützt.

Wir wünschen uns, dass dieses Lehrmittel zu einem aktuellen und spannenden Unterricht beitragen wird und den Lernenden hilft, die gesetzten Ziele zu erreichen.

St. Gallen, Mai 2013
Das Autorenteam: Flavia Sutter, Daniel Bösch, Peter Egli, Michael Rohner

Inhaltsverzeichnis

1 Persönlichkeit und Lehrbeginn

- 1.1 Organisation der Berufsbildung ... 9
- 1.2 Die gesetzlichen Grundlagen und Vollzugsorgane ... 11
- 1.3 Der Lehrvertrag ... 12
  - Inhalt ... 12
  - Probezeit ... 13
  - Beendigung des Lehrverhältnisses ... 13
  - Pflichten der Lernenden ... 14
  - Rechte der Lernenden ... 15
  - Pflichten der Berufsbildenden ... 17
  - Konflikte im Lehrbetrieb ... 18
  - Miteinander reden ... 20
- 1.4 Rechtsgrundlagen ... 22
  - Aufgabe des Rechts ... 22
  - Rechtsordnung ... 23
  - Öffentliches Recht ... 23
  - Privates Recht ... 24
  - Rechtsgrundsätze ... 24
- 1.5 Personenrecht ... 26
  - Personenrechtliche Bestimmungen ... 26
- 1.6 Strafrecht ... 28
  - Grundsätze des Strafrechts ... 28
  - Deliktarten ... 29
  - Strafen ... 29
  - Massnahmen ... 30
  - Jugendstrafrecht ... 30

2 Geld und Konsum

- 2.1 Geld ... 35
  - Lohn ... 35
  - Budget ... 37
  - Verschuldung ... 38
- 2.2 Bargeldloser Zahlungsverkehr ... 40
- 2.3 Vertragsrecht ... 42
  - Vertragsformen ... 42
  - Vertragsinhalt ... 43
  - Verjährung ... 44
- 2.4 Kaufen ... 45
  - Ablaufschema eines Kaufvertrages ... 45
  - Schlüsselbegriffe und Vertragsverletzungen ... 46
- 2.5 Kaufvertrags- und Finanzierungsarten ... 53
- 2.6 Ökologie und Ethik beim Kaufen ... 59
- 2.7 Zusammenhänge im Wirtschaftskreislauf ... 61
  - Nachfrage ... 61
  - Angebot ... 63
  - Markt ... 64
  - Einfacher Wirtschaftskreislauf ... 66
  - Erweiterter Wirtschaftskreislauf ... 67
  - Produktionsfaktoren ... 69
- 2.8 Messung der Wirtschaftsaktivität ... 70
  - Wohlstand und Wohlfahrt ... 70
  - Bruttoinlandprodukt (BIP) ... 70
  - Die Einkommensverteilung ... 72

3 Gemeinschaft und Staat

- 3.1 Gesellschaftliches Verständnis ... 75
  - Heimat ... 75
- 3.2 Schweiz gestern und heute ... 78
  - Alte Eidgenossenschaft ... 78
  - Untergang der Alten Eidgenossenschaft ... 78
  - Moderne Schweiz ... 79
  - Schweizerische Bundesverfassung ... 81
  - Steckbrief der Schweiz heute ... 82
- 3.3 Merkmale des Staates ... 83
- 3.4 Bundesstaat Schweiz ... 84
  - Staatsformen ... 84
  - Föderalistischer Bundesstaat ... 84
  - Demokratie als Regierungsform ... 85
  - Konkordanzdemokratie ... 86
  - Konkurrenzdemokratie ... 86
  - Demokratie in Abgrenzung zur Diktatur ... 87
- 3.5 Gewaltenteilung ... 88
  - Das Parlament (Legislative) ... 89
  - Der Bundesrat (Exekutive) ... 91
  - Das Bundesgericht (Judikative) ... 93

3.6 Mitwirkungsrechte und Pflichten 94
　Grundrechte, Freiheitsrechte,
　Menschenrechte 94
　Staatsbürgerliche Rechte 95
　Politische Rechte 95
　Staatsbürgerliche Pflichten 95

3.7 Stimmen und Wählen 96
　Stimmrecht 96
　Wahlrecht 96
　Voraussetzungen 96
　Majorzwahl 98
　Proporzwahl 98

3.8 Referendum und Initiative 101
　Referendum 101
　Initiative 102

3.9 Enstehung eines Gesetzes 104

3.10 Interessengruppen 105
　Parteien 105
　Parteienspektrum der Schweiz 109
　Verbände 110

4 Risiko und Verantwortung

4.1 Risiken 115
　Risikomanagement 115
　Wahrnehmung von Risiken 115
　Persönliche Risiken 116
　Gesundheit 119

4.2 Versicherungen 123
　Einführung 123
　Personenversicherungen 124
　Sachversicherung 133
　Haftpflichtversicherungen 135

4.3 Energie und Umwelt 137
　Ökologischer Fussabdruck 137
　Steigender Energieverbrauch 139
　Ressourcenverbrauch am Beispiel Wasser 140
　Klimaveränderung 142
　Energiequellen 144
　Politische Instrumente 146
　Nachhaltige Wirtschaftsentwicklung 147

5 Schweiz und Welt

5.1 Europäische Union (EU) 151
　Geschichte 151
　Die Europäische Union im Überblick 156
　Aufbau und Funktionsweise der
　Europäischen Union 157
　Europäische Verfassung 158
　Drei Säulen der EU 159

5.2 Schweiz im europäischen Umfeld 160
　Geschichte 160
　Bilaterale Verträge 162

5.3 Internationale Organisationen 165
　Regierungsorganisationen 165
　Nichtregierungsorganisationen (NGO) 167
　Internationale Konferenzen 169

5.4 Wohlstand, Armut und Migration 170
　Kluft zwischen Arm und Reich 170
　Entwicklungsländer 171
　Entwicklungspolitik 171
　Entwicklungszusammenarbeit 172
　Bevölkerungsentwicklung 173
　Migration 175
　Bevölkerungsentwicklung in der Schweiz 178
　Schweiz als Auswanderungsland 178
　Schweiz als Einwanderungsland 180

6 Beziehung und Zusammenleben

6.1 Sexualität 187

6.2 Zusammenleben 190
　Partnerschaft und Rollenverständnis 190
　Konkubinat 192
　Ehe 193
　Eingetragene Partnerschaft 195
　Kindesverhältnis 196
　Scheidung 198
　Trennung statt Scheidung 199
　Errungenschaftsbeteiligung 199
　Erbrecht 201

6.3 Wohnen und Miete 203
　Wohnungssuche und Umzug 203
　Mietvertrag und Mietantritt 205
　Mietzeit 206
　Mietende 209
　Mieterschutz 211

7 Arbeit und Markt

7.1 Rechtliche Grundlagen des Arbeitsvertrags 215

7.2 Einzelarbeitsvertrag (EAV) 217
　Vertrag 217
　Pflichten der Arbeitnehmenden 217

Pflichten der Arbeitgebenden	219	
Beendigung	223	
Arbeitszeit	227	
Probleme und Lösungen	228	
7.3 Gesamtarbeitsvertrag (GAV)	229	
7.4 Einfacher Auftrag	230	
7.5 Werkvertrag	231	
7.6 Leben im Gleichgewicht	233	
Mobbing	233	
Sexuelle Belästigung	234	
Stress erkennen und bewältigen	235	
Der Schlüssel zu höherer Leistungsfähigkeit	236	
7.7 Konjunktur und Wirtschaftsentwicklung	238	
Wirtschaftsformen	238	
Die soziale Marktwirtschaft	238	
Wirtschaftspolitik	240	
Hoher Wohlstand	240	
Tiefe Arbeitslosigkeit	242	
Armut in der Schweiz: Working Poor	242	
Stabile Preise, Inflation und Deflation	244	
Nachhaltige Staatsfinanzierung	249	
Wirtschaftssektoren	250	
Auswirkungen auf den Wirtschaftsstandort Schweiz	252	
7.8 Globalisierung	253	
Wirtschaftliche Globalisierung	254	
Schweiz in der globalisierten Wirtschaft	256	

8 Lehrabschluss und Zukunft

8.1 Berufliche Zukunft	261
Stellensuche	261
Stellenbewerbung	262
Vorstellungsgespräch	265
Jugendarbeitslosigkeit	267
8.2 Finanzierung der Staatstätigkeit	269
Einnahmen und Ausgaben	269
Besteuerungsformen und Besteuerungsarten	270
Spezielle Steuerarten	272
Steuererklärung	274
Rechtsmittel zur Steuerveranlagung	275
8.3 Geldanlagemöglichkeiten	276

9 Politische Karten

Schweiz	282
Europa	283
Welt	284

10 Sprache und Kommunikation

10.1 Textsorten	289
Der Bericht	290
Verschiedene Formen von Beschreibungen	291
Die Gegenstandsbeschreibung	291
Die Vorgangsbeschreibung	292
Die Personenbeschreibung	293
Die E-Mail	294
Die Erörterung	295
Briefe gestalten	296
Briefe schreiben	297
Der Kommentar	299
Das Interview	301
Der Leserbrief	303
Die Reportage	304
Die Umfrage	305
Die Zusammenfassung	309
Die Dokumentation	310
Layout und Textelemente	311
10.2 Strukturwissen	312
Mindmap	312
Baumstruktur	313
Dezimalstruktur	313
Tabelle (Matrix)	313
10.3 PowerPoint-Präsentation	314
10.4 Lerntipps	316

11 Stichwortverzeichnis

Stichwortverzeichnis	318
Bildnachweis	320

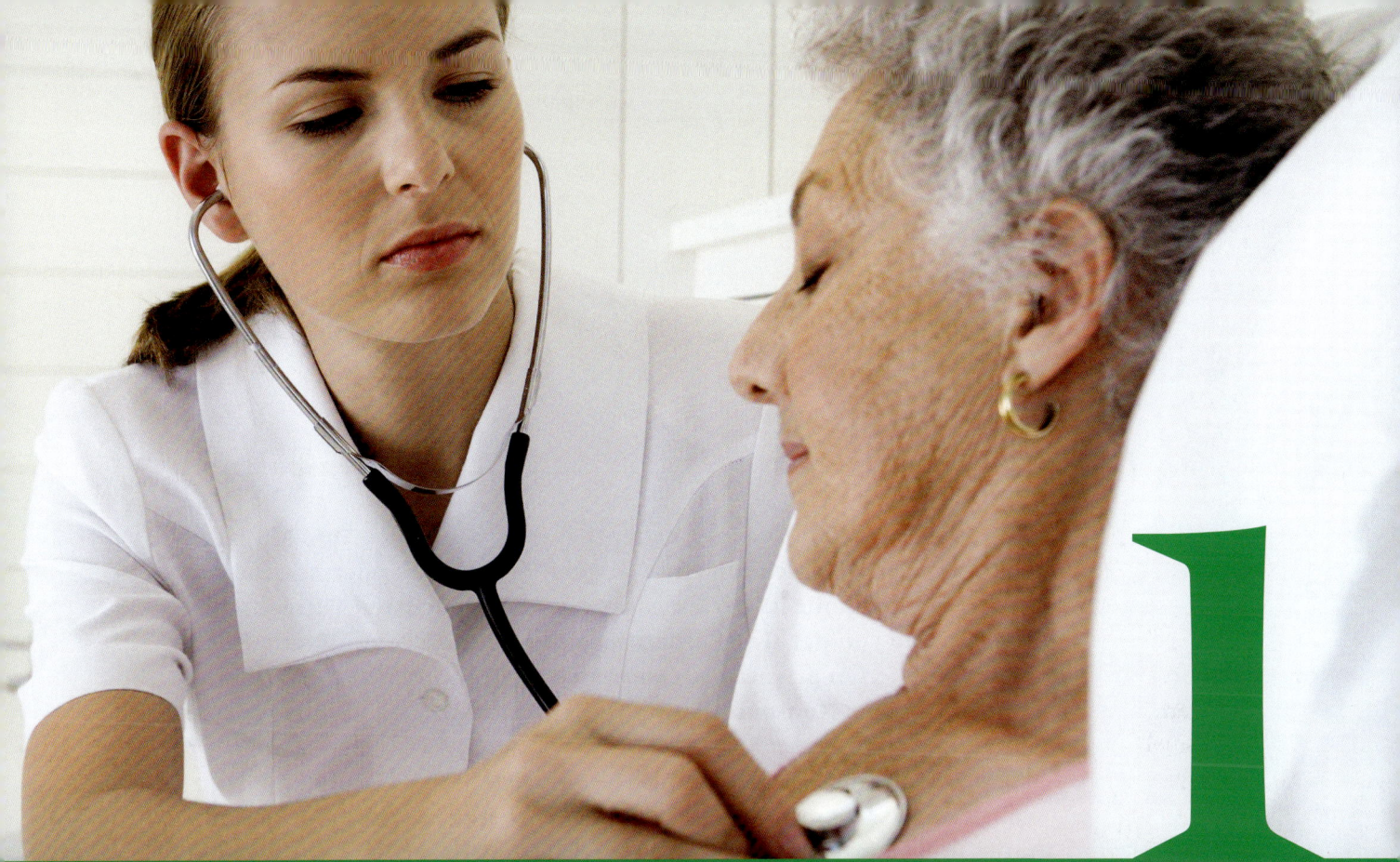

Persönlichkeit und Lehrbeginn

	Einleitung	8
1.1	Organisation der Berufsbildung	9
1.2	Die gesetzlichen Grundlagen und Vollzugsorgane	11
1.3	Der Lehrvertrag	12
1.4	Rechtsgrundlagen	22
1.5	Personenrecht	26
1.6	Strafrecht	28

Einleitung

Sie stehen am Anfang eines neuen Lebensabschnittes. Deshalb ist es wertvoll, wenn Sie sich mit Ihrer neuen Rolle auseinandersetzen.
In Ihrer neuen Rolle ist der Umgang mit verschiedensten Mitmenschen wichtig. Die von der Gesellschaft festgelegten Regeln und Verhaltensnormen helfen in privaten wie beruflichen Situationen. Eine angemessene mündliche Kommunikation erleichtert das Zusammenleben und -arbeiten.
Viele Regeln sind auch gesetzlich festgeschrieben. Es ist deshalb sinnvoll, dass Sie sich mit den Grundzügen der schweizerischen Rechtsordnung und dem Umgang mit den wichtigsten Gesetzbüchern vertraut machen. In diesem Zusammenhang lernen Sie Ihre gesetzlichen Rechte und Pflichten im privat-, straf- und staatsrechtlichen Bereich kennen. Dazu werden Sie in die Bearbeitung von Rechtsfällen eingeführt.
In Ihrer Rolle als Berufslernende haben Sie Verantwortung übernommen. Indem Sie Ihren Lehrvertrag und die gesetzlichen Grundlagen dazu studieren, werden Sie sich Ihrer Rechte und Pflichten bewusst.

1.1 Organisation der Berufsbildung

Unser Berufsbildungssystem wird von der Schule, den Lehrbetrieben und den Berufsverbänden gemeinsam getragen. Die Lernenden wechseln in sinnvollen Abständen den Lernort. Es findet ein Wechselspiel zwischen dem Lernen von theoretischem Wissen und seiner anwendungsorientierten Umsetzung und Vertiefung statt.

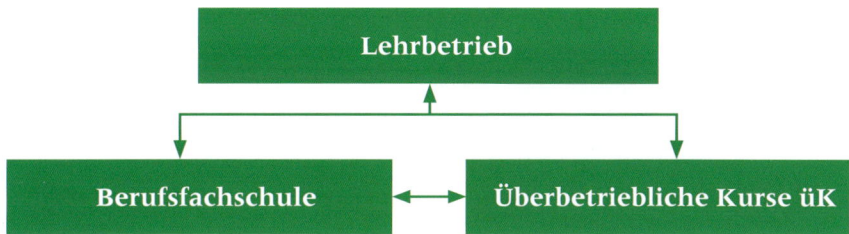

Der Lehrbetrieb ist der Ausbildungsort für die praktische Bildung. Grundlage für die praktische Ausbildung im Betrieb und in den überbetrieblichen Kursen bilden die berufsspezifischen Bildungsverordnungen (BIVO) (BBG 19). **Lehrbetrieb**

Die überbetrieblichen Kurse dienen der Vermittlung und dem Erwerb grundlegender Fertigkeiten. Sie ergänzen die Bildung der beruflichen Praxis und der schulischen Ausbildung, wo dies erforderlich ist (BBG 23). **Überbetriebliche Kurse**

Die Berufsfachschule vermittelt die schulische Bildung. Diese besteht aus fachkundlichem und allgemeinbildendem Unterricht (BBG 21 ff.). **Berufsfachschule**

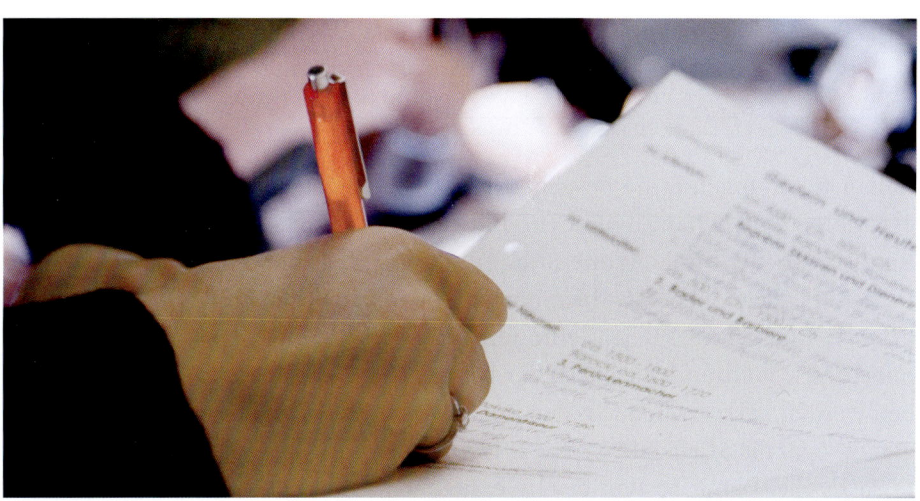

Die schulische Bildung an der Berufsfachschule besteht aus fachkundlichem und allgemeinbildendem Unterricht.

Bildungssystem Schweiz

Das Schweizer Bildungssystem gilt weltweit als vorbildlich. Ein Hauptmerkmal ist die hohe Durchlässigkeit. Verantwortlich für das Bildungswesen sind die 26 Kantone. Im nachobligatorischen Bereich (Gymnasien, Berufsbildung und Hochschulen/Universitäten) sind Bund und Kantone Partner.

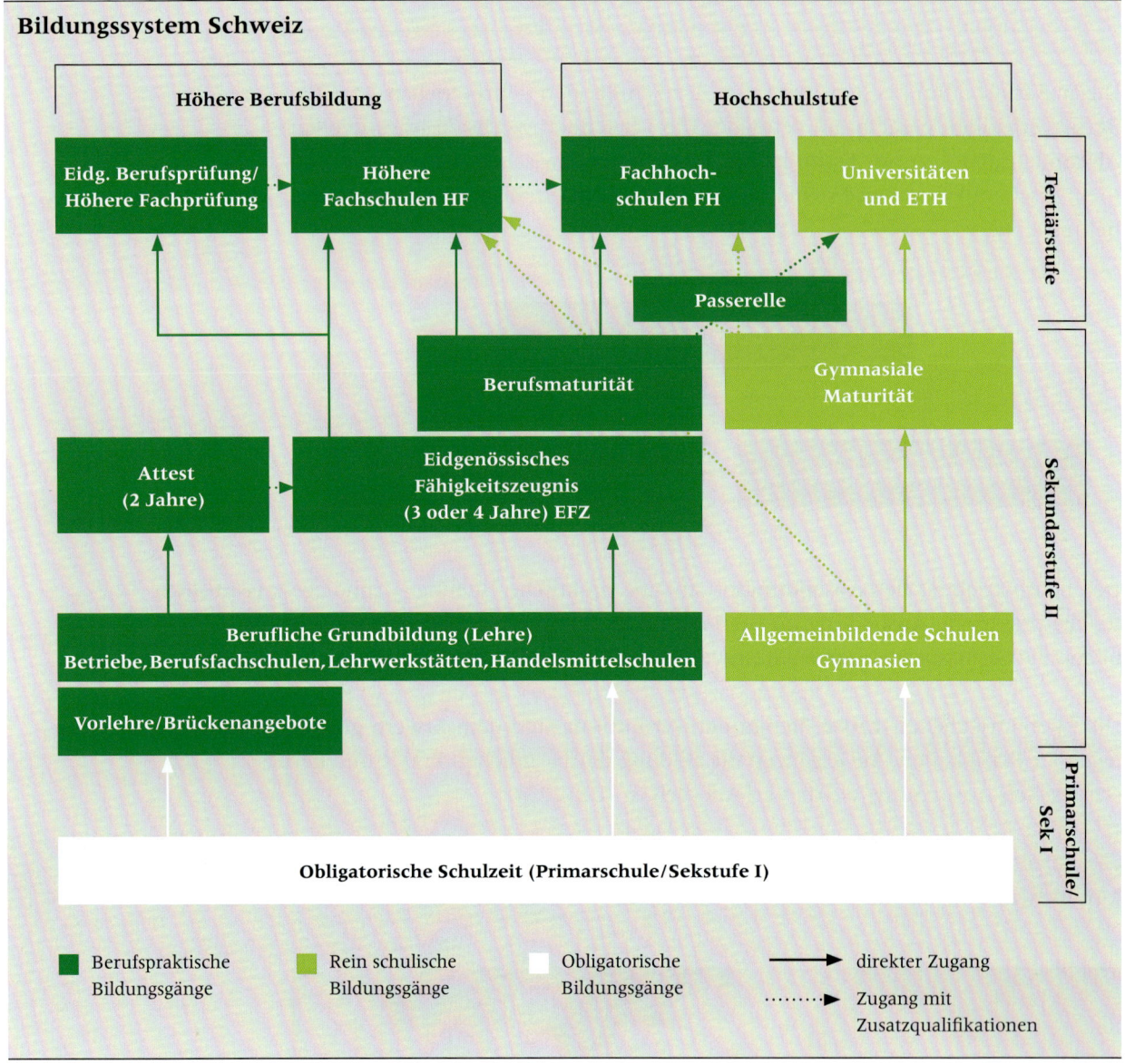

Immer mehr Jugendliche besuchen nach der obligatorischen Schulzeit ein sogenanntes Brückenangebot. Grundsätzlich gibt es aber zwei Möglichkeiten: Berufslehre (der dunkelgrüne Strang) oder Gymnasium (hellgrün). Über zwei Drittel der Jugendlichen wählen den berufspraktischen Bildungsgang mit beruflicher Grundbildung (Berufslehre mit eidgenössischem Fähigkeitsausweis oder mit Attest). Während oder nach der Lehre kann die Berufsmatura (BM) erworben werden, diese ermöglicht den Zugang an eine Fachhochschule. Mit der BM gibt es sogar die Möglichkeit, eine Ergänzungsprüfung abzulegen: die sogenannte Passerelle. Damit besteht der freie Zugang zu allen Schweizer Universitäten. Wer in seinem gelernten Beruf weiterkommen will, kann sich in der «Höheren Berufsbildung» (früher «Meisterprüfung») weiterbilden.

Kapitel 1 | Persönlichkeit und Lehrbeginn

1.2 Die gesetzlichen Grundlagen und Vollzugsorgane

Bund	Der Bund ist für die grundsätzliche Regelung der Berufsbildung zuständig. Er steuert mit Gesetzen und Verordnungen die berufliche Grundbildung und sorgt für deren Weiterentwicklung.	• Bundesverfassung BV 63 • Bundesgesetz über die Berufsbildung BBG • Berufsbildungsverordnung (BBV) • Obligationenrecht OR (Arbeitsvertrag/Lehrvertrag) • Arbeitsgesetz ArG (Arbeitnehmerschutz) • Rahmenlehrplan ABU
Kantone	Mit dem Erlass von Ausführungsbestimmungen sorgen die Kantone für die Umsetzung der eidgenössischen Vorgaben und sind für die Aufsicht verantwortlich.	• Kantonales BBG • Vollzugsverordnung • Reglement (z.B. Absenzen- und Disziplinarreglement)
Berufsverbände	Die Berufsverbände erstellen die Bildungsverordnungen (BIVO) und regeln die überbetrieblichen Kurse (üK).	• Bildungsverordnung (BIVO) = Bildungsplan • Reglement zu üK
Lehrbetrieb	Der Lehrbetrieb schliesst mit der oder dem Lernenden innerhalb der gesetzlichen Schranken den Lehrvertrag ab. Mit der Betriebsordnung sorgt der Lehrbetrieb unter anderem für den nötigen Schutz der Lernenden.	• Lehrvertrag • Betriebsordnung
Berufsfachschule	Mit Schullehrplänen sichert die Berufsfachschule zielgerichtetes Unterrichten und sorgt mit speziellen Massnahmen für deren Qualität. Stundenplan, Hausordnung und weitere Weisungen sollen erfolgreiches Lernen fördern.	• Schullehrplan • Stundenplan • Schul- und Hausordnung mit verschiedenen Weisungen

Die Grundlagen des Rechts werden in Kapitel 1.4 behandelt.

1.1 Nennen Sie drei eidgenössische Gesetzeswerke, welche Bestimmungen über die Berufsbildung enthalten.

Verstanden?

1.3 Der Lehrvertrag

Der Lehrvertrag bildet die wichtigste Grundlage des Lehrverhältnisses; es ist das erste Dokument, in dem nachzuschlagen ist, wenn Unklarheiten oder Streitigkeiten über das Lehrverhältnis bestehen. Die Besonderheit dieses Vertrags besteht darin, dass hier nicht die Arbeitsleistung und die Entlöhnung, sondern die fachgerechte Ausbildung der Lernenden im Vordergrund steht. Die Arbeit dient der Ausbildung.

Abschluss des Lehrvertrages (OR 344a) (BBG 14) (BBV 8)

Der Lehrvertrag wird zwischen Berufsbildnerin/Berufsbildner und Lernendem/Lernender abgeschlossen. Noch nicht 18-jährige Lernende sind bei Vertragsabschluss auf die Mitwirkung ihrer gesetzlichen Vertreter angewiesen. Dies sind in der Regel die Eltern, die den Lehrvertrag mitunterzeichnen.
Der Lehrvertrag muss schriftlich sein. Die Vertragsparteien verwenden vom Kanton zur Verfügung gestellte Vertragsformulare.

Kontrolle und Genehmigung

Der Lehrvertrag muss vor Lehrbeginn dem Kantonalen Amt für Berufsbildung zur Kontrolle und Genehmigung vorgelegt werden. Anschliessend lässt die kantonale Behörde jeder Vertragspartei ein genehmigtes Exemplar zukommen.

Inhalt

OR 344a Folgendes wird in einem Lehrvertrag mindestens geregelt:

Obligatorische Bestandteile des Lehrvertrags
- Art und Dauer der beruflichen Ausbildung (genaue Berufsbezeichnung)
- Dauer der Probezeit
- Arbeitszeit
- Lohn
- Ferien

Zusätzlich ist die Regelung folgender Punkte empfehlenswert:

- Freiwillige Bestandteile des Lehrvertrags
- Berufskleider und -werkzeuge
- Schulmaterial
- Unterkunft und/oder Verpflegung
- Versicherungsprämien (NBU/Krankentaggeldversicherung)
- Reisespesen

Verstanden?

1.2 Welche Formvorschrift gilt für den Abschluss eines Lehrvertrages?

1.3 Wer unterschreibt den Lehrvertrag?

1.4 Welche Aufgaben hat das Kantonale Amt für Berufsbildung?

1.5 Zählen sie vier Punkte auf, die im Lehrvertrag geregelt sein müssen.

Probezeit

Die Probezeit dient den beiden Vertragsparteien zur Überprüfung der getroffenen Wahl. Der Berufsbildner erhält Einblick in die Arbeitsweise des Lernenden. Dieser kann feststellen, ob die begonnene Berufslehre seinen Neigungen und Fähigkeiten entspricht.

OR 344a

Die Probezeit darf nicht weniger als einen Monat und nicht mehr als drei Monate betragen. Die Probezeit kann vor Ablauf durch Absprache der Parteien unter Zustimmung der kantonalen Behörde bis auf höchstens sechs Monate verlängert werden.

Dauer

Während der Probezeit kann das Lehrverhältnis mit einer Kündigungsfrist von sieben Tagen jederzeit aufgelöst werden.

OR 346

Beendigung des Lehrverhältnisses

Der Lehrvertrag wird prinzipiell für eine bestimmte Zeit (zwei bis vier Jahre) abgeschlossen. Dieses befristete Ausbildungsverhältnis endet automatisch, d.h., eine Kündigung am Ende der Lehrzeit erübrigt sich.

Auflösung des Lehrvertrages (OR 334/346)

Nach Ablauf der Probezeit lässt sich das Lehrverhältnis nur noch aus wichtigen Gründen auflösen. Ein solcher Grund liegt vor, wenn man dem Kündigenden nicht mehr zumuten kann, das Lehrverhältnis fortzusetzen.

Fristlose Auflösung (OR 337/346)

> **Mögliche Gründe für fristlose Auflösungen**
> - Berufsbildende: mangelnde körperliche und geistige Fähigkeiten des Lernenden, Diebstahl u. Ä.
> - Lernende: mangelhafte Ausbildung, sexuelle Belästigung u. Ä.

Im Gegensatz zur ordentlichen Kündigung während der Probezeit braucht bei der ausserordentlichen Kündigung keine Kündigungsfrist beachtet zu werden. Wird der Lehrbetrieb aus wirtschaftlichen Gründen oder anderen Überlegungen geschlossen, so unterstützt das Kantonale Amt für Berufsbildung nach Möglichkeit die Suche nach einer neuen Lehrstelle, an der die Lernenden ihre Ausbildung ordnungsgemäss beenden können.

Versäumen die Lernenden einen Teil ihrer Lehre wegen Krankheit, Unfall oder Militärdienst, dürfen sie nicht zur Verlängerung der Lehrzeit gezwungen werden. Falls jedoch deutlich wird, dass das Ausbildungsziel (Bestehen des Qualifikationsverfahrens, QV) nicht erreicht wird, kann die Lehrzeit verlängert werden. Für eine Verlängerung braucht es zwingend die Bewilligung des Kantonalen Amtes für Berufsbildung (ABB).

Verlängerung der Lehrzeit

Verstanden?

1.6 Wie lange dauert die Probezeit?
1.7 Wozu dient die Probezeit?
1.8 Welche Regelung gilt für die Beendigung eines Lehrverhältnisses?
1.9 Nennen Sie vier Gründe, welche nach Ablauf der Probezeit eine Auflösung des Lehrvertrages rechtfertigen.

Pflichten der Lernenden

Hauptpflicht (OR 345) — Die Lernenden haben alles zu tun, um das Lehrziel zu erreichen. Insbesondere haben sie die Anordnungen der Berufsbildnerin respektive des Berufsbildners zu befolgen und die ihnen übertragenen Arbeiten gewissenhaft auszuführen.

Berufsfachschule/ üK (BBG 21/23) — Die Lernenden sind verpflichtet, den Pflichtunterricht und die überbetrieblichen Kurse (üK) zu besuchen. Ferner haben sie die Anordnungen der Schule bzw. der Kursleitung zu befolgen.

Sorgfaltspflicht (OR 321a) — Zu den ihnen anvertrauten Arbeitsgeräten, Materialien und technischen Einrichtungen haben die Lernenden Sorge zu tragen.

Treuepflicht (OR 321a) — Die Lernenden haben Schwarzarbeit zu unterlassen und die Geschäftsgeheimnisse zu wahren.

Haftung (OR 321e) — Für Schäden, die die Lernenden dem Lehrbetrieb fahrlässig oder absichtlich zufügen, haften sie. Bei grober Fahrlässigkeit («das darf nicht passieren») fällt der Schadenersatz höher aus als bei leichter Fahrlässigkeit («das kann passieren»). Ferner sind bei einem Schaden der Bildungsgrad, das Berufsrisiko sowie die Fähigkeiten und Erfahrungen der Lernenden zu berücksichtigen.

Überstunden (OR 321c) — Die Berufsbildnerin oder der Berufsbildner können die Lernenden zur Leistung von Überstunden verpflichten. Die Überstunden müssen betrieblich notwendig und für die Lernenden zumutbar sein.

Lerndokumentation — Die meisten Bildungsverordnungen schreiben das Führen einer Lerndokumentation vor. Dafür muss der lernenden Person genügend Arbeitszeit zur Verfügung gestellt werden, und die Lerndokumentation muss von der Berufsbildnerin oder dem Berufsbildner regelmässig kontrolliert und unterschrieben werden.

Verstanden?

1.10 Was ist die gesetzliche Hauptpflicht der Lernenden?

1.11 Was versteht das Gesetz unter Sorgfalts- und Treuepflicht?

1.12 Für welche Schäden haften Lernende?

1.13 Wann können sich Lernende weigern, Überstunden zu leisten?

Rechte der Lernenden

Der Lohn wird für die ganze Ausbildungsdauer im Lehrvertrag festgelegt. Die Höhe des Lohnes für Lernende ist gesetzlich nicht verankert und richtet sich meistens nach den Empfehlungen der verschiedenen Berufsverbände. Die Lehrbetriebe sind nicht verpflichtet, den Lernenden zum Jahresende einen 13. Monatslohn oder eine Gratifikation zu gewähren, es sei denn, dies ist im Lehrvertrag so geregelt.

Lohn

Fehlt ein Lernender wegen Krankheit, Unfall oder Militärdienst am Arbeitsplatz, muss der Lehrbetrieb für eine beschränkte Zeit den Lohn weiterzahlen. Im ersten Lehrjahr beispielsweise besteht eine Lohnfortzahlungspflicht von drei Wochen pro Jahr.

Lohnfortzahlungspflicht

Im Allgemeinen sind die bei einem Einzelarbeitsvertrag üblichen und zulässigen Lohnabzüge auch bei Lernenden erlaubt (AHV, NBU usw.). Fügt ein Lernender seinem Lehrbetrieb fahrlässig oder absichtlich einen Schaden zu, kann ihm der entsprechende Gegenwert vom Lohn abgezogen werden.

Lohnabzüge

Die Arbeitszeit für Lernende dauert grundsätzlich gleich lang wie diejenige der anderen im Betrieb beschäftigten Arbeitnehmenden. Die tägliche Höchstarbeitszeit darf für Jugendliche bis 18 Jahre mit Einschluss von Überstunden 9 Stunden pro Tag (maximal 45 Stunden pro Woche) nicht überschreiten. Der obligatorische Unterricht an der Berufsfachschule gilt als Arbeitszeit.

Arbeitszeit

Überstunden müssen durch Freizeit von gleicher Dauer oder durch einen Lohnzuschlag von 25 Prozent abgegolten werden. Der Überstundenzuschlag wird in der Regel anhand des Lohnes der angelernten Mitarbeitenden berechnet.

Überstunden (OR 321c)

Lernende haben bis zum vollendeten 20. Altersjahr fünf Wochen Ferien zugute.

Berufsfremde Arbeiten (OR 345a) Grundsätzlich müssen Lernende nur Arbeiten verrichten, die etwas mit dem Beruf zu tun haben.

Ferien (OR 345a) Lernende haben bis zum vollendeten 20. Altersjahr Anspruch auf mindestens fünf Wochen bezahlte Ferien pro Jahr. Ferien sollen während der schulfreien Zeit bezogen werden und dürfen nicht durch Geldleistungen abgegolten werden. Der Berufsbildner bestimmt den Zeitpunkt der Ferien und nimmt auf die Wünsche des Lernenden so weit Rücksicht, als diese mit den Interessen des Betriebes vereinbar sind.

Freikurse/Stützkurse/ Berufsmatura (BBG 22/25; BBV 20) Den Berufsmatura- oder Stützkursunterricht sowie Freikurse dürfen die Lernenden ohne Lohnabzug besuchen. Der gesamte Berufsfachschulunterricht darf insgesamt höchstens zwei Tage pro Woche dauern. Abmachungen, die den Besuch ausschliessen oder einschränken, sind ungültig.

Qualifikationsverfahren QV (BBV 30 ff.) Die Berufsbildenden müssen die Lernenden zum Qualifikationsverfahren (QV, früher Lehrabschlussprüfung) anmelden. Für die Prüfungszeit müssen sie den Lernenden ohne Lohnabzug freigeben. Das QV kann zweimal wiederholt werden. In der Regel finden die Wiederholungen im Rahmen des nächsten QV statt. Es werden nur die Fächer geprüft, in denen die oder der Lernende beim vorhergehenden Prüfungsversuch ungenügend war.

Abmachungen über die Lehrzeit hinaus (OR 344a) Abmachungen während der Lehre, die die lernende Person im freien Entschluss über die berufliche Tätigkeit nach beendigter Lehre beeinträchtigen, sind nichtig.

Verstanden?

1.14 Welche Regelung gilt für den 13. Monatslohn?

1.15 Welche Lohnabzüge sind gestattet?

1.16 Wie werden Überstunden verrechnet?

1.17 Wie lange dauert die tägliche Höchstarbeitszeit für Jugendliche bis 18 Jahre?

1.18 Welche Arbeiten dürfen einem Lernenden übertragen werden?

1.19 Wie viele Wochen Ferien hat eine Lernende jährlich zugute?

1.20 Wer bestimmt den Zeitpunkt der Ferien?

1.21 Wegen Krankheit kann ein Lernender mehrere Wochen nicht arbeiten. Die Berufsbildnerin will nun den Lernenden zwingen, die Lehrzeit zu verlängern. Wie regelt das Gesetz diesen Sachverhalt?

1.22 Wer muss den Lernenden zum Qualifikationsverfahren (QV) anmelden?

1.23 Was kostet den Lernenden das QV?

1.24 Unter welchen Bedingungen kann das QV wiederholt werden?

Pflichten der Berufsbildenden

Die Berufsbildenden haben die Lernenden fachgemäss, systematisch und verständnisvoll auszubilden. Als Berufsbildnerin oder Berufsbildner gilt die Betriebsinhaberin respektive der Betriebsinhaber oder eine von diesen bestimmte Person. Der Stellvertreter muss die gleichen Anforderungen erfüllen wie die Berufsbildenden und wird im Lehrvertrag genannt.
Ausbildungspflicht (OR 345a)

Die Berufsbildenden müssen den im Lehrvertrag vereinbarten Lohn zahlen.
Lohnzahlungspflicht

Die Lernenden müssen gegen Unfall versichert werden. Die Prämie für die Berufsunfallversicherung bezahlt der Lehrbetrieb, die Bezahlung der Prämie für die Nichtberufsunfallversicherung wird im Lehrvertrag geregelt. Ab dem 1. Januar des Jahres, in dem die oder der Lernende 18 Jahre alt wird, werden die Beiträge für AHV, IV, EO und ALV direkt vom Lohn abgezogen.
Versicherungspflicht

Die Berufsbildenden müssen den Lernenden die gesetzlichen Ferien gewähren. Zwei Ferienwochen müssen zusammenhängend bezogen werden, damit genügend Erholung gewährleistet ist.
Ferien (OR 329c/345a)

Die Lernenden haben für ausserschulische Jugendarbeit zusätzlich eine Woche Ferien zugute, allerdings unbezahlt. Dazu gehören z. B. J+S-Leitertätigkeiten, Lagerbetreuung oder soziale Tätigkeiten.
Urlaub für ausserschulische Jugendarbeit (OR 329e)

Die Berufsbildenden haben den Lernenden zum Besuch des Pflicht-, Berufsmatura- und Stützkursunterrichtes sowie zur Teilnahme an Freikursen und am Qualifikationsverfahren ohne Lohnabzug freizugeben. Für den Besuch der überbetrieblichen Kurse dürfen dem Lernenden keine zusätzlichen Kosten anfallen.
Berufsfachschulunterricht und überbetriebliche Kurse (OR 345a)

Am Ende der Lehrzeit müssen die Berufsbildenden den Lernenden ein Zeugnis ausstellen, das über den erlernten Beruf und die Dauer der Lehre Auskunft gibt. Auf Verlangen der lernenden Person hat sich das Zeugnis auch über die Fähigkeiten, die Leistungen und das Verhalten der lernenden Person auszusprechen.
Lehrzeugnis (OR 346a)

Spätestens drei Monate vor Lehrende muss die oder der Lernende darüber informiert werden, ob sie oder er auch nach dem Qualifikationsverfahren als Angestellte bzw. Angestellter im Betrieb bleiben kann. Arbeitet eine Lernende oder ein Lernender nach erfolgreich abgeschlossener Lehre weiterhin im Lehrbetrieb, wird die Lehrzeit an das neue Arbeitsverhältnis angerechnet (Auswirkungen auf die Kündigungs- und Lohnfortzahlungspflicht).
Weiterbeschäftigung

Verstanden?

1.25 Welche Angaben müssen in einem Lehrzeugnis stehen?

1.26 Wann muss der Berufsbildner einer Lernenden bekannt geben, ob sie nach der Lehre im Lehrbetrieb weiterbeschäftigt werden kann?

1.27 Wer trägt die Verantwortung für die Ausbildung der Lernenden?

1.28 Was ist die gesetzliche Hauptpflicht der Ausbildenden?

1.29 Welche Versicherung muss die Berufsbildnerin für die Lernenden abschliessen?

Konflikte im Lehrbetrieb

Wenn die Bedürfnisse eines Menschen nicht befriedigt werden, entsteht häufig Unzufriedenheit. Diese kann zu Widerstand und damit zu Konflikten führen.

Häufige Konfliktursachen
- Anhaltende Einengung von individuellen Freiheitsrechten durch Zwang oder autoritären Führungsstile.
- Gestörtes Selbstvertrauen, welches oft zur Annahme verleitet, angegriffen zu werden, auch wenn dies gar nicht der Fall ist.
- Unkontrollierte Stimmungsschwankungen beeinflussen das gegenseitige Einvernehmen von Berufsbildenden und Lernenden. Launenhaftigkeit verunsichert sensible Menschen.
- Neid, Eifersucht, Klatsch und Überheblichkeit trüben zwischenmenschliche Beziehungen.
- Unklare oder unrationale Arbeitsabläufe bergen Konfliktpotenzial.

Bevor die Lernenden im Konfliktfall das Gespräch suchen, sollten sie Selbstkritik üben. Anschliessend ist es empfehlenswert, eine Vertrauensperson beizuziehen, um mit ihr das Problem zu erörtern. Nach sorgfältiger Gesprächsvorbereitung und vereinbartem Termin ist es wichtig, sachlich zu argumentieren. Falls sich die Vertragsparteien nicht einigen können, wird die Lehraufsichtskommission kontaktiert. Diese ist verpflichtet, zu vermitteln und nach einer für beide Parteien akzeptablen Lösung zu suchen.

Schwierigkeiten zwischen Berufsbildenden und Lernenden sind kein Grund für einen Lehrabbruch. Lassen sich die Schwierigkeiten allerdings nicht lösen, kann der Lehrvertrag in gegenseitigem Einverständnis aufgelöst werden. Bei nicht volljährigen Lernenden müssen die Eltern der Vertragsauflösung zustimmen. Das Kantonale Amt für Berufsbildung muss vorher informiert werden.

Konfliktbewältigung

Zum Leben gehören Konflikte. Sie sind in zwischenmenschlichen Beziehungen unvermeidbar. Ihre Bewältigung allerdings ist lernbar. Betrachten Sie Konflikte deshalb als Chance zur Veränderung und Entwicklung.

Bei einem Konflikt können Sie im Prinzip
- ausweichen, indem Sie den Konflikt ignorieren oder vor ihm fliehen.
- nachgeben, den Konfliktgegner besänftigen oder sich unterwerfen.
- einseitig versuchen, den Konfliktgegner zu bekämpfen, bis Sie gewinnen.
- verhandeln, d.h. miteinander sprechen, und eine gemeinsame Lösung finden.

Keine Strategie ist, für sich allein betrachtet, gut oder schlecht. Sowohl das Flucht- wie auch das Täter/Opfer-Modell kann in bestimmten Situationen ein gangbarer Weg sein. Längerfristig am nachhaltigsten jedoch ist das Gespräch. Kommunikation ist besser als Sanktion, Kommunikationsabbruch kann zur Eskalation führen.

Hinweise für die Konfliktfallregelung

Grundfragen

Konflikt darlegen	Worin besteht der Konflikt? Was sind die strittigen Fakten? Welche sind die eigenen Sichtweisen, welche jene der Konfliktpartei?
Ziele offenlegen	Was möchten die Konfliktparteien erreichen? Welche Absichten, Bedürfnisse stehen dahinter?
Lösungen erarbeiten	Was können die Konfliktparteien tun, um die Ziele beider Parteien zu erreichen (Schaffung einer Win-Win-Situation)? Welche Möglichkeiten stehen offen? Welche Lösung(-skombination) ist für beide die beste? Unter welchen Bedingungen?

Die Aussprache

Vorbereitung	• **aktiv werden – je früher, desto besser** Konflikte offen ansprechen: Die Zeit löst keine Probleme, sie verschärft diese eher. • **Gespräche im Voraus festlegen und reichlich Zeit für die Gespräche planen** Zeit, Ort, Thema festlegen: Dadurch wird dem Anliegen Gewicht verliehen. • **schriftliche Vorbereitung** Notizen erstellen: wesentliche Gesprächspunkte festlegen. • **Konflikte lösen ist ein Prozess. Er bedeutet: Werte klären, Verhaltensweisen ändern usw.**
Durchführung	• **den Gesprächspartner/die Gesprächspartnerin ernst nehmen** Auf seine/ihre Anliegen eingehen. • **spiegeln statt urteilen** Vorsicht mit Urteilen; lieber zuerst die Aussagen des andern spiegeln. • **Ich-Botschaften statt Du-Botschaften übermitteln** Aussagen in der Ich-Form kommunizieren; Bsp.: «Ich empfinde es als Störung.» statt «Du störst.» • **offene Fragen stellen** Konkret nachfragen; «wie» statt «warum»; das «Wie» führt zur Konkretisierung von Wirkungsketten, das «Warum» dagegen zur Rechtfertigung. • **gemeinsame Problemlösung anstreben** Vereinbarungen treffen, Gemeinsamkeiten suchen und finden, dabei Kompromissbereitschaft zeigen; nicht Schuldige, sondern die Lösung suchen.
Weitere Schritte	• **Reflexion** Das Gespräch reflektieren, mit vertrauten Kollegen, Freunden usw. darüber sprechen. • **Hilfe beanspruchen** In hartnäckigen Fällen eine Person als Moderator/in einsetzen oder eine Beratung nutzen.

Verstanden ?

1.30 Wie kann ein Konflikt zwischen einer Berufsbildnerin und einem Lernenden gelöst werden?

1.31 Zeigen Sie auf, wie Sie sich optimal auf ein Konfliktgespräch vorbereiten.

Miteinander reden

Kommunikation

Warum streiten wir? Warum sind wir manchmal beleidigt? Warum verletzen wir die Gefühle anderer? Warum glauben wir nicht immer, was uns das Gegenüber sagt? Die Kunst der Verständigung zwischen den Menschen, die Kommunikation, will gelernt sein. Der Kommunikationsforschung ist es im Laufe der vergangenen Jahrzehnte gelungen, uns wissenschaftlich abgestützte Erkenntnisse zur Verfügung zu stellen, die uns dabei helfen, im Alltag erfolgreicher zu kommunizieren.

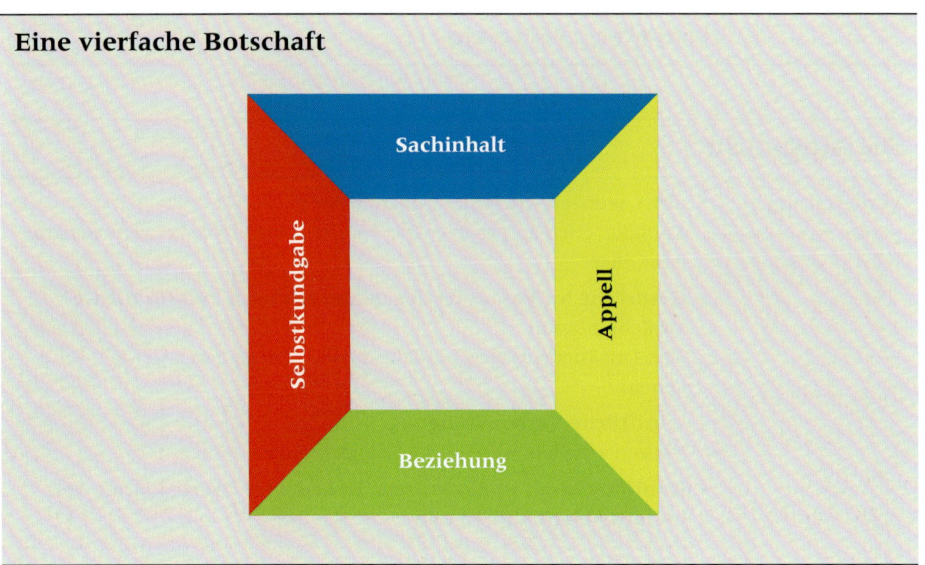

Vier Botschaften

Das Kommunikationsquadrat ist ein weitverbreitetes Modell von Friedemann Schulz von Thun. Wenn ich als Mensch etwas von mir gebe, bin ich auf vierfache Weise wirksam. Jede meiner Äusserungen enthält, ob ich will oder nicht, vier Botschaften gleichzeitig.

> **Vier Botschaften des Kommunikationsquadrats**
> - *Sachinhalt*
>   Worüber ich informiere.
> - *Selbstkundgabe*
>   Was ich von mir zu erkennen gebe.
> - *Beziehung*
>   Was ich von dir halte, und wie ich zu dir stehe.
> - *Appell*
>   Was ich bei dir erreichen möchte.

«Vier Ohren»

Der Empfänger nimmt eine Nachricht auf diesen vier Ebenen oder mit «vier Ohren» wahr. Er kann sich beim Empfang einer Nachricht vier Fragen stellen.

Kapitel 1 | Persönlichkeit und Lehrbeginn

Vier Fragen beim Empfang einer Nachricht

- *«Wie ist der Sachverhalt zu verstehen?»*
  Mit dem Sachohr nimmt man nur die nüchternen Tatsachen wahr.

  Sachohr

- *«Was ist das für einer? Was ist mit ihm?»*
  Wer mit dem Selbstkundgabeohr zuhört, will etwas über die andere Person erfahren. Man durchleuchtet die Botschaften, um Hinweise auf tiefer liegende Motive und Eigenschaften des Gegenübers zu erhalten.

  Selbstkundgabeohr

- *«Wie redet der eigentlich mit mir? Wen glaubt er vor sich zu haben?»*
  Mit dem Beziehungsohr nimmt man alle Botschaften wahr, die etwas über die Beziehung zur anderen Person aussagen.

  Beziehungsohr

- *«Was soll ich aufgrund seiner Mitteilung tun, denken, fühlen?»*
  Mit dem Appellohr hören alle jene zu, die gerne helfen und sich um andere kümmern.

  Appellohr

Der Empfänger bestimmt den Gesprächsverlauf entscheidend mit, je nachdem, mit welchem der «vier Ohren» er vorrangig hört. Zu Kommunikationsstörungen kann es führen, wenn der Empfänger mit einem Ohr besonders gut hört. Manchmal ist das «dritte Ohr», das «Beziehungsohr», beim Empfänger besonders gross und überempfindlich. Solche Personen nehmen oft alles persönlich und sind schnell beleidigt. Folgendes Beispiel soll dies verdeutlichen.

Beispiel «Vier Ohren»

Eine Beifahrerin sagt zu ihrem Mann am Steuer: «Du, da vorne ist grün.»
Er antwortet: *«Fährst du, oder fahre ich?»*

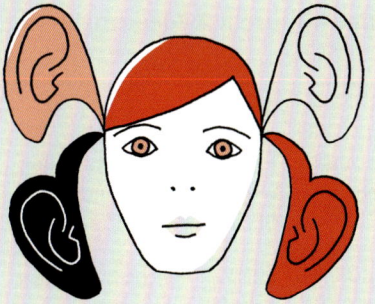

1. Sachohr:
«Die Ampel ist grün.»
2. Selbstkundgabeohr:
«Sie hats eilig.»
3. Beziehungsohr:
«Sie meint, sie müsse mir helfen.»
4. Appellohr:
«Sie möchte, dass ich Gas gebe.»

© Mascha Greune, München

Die menschliche Kommunikation bedient sich verschiedener Mittel wie der Sprache, der Mimik, der Gestik oder anderer Signale. Bedenken Sie, dass Kommunikation nur dann erfolgreich ist, wenn die Nachricht auf allen vier Ebenen so verstanden wird, wie sie gemeint ist. Es ist nicht ausschlaggebend, was Sie gesagt haben, viel wichtiger ist, was die andere Person verstanden hat! Manchmal bewirkt eine einfache Rückfrage Wunder.

Verstanden?

1.32 Welche vier Botschaften senden wir mit unseren Äusserungen aus?

1.33 Mit welchen «vier Ohren» nehmen wir eine Nachricht auf?

1.4 Rechtsgrundlagen

Aufgabe des Rechts

Rechtsordnung / Rechtsnormen

Das Recht ist ein System von Regeln. Regeln enthalten Vorschriften für das Verhalten der Menschen. Alle geltenden Regeln eines Landes nennt man die Rechtsordnung. Die einzelnen Regeln heissen Rechtsnormen.

Rechte und Pflichten

Rechtsnormen
- verleihen Rechte (z. B. Meinungs- und Informationsfreiheit)
- auferlegen aber auch Pflichten (z. B. Steuerpflicht).

Gebote und Verbote, Strafen

Zur Durchsetzung der Rechtsordnung werden
- Gebote und Verbote erlassen (z. B. Strassenverkehrsgesetz)
- Strafen verhängt (z. B. Bussen, Gefängnis).

Alle Rechtsnormen haben die Aufgabe, das Zusammenleben der Menschen in geordnete Bahnen zu lenken und ihnen ein sicheres Leben zu ermöglichen. Deshalb sollte eine Rechtsordnung gerecht sein und sich den wechselnden Lebensumständen einer Gesellschaft anpassen.

Sitte und Moral

Neben den Rechtsnormen kennt eine Gesellschaft auch die Begriffe Sitte und Moral. Obwohl diese Verhaltensregeln vom Staat nicht erzwungen und durchgesetzt werden können, haben sie eine wichtige kulturelle Bedeutung.

Recht	Sitte	Moral
Macht Vorschriften für das äussere Verhalten der Menschen.	Verlangt Regeln für das äussere Verhalten der Menschen.	Erwartung einer Gesinnung respektive einer inneren Einstellung.
Beispiel: Schulordnung, Strassenverkehrsrecht, Zivilrecht, Vertragsrecht usw.	Beispiel: Tischsitten, Anstandsregeln, Umgangsformen usw.	Beispiel: Welche Einstellung habe ich gegenüber menschlichem oder tierischem Leben? Wie gehe ich mit fremdem Eigentum um?
Kann vom Staat (Behörde) erzwungen werden.	Kann vom Staat (Behörde) nicht erzwungen werden.	Kann vom Staat (Behörde) nicht erzwungen werden.
Das Recht ist eine Ordnung zum Schutz der Interessen einer staatlichen Gemeinschaft.	Sitte ist gleich Brauch. Gesellschaften haben ihre eigenen Bräuche und gewichten diese auch unterschiedlich.	Moral bezeichnet alle Werte und Normen, die das zwischenmenschliche Verhalten in einer Gesellschaft bestimmen.

Hierarchie der Rechtsnormen

Verordnung

Berufsbildungsverordnung (BBV)

Die Verordnungen dienen der näheren Ausführung einzelner Gesetze. Es gilt: Ohne Gesetz keine Verordnung.

Beispiel **BBV Art. 20**
[1] (…) Der Umfang von Freikursen und Stützkursen darf während der Arbeitszeit durchschnittlich einen halben Tag pro Woche nicht übersteigen.

Gesetz

Bundesgesetz über die Berufsbildung (BBG)

Die Gesetze dienen der näheren Ausführung einzelner Verfassungsartikel. Deshalb haben alle Gesetze eine Grundlage in der Verfassung.

Beispiel **BBG Art. 22**
[3] Wer im Lehrbetrieb und in der Berufsfachschule die Voraussetzungen erfüllt, kann Freikurse ohne Lohnabzug besuchen. (…)

Bundesverfassung

Art. 63 Berufsbildung

Die Verfassung ist das Grundgesetz eines Staates. Sie beinhaltet die wichtigsten Leitlinien. Keine andere Rechtsnorm darf der Verfassung widersprechen.

Beispiel **BV Art. 63**
[1] Der Bund erlässt Vorschriften über die Berufsbildung.
[2] Er fördert ein breites und durchlässiges Angebot im Bereich der Berufsbildung.

Rechtsordnung

Unsere Rechtsordnung gliedert sich in zwei Hauptgruppen, in das öffentliche und das private Recht.

Öffentliches Recht

Das öffentliche Recht regelt die Rechtsbeziehung zwischen dem übergeordneten Staat und den untergeordneten Bürgerinnen und Bürgern. Das Allgemeininteresse steht somit über dem Eigeninteresse (Gemeinnutz vor Eigennutz).

Das öffentliche Recht ist z. B. geregelt
- in der Bundesverfassung/BV (Struktur und Funktion des Staates),
- im Schweizerischen Strafgesetzbuch/StGB (strafbare menschliche Verhaltensweisen/Strafmass bei strafbaren Handlungen),
- im Schuldbetreibungs- und Konkursgesetz/SchKG (Verfahren beim Eintreiben von Geldforderungen).

Wenn ich das öffentliche Recht verletze, indem ich z. B. eine strafbare Handlung begehe, klagt mich der Staat via Staatsanwalt in einem Strafprozess an.
Die rechtliche Grundlage bietet hier das Schweizerische Strafgesetzbuch (StGB). Darin wird geregelt, was strafbare Handlungen sind und welches Strafmass ausgesprochen werden kann. Die Richterin oder der Richter entscheidet im Strafprozess, ob der Angeklagte schuldig oder unschuldig ist, und wie hoch das Strafmass ausfällt.

Strafprozess

Privates Recht

Das Privatrecht (oder Zivilrecht) regelt die Rechtsbeziehung zwischen einzelnen Privatpersonen. Die beteiligten Bürger sind bezüglich ihrer Rechte und Pflichten einander gleichgestellt.

Das Privatrecht ist im Zivilgesetzbuch (ZGB) und im Obligationenrecht (OR) geregelt. Diese beiden Gesetzbücher gehören zusammen. Das OR bildet den 5. Teil des ZGB, wird aber als selbstständiger Teil gedruckt.

Teile des Privatrechts		
Zivilgesetzbuch (ZGB)	*Personenrecht*	Behandelt die Stellung des Menschen als Träger von Rechten und Pflichten. Hierbei wird unterschieden zwischen natürlichen und juristischen Personen (vgl. S. 26).
	Familienrecht	Ordnet die persönlichen und finanziellen Beziehungen der Familienmitglieder.
	Erbrecht	Regelt die Rechtsnachfolge beim Tod.
	Sachenrecht	Regelt das Eigentum und den Besitz von Sachen.
Obligationenrecht (OR)		Enthält hauptsächlich Bestimmungen über das Vertragsrecht (z.B. Kauf, Miete oder Arbeitsvertrag).

Zivilprozess Wenn zwei Parteien Probleme wegen eines Vertrags haben, wird das in einem Zivilprozess geregelt. Der Kläger klagt gegen den Beklagten. Am Ende entscheidet die Richterin oder der Richter aufgrund des ZGB und OR, wer nun Recht hat.

Rechtsgrundsätze

Rechtsgrundsätze sind Rechtsnormen, die wegen ihrer allgemeinen Tragweite von grosser Bedeutung für unsere Rechtsordnung sind. Im Folgenden werden einige wichtige Rechtsgrundsätze erklärt.

Rechtsgleichheit (BV 8) Alle Menschen sind vor dem Gesetz gleich. Niemand darf diskriminiert werden, namentlich nicht wegen der Herkunft, der Rasse, des Geschlechts, des Alters, der Sprache, der sozialen Stellung, der Lebensform, der religiösen, weltanschaulichen oder politischen Überzeugung oder wegen einer körperlichen, geistigen oder psychischen Behinderung.
Mann und Frau sind gleichberechtigt.

Treu und Glauben (ZGB 2) Der Grundsatz «Treu und Glauben» beinhaltet, dass sich alle in der Ausübung ihrer Rechte und in der Erfüllung ihrer Pflichten loyal, anständig, fair, ehrlich und korrekt verhalten. Wer andere übervorteilt («übers Ohr haut»), findet keinen Rechtsschutz.

Beweislast (ZGB 8) Wer vor Gericht etwas behauptet, hat den Beweis für die behauptete Tatsache zu erbringen. Aus diesem Grund ist es wichtig, rechtzeitig Beweisstücke zu sammeln und aufzubewahren. Viele Rechtsverletzungen können nicht geahndet werden, weil die Beweise fehlen.

In unserer Rechtsordnung gibt es immer wieder Rechtsnormen, die sehr allgemein formuliert sind, wenn z. B. die Umstände gewürdigt werden müssen oder wenn es Ermessensspielraum gibt. In solchen Fällen müssen die richterlichen Entscheidungen möglichst objektiv, angemessen und sachlich begründet sein. Grundlagen dazu bieten Bundesgerichtsurteile.

Gerichtliches Ermessen (ZGB 4)

« Merke: Unwissenheit schützt vor Strafe nicht! »

Vor dem Gesetz sind alle Menschen gleich.

Verstanden?

1.34 Welche Aufgabe hat die Rechtsordnung?

1.35 Wie wird die Rechtsordnung durchgesetzt?

1.36 Wo ist festgelegt, worüber es Gesetze gibt?

1.37 In welche zwei Hauptgruppen gliedert sich die schweizerische Rechtsordnung?

1.38 Womit befasst sich das StGB?

1.39 Wie heissen die vier Teile des ZGB?

1.40 Wo finden Sie gesetzliche Vorschriften über Verträge?

1.41 Betreffen die folgenden Beispiele privates oder öffentliches Recht?

　　a) Sie werden volljährig.

　　b) Sie unterschreiben einen Arbeitsvertrag.

　　c) Sie mieten eine Wohnung.

　　d) Sie erhalten eine Busse für zu schnelles Fahren.

　　e) Sie kaufen ein Auto.

1.42 In welchem Gesetzbuch (ZGB/OR) finden Sie eine Antwort auf die folgenden Probleme?

　　a) Darf eine jugendliche Person Verträge abschliessen?

　　b) Ihre Kollegin will Ihnen trotz Mahnung ein Darlehen nicht zurückzahlen.

　　c) Wie hoch ist der Lohnzuschlag auf Überstunden?

1.43 Erklären Sie den Begriff «Rechtsgrundsatz».

1.44 Welche Rechtsgrundsätze gelten?

　　a) Zwei Bauern besiegeln den Kauf eines Rindes per Handschlag.

　　b) Ein Kollege von Ihnen behauptet, Sie seien ihm Fr. 100.– schuldig.

　　c) Sie kaufen auf einem Occasionsmarkt für Autos einen alten Chevrolet. Der Verkäufer versichert Ihnen, dass es sich nicht um ein Unfallauto handle.

1.5 Personenrecht

Das Personenrecht befasst sich mit den natürlichen und juristischen Personen.

Natürliche Personen Natürliche Personen sind Menschen mit Geschlecht und Alter. Sie können grundsätzlich ihre Handlungen beurteilen, frei entscheiden und selbst handeln. Die Ausübung ihrer Rechte ist vom Alter abhängig.

Juristische Personen Juristische Personen sind keine Menschen (keine Rechtsanwälte oder Notarinnen), sondern Verbindungen von mehreren Personen (z. B. Vereine, Aktiengesellschaften). Rechtlich gesehen, sind dies neue, eigenständige Personen. Sie handeln durch ihre Organe (z. B. beim Verein der Vorstand, bei einer Aktiengesellschaft der Verwaltungsrat).

Personenrechtliche Bestimmungen

Rechtsfähigkeit (ZGB 11) Die Rechtsfähigkeit ist die Fähigkeit, Rechte und Pflichten zu haben (z. B. Recht auf einen anständigen Namen, Erbrecht, Schulpflicht, Steuerpflicht).
Rechtsfähig sind alle Menschen, unabhängig von Alter, Geschlecht, Herkunft oder Geisteszustand (Tiere sind nicht rechtsfähig).

Handlungsfähigkeit (ZGB 12/13) Die Handlungsfähigkeit ist die Fähigkeit, durch eigenes Handeln Rechte und Pflichten zu begründen. Handlungsfähig ist, wer volljährig und urteilsfähig ist. Eine urteilsfähige, volljährige Person ist somit selbstständig, von den Eltern unabhängig und kann in eigener Verantwortung z. B. Verträge abschliessen (Vertragsfähigkeit). Für alle Rechtshandlungen muss die Verantwortung übernommen werden.

Volljährigkeit (ZGB 14) Die Volljährigkeit besitzt, wer das 18. Altersjahr vollendet hat.

Religiöse Erziehung (ZGB 303) Wer das 16. Altersjahr vollendet hat, entscheidet selbstständig über sein religiöses Bekenntnis.

Urteilsfähigkeit (ZGB 16) Die Urteilsfähigkeit ist die Fähigkeit, vernunftgemäss zu handeln. Diese ist gegeben, wenn eine Person die Folgen ihrer Handlungen richtig abschätzen kann und charakterlich reif genug ist, sich auch entsprechend ihrer Erkenntnis zu verhalten (z. B. einer Versuchung widerstehen). Das Gesetz legt kein genaues Alter für die Urteilsfähigkeit fest.

Eine urteilsfähige Person muss für ihre Handlungen einstehen und ist deliktsfähig (d.h., die Person haftet für den Schaden aus einer widerrechtlichen Handlung).

Handlungsunfähig sind urteilsunfähige Personen, Minderjährige sowie Personen unter umfassender Beistandschaft (ZGB 398). Urteilsunfähig respektive nicht urteilsfähig sind alle Personen, die wegen ihres Kindesalters oder infolge von Geisteskrankheit, Alkoholrausch, Drogenrausch, Schlafwandel oder Schock unfähig sind, vernunftgemäss zu handeln.
Rechtshandlungen einer urteilsunfähigen Person sind unwirksam (nichtig), und ein Verschulden ist ausgeschlossen.

Handlungsunfähigkeit (ZGB 17/18)

Urteilsfähige Minderjährige (Jugendliche unter 18 Jahren) sind beschränkt handlungsunfähig. Sie dürfen z.B. mit ihrem Einkommen Kaufverträge abschliessen (siehe Vertragsrecht, Kapitel 2.3).

Beschränkte Handlungsunfähigkeit (ZGB 19)

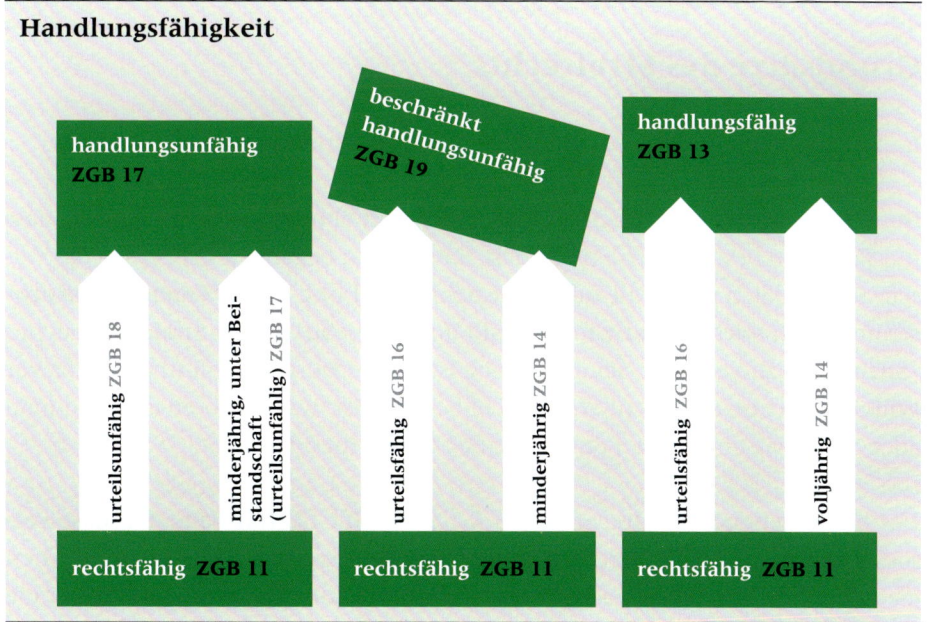

Verstanden?

1.45 Handelt es sich um natürliche oder juristische Personen?
    a) Dr. jur. Ernst Huber
    b) Turnverein Wil
    c) Herr Gerichtspräsident Ammann
    d) Nussbaumer AG
    e) Migros
    f) FCSG

1.46 Wer ist in der Schweiz rechtsfähig?

1.47 Wann ist eine Person handlungsfähig?

1.48 Erklären Sie die beschränkte Handlungsunfähigkeit.

1.49 Wann ist eine Person urteilsunfähig?

1.50 Wer besitzt die religiöse Urteilsfähigkeit?

1.51 Kann eine 17-Jährige heiraten?

1.52 Sandra wurde am 13. Juni 2004 geboren. Wann wird sie volljährig?

1.6 Strafrecht

Zweck des Strafrechts ist es, die wichtigsten Rechtsgüter der Menschen zu schützen. Dazu gehören unter anderem Leib und Leben, Freiheit, sexuelle Selbstbestimmung sowie Eigentum bzw. Vermögen. Verletzt jemand ein strafrechtlich geschütztes Rechtsgut, muss er mit Bestrafung rechnen. Es spielt dabei keine Rolle, ob einem der entsprechende Artikel des Strafgesetzes bekannt ist oder nicht. Die Kenntnis dieser Artikel wird vorausgesetzt, da es sich hier um die grundlegendsten Rechte der Menschen überhaupt handelt.

Grundsätze des Strafrechts

Im Strafrecht gibt es einige Grundsätze, die man kennen sollte.

Keine Sanktion ohne Gesetz (StGB 1)

Der wichtigste Grundsatz heisst «Keine Sanktion ohne Gesetz». Er legt fest, dass nur Personen bestraft werden können, die eine Tat begangen haben, die das Gesetz ausdrücklich mit Strafe oder Massnahme bedroht. Dieser Grundsatz ist ausserordentlich wichtig und wird deshalb im ersten Artikel des Strafgesetzbuches (StGB) explizit genannt. Seine Aufgabe ist es, die Bürgerinnen und Bürger vor Willkür zu schützen. Denn: Wenn nicht bekannt ist, was verboten ist, kann man auch nicht wissen, ob man etwas Ungesetzliches tut oder nicht.

Keine Strafe ohne Schuld (StGB 12)

Das heute geltende Strafrecht ist ein Schuldstrafrecht. Das bedeutet, dass Personen nur dann von einem Strafrichter verurteilt werden dürfen, wenn ihnen die Schuld für ihr Delikt nachgewiesen werden kann. Das Strafrecht kennt die beiden Schuldformen «Vorsatz» und «Fahrlässigkeit». Hat jemand ein Delikt nicht vorsätzlich begangen und kann ihm auch nicht Fahrlässigkeit nachgewiesen werden, trägt er keine Schuld. Ebenfalls nicht schuldfähig ist z. B. eine Person, die zum Zeitpunkt der Tat unzurechnungsfähig (nicht urteilsfähig) war.

Strafmass (StGB 47)

Es ist Aufgabe des Gerichts, das Strafmass festzulegen. Das Gesetz schreibt der Richterin oder dem Richter nur den Strafrahmen vor, an den sie oder er sich zu halten hat. Für einen Mord beträgt der Strafrahmen gemäss StGB lebenslängliche Freiheitsstrafe oder Freiheitsstrafe nicht unter 10 Jahren. Es liegt nun an der Strafrichterin oder am Strafrichter zu entscheiden, welches Strafmass im Einzelfall angemessen ist. Bei der Festlegung der Strafe hat das Gericht das Verschulden des Täters, dessen Beweggründe, dessen Vorleben sowie die persönlichen Verhältnisse zu berücksichtigen.

Deliktarten

Bei Offizialdelikten geht der Staat von sich aus gegen Straftäter vor und wartet nicht zuerst auf die Anzeige der Geschädigten. Beispiele für Offizialdelikte sind Raub, Tötung, häusliche Gewalt, Vergewaltigung oder die meisten Vermögensdelikte.

Offizialdelikt

Bei Antragsdelikten hingegen erfolgt die Strafverfolgung gegen die Täterin nicht von Amtes wegen, sondern nur auf Anzeige des Geschädigten hin. Antragsdelikte bilden im schweizerischen Strafrecht die Ausnahme. Beispiele hierfür sind Diebstahl zum Nachteil eines Angehörigen, Ehrverletzung, Drohung und Hausfriedensbruch. Der Staat soll sich hier nicht ohne ausdrücklichen Willen des Geschädigten in Sachverhalte einmischen, die eher dem Privatbereich dieser Person zuzuordnen sind.

Antragsdelikt (StGB 30)

Strafen

Im schweizerischen Strafrecht gibt es drei Arten von Sanktionen: Freiheitsstrafe (bedingt oder unbedingt), Geldstrafe oder gemeinnützige Arbeit.

Die Dauer der Freiheitsstrafe beträgt in der Regel mindestens sechs Monate und höchstens 20 Jahre. Wo es das Gesetz ausdrücklich bestimmt, dauert die Freiheitsstrafe lebenslänglich.

Freiheitsstrafe (StGB 40)

Die Geldstrafe kennt zwei Komponenten: die Anzahl Tagessätze (nach Verschulden) und die Höhe des Tagessatzes (nach persönlichen und finanziellen Verhältnissen). Falls Verurteilte die (unbedingte) Geldstrafe nicht bezahlen wollen oder können, tritt an die Stelle der Geldstrafe eine sogenannte Ersatzfreiheitsstrafe, wobei ein Tagessatz einem Tag Freiheitsstrafe entspricht.

Geldstrafe (StGB 34–36)

Wer einen Mord begeht, wird mit einer Freiheitsstrafe nicht unter 10 Jahren bis zu lebenslänglich bestraft. Das exakte Strafmass legt die Richterin oder der Richter fest. Im Bild die bernische Strafanstalt Thorberg.

Gemeinnützige Arbeit (StGB 37–39) — Die gemeinnützige Arbeit wird von der Richterin oder dem Richter mit dem Einverständnis der Täterin oder des Täters angeordnet. Das Gericht bestimmt die Anzahl Stunden, welche die verurteilte Person zu leisten hat. Vier Stunden gemeinnützige Arbeit entsprechen bei Umwandlung einem Tagessatz Geldstrafe oder einem Tag Freiheitsstrafe.

Massnahmen

Bei den Massnahmen wird hauptsächlich unterschieden zwischen den therapeutischen Massnahmen, der Verwahrung und den anderen Massnahmen.

Verwahrung (StGB 64) — Die Verwahrung ist die härteste Massnahme, bei der eine verurteilte Person unter Umständen nie mehr ihre Freiheit zurückerlangt. Sie sollte nur in Ausnahmefällen und als letztes Mittel ausgesprochen werden, z.B. dann, wenn die Sicherheit der Öffentlichkeit vor bestimmten, nicht therapierbaren Täterinnen und Tätern höher eingeschätzt wird als deren persönliche Freiheit.

Therapeutische Massnahmen (StGB 56 ff.) — Bei psychisch kranken oder drogenabhängigen Personen ist eine Freiheitsstrafe oft nicht sinnvoll. In diesen Fällen werden therapeutische Massnahmen angeordnet.

Andere Massnahmen (StGB 66 ff.) — Die Richterin oder der Richter kann als andere Massnahme z.B. ein Berufsverbot, die Veröffentlichung des Urteils, die Einziehung von Gegenständen (z.B. Raserauto) oder von Vermögenswerten anordnen.

Jugendstrafrecht

Jugendstrafgesetz (JStG) — Für Jugendliche von 10 bis 18 Jahre gilt ein besonderes Jugendstrafrecht, formuliert im Jugendstrafgesetz. Um straffällig gewordene Jugendliche wieder in die Gesellschaft zu integrieren, werden vor allem sogenannte Massnahmen ergriffen. Man geht davon aus, dass mit gezielten, erzieherisch ausgerichteten Sanktionen viel erreicht werden kann – der Erziehungsgedanke steht im Zentrum des Jugendstrafrechts. Es gilt dabei, den Anlass einer Straftat zu nutzen, um ungünstige Entwicklungen korrigieren zu können.

Aber nicht nur bei der Strafe selbst, sondern bereits im Verfahren wird versucht, erzieherisch auf den straffälligen Jugendlichen einzuwirken. Zwar ist auch hier das Delikt der Ausgangspunkt. Aber stärker als bei Erwachsenen rückt im Verlauf des Verfahrens die Person des Jugendlichen in den Vordergrund. Die Frage eines Jugendrichters ist also nicht: «Wie schwer sind Tat und Verschulden?» (woraus sich dann die Höhe der Strafe ergibt), sondern sie lautet: «Muss man aus Tat und Person des Täters den Schluss ziehen, dass er zukünftig erhebliche Straftaten begehen wird? Gibt es geeignete pädagogische Massnahmen, um dieser Gefahr zu begegnen?» Zudem wird darauf geachtet, dass das Verfahren schnell abgeschlossen werden kann, sodass zwischen der begangenen Straftat und dem Antritt der Strafe, also der erzieherischen Massnahme, möglichst wenig Zeit vergeht.

Jugendliche, die zur Zeit der Tat 16 Jahre alt sind, können bei besonders schweren Delikten jedoch mit Freiheitsentzug bis zu vier Jahren bestraft werden.

Freiheitsentzug (JStG 25)

Schweizer Jugendstrafrecht im Überblick

Alter	Strafen	Massnahmen	Besonderheiten
Unter 10 Jahren	Keine	Keine Massnahmen gemäss Jugendstrafrecht	Massnahmen der KESB (z. B. Erziehungsbeistand) sind möglich.
10–14 Jahre	Nur Verweis oder eine persönliche Leistung bis max. 10 Tage möglich.	• Aufsicht • Persönliche Betreuung • Ambulante Behandlung • Unterbringung	Strafbefreiung liegt im gerichtlichen Ermessen, z. B. wenn das Delikt geringfügig war, der Täter selber stark betroffen war oder schon von den Eltern oder Dritten bestraft worden ist. Sofern der Täter nicht zu einer unbedingten Freiheitsstrafe verurteilt wurde, kann ein Verfahren auch zugunsten einer Mediation eingestellt werden.
Ab 15 Jahren	Nebst Verweis und persönlicher Leistung sind auch Bussen bis max. Fr. 2000.– und Freiheitsstrafen von max. 1 Jahr möglich.		
16–18 Jahre	Nebst Verweis und persönlicher Leistung sind Bussen bis max. Fr. 2000.– und in schweren Fällen Freiheitsstrafen bis zu 4 Jahren möglich.		

Für minderjährige Straffällige gilt das Jugendstrafrecht.

Verstanden?

1.53 Was bedeutet «Keine Strafe ohne Schuld»?

1.54 Erklären Sie den Begriff «deliktsfähig»

1.55 Erklären Sie den Unterschied zwischen «Antragsdelikt» und «Offizialdelikt» mit Beispielen.

1.56 Unterscheiden Sie die drei Sanktionen im schweizerischen Strafrecht.

1.57 Was wird bei der Strafzumessung berücksichtigt?

1.58 Warum ist die Verwahrung die härteste Massnahme; was sollte deshalb dabei beachtet werden?

1.59 Warum werden im Jugendstrafrecht vor allem erzieherische Massnahmen ergriffen?

Geld und Konsum

	Einleitung	34
2.1	Geld	35
2.2	Bargeldloser Zahlungsverkehr	40
2.3	Vertragsrecht	42
2.4	Kaufen	45
2.5	Kaufvertrags- und Finanzierungsarten	53
2.6	Ökologie und Ethik beim Kaufen	59
2.7	Zusammenhänge im Wirtschaftskreislauf	61
2.8	Messung der Wirtschaftsaktivität	70

Einleitung

Mit dem Eintritt in die berufliche Grundbildung verändern Sie vermutlich Ihr Verhalten in der Freizeit. Mit zunehmendem Alter werden auch Ihre Bedürfnisse und Wünsche grösser. Mit Ihrem Lohn müssen Sie eine Wahl treffen, welche Bedürfnisse Sie befriedigen wollen und können. Als Konsumentinnen und Konsumenten tragen Sie Verantwortung gegenüber Ihren Mitmenschen und der Umwelt.

Das Geld für grössere Anschaffungen müssen Sie zuerst sparen und sinnvoll anlegen. Die Erfüllung grösserer Wünsche birgt aber auch die Gefahr, dass man die Ausgaben nicht mehr unter Kontrolle hat. Viele junge Menschen können den Verlockungen des Angebots nur schwer widerstehen. «Konsum auf Pump» wird immer mehr zur Norm, weil finanzieller Erfolg in der Gesellschaft hohes Ansehen geniesst und teure Statussymbole über Kredite im Handumdrehen erhältlich sind.

Viele Wünsche können Sie sich mit dem Abschluss eines Kauf- oder Leasingvertrages erfüllen. Deshalb lernen Sie die wichtigsten gesetzlichen Bestimmungen kennen, die Ihnen im Umgang mit Kauf- und Leasingverträgen helfen.

Sie erkennen Ihre verschiedenen Rollen im Wirtschaftsgefüge und befassen sich mit den volkswirtschaftlichen Grundlagen.

Kapitel 2 | Geld und Konsum

2.1 Geld

Lohn

In der Lohnabrechnung werden der Brutto- und der Nettolohn ausgewiesen. Als Bruttolohn bezeichnet man den mit dem Arbeitgeber vereinbarten Lohn. Der Nettolohn ist das Arbeitsentgelt, das nach den Abzügen für Sozialversicherungsbeiträge ausbezahlt wird.

Bruttolohn/Nettolohn

Vereinbarter Lohn

+ mögliche Lohnzusätze:
- Lohnzuschläge (Überstunden)
- 13. Monatslohn
- Naturallohn
- Gratifikation

= **Bruttolohn (AHV-pflichtiger Lohn)**
− AHV-, IV-, EO-, ALV-Prämien
− NBU-Prämie
= **Nettolohn**
+ Spesenentschädigung
+ Sozialzulagen (Kinder-, Familienzulage)
= **ausbezahlter Lohn**

Die Lohnabzüge sind im Lehrvertrag zu regeln. Abzüge vom Bruttolohn können für Versicherungsprämien sowie für bezogene Leistungen des Arbeitnehmenden (z. B. für Kost und Logis, Berufskleidung) vorgenommen werden. Für die obligatorische Berufsunfallversicherung, für den Schulbesuch oder den Besuch von Einführungs- und überbetrieblichen Kursen sowie für das Qualifikationsverfahren dürfen hingegen keine Abzüge erfolgen. Diese Kosten trägt vollumfänglich der Lehrbetrieb. Ab dem 1. Januar des Jahres, in dem die Lernenden 18 Jahre alt werden, werden von ihren Lernendenlöhnen mindestens die folgenden Sozialversicherungsbeiträge – jeweils zur Hälfte durch den Arbeitgeber und den Arbeitnehmer zu leisten – in Abzug gebracht:

Lohnabzüge

Obligatorische Sozialversicherungsbeiträge in Prozent der Lohnsumme			
	Arbeitnehmerbeitrag	**Arbeitgeberbeitrag**	**Total**
AHV – Alters- und Hinterlassenenversicherung	4,20 %	4,20 %	8,4 %
IV – Invalidenversicherung	0,70 %	0,70 %	1,4 %
EO – Erwerbsersatzordnung	0,25 %	0,25 %	0,5 %
ALV – Arbeitslosenversicherung	1,10 %	1,10 %	2,2 %
Total	6,25 %	6,25 %	12,5 %
plus **Unfallversicherung**	Nichtbetriebsunfallversicherung (NBU)	Berufsunfallversicherung (BU)	

(Stand: 2013)

Möglicherweise kommen noch Abzüge für die berufliche Vorsorge (BVG) oder eine Krankentaggeldversicherung dazu. Der Lehrbetrieb darf auch die Beiträge für die Nichtberufsunfallversicherung (NBU) abziehen. Was und wie viel vom Lohn abgezogen wird, muss auf der monatlichen Lohnabrechnung aufgelistet sein.

Musterfirma AG
Ziegeleistrasse 12
9302 Kronbühl

Mitarbeiter-Nr: 44
Abteilung: Keine Abteilung (0)

Herr
Franz Muster
Zähringerstrasse 956
9000 St. Gallen

Lohnabrechnung per 24. Januar 2013   Kronbühl, 13.01.2013

Lohnart	Anzahl	Ansatz	Subtotal	Total
Monatslohn				950.00 SFR
Bruttolohn				**950.00 SFR**
UVG-Beitrag Männer	950.00 SFR.	1.45 %		-13.80 SFR
KTG-Beitrag	950.00 SFR.	1.00 %		-9.50 SFR
Nettolohn				**926.70 SFR**
Feriensaldo in Tagen	25.00 Tge		25.00 Tge	
Ueberzeitsaldo in Stunden	12.00 Std		12.00 Std	

Auszahlung:
SFR. 926.70 auf Postkonto 50-51129-3

Lohnausweis eines 16-jährigen Lernenden.

Musterfirma AG
Ziegeleistrasse 12
9302 Kronbühl

Mitarbeiter-Nr: 11
Abteilung: Produktion (30)

Frau
Evelyne Isenring
Bergstrasse 33
9428 Walzenhausen

Lohnabrechnung per 24. Januar 2013   Kronbühl, 13.01.2013

Lohnart	Anzahl	Ansatz	Subtotal	Total
Monatslohn				5'100.00 SFR
Kinder- und Ausbildungszulagen	1.00			200.00 SFR
Bruttolohn				**5'300.00 SFR**
Repräsentationsspesen pauschal				300.00 SFR
AHV-IV-EO	5'100.00 SFR.	5.15 %		-262.65 SFR
ALV-Beitrag	5'100.00 SFR.	1.10 %		-56.10 SFR
UVG-Beitrag Frauen	5'100.00 SFR.	1.55 %		-79.05 SFR
PK/BVG-Beitrag fix Frauen				-97.80 SFR
Nettolohn				**4'715.15 SFR**
Feriensaldo in Tagen	9.00 Tge		9.00 Tge	
Ueberzeitsaldo in Stunden	12.00 Std		12.00 Std	

Auszahlung:
SFR. 4'715.15 auf Bankkonto 6581297.11, CREDIT SUISSE (5), St. Margrethen SG

Lohnausweis einer 40-jährigen Mitarbeiterin.

Verstanden?

2.1 Erklären Sie den Unterschied zwischen Brutto- und Nettolohn.

2.2 Welche Abzüge können vom Bruttolohn gemacht werden?

2.3 Was darf den Lernenden nicht vom Lohn abgezogen werden?

Budget

Mit dem Lohn nimmt man Geld ein, das man – möglichst verantwortungsbewusst – wieder ausgibt. Leider geraten Jugendliche dabei relativ schnell in eine Schuldenspirale: Jede vierte jugendliche Person in der Schweiz lebt über ihren finanziellen Verhältnissen.

Schulden

Falls die Finanzsituation jeweils so aussieht, dass zwar noch Tage im Monat übrig sind, das Geld aber schon aufgebraucht ist, sollte man handeln. Als Erstes ist es wichtig, sich einen Überblick über seine finanzielle Situation zu verschaffen. In einem zweiten Schritt versucht man auszuloten, wie viel Geld pro Monat für Rückzahlungen zur Verfügung steht. Dabei hilft einem ein Budget. Sind die laufenden Zahlungsverpflichtungen höher als der maximale Sparfreibetrag, so lohnt es sich, mit den einzelnen Gläubigern Kontakt aufzunehmen, um mit ihnen alternative Rückzahlungsvarianten festzulegen.

Schuldensanierung

Um sich einen Überblick über die Einnahmen und Ausgaben zu verschaffen, erstellt man am besten ein Budget, das einem hilft, seine Geldmittel gezielt einzusetzen.

Merkpunkte der Budgeterstellung

- Geld muss zuerst eingenommen werden, bevor es ausgegeben werden kann.
- Nur realistische Zahlen einsetzen.
- Mit eigenen Zahlen rechnen.
- Jedes Budget ist individuell nach den eigenen Bedürfnissen zu erstellen. Ehrlichkeit und Disziplin sind Grundvoraussetzungen.

Budgeterstellung

Bei der Erstellung eines Budgets werden zunächst sämtliche Einnahmen notiert. In einem zweiten Schritt schaut man die festen Kosten an, also Ausgaben, die «gleich» bleiben und nicht beeinflusst werden können, wie z.B. Mietzins, Abokosten Handy, Radio, TV, Steuern oder Versicherungen (z.B. Krankenkasse).

Fixe Kosten

Als Nächstes werden die veränderlichen Kosten eingesetzt, Kosten, welche durch persönliche Verhaltensänderungen beeinflusst werden können, z.B. Essen, Fahrkosten Auto oder das Taschengeld.

Variable Kosten

Mögliche Budgetpositionen für Lernende

Einnahmen	
	Nettolohn, andere Einnahmen (z.B. Alimente)
	Total Einnahmen
Ausgaben	
Fixe Kosten	Krankenkasse, Fahrspesen, auswärtige Verpflegung, Schulmaterial, Haushaltsbeitrag, Miete
Variable Kosten	Taschengeld, Mobiltelefon, Kleider, Schuhe, Coiffeur, Körperpflege, Hobby, Sport
Rückstellungen	Zahnarzt, Optiker, Ferien, Sparen, Steuern, Diverses
	Total Ausgaben

Kontrolle	Ohne Kontrolle ist ein Budget nutzlos. Deshalb müssen die Ausgaben kontrolliert und Ende Monat mit dem Budget verglichen werden. Falls nötig, muss man seinen Lebensstil ändern, um nicht in die Schuldenspirale zu geraten.
Beratungsstellen	Hilfe bei Schuldenproblemen erhält man z. B unter: www.budgetberatung.ch oder www.schulden.ch sowie bei kantonalen Beratungsstellen (z. B. Schuldberatungsstelle).

Verschuldung

Eigentlich ist es eine normale Entwicklung: Mit zunehmendem Alter und Einkommen werden auch die Wünsche grösser. Doch da wird es auch schon kompliziert. In der modernen Konsumgesellschaft tappen in der Schweiz vor allem Jugendliche zwischen 18 und 24 Jahren in die Schuldenfalle, weil sie mehr Geld ausgeben, als ihnen zu Verfügung steht. Doch ein Leben auf «Pump» kann unangenehme Folgen haben. Diese lassen sich mit grundlegenden Kenntnissen über Finanzen und einem realistischen Budget vermeiden.

Um Schulden zu vermeiden, erstellt man also am besten ein Budget. Bei Lehrbeginn empfiehlt es sich, zwei Konti zu eröffnen: ein Lohnkonto und ein Sparkonto (um monatlich etwas Geld zurückzustellen, am besten Bezugslimiten auf Null vereinbaren).

Weitere bewährte Tipps, um Schulden zu vermeiden:	
Bankkarte	• bei Bargeldbezug immer auch den Kontostand überprüfen • möglichst wenig damit bezahlen
Bargeld	• nur wenig im Portemonnaie mittragen • nicht von anderen ausleihen
Handy	• Prepaid statt Abo oder ein Abo mit Gebührenlimite wählen • Abo bedürfnisgerecht auswählen • Internetfunktion sperren • Roaming ausschalten!
Kleider	• Ausverkauf abwarten
Ausgang	• Party im Freundeskreis statt in teuren Clubs

Quelle: www.budgetberatung.ch

Kredit-, Bank- und Kundenkarten sind typische Schuldenfallen.

Kapitel 2 | Geld und Konsum

Achtung!
Sieben Schuldenfallen

Eltern zahlen lassen
Um die Finanzen später richtig im Griff zu haben, ist es besser, sich frühzeitig von der Unterstützung der Eltern zu lösen, um einen eigenen Überblick zu bekommen.

Leben auf Pump
Um nicht in die Schuldenfalle zu tappen, ist es am besten, nie mehr auszugeben, als man wirklich hat (z. B. keine Kreditkarte benützen).

Leasing- und Internetkäufe
Bei Käufen per Mausklick oder mit Leasingvertrag geht schnell der Überblick verloren.

Sinnloses Shopping
Oft werden Dinge gekauft, die man gar nicht wirklich braucht: aus Frust, Langeweile oder Stress.

Kleinkredite
Durch die hohen Zinsen eines Kleinkredits bleiben oft noch jahrelang Zinszahlungen zu leisten, die das Budget belasten.

Fixkosten unterschätzen
Die Steuern, Krankenkasse und die Versicherungen werden oft vergessen, weil sie nicht andauernd anfallen.

Schlechte Planung
Die Miete und das Essen sind nicht alles, was monatlich bezahlt werden muss, wenn man von zuhause auszieht: Es empfiehlt sich, ein Budget zu erstellen.

Verstanden?

2.4 Erklären Sie den Unterschied zwischen fixen und variablen Kosten in einem Budget.

2.5 Einer Ihrer Kollegen ist überschuldet und bittet Sie um Hilfe. Zeigen Sie ihm auf, welche Schritte in dieser Situation angezeigt sind.

2.6 Nennen Sie die häufigsten Schuldenfallen bei jungen Erwachsenen.

2.2 Bargeldloser Zahlungsverkehr

Wer ein Konto bei einer Bank oder der Post besitzt, hat unterschiedliche Möglichkeiten, bargeldlose Zahlungen vorzunehmen.

Banküberweisung Bei einer Banküberweisung füllt die Kundin einen Zahlungsauftrag aus und stellt diesen mit den Einzahlungsscheinen der Bank zu. Diese führt die Zahlungen aus und schickt der Kundin eine detaillierte Belastungsanzeige.

Dauerauftrag Beim Dauerauftrag wird die Bank beauftragt, einen festen Betrag regelmässig an den gleichen Empfänger zu überweisen. Die Bank führt diese Zahlungen zu den festgesetzten Zeitpunkten aus (z. B. Miete, Krankenkassenprämien).

Lastschriftverfahren (LSV) Die Bankkundin kann mit der Bank schriftlich vereinbaren, dass Rechnungen von bestimmten Unternehmen an die Bank geschickt und direkt durch diese bezahlt werden. Dies nennt man Lastschriftverfahren (LSV).

E-Banking Beim E-Banking hat der Bankkunde via Internet einen gesicherten Zugang zu seinen Konten. Dadurch hat er einen Überblick über seine Finanzen, kann selbstständig Kontoüberträge vornehmen, Zahlungen erfassen, neueste Bankinformationen abfragen und vieles mehr.

Karten

Kreditkarten Eine Kreditkarte ist ein Ausweis über die Zugehörigkeit zu einer Kreditkartenorganisation. Wer in einem Geschäft oder Restaurant eine Kreditkarte vorweist, muss nicht bar bezahlen. Vielmehr gewährt ihm die Kreditkartenorganisation Kredit und fordert das Geld erst Ende Monat mit einer Rechnung ein (via LSV). Es gibt auch Prepaidkreditkarten, die im Voraus mit einem selbst gewählten Betrag aufgeladen werden können. In diesem Fall kann nur soviel Geld eingesetzt werden, wie auch auf der Karte ist. Kreditkarten können gegen eine Jahresgebühr (z. B. Fr. 150.–) bei Banken, der Post oder anderen Institutionen beantragt werden. Gegen eine Gebühr kann mit ihnen auch Geld am Bankomaten bezogen werden. Zunehmend sind sie auch gratis erhältlich (z.B bei MIGROS, COOP; SBB).
Beispiele: Mastercard, American Express, Visa, Diners Club

> **Vor- und Nachteile von Kreditkarten**
>
> Vorteile:
> - Weniger Bargeld notwendig (kleineres Diebstahlrisiko)
> - Bei Kautionen (z.B. Fahrzeugmiete) reicht Angabe der Kreditkartennummer
>
> Nachteile:
> - Schlechtere Kontrolle über eigene Ausgaben
> - Gefahr des Missbrauchs bei Verlust
> - Bei Internetkäufen werden die Gebühren zunehmend dem Käufer belastet

Die Debitkarten ermöglichen Bargeldbezüge rund um die Uhr sowie bargeldloses Bezahlen an sogenannten Zahlterminals in Geschäften im In- und Ausland. Die Bezüge werden laufend dem entsprechenden Konto belastet.
Beispiele: Maestro-Karte, Postcard

Debitkarten

Vor- und Nachteile von Debitkarten

Vorteile:
- Weniger Bargeld notwendig
- Bargeldbezüge rund um die Uhr möglich

Nachteile:
- Gefahr, mehr Geld auszugeben, als man hat
- Gefahr des Missbrauchs bei Verlust (falls Code bekannt)

Immer mehr Firmen werben mit Rabatten und Aktionen für ihre Kundenkarten. Trotz Sicherheitslücken finden Kundenkarten zunehmend Verbreitung. Die Geschäfte profitieren gleich dreifach davon: Erstens sollen die Kunden dem Unternehmen treu bleiben, zweitens gewinnen sie Kundendaten und drittens ersparen sich die Firmen einen Teil der Kommissionen, die bei den klassischen Kreditkarten anfallen. Nur ganz wenige Kundenkarten lohnen sich.

Kundenkarten

Vor- und Nachteile von Kundenkarten

Vorteile:
- Rabatte und spezielle Aktionen
- Rechnungen teilweise erst am Monatsende

Nachteile:
- Gewährte Preisnachlässe sind bescheiden im Vergleich zur Datenmenge, die die Kunden preisgeben
- Verzugszinsen sehr hoch (z. B. 15 %)

Ein weiteres bargeldloses Zahlungsmittel ist die Travel Cash Karte. Dies ist eine aufladbare Karte, mit der weltweit überall dort Bargeld in Lokalwährung bezogen und direkt bezahlt werden kann, wo MasterCard akzeptiert ist: an rund 2 Millionen Bancomaten, in über 33 Millionen Geschäften und online in Internet-Shops. Bei Verlust oder Diebstahl wird die Karte inklusive Restwert weltweit und kostenlos ersetzt.

Travel Cash Karte

Vor- und Nachteile von Travel Cash Karten

Vorteile:
- Keine direkte Verbindung zu einem Bankkonto
- Weltweiter Sofortersatz bei Verlust oder Diebstahl

Nachteile:
- Kommission (i. d. R. 1 % vom Ladebetrag) bei Erwerb und Wiederaufladung

Bitte beachten Sie: Bei Erhalt der Karte ist diese sofort zu unterschreiben.

Verstanden?

2.7 Neben den «handfesten» bargeldlosen Zahlungsmitteln wie Karten und Schecks gibt es noch andere Möglichkeiten, Zahlungen bargeldlos abzuwickeln. Nennen und beschreiben Sie zwei.

2.8 Erklären Sie den Unterschied zwischen einer Debit- und einer Kreditkarte.

2.9 Welches sind die Vor- und Nachteile von Kundenkarten?

2.10 Erklären Sie anhand des Beispiels Kreditkarte die Hauptproblematik der bargeldlosen Zahlungsmittel.

2.3 Vertragsrecht

Entstehung (OR 1) Zum Abschluss eines Vertrages ist die gegenseitige übereinstimmende Willensäusserung zweier oder mehrerer Parteien erforderlich.
Der Wille zum Abschluss eines Vertrages muss vorhanden sein (z. B. Kauf- und Verkaufsabsicht). Jeder Vertragspartner muss dem Vertragsabschluss ausdrücklich (mündlich/schriftlich) oder stillschweigend (durch ein bestimmtes Verhalten) zustimmen. Ein Kaufvertrag kommt z. B. nur dann zustande, wenn sich die Vertragsparteien in den wesentlichen inhaltlichen Punkten einig sind (Gegenstand, Menge und Preis).

Vertragsfähigkeit (ZGB 323) Die Voraussetzung für den Abschluss eines Vertrages ist die Handlungsfähigkeit. Eine häufige Ausnahme zu diesem Grundsatz betrifft Jugendliche unter 18 Jahren: Verträge, die sie mit ihrem Lohn, den damit gebildeten Ersparnissen oder mit ihrem Sackgeld erfüllen können, sind ohne die Einwilligung der gesetzlichen Vertreter gültig, obwohl diese Jugendlichen noch nicht volljährig sind.

Vertragsformen

OR 11 Vertragsparteien können frei bestimmen, mit wem und über was sie einen Vertrag abschliessen wollen. Verträge bedürfen zu ihrer Gültigkeit nur dann einer besonderen Form, wenn das Gesetz dies ausdrücklich vorschreibt (z. B. Lehrvertrag, Gesamtarbeitsvertrag).

Viele Verträge sind formlos gültig und können daher mündlich abgeschlossen werden – so zum Beispiel der Kaufvertrag.

Wo keine Formvorschrift besteht, kann ein Vertrag formlos abgeschlossen werden, d.h. mündlich oder stillschweigend (durch zustimmendes Verhalten). *Mündliche Verträge*

Bei wichtigen Verträgen sollten die Parteien aus Beweisgründen ihre Abmachungen immer schriftlich festhalten. Dabei unterscheidet das Gesetz folgende Möglichkeiten: *Schriftliche Verträge*

Varianten schriftlicher Verträge	
Einfache Schriftlichkeit	Der Vertrag muss schriftlich (von Hand oder PC) abgefasst werden und die eigenhändige Unterschrift des Verpflichteten aufweisen (z.B. bei einem Kaufvertrag der Käuferin und des Verkäufers).
Qualifizierte Schriftlichkeit	Der Vertrag erfordert neben der Unterschrift noch andere handschriftliche Vertragsbestandteile (z.B. beim Bürgschaftsvertrag bis Fr. 2000.– die Bürgschaftssumme).
Öffentliche Beurkundung	Der Vertrag wird unter Mitwirkung einer Urkundsperson (Notarin oder Notar) abgeschlossen. Die Urkundsperson fasst den Vertrag ab, lässt ihn von den Parteien unterschreiben und bestätigt mit der eigenen Unterschrift, dass der Inhalt dem Willen der Vertragsparteien entspricht (z.B. Ehevertrag, Erbvertrag, Grundstückverkauf).

Vertragsinhalt

Grundsätzlich kann jede beliebige Leistung in einem Vertrag verbindlich vereinbart werden. Dieser Vertragsfreiheit sind aber gesetzliche Grenzen gesetzt. Man unterscheidet dabei zwischen nichtigen und anfechtbaren Verträge.

Nichtige Verträge sind ungültig und können nicht durchgesetzt werden. *Nichtige Verträge*

Beispiele nichtiger Verträge (OR 20)	
Unmöglicher Vertragsinhalt	Ein Vertrag ist unmöglich, wenn bereits bei Vertragsabschluss niemand in der Lage ist, die vertragliche Pflicht zu erfüllen (z.B. Kauf eines Sternes).
Widerrechtlicher/rechtswidriger Vertragsinhalt	Ein Vertrag ist rechtswidrig, wenn er gegen das Gesetz verstösst (z.B. Ware schmuggeln, mit Drogen dealen).
Unsittlicher Vertragsinhalt	Ein Vertrag ist unsittlich, wenn er gegen das allgemeine Rechtsempfinden, d.h. gegen die guten Sitten, verstösst (z.B. Menschenhandel, Vereinbarungen von Schmier- und Schweigegeldern).

Ein anfechtbarer Vertrag ist grundsätzlich zustande gekommen und deshalb nicht ungültig. Die benachteiligte Partei kann den Vertrag jedoch innerhalb eines Jahres anfechten und der Gegenpartei erklären, dass sie den Vertrag nicht einhalten wolle, sondern die Aufhebung oder eine Änderung verlange, wenn es bei der Willensbildung oder -äusserung zu schweren Mängeln gekommen ist. *Anfechtbare Verträge*

Beispiele anfechtbarer Verträge	
Wesentlicher Irrtum (OR 23/24)	Ein wesentlicher Irrtum liegt dann vor, wenn der Irrtum so schwerwiegend ist, dass der Vertrag nicht abgeschlossen worden wäre, wenn der Irrende den wahren Sachverhalt gekannt hätte (z.B. echtes Bild erweist sich als Fälschung).
Absichtliche Täuschung (OR 28)	Eine absichtliche Täuschung liegt bei der Vorspiegelung falscher Tatsachen oder beim bewussten Unterdrücken von Tatsachen vor (z.B. Unfallauto wird als unfallfrei verkauft).
Drohung (OR 29)	Eine Drohung liegt vor, wenn eine Person einer anderen droht, ihr oder einer ihr nahe stehenden Person im Falle des Nichtabschlusses eines bestimmten Vertrages Schaden zuzufügen (z.B. Person stimmt einem Liegenschaftsverkauf zu, weil ihr Leben bedroht wird).
Übervorteilung (OR 21)	Eine Übervorteilung liegt vor, wenn zwischen der vereinbarten Leistung und der Gegenleistung ein krasses Missverhältnis besteht und wenn sich der Übervorteilte zur Zeit des Vertragsabschlusses in einer wirtschaftlichen oder persönlichen Notlage befunden hat (z.B. wenn eine Person dringend Geld braucht und jemand ihr ein Darlehen zu 20 Prozent Zins gewährt).

Verjährung

In der Regel erlöschen vertragliche Vereinbarungen, indem sie erfüllt werden. Werden die vertraglichen Vereinbarungen nicht erfüllt, und die Gläubigerin kümmert sich nicht um ihre Forderung, verjährt diese nach einer bestimmten Zeit, d.h., die Gläubigerin kann den Schuldner nicht mehr zur Zahlung zwingen.

OR 127/128

Beispiele Verjährungsfristen

- Maximale Verjährungsfrist: 10 Jahre
- Mietzinse, Arzt- und Handwerkerrechnungen, Lohnforderungen: 5 Jahre
- Forderung an eine Versicherung: 2 Jahre
- Bussen im Strassenverkehr: 3 Jahre

Verstanden?

2.11 Wie entsteht ein Vertrag?

2.12 Wer darf einen Vertrag abschliessen?

2.13 Warum ist es empfehlenswert, wichtige Verträge schriftlich abzuschliessen?

2.14 Zählen Sie drei schriftliche Vertragsformen auf.

2.15 Erklären Sie die «öffentliche Beurkundung».

2.16 Welche Vertragsinhalte sind nichtig?

2.17 Was ist eine Übervorteilung?

2.18 Worin besteht der Unterschied zwischen einem nichtigen und einem anfechtbaren Vertrag?

2.19 Welche Folgen hat eine Verjährung für den Schuldner bzw. die Schuldnerin?

2.4 Kaufen

Konsumieren im wirtschaftlichen Sinn bedeutet «kaufen».

Im Folgenden wird der Abschluss eines Kaufvertrags anhand eines Käufers und einer Verkäuferin beispielhaft durchgespielt.

Ablaufschema eines Kaufvertrages

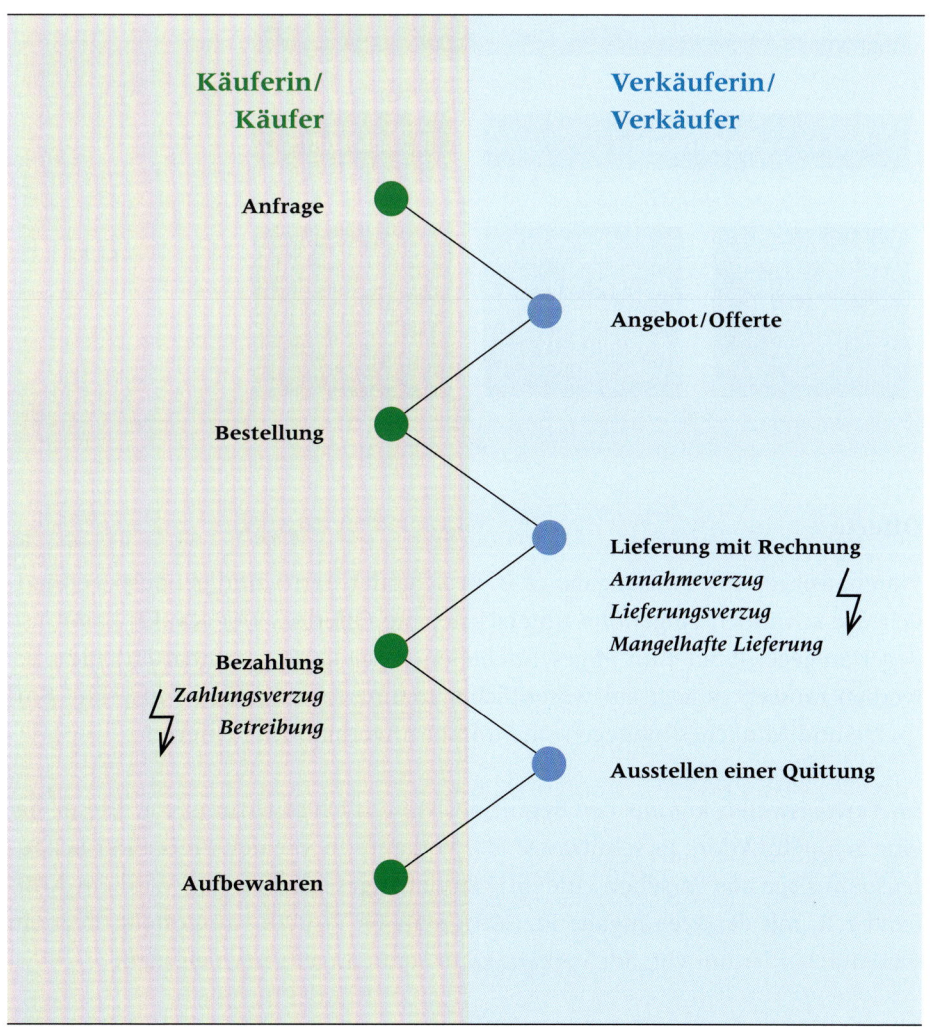

Käuferin/Käufer	Verkäuferin/Verkäufer
Anfrage	
	Angebot/Offerte
Bestellung	
	Lieferung mit Rechnung *Annahmeverzug* *Lieferungsverzug* ⚡ *Mangelhafte Lieferung*
Bezahlung *Zahlungsverzug* *Betreibung* ⚡	
	Ausstellen einer Quittung
Aufbewahren	

⚡ bei Störungen/Problemen

Schlüsselbegriffe und Vertragsverletzungen

Anfrage

Anfragen, welche sowohl schriftlich wie auch mündlich sein können, beziehen sich auf Informationen über den Kaufgegenstand, den Preis oder die Lieferungs- und Zahlungsbedingungen. Eine Anfrage ist immer unverbindlich.

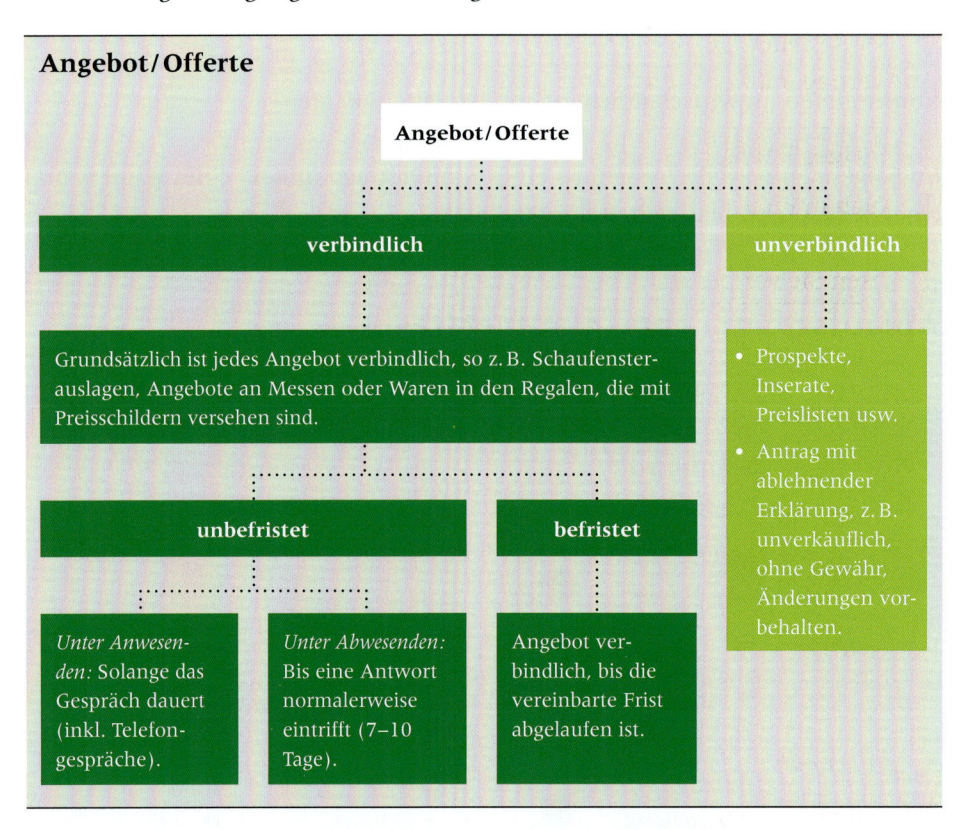

Angebot/Offerte

```
                        Angebot/Offerte
              ┌─────────────────┴─────────────────┐
          verbindlich                        unverbindlich
```

Grundsätzlich ist jedes Angebot verbindlich, so z. B. Schaufensterauslagen, Angebote an Messen oder Waren in den Regalen, die mit Preisschildern versehen sind.

- Prospekte, Inserate, Preislisten usw.
- Antrag mit ablehnender Erklärung, z. B. unverkäuflich, ohne Gewähr, Änderungen vorbehalten.

verbindlich:
- **unbefristet**
  - *Unter Anwesenden:* Solange das Gespräch dauert (inkl. Telefongespräche).
  - *Unter Abwesenden:* Bis eine Antwort normalerweise eintrifft (7–10 Tage).
- **befristet**
  - Angebot verbindlich, bis die vereinbarte Frist abgelaufen ist.

Offerte

Verbindliche und unverbindliche Offerte (OR 7)

Warenauslagen mit Preisangabe (z. B. in Schaufenstern) sind genauso verbindlich wie schriftlich eingeholte unterschriebene Offerten. Der Käufer kann also den Kaufgegenstand zum angeschriebenen (respektive vereinbarten) Preis erwerben (ausser, es liegt ein wesentlicher Irrtum vor). Kataloge, Inserate, Prospekte und Ähnliches hingegen sind immer unverbindliche Offerten.

Wesentlicher Irrtum (OR 23)

Im Vertragswesen kommt der Begriff des wesentlichen Irrtums vor. Dieser hat eine Schutzfunktion: Er schützt z. B. die Verkäuferin, die den Preis einer Schaufensterauslage aus Versehen eindeutig zu tief angeschrieben hat. Wird ein Armband z. B. mit der Preisangabe Fr. 200.– statt Fr. 20 000.– ausgestellt, liegt ein wesentlicher Irrtum vor, der Verkauf kann somit angefochten werden.

Befristete und unbefristete Offerte (OR 3–5)

Eine befristete Offerte ist so lange gültig, bis die Frist abgelaufen ist. Eine mündliche unbefristete Offerte muss sofort angenommen werden, sonst verliert sie ihre Gültigkeit. Dies gilt auch für telefonische Offerten. Wird eine Offerte schriftlich unterbreitet, ist die Verkäuferin so lange daran gebunden, bis eine ordnungsgemässe und rechtzeitige Bestellung des interessierten Käufers eintreffen würde (zirka sieben bis zehn Tage).

Mit der Zusendung einer unbestellten Ware wird keine gültige Offerte gemacht. Der Empfänger muss deshalb die Ware weder aufbewahren noch zurückschicken. Dies gilt jedoch nicht für eine offensichtlich irrtümlich zugestellte Ware. In diesem Fall muss die Absenderin benachrichtigt werden.

Unbestellte Ware (OR 6 a)

Bestellung

Mit der Bestellung nimmt der Käufer die Offerte an, er schliesst damit also einen Kaufvertrag mit der Verkäuferin ab.

Kaufvertrag (OR 184 ff.)

> **Wichtiges bei Kaufverträgen**
> - Auch mündliche Zusagen sind bindend.
> - Lassen Sie sich nie zu einer Unterschrift drängen (überschlafen).
> - Lesen Sie vor der Unterschrift das Kleingedruckte.

Es ist empfehlenswert, sich wichtige mündliche Abmachungen schriftlich bestätigen zu lassen.

Schriftliche Bestätigung

Annahmeverzug

Der Käufer muss die rechtzeitig gelieferte Ware annehmen. Weigert er sich, kann der Verkäufer die Ware auf Kosten des Käufers hinterlegen, z.B. in einem Lagerhaus.

Haustürkauf

Bestimmte Bestellungen von Waren und Dienstleistungen für den privaten Gebrauch können innert sieben Tagen schriftlich widerrufen werden, wenn der Wert Fr. 100.– übersteigt.

Widerrufsrecht (OR 40a–g)

Die Bestimmungen im Obligationenrecht sollen die Konsumentinnen und Konsumenten vor unüberlegten Käufen schützen.

> **Dieses Rücktrittsrecht gilt:**
> - anlässlich einer Werbeveranstaltung (zum Beispiel: Werbe-Carfahrt)
> - auf öffentlichen Strassen oder Plätzen
> - am Arbeitsplatz
> - in der Wohnung oder der unmittelbaren Umgebung

Der Kunde muss den Widerruf gegenüber dem Anbieter schriftlich anbringen. Das Rücktrittsschreiben muss per Einschreiben versandt werden. Es gilt das Datum des Poststempels.

Kein Rücktrittsrecht (nach OR) hat man bei Käufen an Markt- oder Messeständen, wenn man ausdrücklich auf Vertragsverhandlungen bestanden hat sowie beim Abschluss von Versicherungsverträgen (ausser wenn ein Rücktrittsrecht in den Vertragsbestimmungen aufgeführt ist).

Ausnahmen

Lieferung

Mahnkauf (OR 107) Wenn bei einem Mahnkauf Waren gegen Rechnung geschickt werden, wird meistens eine ungefähre Lieferfrist vereinbart. Lässt die Verkäuferin diese Frist verstreichen, muss der Käufer sie mit einer Nachfrist in Verzug setzen. Dies tut man am besten mit einer eingeschriebenen Liefermahnung. Verstreicht auch die Nachfrist ohne entsprechende Lieferung, kann der Käufer das Folgende tun:

> **Möglichkeiten des Käufers nach Ablauf der Nachfrist**
>
> a) Auf eine spätere Lieferung bestehen und evtl. Schadenersatzforderung erheben.
> b) Auf spätere Lieferung verzichten und Schadenersatzforderung wegen Vertragsverletzung erheben.
> c) Vom Vertrag zurücktreten.

Fixkauf (OR 108) Bei einem Fixkauf ist der Liefertermin von grosser Bedeutung, die Lieferung muss also auf einen bestimmten Zeitpunkt oder bis zu einem bestimmten Stichtag erfolgen (z. B. Hochzeitskleid, Würste für einen Fussballmatch). Wird die Ware zum vereinbarten Zeitpunkt nicht geliefert, befindet sich die Verkäuferin sofort in Verzug. Die Ansetzung einer neuen Frist zur nachträglichen Lieferung ist nicht notwendig. Der Käufer hat die gleichen Möglichkeiten wie beim Mahnkauf.

Mangelhafte Lieferung

Wenn der Käufer eine Verkäuferin wegen mangelhafter Lieferung haftbar machen will, so muss er unbedingt das Folgende beachten:

Pflichten des Käufers (OR 201/204)

> **Pflichten des Käufers bei einer Mängelrüge**
>
> a) Ware nach Erhalt sofort prüfen.
> b) Mangel unverzüglich der Verkäuferin mitteilen. Dies tut man am besten mit einer eingeschriebenen Mängelrüge.
> c) Beanstandete Ware aufbewahren, ohne sie zu benutzen.

Mängelrüge (OR 205/206) Mit dem Einreichen der Mängelrüge kann der Käufer das Folgende fordern:

> **Mögliche Forderungen des Käufers bei einer Mängelrüge**
>
> a) Einwandfreier Ersatz (Ersatzlieferung)
> b) Angemessene Preisermässigung (Minderung)
> c) Kauf rückgängig machen (Wandelung)

Die Verkäuferin hat grundsätzlich dafür zu sorgen, dass ihre Ware fehlerfrei, unbeschädigt und für den vorgesehenen Gebrauch tauglich ist. Sie haftet üblicherweise für Mängel an der Kaufsache (auch für versteckte Mängel und auch ohne Verschulden der Verkäuferin). Man spricht in diesem Zusammenhang von Gewährleistung oder Garantie.

Gewährleistung/Garantie (OR 197/210) Ohne Garantiebescheinigung oder eine anderweitige vertragliche Vereinbarung gilt das Obligationenrecht, wonach die Verkäuferin für Produktemängel grundsätzlich während zwei Jahren haftet (gesetzliche Garantie). Eine Verkürzung dieser Verjährungsfrist ist bei Neuwaren vertraglich nicht möglich.

Beinhaltet der Kaufvertrag jedoch eine Garantie, gelten die dort festgelegten Vereinbarungen (vertragliche Garantie), welche häufig vom Gesetz abweichen. Zwar darf – wie oben beschrieben – die Garantiefrist nicht verkürzt werden, sie darf jedoch ganz ausgeschlossen werden. Es gelten dann die in den Allgemeinen Geschäftsbedingungen (AGB) festgehaltenen Vereinbarungen, welche Teil des Vertrages sind und Vorrang vor den Bestimmungen des OR haben. Vor Abschluss eines Vertrags, empfiehlt es sich deshalb, die AGB genau durchzulesen.

> **Was es bei der Garantie zu beachten gilt**
>
> - Achten Sie beim Kauf darauf, dass möglichst wenige gesetzliche Garantien ausgeschlossen werden.
> - Kontrollieren Sie, dass die Garantie keine Beschränkungen (z.B. auf bestimmte Materialien) beinhaltet.
> - Streichen Sie AGB-Klauseln, welche Ihnen unpassend erscheinen, bevor Sie einen Vertrag unterzeichnen.
> - Kommt der Verkäufer Ihnen nicht entgegen, wenden Sie sich an die Geschäftsleitung.

Zahlung

Wenn ein Rechnungsbetrag bis zum Ablauf der Zahlungsfrist nicht bezahlt worden ist, so muss die Verkäuferin den säumigen Zahler in Verzug setzen. Dies kann sie mit einer eingeschriebenen Zahlungsmahnung machen. In dieser Mahnung wird dem Käufer meist eine zusätzliche Frist zur Zahlung eingeräumt. Ist ein genauer Zahlungstermin verabredet worden, befindet sich der Käufer mit Ablauf dieses Datums in Verzug. **Zahlungsverzug (OR 102)**

Ist der Käufer mit der Zahlung der Schuld in Verzug, kann die Verkäuferin einen Verzugszins von 5 Prozent im Jahr verlangen. **Verzugszins (OR 104)**

Quittung

Auf Wunsch muss die Verkäuferin dem Käufer eine Quittung ausstellen. Sie gilt als Beweis, dass die Schuld beglichen ist. **OR 88**

> **Eine Quittung sollte enthalten:**
>
> - die Adresse des Zahlenden
> - den Geldwert (Währung) in Zahlen und Worten
> - Empfangsanzeige (bestätigt... erhalten zu haben) des Zahlungsempfängers
> - den Zweck der Zahlung
> - Ort und Datum der Zahlung
> - Unterschrift des Zahlungsempfängers

Im Handel sind praktische Quittungsblöcke erhältlich, welche das Ausstellen einer Quittung aufgrund ihrer formalen Struktur erleichtern und mit einem Durchschlagpapier dem Aussteller ein Doppel zurücklassen. Aber auch eine vom Zahlungsempfänger unterzeichnete Rechnung mit Ort und Datum gilt als Quittung.

> **Quittung**
>
> Die Unterzeichnende bestätigt, von Alex Mann, Quartierstr. 15, 9042 Speicher, den Betrag von
>
> **Fr.100.– (hundert Franken)**
>
> für ein gebrauchtes Fahrrad (Marke: MTB) erhalten zu haben.
>
> St.Gallen, 15. November 2013
> *H.Muster*
> Hanna Muster

Aufbewahrungspflicht (OR 127/128) Forderungen verjähren, d.h., dass die Gläubigerin nach einer bestimmten Frist ihr Guthaben nicht mehr einfordern kann. Die meisten Forderungen verjähren nach 5–10 Jahren (siehe Kapitel 2.3). So lange muss der Käufer also wichtige Quittungen aufbewahren. Auch im Zusammenhang mit Versicherungen ist es von Vorteil, «teure» Anschaffungen mit Quittungen belegen zu können (z.B. als Beweismittel bei Diebstahl).

Betreibung

Hat der Käufer auch nach Ablauf der Nachfrist nicht bezahlt, kann die Verkäuferin mithilfe des Betreibungsamtes das Geld einfordern.
Die gesetzliche Grundlage liefert das Bundesgesetz über Schuldbetreibung und Konkurs (SchKG). Das Gesetz schreibt genau die Verfahrensschritte, die zu verwendenden Formulare (z.B. Betreibungsbegehren, Zahlungsbefehl) sowie die einzuhaltenden Termine (SchKG 31) vor.

> **Betrieben werden können:**
>
> - handlungsfähige, natürliche und juristische Personen
> - bedingt handlungsfähige Personen (z.B. Lernende, im Rahmen ihres Lohnes)

Betreibungsarten Man unterscheidet drei Betreibungsarten:

> **Betreibungsarten**
>
> - **Betreibung auf Pfändung (SchKG 89–150)**
>   Wird bei einzelnen, natürlichen Personen angewendet. Es wird nur so viel gepfändet, wie für die Schuldenbegleichung und das Betreibungsverfahren nötig ist. Das heisst, der Betreibungsbeamte bezeichnet Möbelstücke, Wertgegenstände usw., um den geforderten Geldwert zu erreichen.
> - **Betreibung auf Pfandverwertung (SchKG 151–158)**
>   Der Gläubiger besitzt bereits ein Pfand des Schuldners (z.B. wertvoller Ring, teure Uhr, Wertpapiere oder ein Grundpfand auf einer Liegenschaft). Aus dem Erlös des verkauften Pfandes wird die Schuld beglichen.
> - **Betreibung auf Konkurs (SchKG 159–176)**
>   Das gesamte Vermögen der im Handelsregister eingetragenen Gesellschaft oder Firma usw. wird versteigert, die Firma aufgelöst und im Handelsregister gelöscht.

Im Folgenden wird der Ablauf einer Betreibung auf Pfändung dargestellt und kurz erläutert:

Betreibung auf Pfändung

Ablauf einer Betreibung und Pfändung

Gläubigerin	Betreibungsamt	Schuldner
① Betreibungsbegehren		
	② Zahlungsbefehl	
		③ a) Rechtsvorschlag oder b) evtl. Zahlung innert 20 Tagen, oder c) nichts tun
④ Gesuch um Rechtsöffnung		
	⑤ Gerichtsentscheid a) definitive Rechtsöffnung b) prov. Rechtsöffnung c) keine Rechtsöffnung	Evtl. Aberkennungsklage beim Gericht
⑥ Fortsetzungsbegehren		
	⑦ Pfändungsankündigung	
		Evtl. Zahlung; das Betreibungsverfahren endet
		⑧ Pfändung
	⑨ Pfändungsurkunde	
		Evtl. Zahlung; das Betreibungsverfahren endet
⑩ Verwertungsbegehren		
	⑪ Info Pfandverwertung	
		Evtl. Zahlung; das Betreibungsverfahren endet
	⑫ Versteigerung	
⑬ Verteilung des Erlöses		⑭ Evtl. Überschuss
⑮ Evtl. Verlustschein		

① In der Schweiz kann jede Person (ohne Belege) beim Betreibungsamt am Wohnort des Schuldners eine Betreibung einleiten. Dazu füllt sie das entsprechende Formular für das Betreibungsbegehren aus.
Ein Betreibungsverfahren verursacht Kosten, welche der Betreibende vorschiessen und der Schuldner begleichen muss. Betreibungen werden im Betreibungsregister vermerkt und können für den Schuldner zu Stolpersteinen, insbesondere bei der Wohnungssuche, werden.

② Mit dem Zahlungsbefehl fordert das Betreibungsamt den Schuldner auf, die geforderte Schuld innert 20 Tagen zu bezahlen.

③ a) Ist der Schuldner mit der Forderung des Gläubigers nicht einverstanden, so kann er den Zahlungsbefehl innert 10 Tagen mit dem Vermerk «Ich erhebe Rechtsvorschlag» zurückschicken und die Betreibung damit unterbrechen und aufschieben. Der Rechtsvorschlag kann auch sofort dem Überbringer des Zahlungsbefehls (Betreibungsbeamter) mitgeteilt werden.
b) Bezahlt der Schuldner innert 20 Tagen die Forderung so ist das Betreibungsverfahren beendet.
c) Unternimmt der Schuldner nichts, so kann der Gläubiger nach 20 Tagen direkt das Fortsetzungsbegehren stellen (6), d. h. die Pfändung verlangen.

④ Mit dem Gesuch um Rechtsöffnung versucht der Gläubiger, den Rechtsvorschlag (also die Unterbrechung der Betreibung) zu beseitigen.

⑤ Das Gericht entscheidet anschliessend, ob die Forderung auf einem Urteil beruht (dann erteilt es definitive Rechtsöffnung) oder auf einer schriftlichen Schuldanerkennung beruht (dann erteilt es provisorische Rechtsöffnung).

a) Bei definitiver Rechtsöffnung: Der Gläubiger kann nun das Fortsetzungsbegehren (6) stellen.
b) Bei provisorischer Rechtsöffnung: Der Schuldner kann innert 20 Tagen vom Gericht überprüfen lassen, ob die Forderung besteht oder nicht. Klagt er nicht (oder wird die Forderung vom Gericht bestätigt), kann der Gläubiger das Fortsetzungsbegehren stellen (6).
c) Keine Rechtsöffnung: Das Betreibungsverfahren endet.

⑥ Ist der Rechtsvorschlag beseitigt, so kann der Gläubiger das Fortsetzungsbegehren stellen, muss jedoch erneut einen Kostenvorschuss leisten.
⑦ Das Betreibungsamt schickt daraufhin eine Pfändungsankündigung.
⑧ Der nächste Schritt ist die unverzügliche Pfändung beim Schuldner. Neben Wertgegenstanden und Möbelstücken kann auch das Bankguthaben des Schuldners oder sein Lohn gepfändet werden. Auf alle Fälle wird dem Schuldner aber das sog. Existenzminimum belassen. Auch lebenswichtige resp. berufsnotwendige Gegenstände dürfen nicht gepfändet werden. Solche sogenannte Kompetenzstücke sind z. B. der Fernseher, die Kücheneinrichtung, Kleider oder der PC eines Informatikers.
⑨ Entweder zahlt der Schuldner, oder das Betreibungsamt stellt eine Pfändungsurkunde aus.
⑩ Frühestens nach 30 Tagen kann die Gläubigerin das Verwertungsbegehren stellen, muss jedoch erneut einen Kostenvorschuss leisten.
⑪ Das Betreibungsamt informiert den Schuldner über die bevorstehende Pfandverwertung.
⑫ An einer öffentlichen Versteigerung werden die gepfändeten Gegenstände bar verkauft.
⑬ Mit dem Erlös werden die Schulden (und auch die vom Gläubiger geleisteten Kostenvorschüssen) bezahlt.
⑭ Ein allfälliger Überschuss geht an den Schuldner.
⑮ Kann die Schuld mit dem Erlös nicht gedeckt werden, so erhält der Gläubiger für die Restschuld einen Verlustschein. Der Verlustschein verjährt erst nach 20 Jahren. Während dieser Zeit kann für die ursprüngliche Forderung erneut die Betreibung eingeleitet werden. Geschieht dies in den ersten sechs Monaten nach erstmaligen Erhalt der Urkunde, so kann der Gläubiger direkt ein Fortsetzungsbegehren stellen, was die Prozedur verkürzt.

Bei einer Betreibung auf Konkurs kann nach Erhalt des Verlustscheins nur dann eine neue Betreibung eingeleitet werden, wenn der Schuldner zwischenzeitlich zu neuem Vermögen gekommen ist.

Verstanden?

2.20 Warum sind Preisangaben in Katalogen keine gültigen Offerten?

2.21 Nennen Sie zwei gültige Offertenarten.

2.22 Welche Bedeutung haben die Artikel zum «wesentlichen Irrtum»?

2.23 Welche Regelungen gelten bei unbestellter Ware?

2.24 Welche Bedeutung hat die Bestellung beim Kaufvertrag?

2.25 Was ist der erste korrekte Schritt bei einem Lieferungsverzug (Mahnkauf)?

2.26 Welche Folgen hat der Lieferungsverzug für den Verkäufer bei einem Fixkauf?

2.27 Welche drei Pflichten hat die Käuferin, wenn sie den Verkäufer wegen mangelhafter Lieferung haftbar machen will?

2.28 Was kann der Käufer mithilfe einer Mängelrüge verlangen?

2.29 Welches ist das korrekte Vorgehen bei einem Zahlungsverzug?

2.30 Wie lange sollten Sie wichtige Zahlungen mit Quittungen belegen können?

2.31 Welche Bedingungen müssen erfüllt sein, damit ich einen Haustürkauf rückgängig machen kann?

2.32 Bei welchen Anlässen gilt nach OR kein Rücktrittsrecht?

2.33 Mit welcher Massnahme kann ich – wenn nötig – beweisen, dass ich das Rücktrittsschreiben rechtzeitig verschickt habe?

2.34 Wer muss auf Verlangen eine Quittung ausstellen?

2.35 Warum wir der Geldbetrag in Zahlen und Buchstaben aufgeführt?

2.36 Wie lange dauert die Verjährungsfrist für Forderungen?

2.37 Warum lohnt es sich, Quittungen teurer Anschaffungen «lebenslang» aufzubewahren?

2.38 Wer kann betrieben werden?

2.39 Welche drei Arten der Betreibung gibt es?

2.40 Wer muss die Betreibungskosten vorschiessen?

2.41 Was wären in Ihrem Fall Kompetenzstücke?

2.42 Wie kann ich eine Betreibung gegen mich stoppen?

2.5 Kaufvertrags- und Finanzierungsarten

Es gibt unterschiedliche Möglichkeiten, einen Kaufgegenstand zu erwerben. Sie unterscheiden sich vor allem dadurch, wie viel eigenes Geld beim Abschluss des Kaufvertrages eingesetzt werden muss.

Definition Eigentum	wenn mir die Sache rechtlich gehört
Definition Besitz	wenn ich die Sache tatsächlich innehabe

Barkauf

Beim Barkauf erfolgt die Übergabe von Ware und Geld gleichzeitig (Zug um Zug). **OR 184ff.**

Eigentumsverhältnisse	Käufer wird sofort Eigentümer.
Rücktrittsrecht	Kein Rücktrittsrecht

Der Barkauf ist meistens die günstigste Art, etwas zu erwerben (Rabatt, Skonto).

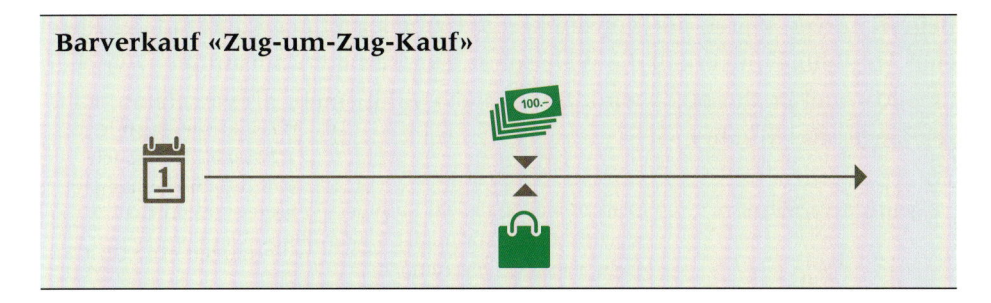

Barverkauf «Zug-um-Zug-Kauf»

Beim Barkauf erfolgt die Übergabe von Ware und Geld gleichzeitig.

Gewöhnlicher Kreditkauf

Beim gewöhnlichen Kreditkauf liefert die Verkäuferin die Ware mit Rechnung. Üblicherweise hat der Käufer 30 Tage Zeit, die Rechnung zu begleichen. Die Verkäuferin gibt dem Käufer also Kredit.

Eigentumsverhältnisse	Käufer wird mit der Übergabe der Ware Eigentümer. Die Verkäuferin vertraut dem Käufer, dass er die Kaufsumme innerhalb der Zahlungsfrist überweisen wird.
Rücktrittsrecht	Kein Rücktrittsrecht

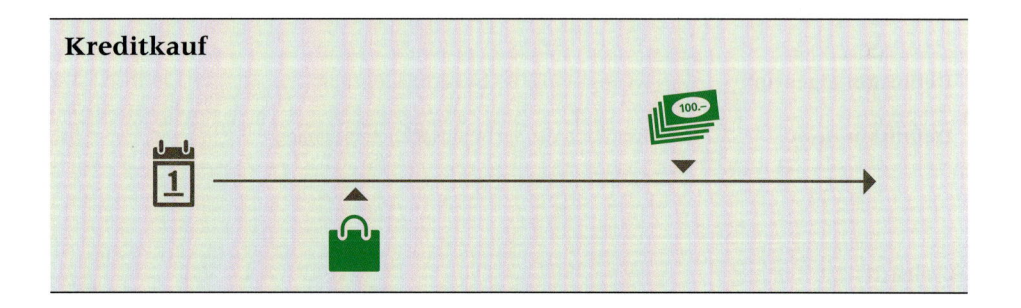

Kreditkauf

Kauf mit Konsumkreditvertrag

Bundesgesetz über den Konsumkredit (KKG) Das KKG ist ein in der Schweiz geltendes Bundesgesetz zur Erhöhung des Schutzes des Kreditnehmers vor Überschuldung. Es gilt für Kontoüberziehungen, die die Bank stillschweigend akzeptiert, für Kredit- und Kundenkarten, für Darlehen und ähnliche Finanzierungshilfen sowie für bestimmte Leasingverträge.

KKG 7 e/f Beim Kauf von Waren mit Konsumkreditvertrag leistet der Käufer in der Regel eine Anzahlung und erhält die Ware sofort. Der Rest der Kaufsumme (zwischen Fr. 500.– und Fr. 80 000.–) wird in Raten abbezahlt (mehr als vier Raten, Laufzeit länger als ein Jahr).

Eigentumsverhältnisse	Die Verkäuferin hat das Recht, einen Eigentumsvorbehalt zu machen. Dadurch wird der Käufer Besitzer der Kaufsache, meist aber nicht Eigentümer.
KKG 16 **Rücktrittsrecht**	Rücktrittsrecht innert sieben Tagen nach Erhalt des Vertragsdoppels mit eingeschriebenem Brief. Es gilt das Datum des Poststempels.

Die Kreditgeberin ist verpflichtet, einen Konsumkredit, den sie gewähren will, der Informationsstelle für Konsumkredite (IKO) zu melden.

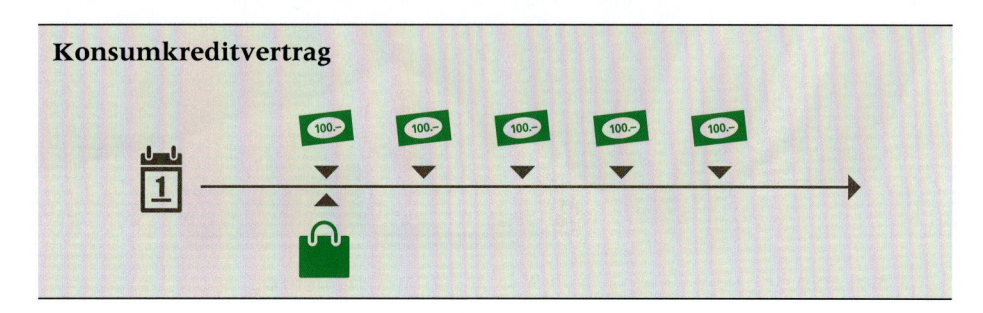

Konsumkreditvertrag

Das Gesetz schreibt vor, dass bei einem Kauf mit Konsumkreditvertrag sowohl der Barzahlungspreis wie auch der Preis, der im Rahmen des Kreditvertrags zu bezahlen ist, im Vertrag festgeschrieben sein müssen. Ebenfalls im Vertrag vermerkt werden muss die Höhe der Anzahlung sowie Anzahl, Höhe und Termine der Teilzahlungen (Raten). Schliesslich müssen auch die Eigentumsverhältnisse der Kaufsache vermerkt werden (z. B. ein Eigentumsvorbehalt).

Vertragsbestandteile (KKG 9/10)

Ein Eigentumsvorbehalt bewirkt, dass der Kaufgegenstand bis zur Bezahlung der letzten Rate im Eigentum der Verkäuferin bleibt. Bezahlt der Käufer die Raten nicht, kann die Verkäuferin den Gegenstand zurückholen und Rechnung für Miete und Abnützung stellen. Ein Eigentumsvorbehalt muss im Eigentumsvorbehaltsregister auf dem Betreibungsamt am Wohnort des Käufers eingetragen werden.

Eigentumsvorbehalt (KKG 10 d/ZGB 715)

Wichtig ist, dass die Ratenhöhe im persönlichen Budget Platz hat. Die Kreditfähigkeit muss überprüft werden: Jeder Kreditvertrag muss innerhalb von drei Jahren zurückbezahlt werden können.

Kreditfähigkeit (KKG 28)

Kauf von Waren mit einem Kleindarlehen, Barkrediten

Kleinkreditbanken (Tochtergesellschaften der Grossbanken) vergeben Darlehen an Privatpersonen. Diese Kleindarlehen (oft auch Kleinkredite genannt) werden dann zum Kauf von Waren eingesetzt.
Bei Kleindarlehen müssen oft keine Sicherheiten hinterlegt werden, meistens reicht der Nachweis einer Arbeitsstelle. Durch die fehlenden Sicherheiten ist das Risiko für die Bank als Geldgeberin gross. Deshalb sind Kleindarlehen sehr teuer (bis zu 15 Prozent Jahreszins).

KKG 9

Eigentumsverhältnisse	Der Käufer zahlt bar und wird daher sofort Eigentümer. Schulden müssen bei der Kleinkreditbank ratenweise abbezahlt werden.
Rücktrittsrecht	Rücktrittsrecht innerhalb von sieben Tagen

Form und Inhalt der Verträge mit Kleindarlehen sind im Konsumkreditgesetz (KKG) geregelt. Darin sind das Rücktrittsrecht, die Pflicht zur Kreditfähigkeitsprüfung sowie die Möglichkeit einer vorzeitigen Rückzahlung festgeschrieben.

KKG 9/16/17/28

Leasing (am Beispiel Autoleasing)

Beim Leasing überlässt die Leasinggeberin dem Leasingnehmer ein Auto zum Gebrauch und zur Nutzung. Dafür erhält sie eine Leasinggebühr.

Eigentumsverhältnisse	Das Auto ist nie Eigentum des Leasingnehmers.
Rücktrittsrecht	Rücktrittsrecht innerhalb von sieben Tagen. Dies bedeutet, dass das Leasingobjekt oft erst nach dieser Frist in die Hände des Leasingnehmers gelangt.

Leasingarten

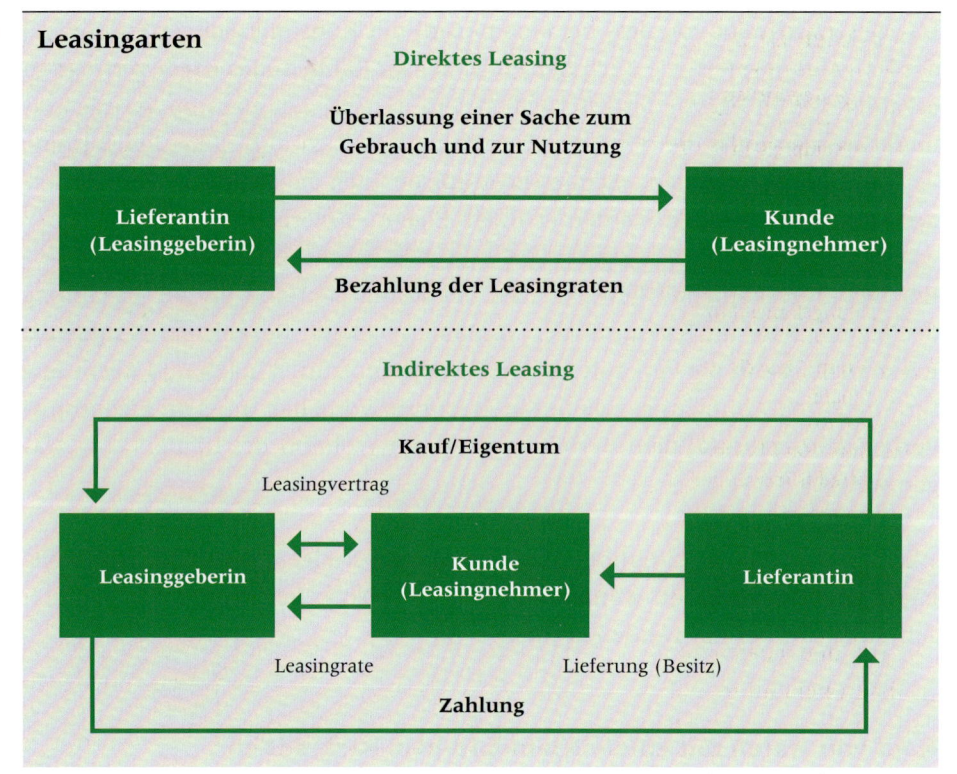

Leasingarten

Direktes Leasing

Überlassung einer Sache zum Gebrauch und zur Nutzung

Lieferantin (Leasinggeberin) → Kunde (Leasingnehmer)

Bezahlung der Leasingraten

Indirektes Leasing

Kauf/Eigentum

Leasingvertrag

Leasinggeberin ↔ Kunde (Leasingnehmer) ← Lieferantin

Leasingrate — Lieferung (Besitz)

Zahlung

KKG 1/2a Die meisten Leasingverträge, die von Privatpersonen abgeschlossen werden, unterstehen dem Konsumkreditgesetz (KKG). Sie müssen schriftlich abgeschlossen werden.

Inhalt (KKG 11)

Zwingende Inhalte von Leasingverträgen

- Beschreibung der Leasingsache
- Barkaufpreis bei Vertragsabschluss
- Anzahl, Höhe und Fälligkeit der Leasingraten
- Höhe der Kaution, falls eine solche verlangt wird
- allfällig verlangte Versicherungen
- effektiver Jahreszins
- Hinweis auf Widerrufsrecht und die Widerrufsfrist
- Konditionen bei vorzeitiger Beendigung des Leasingvertrags

Beim Leasing beträgt der gesetzliche Höchstzinssatz 15 Prozent. Vor Vertragsabschluss muss die Kreditfähigkeit der Konsumentinnen und Konsumenten überprüft werden (der Leasingnehmer muss den Kredit mit dem nicht pfändbaren Lohnanteil innerhalb von 36 Monaten zurückzahlen können).

Leasinggebühr Eine normale Leasinggebühr setzt sich zusammen aus der Abschreibung (Wertverminderung) des Autos und den Zinsen für das eingesetzte Kapital.
Zusätzliche Auswirkungen auf die Leasinggebühr haben die Leasingdauer sowie die vereinbarte jährliche Kilometerleistung: Werden mehr Kilometer als vereinbart gefahren, werden diese am Ende der Leasingdauer in Rechnung gestellt.

Vergleich Leasing/Kredit/Barzahlung

Leasing-Gegenstand	Leasing	Kredit	Barzahlung
Brutto-Kaufpreis Auto «Tigra»	Fr. 25 900.–	Fr. 25 900.–	Fr. 25 900.–
10 % Skonto/Rabatt	– Fr. 0.–	– Fr. 2590.–	– Fr. 2590.–
Nettopreis	Fr. 25 900.–	Fr. 23 310.–	Fr. 23 310.–
Anzahlung/Barzahlung	Fr. 8000.–	Fr. 0.–	Fr. 23 310.–
Raten resp. Zins/Zinsverlust 36 Monate	Fr. 16 200.– *(Fr. 450.– x 36 Monate)*	10 % Jahreszins: Fr. 6993.– *(Fr. 23 310.– x 0.10 x 3 Jahre)*	1.5 % Jahreszins: Fr. 1064.75 *(Fr. 23 310.– x 1.015^3 – Fr. 23 310.–)*
Restwert (Kauf Leasing-Auto), resp. Kreditrückzahlung	Fr. 7000.–	Fr. 23 310.–	Fr. 0.–
Gesamtaufwand (Eigentum Auto)	**Fr. 31 200.–**	**Fr. 30 303.–**	**Fr. 24 374.75**

Neben den Leasingraten fallen jedoch noch zusätzliche Kosten an. Insgesamt müssen bei einem Leasing die folgenden Kosten getragen werden:

Zusätzliche Kosten

Kosten beim Autoleasing

- Leasinggebühr
- obligatorische Vollkaskoversicherung
- obligatorische Haftpflichtversicherung
- Treibstoffkosten
- obligatorischer Service bei Markengaragen
- Kosten für Reparaturen, Abgaswartung, Garagierungskosten usw.

Die Leasinggebühr allein ist also nicht massgebend, ob sich jemand das Leasing eines Autos leisten kann oder nicht!

Eine vorzeitige Auflösung des Leasingvertrages führt zu einer Neuberechnung der Leasingraten, wobei zu beachten ist, dass mit der kürzeren Leasingdauer die Abschreibung mehr ins Gewicht fällt. Dies kann zu beträchtlichen Nachzahlungen führen!

Vorzeitige Auflösung

In der Schweiz sind mehr als die Hälfte der Autos über Leasing finanziert. Achtung: Gerade bei jüngeren Menschen droht oft eine Schuldenfalle!

Miet-Kauf-Vertrag

Bei einem Miet-Kauf-Vertrag mietet der «Käufer» einen Konsumartikel. Beim späteren Kauf dieses Artikels werden die schon bezahlten Mietraten an den Kaufpreis angerechnet z. B. bei Musikinstrument.

Eigentumsverhältnisse	Mieter ist nicht Eigentümer der Ware.
Rücktrittsrecht	Kein Rücktrittsrecht

Zurzeit ist diese Erwerbsform gesetzlich nicht geregelt. Sie wird auch «unechtes Leasing» genannt.

Internetkauf

Beim Internetkauf bestehen grundsätzlich keine Formvorschriften. Warenkäufe können daher mit elektronisch angegebener Willensäusserung (z.B. Mausklick, E-Mail) abgeschlossen werden. Dasselbe gilt auch für Internetauktionen (Versteigerungen). Wer nach Ablauf der Frist am meisten geboten hat, muss die Ware annehmen und bezahlen. Ein Rücktrittsrecht gibt es im Normalfall nicht.

Verstanden?

2.43 Warum heisst es, dass der Barkauf meistens die günstigste Art ist, etwas zu erwerben?

2.44 Was ist der Unterschied zwischen einem Barkauf und einem gewöhnlichen Kreditkauf?

2.45 Beim Kauf von Waren mit Konsumkreditvertrag hat die Verkäuferin das Recht, einen Eigentumsvorbehalt zu machen.
   a) Warum ist dem so?
   b) Welche Folgen hat ein Eigentumsvorbehalt?
   c) Was geschieht, wenn ein Käufer seine Raten nicht mehr bezahlen kann?
   d) Wo muss die Verkäuferin den Eigentumsvorbehalt geltend machen?

2.46 Verkäuferinnen von Waren müssen nach KKG die Kreditfähigkeit der Käufer überprüfen. Welche Regelung gilt in diesem Zusammenhang?

2.47 Warum sind Kleindarlehen so teuer?

2.48 Welche Kosten deckt eine normale Leasinggebühr ab (z.B. beim Autoleasing)?

2.49 Mit welchen zusätzlichen Kosten (neben der Leasinggebühr) muss ein Leasingnehmer beim Autoleasing rechnen?

2.50 Warum kann eine vorzeitige Auflösung des Leasingvertrages zu beträchtlichen Nachzahlungen führen?

2.51 In welchem Gesetz ist der Miet-Kauf-Vertrag geregelt?

2.6 Ökologie und Ethik beim Kaufen

Viele Menschen achten beim Einkaufen darauf, dass die gekauften Produkte ökologischen und ethischen Kriterien genügen. Ökologisch Einkaufen bedeutet, dass die Konsumentinnen und Konsumenten auf biologische, naturnahe und nachhaltige Produktion achten und z. B. auf Tropenhölzer und gentechnisch veränderte Lebensmittel verzichten. Ebenfalls ein Anliegen ist diesen Menschen Fleisch, das aus artgerechter Tierhaltung stammt, oder Kosmetik, die ohne Einsatz von Tierversuchen entwickelt wurde. Ethische Kaufkriterien berücksichtigen auch die Produktions- und Arbeitsbedingungen im Herkunftsland. So wird etwa auf faire Löhne und ein Verbot von Kinderarbeit geachtet.

Lebensmittel-/Energielabels

Eine Vielzahl von Organisationen versucht der Kundschaft durch Labels aufzuzeigen, welche Produkte ihre Ansprüche erfüllen. Der WWF, die Tierschutzorganisation VIER PFOTEN und die Stiftung für Konsumentenschutz haben die wichtigsten Lebensmittellabels nach den Kriterien Ökologie, Tierwohl und Kontrolle sowie nach sozialen Kriterien wie Arbeitszeit, Entlöhnung und Gesundheitsschutz bewertet:

Empfehlenswerte Lebensmittellabels (Auswahl)

Label	Beschreibung
Fairtrade	Gütesiegel für fairen Handel gemäss den internationalen Standards des fairen Handels (FLO)
Bio	Label für kontrollierte biologische Produktion von landwirtschaftlichen und verarbeiteten Produkten in der Schweiz
Coop Naturaplan Bio	
Migros Engagement Bio	
IP-Suisse	Die integrierte Produktion garantiert eine umwelt- und tiergerechte Bewirtschaftung und qualitativ hochstehende Produkte nach kontrollierten Richtlinien der IP-Suisse.
Forest Stewardship Council	Zertifikat für nachhaltig bewirtschaftete Wälder
Marine Stewardship Council	Zertifikat für Fisch und Meeresfrüchte aus nachhaltiger Fischerei

Energielabel

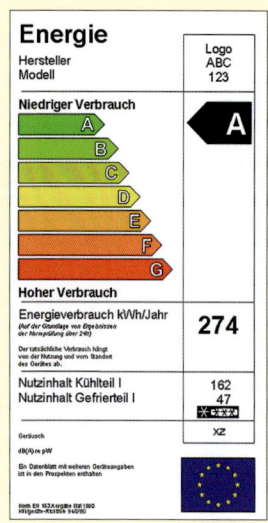

Die Energieetikette hilft beim Kauf von nachhaltigen Elektrogeräten, indem sie den Energieverbrauch der Geräte deklariert.

Fairtrade-Organisationen

Als «fair trade» (fairer Handel) wird ein kontrollierter Handel bezeichnet, bei dem die Preise für die gehandelten Produkte üblicherweise über dem jeweiligen Weltmarktpreis angesetzt werden. Damit soll den Produzenten ein höheres und verlässlicheres Einkommen als im herkömmlichen Handel ermöglicht werden. In der Produktion sollen ausserdem internationale Umwelt- und Sozialstandards eingehalten werden (z. B. ist keine Kinderarbeit erlaubt).

Die Fairtrade-Bewegung konzentriert sich hauptsächlich auf Waren, die aus Entwicklungsländern in Industrieländer exportiert werden. Fairer Handel umfasst landwirtschaftliche Erzeugnisse ebenso wie Produkte des traditionellen Handwerks und der Industrie und weitet sich zusehends auf neue Bereiche wie den Tourismus aus. Die Max-Havelaar-Stiftung ist die bekannteste dieser Fairtrade-Organisationen.

Produkte von Max Havelaar sind mit Fairtrade-Stickern versehen.

Verstanden?

2.52 Erklären Sie anhand von Beispielen ökologische und ethische Kriterien beim Kaufen.

2.53 Was will man mit dem fairen Handel erreichen?

2.7 Zusammenhänge im Wirtschaftskreislauf

Nachfrage

Das Verlangen der Menschen, einen Mangel zu beheben, wird als Bedürfnis bezeichnet. Die Bedürfnisse des Menschen sind praktisch unbeschränkt. Dies macht sich die Werbung zunutze, indem sie neue Bedürfnisse weckt. Der Wunsch nach Bedürfnisbefriedigung ist der Antrieb für die gesamte Wirtschaft.

Bedürfnis

Der amerikanische Psychologe Abraham Maslow ordnet die Bedürfnisse der Menschen einer fünfstufigen Pyramide zu. Je höher das Bedürfnis, desto weniger wichtig ist es für das reine Überleben.

Bedürfnispyramide nach Maslow

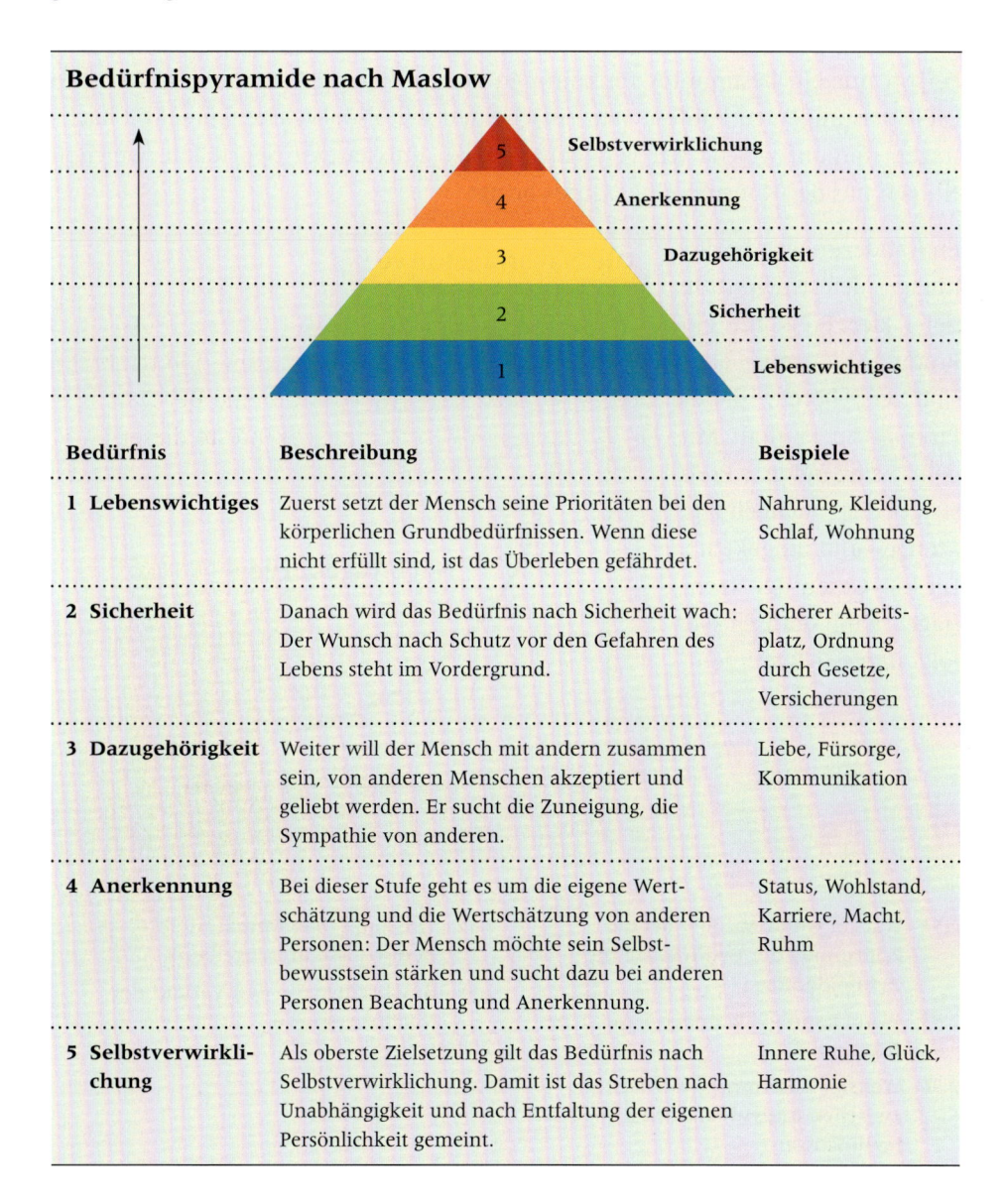

- 5 Selbstverwirklichung
- 4 Anerkennung
- 3 Dazugehörigkeit
- 2 Sicherheit
- 1 Lebenswichtiges

Bedürfnis	Beschreibung	Beispiele
1 Lebenswichtiges	Zuerst setzt der Mensch seine Prioritäten bei den körperlichen Grundbedürfnissen. Wenn diese nicht erfüllt sind, ist das Überleben gefährdet.	Nahrung, Kleidung, Schlaf, Wohnung
2 Sicherheit	Danach wird das Bedürfnis nach Sicherheit wach: Der Wunsch nach Schutz vor den Gefahren des Lebens steht im Vordergrund.	Sicherer Arbeitsplatz, Ordnung durch Gesetze, Versicherungen
3 Dazugehörigkeit	Weiter will der Mensch mit andern zusammen sein, von anderen Menschen akzeptiert und geliebt werden. Er sucht die Zuneigung, die Sympathie von anderen.	Liebe, Fürsorge, Kommunikation
4 Anerkennung	Bei dieser Stufe geht es um die eigene Wertschätzung und die Wertschätzung von anderen Personen: Der Mensch möchte sein Selbstbewusstsein stärken und sucht dazu bei anderen Personen Beachtung und Anerkennung.	Status, Wohlstand, Karriere, Macht, Ruhm
5 Selbstverwirklichung	Als oberste Zielsetzung gilt das Bedürfnis nach Selbstverwirklichung. Damit ist das Streben nach Unabhängigkeit und nach Entfaltung der eigenen Persönlichkeit gemeint.	Innere Ruhe, Glück, Harmonie

Bedürfnisarten Die Bedürfnisse können auch folgendermassen unterschieden werden:

Bedürfnisarten	
Existenzbedürfnisse Diese sind lebensnotwendig. *Beispiele:* Nahrung, Wohnung, Kleidung, medizinische Versorgung	**Wahlbedürfnisse** Ist die Existenz gesichert, wählt der Mensch aus nicht lebensnotwendigen Bedürfnissen aus. *Beispiele:* Bücher, Heimelektronik, Schmuck, Auto, Ferien usw.
Individualbedürfnisse Das sind die Bedürfnisse jedes einzelnen Menschen, welche individuell befriedigt werden. *Beispiele:* Auto, Handy, Bücher	**Kollektivbedürfnisse** Menschen mit gleichen Bedürfnissen schaffen kollektive Bedürfnisse. Diese können nur durch die Gemeinschaft befriedigt werden. *Beispiele:* Strassen, Schulhäuser, Schwimmbäder, Krankenhäuser
Materielle Bedürfnisse Diese kann man durch Geld (Kaufen) befriedigen. *Beispiele:* Brot, Fernseher, Handy	**Immaterielle Bedürfnisse** Die Befriedigung dieser Bedürfnisse lässt sich nicht kaufen. *Beispiele:* Liebe, Anerkennung, Geborgenheit, Gesundheit

Nutzen Die Bedürfnisse der Menschen sind zwar fast unbeschränkt, allerdings hat jede Person nur ein bestimmtes Einkommen zur Verfügung, um damit Güter und Dienstleistungen zu kaufen. Wie entscheiden wir also, welche Güter wir nachfragen und auf welche wir verzichten? Dazu müssen wir beurteilen, welchen Nutzen uns der Konsum eines Gutes bringt.

Die Nachfragekurve Preisänderungen beeinflussen den Nutzen. Je tiefer der Preis für ein Produkt ist, umso eher sind wir bereit, dieses Produkt zu kaufen: Mit dem sinkenden Preis steigt die nachgefragte Menge – und umgekehrt. Dieses «Gesetz der Nachfrage» kann grafisch wie folgt dargestellt werden:

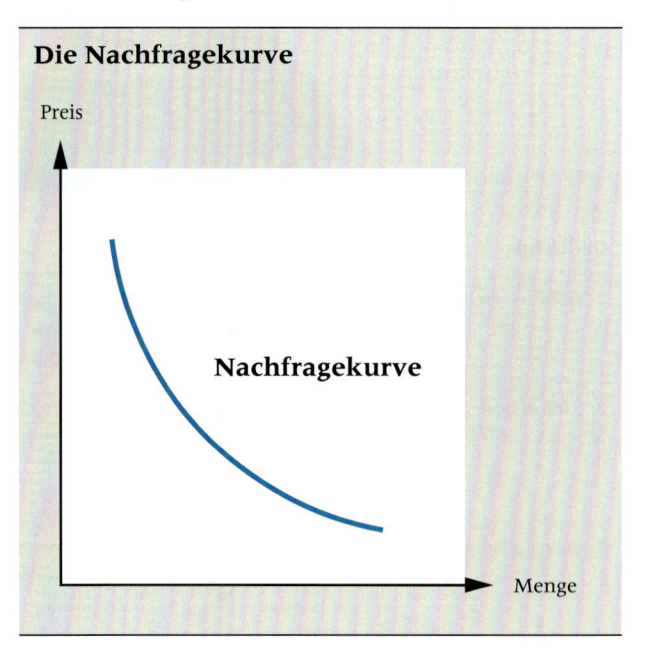

Die Nachfragekurve

Verstanden?

2.54 Warum wählt Maslow bei der Zuordnung der Bedürfnisse die Pyramidenform?

2.55 Wann kann ich Wahlbedürfnisse befriedigen?

2.56 Welcher Zusammenhang besteht zwischen Individual- und Kollektivbedürfnissen?

2.57 Wie kann man immaterielle Bedürfnisse umschreiben?

2.58 Beschreiben Sie den Verlauf der Nachfragekurve.

Angebot

Die Menschen befriedigen ihre Bedürfnisse mit Gütern. Diese kann man folgendermassen unterscheiden:

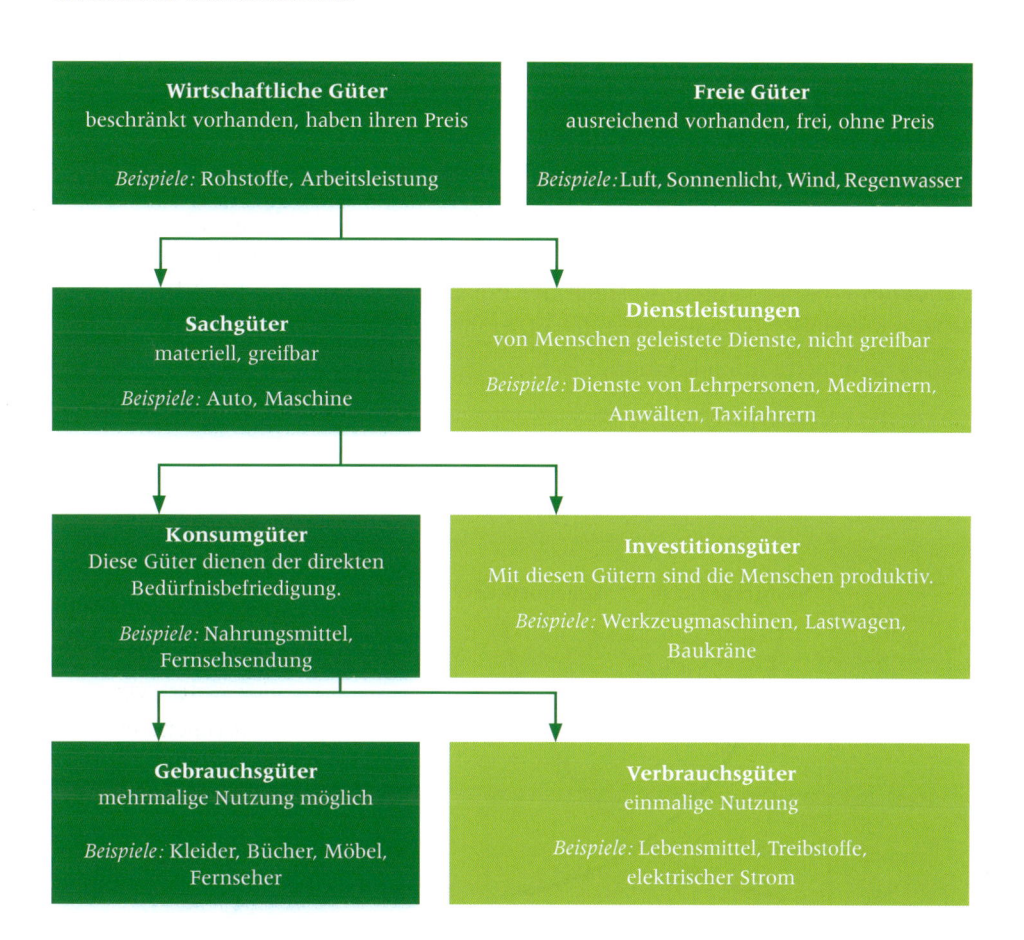

Güterarten

Wirtschaftliche Güter	**Freie Güter**
beschränkt vorhanden, haben ihren Preis	ausreichend vorhanden, frei, ohne Preis
Beispiele: Rohstoffe, Arbeitsleistung	*Beispiele:* Luft, Sonnenlicht, Wind, Regenwasser

Sachgüter	**Dienstleistungen**
materiell, greifbar	von Menschen geleistete Dienste, nicht greifbar
Beispiele: Auto, Maschine	*Beispiele:* Dienste von Lehrpersonen, Medizinern, Anwälten, Taxifahrern

Konsumgüter	**Investitionsgüter**
Diese Güter dienen der direkten Bedürfnisbefriedigung.	Mit diesen Gütern sind die Menschen produktiv.
Beispiele: Nahrungsmittel, Fernsehsendung	*Beispiele:* Werkzeugmaschinen, Lastwagen, Baukräne

Gebrauchsgüter	**Verbrauchsgüter**
mehrmalige Nutzung möglich	einmalige Nutzung
Beispiele: Kleider, Bücher, Möbel, Fernseher	*Beispiele:* Lebensmittel, Treibstoffe, elektrischer Strom

Wie die Nachfrager reagieren auch die Anbieter stark auf Preisänderungen. Steigt der Preis für ein Produkt, lohnt es sich für die Produzenten, mehr von diesem Gut anzubieten, da ihr Ertrag pro verkauftes Stück ansteigt. Mit dem steigenden Preis steigt also auch die Angebotsmenge.

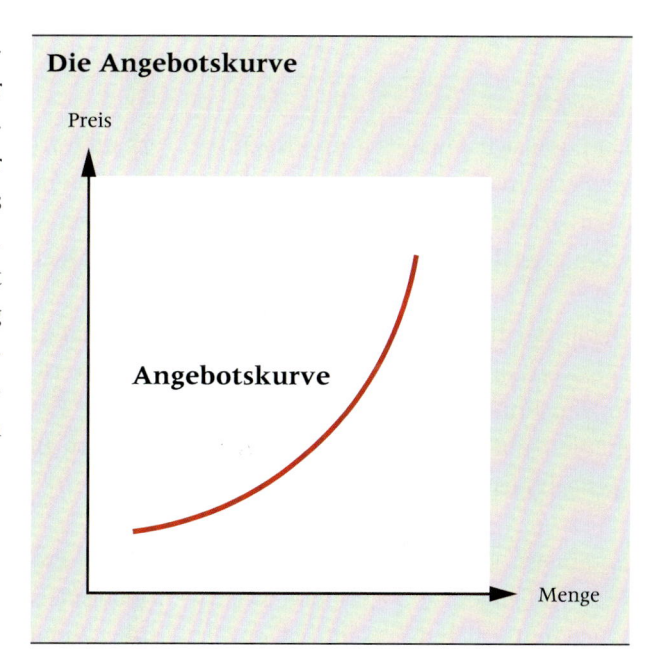

Die Angebotskurve

Verstanden?

2.59 Was sind freie Güter?

2.60 Wie unterscheiden sich Konsumgüter von Investitionsgütern?

2.61 Beschreiben Sie den Verlauf der Angebotskurve.

Markt

In der freien Marktwirtschaft wird die Produktion von Gütern und Dienstleistungen auf dem sogenannten Markt gesteuert. Dies ist ein Ort, an dem Angebot und Nachfrage zusammentreffen.

Preisbildung

Aufgrund von Angebot und Nachfrage bilden sich die Preise. Je knapper ein Gut ist, desto höher ist sein Preis (z. B. Diamanten).

Umgekehrt hat der Preis auch eine Signalfunktion und beeinflusst Angebot und Nachfrage. Verlangt ein Anbieter einen höheren Preis, so sinkt die nachgefragte Menge. Wollen mehr Konsumentinnen und Konsumenten ein beschränkt vorhandenes Produkt kaufen, so steigt der Preis. Wer Waren und Dienstleistungen anbietet, welche zu teuer sind oder nicht geschätzt werden, wird sich auf dem Markt nicht behaupten können.

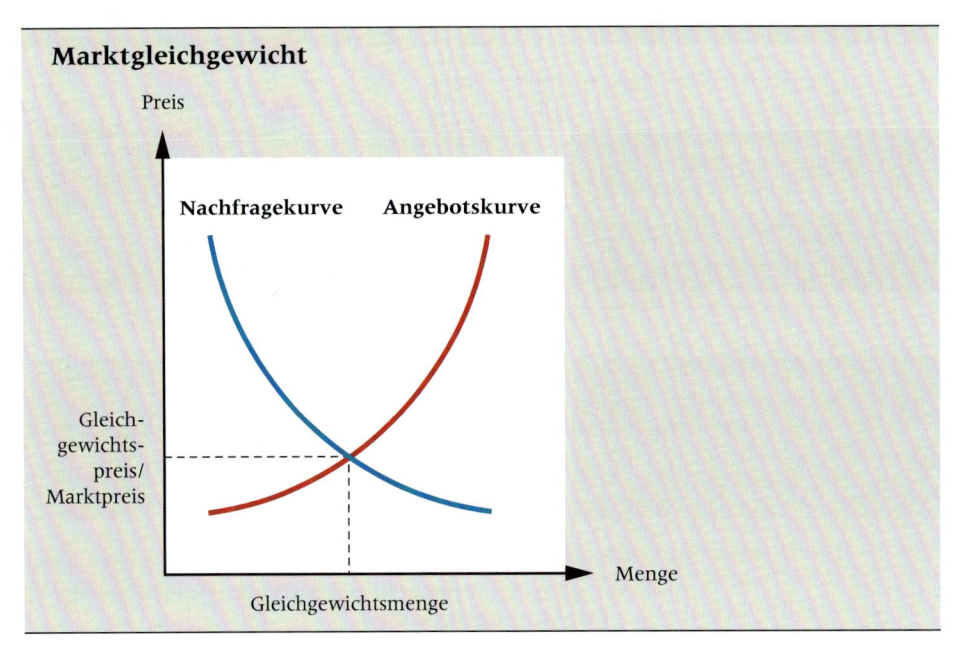

Marktgleichgewicht

Preis

Nachfragekurve   Angebotskurve

Gleich-
gewichts-
preis/
Marktpreis

Menge

Gleichgewichtsmenge

Marktgleichgewicht

Dort, wo sich Angebots- und Nachfrageverhalten treffen, herrscht Marktgleichgewicht: In diesem Punkt entspricht die angebotene der nachgefragten Menge. Man spricht dann von einem «geräumten Markt». Der Bedarf der Nachfrager kann gedeckt werden, und die Anbieter bleiben nicht auf ihrer Ware sitzen.

Wettbewerb

Damit der freie Markt funktioniert, muss vollständiger Wettbewerb herrschen. Die Konkurrenz darf nicht durch Absprachen (Kartelle) oder Monopolstellungen unterhöhlt werden. Zudem müssen die Konsumentinnen und Konsumenten über die verschiedenen Angebote so im Bilde sein, dass sie auch tatsächlich auswählen können.

Veränderung des Marktgleichgewichts

Verändern sich andere Einflussfaktoren als der Preis, verändert sich auch das Marktgleichgewicht. Steht den Nachfragern beispielsweise mehr Geld zur Verfügung, dehnt sich die Nachfrage aus. Dies führt zu einer Verschiebung der Nachfragekurve. Ähnliches ist aufseiten der Anbieter möglich: So führt beispielsweise eine Verteuerung von Rohstoffen oder die Erhebung einer neuen Steuer zu einer Verschiebung der Angebotskurve – und damit zu einem neuen Marktgleichgewicht.

Kapitel 2 | Geld und Konsum

Veränderung des Marktgleichgewichts

Verschiebung der Nachfragekurve

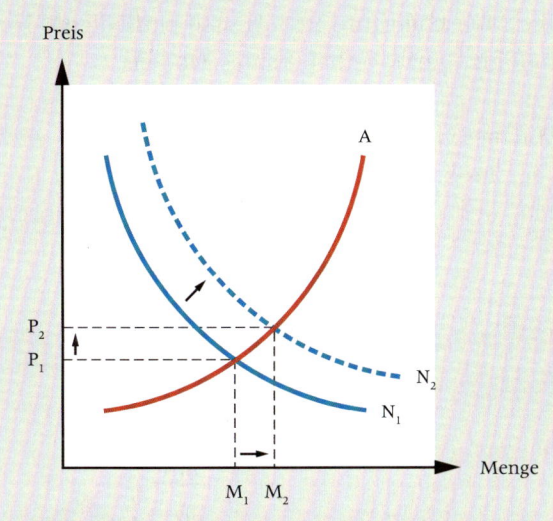

Ein Trendprodukt kommt auf den Markt. Bei gleichem Angebot dehnt sich die Nachfrage aus (von N1 zu N2). Dadurch erhöht sich einerseits der Preis (von P1 auf P2), andererseits kann auch mehr von diesem Produkt verkauft werden: Die Menge dehnt sich von M1 zu M2 aus.

Verschiebung der Angebotskurve

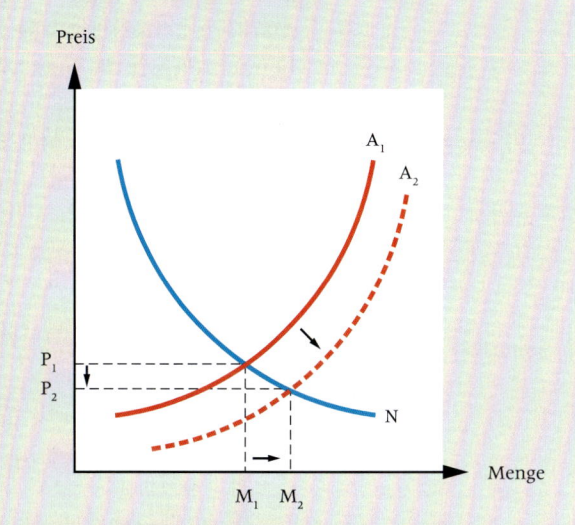

Aufgrund einer aussergewöhnlich guten Tomatenernte wird der Markt mit Tomaten überschwemmt. Das Angebot dehnt sich bei gleichbleibender Nachfrage aus (von A1 zu A2). Um die Tomaten verkaufen zu können, wird der Preis von P1 auf P2 gesenkt. Durch den billigeren Preis werden mehr Tomaten als vorher gekauft.

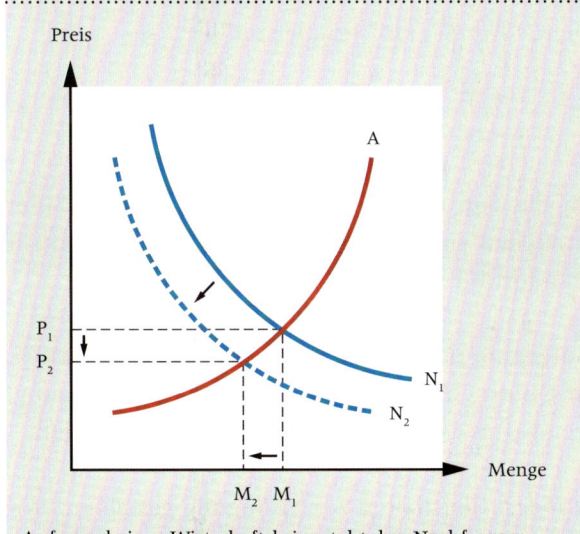

Aufgrund einer Wirtschaftskrise steht den Nachfragern weniger Einkommen zur Verfügung. Die Nachfragekurve verschiebt sich bei gleichem Angebot von N1 zu N2. Im neuen Gleichgewicht müssen die Produzenten die Preise senken, um überhaupt noch etwas verkaufen zu können. Es verringert sich aber auch die verkaufte Menge.

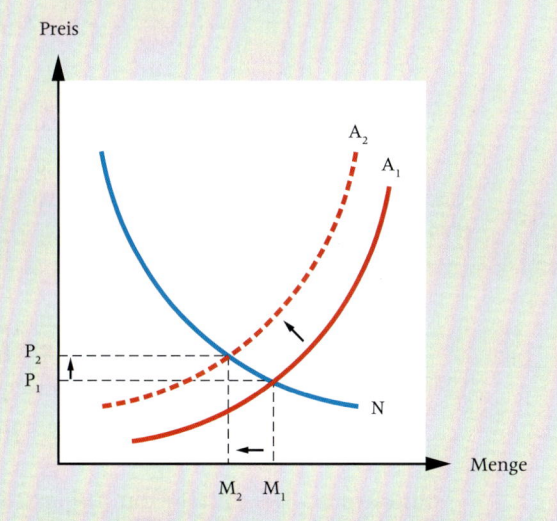

Die Erdöl exportierenden Länder verringern ihre Fördermengen. Es gibt weniger Erdöl auf dem Markt als üblich. Bei gleichbleibender Nachfrage verkleinert sich das Angebot von A1 zu A2. Dadurch steigt der Preis des knapper werdenden Erdöls, die verkaufte Menge sinkt.

Verstanden?

2.62 Wann spricht man von einem Marktgleichgewicht?

2.63 Welche Voraussetzungen sind notwendig, damit der freie Markt funktioniert?

2.64 Wie verändern sich Preis und abgesetzte Menge,

a) wenn bei gleichem Angebot die Nachfrage zunimmt/abnimmt?

b) wenn bei gleichbleibender Nachfrage das Angebot zunimmt/abnimmt?

Einfacher Wirtschaftskreislauf

Bisher haben wir nur den Austausch von Gütern, Dienstleistungen und Geld auf Märkten betrachtet, mit dem die Menschen ihre Bedürfnisse befriedigen. Nun betrachten wir die Volkswirtschaft als Ganzes anhand eines Modells.

Der einfache Wirtschaftskreislauf beschreibt das Zusammenwirken der wichtigsten Wirtschaftsteilnehmer: der Produzenten (Unternehmen) und der Konsumenten (Haushalte). Er macht den grundlegendsten Austausch in unserer Volkswirtschaft sichtbar.

Einfacher Wirtschaftskreislauf

Geld (Löhne, Zinsen, Gewinne, Renten)
Produktionsfaktoren (Boden, Arbeit, Kapital)
Unternehmen (Produzenten) — Haushalte (Konsumenten)
Waren und Dienstleistungen
Geld (Zahlungen für Waren und Dienstleistungen)

■ Güterstrom ■ Geldstrom

Unternehmen (Produzenten) — Die Unternehmen produzieren die von den Haushalten nachgefragten Güter und Dienstleistungen. Dazu brauchen sie ausgebildete Arbeitskräfte, Geld für Investitionen und Boden als Standort für Büros und Fabriken.

Haushalte (Konsumenten) — Die Haushalte konsumieren Güter und nehmen Dienstleistungen in Anspruch. Darüber hinaus stellen sie den Unternehmen ihre Arbeitskraft zur Verfügung, leihen ihnen über die Banken erspartes Geld aus und vermieten ihren Boden.

Güterstrom — Der Güterstrom umfasst die von den Haushalten zur Verfügung gestellten Produktionsfaktoren (Boden, Arbeit, Kapital). Mit den Produktionsfaktoren produzieren die Unternehmungen Güter und Dienstleistungen. Diese werden auf dem Markt angeboten und an die Haushalte verkauft.

Geldstrom — Der Geldstrom läuft dem Güterstrom entgegen. Für das Zurverfügungstellen der Produktionsfaktoren zahlen die Unternehmen den Haushalten Lohn, Miete und Kapitalzinsen. Mit diesem Geld kaufen Haushalte Waren und Dienstleistungen.

Erweiterter Wirtschaftskreislauf

In Wirklichkeit sind die wirtschaftlichen Abläufe komplexer, als im einfachen Wirtschaftskreislauf dargestellt. Um ein besseres Bild zu erhalten, muss der Wirtschaftskreislauf um die Teilnehmer Staat, Banken und Ausland erweitert werden. In der folgenden Darstellung ist der Geldfluss zwischen diesen Teilnehmern abgebildet:

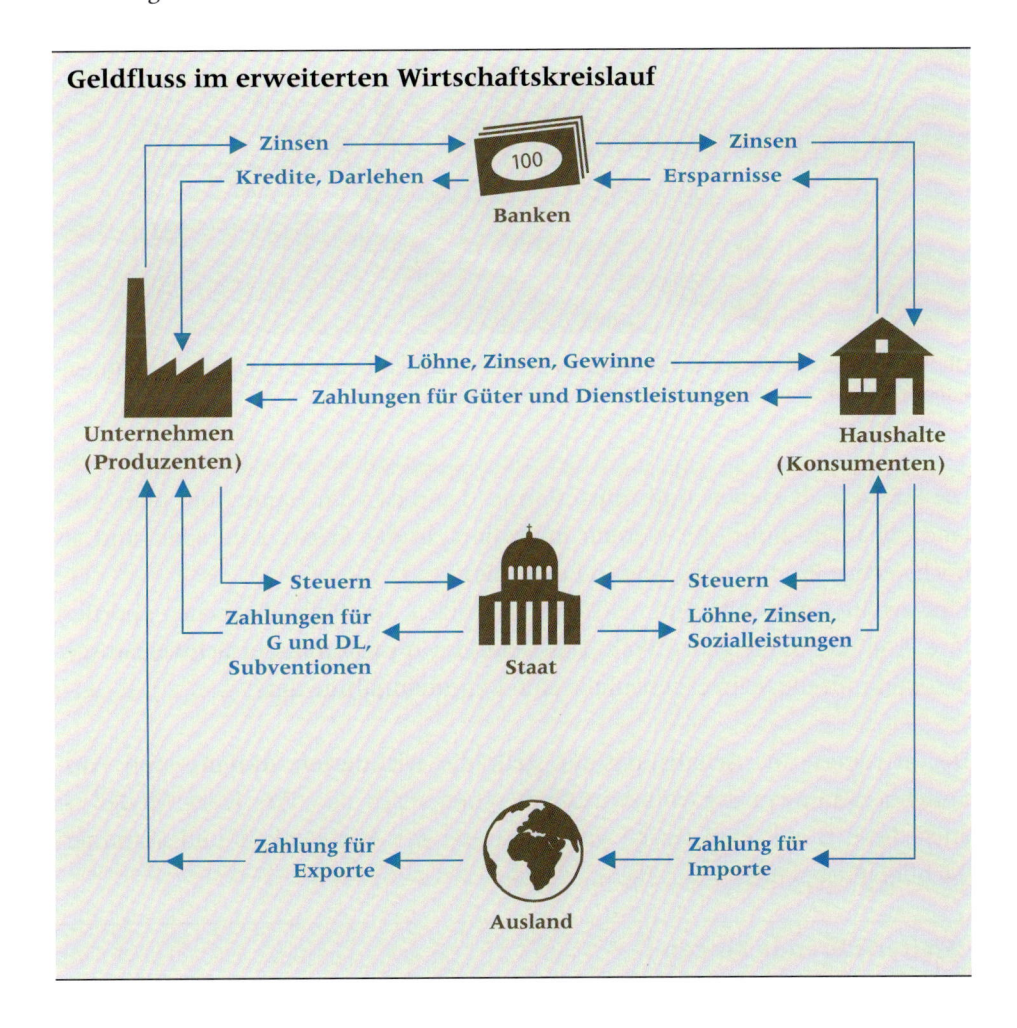

Geldfluss im erweiterten Wirtschaftskreislauf

- Banken ↔ Unternehmen: Zinsen, Kredite, Darlehen
- Banken ↔ Haushalte: Zinsen, Ersparnisse
- Unternehmen → Haushalte: Löhne, Zinsen, Gewinne
- Haushalte → Unternehmen: Zahlungen für Güter und Dienstleistungen
- Unternehmen → Staat: Steuern
- Staat → Unternehmen: Zahlungen für G und DL, Subventionen
- Haushalte → Staat: Steuern
- Staat → Haushalte: Löhne, Zinsen, Sozialleistungen
- Ausland → Unternehmen: Zahlung für Exporte
- Haushalte → Ausland: Zahlung für Importe

Staat

Der Staat ist einerseits Wirtschaftsteilnehmer. Über Steuern und Zolleinnahmen erhält er Geld von den Haushalten und Unternehmen, das er als Löhne für die Staatsangestellten, als Zahlungen für öffentliche Aufträge und als Subventionen und Direktzahlungen wieder ausgibt.

Auf der anderen Seite beeinflusst er mit verschiedensten politischen Instrumenten das Wirtschaftsgeschehen (z. B. gesetzliche Vorschriften, Lenkungsabgaben, siehe hierzu Kapitel 7.7, Seite 238).

Banken

Die Banken vermitteln Kapital. Sie nehmen die Spargelder der Haushalte entgegen und verleihen diese als Darlehen und Kredite an Unternehmen, Staat und Private. Als Gegenleistung vergüten die Banken Zinsen an die Haushalte und verlangen Zinsen von ihren Schuldnern. Die Banken machen ihr Geschäft mit der Zinsdifferenz. Sie sind aber auch normale Unternehmen, die Dienstleistungen zur Verfügung stellen, Löhne und Steuern zahlen.

Die Schweiz profitiert stark vom Handel mit dem Ausland. Im Bild Container am Rheinhafen in Basel, die auf einen Frachter verladen werden.

Ausland

Die Schweiz als kleines und rohstoffarmes Land ist vom Handel mit dem Ausland abhängig. Rohstoffe werden importiert, in der Schweiz veredelt und als hochwertige Produkte ins Ausland exportiert.

Eine zweite Geldquelle sind die Dienstleistungen. Die Finanzbranche exportiert ihre Produkte in die ganze Welt. Das Geld, das Touristen in der Schweiz ausgeben, stellt für die Schweiz ebenfalls eine Exporteinnahme dar.

Die ganzheitliche Sicht

Der erweiterte Wirtschaftskreislauf stellt die wichtigsten Akteure und Austauschbeziehungen der Volkswirtschaft schematisch dar. Wie jedes Modell ist auch diese Grafik eine starke Vereinfachung der Wirklichkeit und klammert wichtige Fragen aus:

> **Weiterführende Fragen**
>
> - Welche Auswirkungen hat unsere wirtschaftliche Tätigkeit auf die Umwelt? Wer übernimmt die externen Kosten? Wie nachhaltig produzieren wir, was hinterlassen wir unseren Nachkommen?
> - Wer sind die Verlierer in unserer Volkswirtschaft? Wie sieht es mit der Lohngerechtigkeit aus? Wie zufrieden sind wir mit unserem Arbeitsplatz? Wie grossem Stress sind wir ausgesetzt?

Erst wenn man solche Fragen mit einbezieht, erhält man eine ganzheitliche Sicht unseres Wirtschaftsgeschehens.

Verstanden?

2.65 Was stellen die Haushalte den Unternehmen zur Verfügung, und was bekommen sie dafür?

2.66 Welche drei Akteure kommen beim erweiterten Wirtschaftskreislauf dazu?

2.67 Welche Rolle spielen die Banken in unserer Wirtschaft?

2.68 Warum sind wir vom Handel mit dem Ausland abhängig?

2.69 Welche Fragen sind beim erweiterten Wirtschaftskreislauf immer noch ausgeklammert?

Produktionsfaktoren

Wie im einfachen Wirtschaftskreislauf gezeigt, braucht es den Einsatz der Produktionsfaktoren Boden, Arbeit und Kapital, um Güter und Dienstleistungen anbieten zu können.

Übersicht der Produktionsfaktoren

Boden/Umwelt
- Rohstoffträger
- Nährstoffträger
- Betriebsstandort
- Infrastrukturträger
- Tourismuslandschaft
- Anlageobjekt

Arbeit/Wissen
- Körperliche Arbeit
- Geistige Arbeit
- Maschinelle Arbeit
- Ausbildung/Qualifikation
- Fähigkeiten/Erfahrung

Kapital
- Geldkapital (Bargeld, Buchgeld)
- Sachkapital (Gebäude, Maschinen, Werkzeuge, Fahrzeuge)

Boden/Umwelt

Der Begriff «Boden» bezeichnete ursprünglich Ackerboden, der landwirtschaftlich genutzt wurde. Im Zuge der Ausbeutung von Bodenschätzen (z. B. Kohle, Erdöl, Uran, Salz) wurde der Begriff erweitert. Heute kann der Boden auf vielfältige Art der Wirtschaft dienen. Mittlerweile wird auch vom Produktionsfaktor «Natur» oder «Umwelt» gesprochen.

Arbeit/Wissen

Volkswirtschaftlich bedeutet «Arbeit» jede körperliche und geistige Tätigkeit, mit der ein Einkommen erzielt wird. Die Tätigkeiten im Haushalt zum Beispiel werden dabei nicht erfasst. Für die meisten Menschen ist die Arbeit der einzige Produktionsfaktor, den sie der Wirtschaft anbieten können. Die Qualität der Arbeit wird durch das Wissen und Können (Know-how) der Mitarbeitenden beeinflusst. Wenn angestellte Personen geschult und weitergebildet werden, steigt ihr Wert auch für die Unternehmung.

Kapital

Unter «Kapital» versteht man alle Mittel, die eingesetzt werden, um Güter herzustellen und Dienstleistungen zu erbringen. Dabei unterscheidet man zwischen Geld- und Sachkapital.
Mit dem Geldkapital erwerben die Unternehmen u. a. Sachkapital, durch das die Produktion ermöglicht wird. Sie investieren das Geld. Die Geldmittel für Investitionen sind Spargelder (via Banken) oder Gewinne der Unternehmungen.
Wenn viel gespart wird, steht einerseits der Wirtschaft viel Geld für Investitionen zur Verfügung, andererseits wird weniger für den Konsum ausgegeben.

Verstanden?

2.70 Warum spricht man heute eher vom Produktionsfaktor Umwelt statt von Boden?

2.71 Warum sind Hausfrauen im wirtschaftlichen Sinne nicht erwerbstätig?

2.72 Wie können Sie Ihren Produktionsfaktor Arbeit beeinflussen?

2.73 Welche positiven und negativen Folgen hat das Sparen für die Wirtschaft?

2.8 Messung der Wirtschaftsaktivität

Wohlstand und Wohlfahrt

Wohlfahrt — Es ist das Ziel des Wirtschaftens, die Wohlfahrt der Menschen zu fördern. Auch der Staat verfolgt dieses Ziel (BV 2). Unter Wohlfahrt verstehen wir die Lebensqualität jeder einzelnen Person. Es gehören dazu der materielle Lebensstandard, aber auch Gesundheit, Gerechtigkeit, Freiheit oder eine intakte Natur.

Wohlstand — Einen wichtigen Teil der Wohlfahrt macht der Wohlstand aus. Darunter versteht man den materiellen Lebensstandard oder Reichtum. Wohlstand beinhaltet die Möglichkeit, über Güter und Dienstleistungen zu verfügen.

Messung von Wohlfahrt und Wohlstand — Die Wohlfahrt zu messen, ist schwierig. Man versucht dies über verschiedene Indikatoren, z. B. über Schadstoffe in der Atemluft, die Versorgung mit Ärzten oder die Kindersterblichkeitsrate. Einfacher ist es, den Wohlstand einer Bevölkerung zu messen. Dazu eignet sich das Bruttoinlandprodukt pro Kopf.

Bruttoinlandprodukt (BIP)

Messgrösse BIP — Das Bruttoinlandprodukt (BIP) misst den Marktwert aller in einem Land hergestellten Güter und geleisteten Dienste während eines Jahres. Nicht im BIP erfasst werden z. B. Arbeiten im Haushalt, ehrenamtliche Tätigkeiten, Vereinsarbeit, Schwarzarbeit und illegale Tätigkeiten. Das BIP kann auf drei Arten ermittelt werden. Es resultiert jeweils derselbe Betrag.

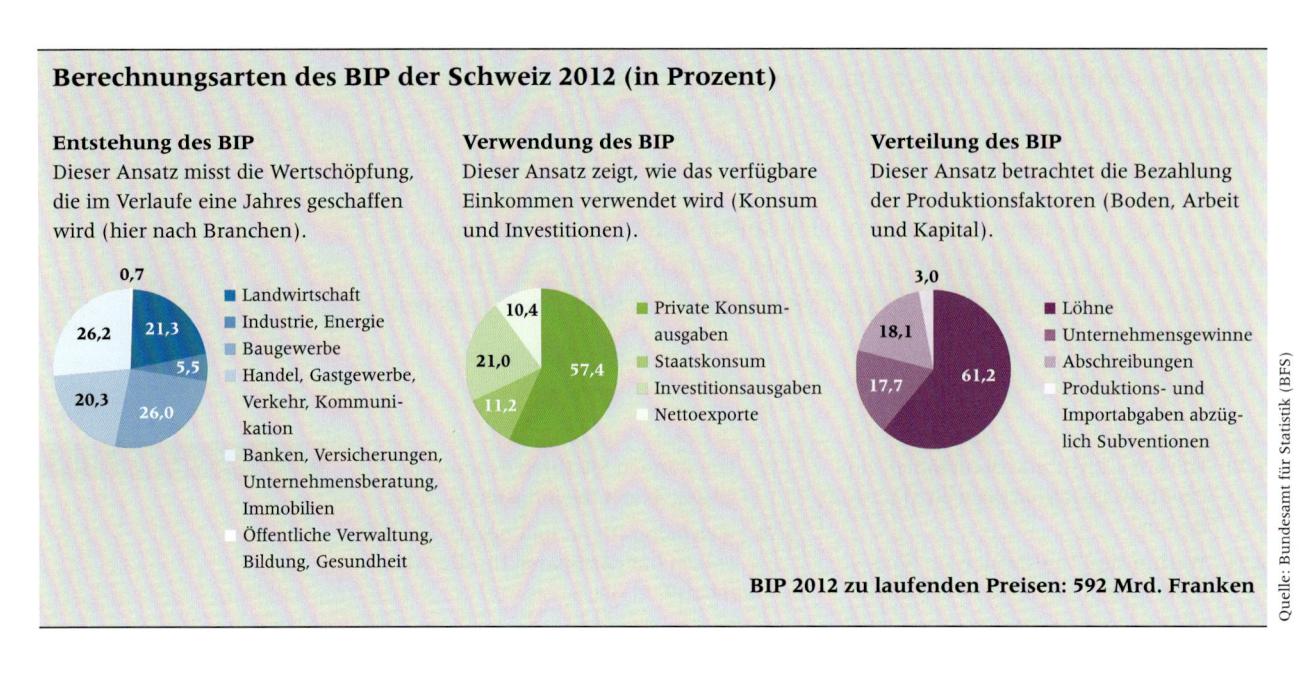

Berechnungsarten des BIP der Schweiz 2012 (in Prozent)

Entstehung des BIP
Dieser Ansatz misst die Wertschöpfung, die im Verlaufe eines Jahres geschaffen wird (hier nach Branchen).

- 0,7 Landwirtschaft
- 21,3 Industrie, Energie
- 5,5 Baugewerbe
- 26,0 Handel, Gastgewerbe, Verkehr, Kommunikation
- 20,3 Banken, Versicherungen, Unternehmensberatung, Immobilien
- 26,2 Öffentliche Verwaltung, Bildung, Gesundheit

Verwendung des BIP
Dieser Ansatz zeigt, wie das verfügbare Einkommen verwendet wird (Konsum und Investitionen).

- 57,4 Private Konsumausgaben
- 11,2 Staatskonsum
- 21,0 Investitionsausgaben
- 10,4 Nettoexporte

Verteilung des BIP
Dieser Ansatz betrachtet die Bezahlung der Produktionsfaktoren (Boden, Arbeit und Kapital).

- 61,2 Löhne
- 18,1 Unternehmensgewinne
- 17,7 Abschreibungen
- 3,0 Produktions- und Importabgaben abzüglich Subventionen

BIP 2012 zu laufenden Preisen: 592 Mrd. Franken

Quelle: Bundesamt für Statistik (BFS)

Kapitel 2 | Geld und Konsum

Mit dem BIP kann das Wirtschaftswachstum im Vergleich zum Vorjahr gemessen werden. Dazu muss aber die Inflation (Teuerung) berücksichtigt werden. Wegen der Teuerung kann man heute mit einem Franken weniger Güter kaufen als noch vor zehn Jahren. Die um die Inflation korrigierte Grösse bezeichnet man als «reales BIP». Das BIP zu laufenden Preisen nennt man «nominales BIP». **Reales und nominales BIP**

Die Länder dieser Erde sind unterschiedlich gross. Bei Ländervergleichen wird daher das reale BIP durch die Bevölkerungszahl dividiert (BIP pro Kopf). **BIP pro Kopf**

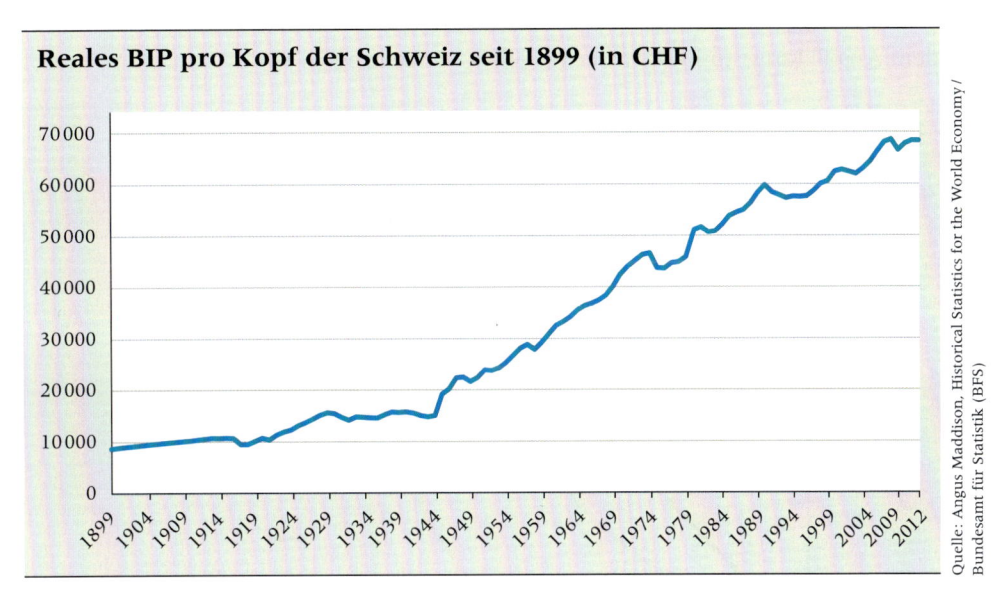

Reales BIP pro Kopf der Schweiz seit 1899 (in CHF)

Quelle: Angus Maddison, Historical Statistics for the World Economy / Bundesamt für Statistik (BFS)

Wie aus der Grafik ersichtlich wird, hat der Wohlstand der Schweiz seit 1899 stark zugenommen. Diesen langfristigen Anstieg nennt man Wirtschaftswachstum. Die Entwicklung verlief jedoch nicht gleichmässig, sondern wies bedeutende Schwankungen auf. Die kurzfristigen Bewegungen werden als «Konjunkturschwankungen» bezeichnet (siehe dazu S. 241). **Wachstum/Konjunktur**

Verglichen mit anderen Staaten, ist die Schweiz ein reiches Land: **Internationaler Vergleich**

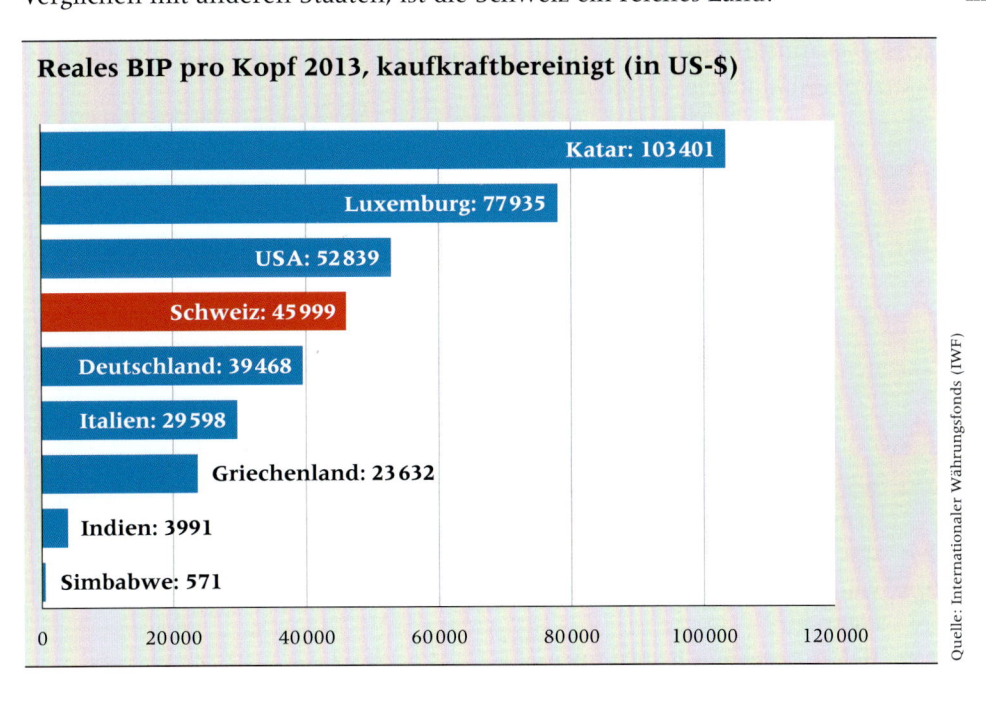

Reales BIP pro Kopf 2013, kaufkraftbereinigt (in US-$)

- Katar: 103 401
- Luxemburg: 77 935
- USA: 52 839
- Schweiz: 45 999
- Deutschland: 39 468
- Italien: 29 598
- Griechenland: 23 632
- Indien: 3 991
- Simbabwe: 571

Quelle: Internationaler Währungsfonds (IWF)

Die Einkommensverteilung

Lorenzkurve Das BIP pro Kopf zeigt auf, wie hoch das durchschnittliche Einkommen in einem Land ist. Daraus lässt sich jedoch nicht ablesen, wie gleichmässig die Einkommen auf die Haushalte verteilt sind. Diese Information liefert uns jedoch die Lorenzkurve. Die Lorenzkurve ist eine grafische Darstellung der Verteilung von Einkommen und Vermögen. Je «bauchiger» die Kurve verläuft, desto ungleicher sind die Einkommen in einem Land verteilt.

Dass nicht alle gleich viel verdienen, hat z.B. mit dem Alter, dem Geschlecht, dem Ausbildungsstand oder der beruflichen Stellung zu tun.

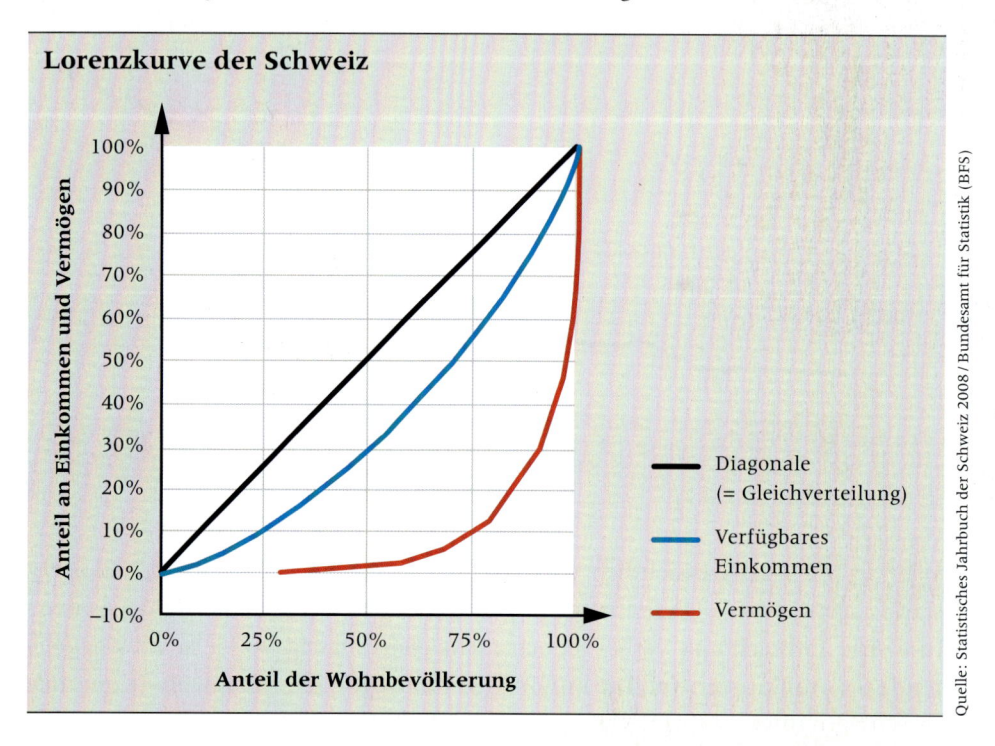

Lorenzkurve der Schweiz

Quelle: Statistisches Jahrbuch der Schweiz 2008 / Bundesamt für Statistik (BFS)

In der Schweiz verfügt das reichste Viertel der Bevölkerung über rund 45 Prozent des Gesamteinkommens und besitzt rund 90 Prozent des Gesamtvermögens. Das ärmste Viertel kommt auf nur rund 10 Prozent des Einkommens und besitzt überhaupt kein Vermögen.

Verstanden?

2.74 Wie lassen sich Wohlstand und Wohlfahrt einfach umschreiben?

2.75 Was wird mit dem BIP gemessen?

2.76 Wie komme ich vom nominalen zum realen BIP?

2.77 Welche Bedeutung hat das BIP pro Kopf?

2.78 Was kann ich aus der Lorenzkurve herauslesen?

2.79 Wie sieht die Einkommens- und Vermögensverteilung in der Schweiz aus?

3

Gemeinschaft und Staat

	Einleitung	74
3.1	Gesellschaftliches Verständnis	75
3.2	Schweiz gestern und heute	78
3.3	Merkmale des Staates	83
3.4	Bundesstaat Schweiz	84
3.5	Gewaltenteilung	88
3.6	Mitwirkungsrechte und Pflichten	94
3.7	Stimmen und Wählen	96
3.8	Referendum und Initiative	101
3.9	Entstehung eines Gesetzes	104
3.10	Interessengruppen	105

Einleitung

Das gesellschaftliche Gefüge, in dem wir leben, wird in wesentlichen Bereichen durch den Staat strukturiert.

In unserem Alltag treffen Menschen aufeinander, die sich durch ihre Herkunft mit entsprechenden Traditionen oder durch ihre Lebensanschauungen unterscheiden. Dies stellt uns immer wieder vor neue Herausforderungen. Dabei ist es wichtig, zu erkennen, dass die Bevölkerung dem Staat die Struktur gibt.

Sie entwickeln eine eigene Vorstellung, welche Mittel und Strategien von den verschiedenen Akteuren zur Wahrung Ihrer Interessen eingesetzt werden. Die Medien mischen im Meinungsbildungsprozess mit.

Sie tragen Mitverantwortung am öffentlichen Leben. Daher kennen Sie die Möglichkeiten zur aktiven Teilnahme am politischen Leben. Sie setzen sich immer wieder mit aktuellen politischen Ereignissen auseinander und unterscheiden dabei auch die wichtigsten Interessengruppen und die daraus entstehenden Spannungsfelder.

3.1 Gesellschaftliches Verständnis

Heimat

Was und wo ist Heimat?

Der Begriff Heimat lässt sich nicht klar und eindeutig definieren. Laut Duden ist Heimat «wo jemand zu Hause ist; ein Land, ein Landesteil oder Ort, in dem man geboren und/oder aufgewachsen ist, ständigen Wohnsitz gehabt hat und sich geborgen fühlt oder fühlte». Weiter fügt der Duden hinzu, dass der Begriff oft angewandt wird, um eine besonders gefühlsbetonte Stimmung auszudrücken oder zu erwecken.

Definition

Antworten auf die Fragen «Was ist Heimat? Was bedeutet mir Heimat? Hattest du schon einmal Heimweh? Wieso hattest du Heimweh?» werden sehr individuell ausfallen.

Individualität von Heimat

Vielfach wird der Begriff Heimat verknüpft mit Bildern, Symbolen, Figuren und Persönlichkeiten, typischen Produkten, Bauwerken, symbolischen Orten, Know-how, Institutionen und Selbsterlebtem. Landschaft, Bräuche, Kultur, Menschen und Gewohnheiten spielen bei der Beschreibung eine grosse Rolle.

Heimatsymbole

Berge und Käse gehören zu den prominentesten Schweizer Symbolen.

Heimatgefühl

Soziale Umwelt — Für das Entstehen eines Heimatgefühls sind die sozialen Beziehungen und die soziale Umwelt sehr wichtig. Das Erleben eines solchen Gefühls gibt Sicherheit, Schutz und Geborgenheit. Heimat ist auch die soziale Umwelt, in der sich jemand heimisch fühlt und mit der sich jemand identifizieren kann. Sie bietet Orientierung im gesellschaftlichen Zusammenleben. Daher erstaunt es nicht, dass der Begriff der Heimat auch im Zeitalter der fortschreitenden Globalisierung nicht an Aktualität verloren hat. Wenn Grenzen aufgehoben werden und Räume miteinander verschmelzen, fällt die Orientierung nicht immer leicht. Der Rückzug an bekannte Orte gibt Sicherheit und Schutz.

Heimat als Orientierungshilfe — Heimat bietet Orientierungshilfe. In der Heimat weiss man, wie die Gesellschaft funktioniert. Man kann darauf vertrauen, dass ein gewisses Verhalten eine entsprechende Reaktion hervorruft. Die Sanktionen bei Verstössen gegen Normen und Regeln sind bekannt. Der Verlust der Heimat bedeutet dementsprechend auch einen Verlust an Sicherheit, an Orientierung. Die Verbundenheit mit einem Ort geht verloren und somit auch ein Teil der Identifizierung. Die betroffenen Menschen werden entwurzelt.

Die Verbundenheit mit einem Ort bedeutet immer auch Identifikation.

Heimatfindung

Durch die zunehmende Mobilität wird die Heimat aus verschiedenen Gründen immer öfter freiwillig verlassen. Doch trotz der selbstbestimmten Trennung vom Geburtsort, fällt diese nicht immer leicht. Nicht allen gelingt es, das neue Zuhause zur neuen Heimat zu machen. Schwierig wird es auch für die nachkommende Generation. Sie bekommen ein Heimatgefühl vermittelt, von dem sie oft einzelne Teile gar nicht kennen, nie erlebt und erfahren haben. Und doch sind diese Ausschnitte Teil ihrer sozialen Umwelt. Der zweiten Generation fällt es oft schwerer, die eigene Heimat zu definieren. Vielfach führt der Weg zur Heimatfindung über die Loslösung vom durch die Eltern vermittelten Bild der Heimat. Sie müssen ihren eigenen Erfahrungen und prägenden Erlebnissen aus der Kindheit und der Jugend das nötige Gewicht geben, um die eigene Heimat zu finden.

Auch viele Schweizer Bürger verlassen ihre Heimat. Pro Jahr sind es im Durschnitt knapp 30 000 Personen. Ende 2012 lebten ca. 700 000 Bürgerinnen und Bürger im Ausland, vorwiegend in Westeuropa und in Nordamerika.

Heimatlos

Meist wird einem die Bedeutung der Heimat erst bewusst, wenn man sie verlässt und sich für kurze Zeit in einem fremden Land aufhält. Bereits als Tourist realisiert man, dass sich viele Dinge komplizierter gestalten, wenn man zum Beispiel die Sprache des Gastlandes nicht versteht oder die Feinheiten der Gastkultur nicht kennt. Und manch einer ist trotz positiver Ferienstimmung froh, wenn er nach zwei, drei Wochen wieder nach Hause fahren kann, denn zu Hause ist es immer noch am schönsten. Für eine kurze Zeit schätzt man wieder die positiven Seiten der eigenen Heimat und ist froh um die Sicherheit im Alltag. Die Ferieneindrücke verblassen jedoch schnell und das Bewusstsein, dass Heimat auch Geborgenheit und Sicherheit bedeutet, rückt wieder in den Hintergrund.

Im Zusammenhang mit Migration und Integration bekommt die Heimat jedoch eine neue Bedeutung. Mit der Emigration geht meist ein Verlust der Heimat einher. Die wenigsten verlassen ihre Heimat, weil diese ihnen nicht mehr die gewünschte Geborgenheit gibt, sondern weil sie von Ängsten geplagt werden oder sich verfolgt fühlen. Beim dauerhaften Verlassen der Heimat kommt es daher zu einer Entwurzelung. Nach und nach werden an einem neuen Ort wieder neue Wurzeln wachsen. Wie schnell diese Wurzeln wachsen und wie stark und tief diese in der neuen Erde stecken, ist in erster Linie vom einzelnen Individuum und den Gründen, die zur Emigration führten, abhängig. Zwischen Heimatverlust und Heimatfindung können jedoch Generationen liegen.

Migration und Integration

《 *Heimat ist kein Ort, Heimat ist ein Gefühl.* 》

Herbert Grönemeyer

3.2 Schweiz gestern und heute

Alte Eidgenossenschaft

Entstehung der Eidgenossenschaft

In der ersten Hälfte des 14. Jahrhunderts schliessen auf dem Gebiet der heutigen Schweiz acht Orte (Vorgänger der heutigen Kantone) unterschiedliche Bündnisse untereinander ab. Diese Bündnisse dienen einerseits der Abwehr fremder Übergriffe, andererseits der Machtsicherung der regionalen Führungsschichten. Etwa ab 1350 wird dieses Bündnisgeflecht «Eidgenossenschaft» genannt.

14. Jh.

Im Laufe der folgenden Jahrzehnte und Jahrhunderte treten dieser «Eidgenossenschaft» weitere städtische und ländliche Gebiete bei – oder werden von ihr erobert. Bis 1513 entsteht ein lockerer Staatenbund von 13 Stadt- und Landorten.

Bis 1513

Reformation

Die Reformation führt zur konfessionellen Spaltung der Eidgenossenschaft in katholische und reformierte Orte, die sich in der Folge während fast 200 Jahren bekämpfen.

1527–1531

Die Alte Eidgenossenschaft besteht aus:
- Alten Orten (Zürich, Bern, Luzern, Uri, Schwyz, Unterwalden, Zug, Glarus)
- Neuen Orten (Basel, Freiburg, Solothurn, Schaffhausen, Appenzell)
- Zugewandten Orten (u. a. St. Gallen, Wallis, Graubünden, Genf, Neuenburg, Thurgau)
- Untertanengebieten (u. a. Waadt, Aargau, Unterwallis, Tessin)

Um 1790

Untergang der Alten Eidgenossenschaft

Helvetische Republik – Einheitsstaat

Nach dem Einmarsch französischer Truppen 1798 unter Napoleon wird die Schweiz radikal umgestaltet: Die Helvetische Republik wird ein von Frankreich kontrollierter Einheitsstaat; die Untertanenverhältnisse werden abgeschafft.

1798

Mediation

Die Helvetische Republik hat aufgrund grosser sprachlicher, kultureller und religiöser Unterschiede nicht Bestand. Napoleon greift als Mediator (= Vermittler) ein, setzt die Zentralregierung ab und stärkt wiederum die Kantone. Die ehemaligen Untertanengebiete werden neue gleichberechtigte Kantone.
1805 tritt St. Gallen der Eidgenossenschaft bei.

1803–1813

Kapitel 3 | Gemeinschaft und Staat

Am Wiener Kongress 1815 legten die europäischen Herrscher nach der Niederlage Napoleons die Grenzen in Europa neu fest.

1815	Nach der Niederlage Frankreichs in Waterloo (heute Beligen) kommt es zur «Restauration» der Eidgenossenschaft: Sie wird wieder ein loser Staatenbund, und in ihren Kantonen herrscht erneut die aristokratische (vornehme) Oberschicht wie vor dem Umsturz von 1798.	Restauration – loser Staatenbund
	Am Wiener Kongress anerkennen die europäischen Grossmächte die «immerwährende Neutralität» der inzwischen aus 22 Kantonen bestehenden Schweiz.	Neutralität
1830–1847	Unter dem Druck der wirtschaftlichen Entwicklung schaffen etwa die Hälfte der Kantone liberale (freiheitliche) Verfassungen, die den Bürgern wirtschaftliche und politische Freiheiten garantieren. In der Folge bekämpfen sich liberale, reformierte Kantone, die die Gründung eines Gesamtstaats anstreben, und konservative, katholische Kantone erbittert, was 1847 zu einem Bürgerkrieg (Sonderbundskrieg) führt.	Liberal – konservativ

Moderne Schweiz

	Nach dem Sieg der liberalen Kräfte wird die Schweiz zu einem Bundesstaat umgestaltet, in dem die Kantone allerdings eine grosse Selbstständigkeit behalten. Damit entsteht ein einheitlicher Wirtschaftsraum mit freiem Personen- und Warenverkehr. Männer erhalten das Stimm- und Wahlrecht.	Gründung der heutigen Schweiz
1848	Die Bundesverfassung tritt in Kraft. Die Rechte der Bürger und des Bundes werden auf Kosten der Kantone gestärkt.	Bundesverfassung
1874	Das Referendumsrecht wird eingeführt.	Referendumsrecht
1891	Das Initiativrecht in der heutigen Form wird in der Verfassung verankert.	Initiativrecht

Während des Generalstreiks 1918 kam es in der Schweiz an verschiedenen Orten zu Zusammenstössen. Im Bild Soldaten der Kavallerie, die am Paradeplatz in Zürich gegen Streikende vorgehen.

Erster Weltkrieg **Generalstreik**	Vom Ersten Weltkrieg bleibt die Schweiz zwar verschont, doch die durch ihn bedingte schlechte soziale Lage breiter Bevölkerungsschichten führt 1918 zum Generalstreik. Die Streikleitung fordert die Proporzwahl des Nationalrats, das Frauenstimmrecht, die Einführung der 48-Stunden-Woche und eine Alters- und Invalidenversicherung. Der Bundesrat bietet Truppen auf (drei Tote).	1914–1918
Proporzwahl	Der Nationalrat wird erstmals im Proporzwahlverfahren gewählt.	1919
Zweiter Weltkrieg	Während des Zweiten Weltkrieges kann sich die Schweiz aus dem Kriegsgeschehen heraushalten. Allerdings lud sie sich mit ihrer restriktiven Flüchtlingspolitik («Das Boot ist voll!») und der Entgegennahme von Raubgold moralische Schuld auf.	1939–1945
	Nach dem Zweiten Weltkrieg erlebt die Schweiz einen Wirtschaftsaufschwung. Er hält lange an, auch dank dem Friedensabkommen zwischen den Arbeitgeber- und den Arbeitnehmerorganisationen.	1945–1975
Einführung AHV	Mit einem überwältigenden Ja-Stimmenanteil von 80 Prozent stimmt die Schweiz am 6. Juli 1947 der Einführung der Alters- und Hinterlassenenversicherung (AHV) zu. Damit soll erstmals eine umfassende finanzielle Hilfe für die Alten und Hinterbliebenen aufgebracht werden. Eingeführt wird die AHV 1948.	1948
Zauberformel	Mit der Wahl eines zweiten Sozialdemokraten in die Regierung setzt sich diese zum ersten Mal einigermassen proportional zum Wähleranteil der Parteien im Nationalrat zusammen. Die sogenannte Zauberformel ist damit gefunden, die wichtigsten politischen Strömungen sind im Bundesrat vertreten (2004–2007: FDP 2, SP 2, CVP 1, SVP 2).	1959
Frauenstimmrecht	Nach erfolglosem Anlauf 1959 befürworten Volk und Stände das Frauenstimm- und -wahlrecht auf eidgenössischer Ebene.	1971
Kanton Jura	Aus einem Teil des Kantons Bern entsteht der 23. Kanton der Schweiz, der Kanton Jura.	1978
UNO	Das Volk stimmt dem Beitritt zur UNO zu. Die Schweiz wird als 190. Mitglied aufgenommen.	2002

Kapitel 3 | Gemeinschaft und Staat

Schweizerische Bundesverfassung

Die Schweizerische Bundesverfassung ist das Grundgesetz unseres Staates und somit das rechtliche Fundament. Sie ordnet in groben Zügen das öffentliche Leben (die Einzelheiten werden in anderen Gesetzbüchern geregelt).

Die Bundesverfassung:
- definiert die Träger der Macht (Volk, Stände, Parlament, Regierung, Gerichte) und deren Verhältnis zueinander;
- sorgt für die Ausbalancierung der Gewalten (Gewaltentrennung);
- ist das Grundinstrument, um Macht an Recht zu binden;
- sichert den Bürgerinnen und Bürgern Rechte und auferlegt ihnen Pflichten;
- verteilt Kompetenzen (Zuständigkeiten) zwischen
  a) Bund und Kantonen und
  b) den Bundesbehörden,
- ist die Basis für alle anderen Gesetzbücher und erteilt dem Bund die Erlaubnis, Gesetze zu schaffen wie das Zivilgesetzbuch (ZGB, in BV 122), das Obligationenrecht (OR, in BV 122), das Strassenverkehrsgesetz (SVG, in BV 82), das Strafgesetzbuch (StGB, in BV 123), das Berufsbildungsgesetz (BBG, in BV 63), das Arbeitslosenversicherungsgesetz (in BV 114) usw.

Aufbau der Schweizerischen Bundesverfassung

Präambel

Allgemeine Bestimmungen — BV 1–6

Grundrechte, Bürgerrechte und Sozialziele — BV 7–41
1. Kapitel: Grundrechte
2. Kapitel: Bürgerrecht und politische Rechte
3. Kapitel: Sozialziele

Bund, Kantone und Gemeinden — BV 42–135
1. Kapitel: Verhältnis von Bund und Kantonen
2. Kapitel: Zuständigkeiten
3. Kapitel: Finanzordnung

Volk und Stände — BV 136–142
1. Kapitel: Allgemeine Bestimmungen
2. Kapitel: Initiative und Referendum

Bundesbehörden — BV 143–191
1. Kapitel: Allgemeine Bestimmungen
2. Kapitel: Bundesversammlung
3. Kapitel: Bundesrat und Bundesverwaltung
4. Kapitel: Bundesgericht

Revision der Bundesverfassung — BV 192–197
1. Kapitel: Revision
2. Kapitel: Übergangsbestimmungen

Steckbrief der Schweiz heute

	Schweizerische Eidgenossenschaft **Confœderatio Helvetica (CH)**
Lage	Die Schweiz liegt im Herzen Europas und grenzt im Süden an Italien, im Osten an Österreich und an das Fürstentum Liechtenstein, im Norden an Deutschland und im Westen an Frankreich. Als Binnenstaat hat sie keinen direkten Zugang zum Meer.
Fläche	41 285 Quadratkilometer Alpen und Gletscher machen rund 60 Prozent der Fläche aus.
Einwohnerzahl	Ende 2013 zählte die Schweiz 8 112 200 Einwohnerinnen und Einwohner. Davon sind 24 Prozent ausländischer Nationalität.
Landessprachen	Die Schweiz besitzt vier offizielle Landessprachen: Deutsch (65,6 %), Französisch (22,8 %), Italienisch (8,4 %) und Rätoromanisch (0,6 %). Rund 3 Prozent der Bevölkerung hat eine andere Muttersprache.
Religionen	In der Schweiz sind 38,6 Prozent römisch-katholisch, 34,8 Prozent protestantisch (inkl. Freikirchen), 4,5 Prozent muslimisch; 20,1 Prozent sind konfessionslos (Stand 2012).
Staatsstruktur	Die Schweiz als Bundesstaat ist in 23 Kantone (20 ganze und 6 halbe Kantone) und rund 2408 Gemeinden gegliedert (Stand 2013).
Hauptstadt	Bern ist seit der Staatsgründung 1848 Hauptstadt der Schweiz und Sitz der Regierung.
Regierungsform	Die Schweiz ist eine Mischform aus repräsentativer Demokratie (das Volk wählt die Volksvertreter, welche die Gesetze machen) und direkter Demokratie (durch häufige Volksabstimmungen kann das Volk direkten Einfluss auf die Politik nehmen), was als halbdirekte Demokratie bezeichnet wird.
Mitgliedschaft in internationalen Organisationen	UNO, WTO, Europarat, OSZE, IKRK

Verstanden?

3.1 Nennen Sie vier wichtige Ereignisse der Schweizer Geschichte.

3.2 Welche Rechte wurden mit der Einführung der Schweizerischen Bundesverfassung verbindlich?

3.3 Nennen Sie ausgewählte Eckdaten der heutigen Schweiz.

3.3 Merkmale des Staates

Ein Staat ist ein Zusammenschluss eines Volkes (Staatsvolk) in einem durch geografische Grenzen festgelegten Gebiet (Staatsgebiet) unter einer bestimmten politischen Gewalt (Staatsgewalt). Oft ist diese Gemeinschaft durch viele gemeinsame Bindungen (Sprache, Kultur, geografische oder geschichtliche Tatsachen) zusammengewachsen. Entscheidend zur Bildung des Staates ist der Wille zur Einheit, Unabhängigkeit und Freiheit.

Der Zweck des Staates liegt darin, ein dauerhaftes, nach Recht und Gesetz geordnetes Zusammenleben der Menschen zu garantieren, Frieden und Sicherheit zu gewährleisten und die soziale Wohlfahrt zu fördern. Die Ansprüche an einen modernen Leistungsstaat sind heute jedoch gestiegen.

Zweck des Staates

Ein Staat definiert sich durch:	
Staatsvolk *(Bürger)*	Zum Beispiel Schweizer, Deutsche, Italiener, Franzosen
Staatsgebiet *(Territorium)*	Grund und Boden, Staatsgebiet, Hoheitsgebiet
Staatshoheit *(Souveränität)*	Der Staat verfügt über die Herrschaftsgewalt. Er bestimmt selbstständig über seine inneren und äusseren Angelegenheiten (=Selbstbestimmung bzw. Unabhängigkeit). Heute spricht man auch von Autonomie, d.h. die Befugnis, selbst Recht zu setzen. In einer Demokratie ist das Volk der Souverän, weil es letztlich selbst an der Urne die Entscheidungen treffen kann. Ein Staat muss auch völkerrechtlich (von der internationalen Staatengemeinschaft) anerkannt sein. Dadurch erhalten z.B. seine Staatsverträge auch international Gültigkeit.

Staatsgewalt	Staatshoheit heisst auch, die Staatsgewalt innehaben, damit meint man die staatliche Befugnis:
	
	• *Recht setzen*
	  gesetzgebende Behörde (Parlament: *Legislative*)
	
	• *Recht ausführen*
	  ausführende Behörde (Regierung: *Exekutive*)
	
	• *Recht durchsetzen und über Unrecht entscheiden*
	  richterliche Behörde (Gerichte: *Judikative*)
	
	Zusätzlich verfügt der Staat über das Gewaltmonopol, d.h., er allein hat das Recht, notfalls körperliche Gewalt (Polizei- oder Armeeeinsatz) zur Aufrechterhaltung von Rechtsfrieden und Sicherheit anzuwenden.

3.4 Welche drei Merkmale definieren einen Staat?

Verstanden?

3.4 Bundesstaat Schweiz

Staatsformen

In ihrer geschichtlichen Entwicklung hat sich die Schweiz vom lockeren Staatenbund der verschiedenen Kantone über den Einheitsstaat unter Napoleon zum Bundesstaat heutiger Prägung entwickelt.

Staatsformen

Bundesstaat

Beim Bundesstaat schliessen sich Teilstaaten zusammen und bilden gegen aussen einen Gesamtstaat.

Beispiele: Deutschland, Österreich, USA
Schweiz seit 1848

Einheitsstaat

In einem Einheitsstaat (Zentralstaat) gibt es nur eine Regierung. Er wird von einem Zentrum aus einheitlich regiert. Im ganzen Staat gelten die gleichen Gesetze.

Beispiele: Frankreich, Grossbritannien, Italien
Helvetische Republik von 1798 bis 1803

Staatenbund

Beim Staatenbund verbünden sich selbstständige, souveräne Staaten, um ausgewählte Aufgaben gemeinsam zu lösen.

Beispiele: UNO, NATO, OPEC
Eidgenossenschaft bis 1798; von 1803 bis 1848

Föderalistischer Bundesstaat

Föderalismus Die Kantone haben bei der Gründung des Bundesstaates einen Teil ihrer Souveränität dem Bund abgetreten. Die Aufgaben des Bundes sind in der Bundesverfassung ausdrücklich geregelt. Alle anderen staatlichen Aufgaben werden eigenständig von den Kantonen oder den Gemeinden wahrgenommen. Dies nennt man Föderalismus.

Aufgabenteilung zwischen Bund, Kantonen und Gemeinden (Beispiele)
- *Bundesaufgaben*
  Aussenpolitik, Strassenverkehr, Militär, Zoll, Berufsbildung
- *Kantonsaufgaben*
  Schule, Gesundheitswesen, Bauwesen, Polizei
- *Gemeindeaufgaben*
  Kehrichtabfuhr, Wasser- und Elektrizitätsversorgung, Bau von Schulhäusern, Feuerwehr

Demokratie als Regierungsform

Jede Form von Demokratie (Volksherrschaft) versucht auf ihre Weise, den Willen des Volkes zu ermitteln und die Tätigkeiten des Staates danach auszurichten. Theoretisch kann dies durch direkte Mitsprache jedes Bürgers und jeder Bürgerin geschehen (direkte Demokratie) oder aber durch eine gewählte Vertretung (repräsentative Demokratie). Bei der repräsentativen Demokratie kann das Schwergewicht auf einer starken Präsidentin oder einem starken Präsidenten als Chef der Regierung liegen (präsidiale Demokratie) oder aber auf einem starken Parlament (parlamentarische Demokratie).

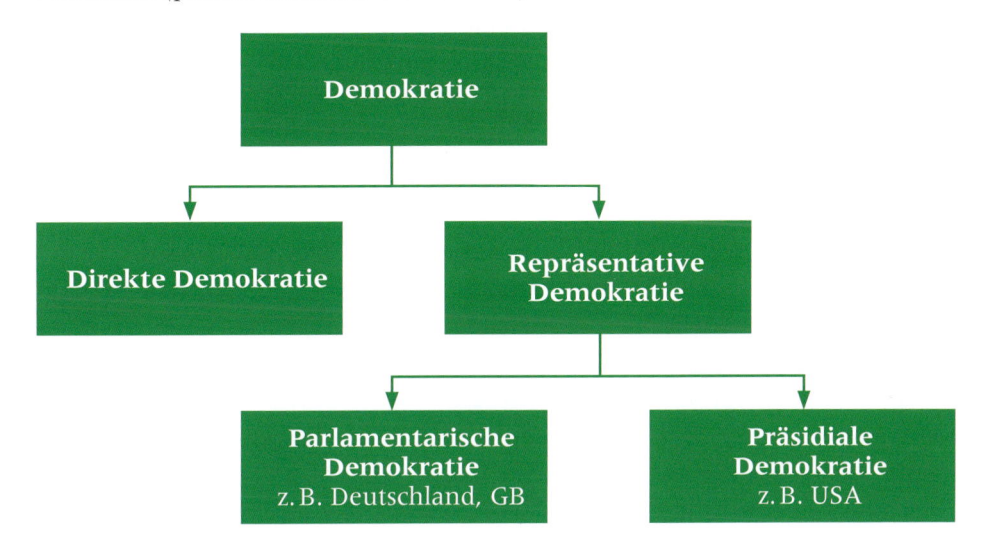

```
                    Demokratie
                   /          \
        Direkte Demokratie    Repräsentative
                              Demokratie
                              /         \
                  Parlamentarische    Präsidiale
                  Demokratie          Demokratie
                  z. B. Deutschland, GB   z. B. USA
```

In der Realität sind diese Demokratieformen selten in Reinkultur anzutreffen; üblich sind Mischformen. So stellt die Schweiz eine Mischform zwischen einer direkten und einer repräsentativen Demokratie dar (halbdirekte Demokratie).

Das Volk wählt seine Abgeordneten und bestimmt endgültig über die Verfassung und die Gesetze. Das Parlament bereitet die Geschäfte nur vor.

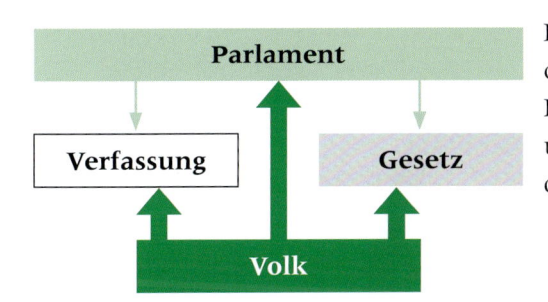

Direkte Demokratie

In der Schweiz geschieht dies in den beiden Landsgemeinden der Kantone Appenzell Innerrhoden und Glarus sowie in den Gemeinden mit Gemeindeversammlung.

Das Volk wählt seine Abgeordneten und hat auch direkte Einflussmöglichkeiten auf Verfassung und Gesetzgebung.

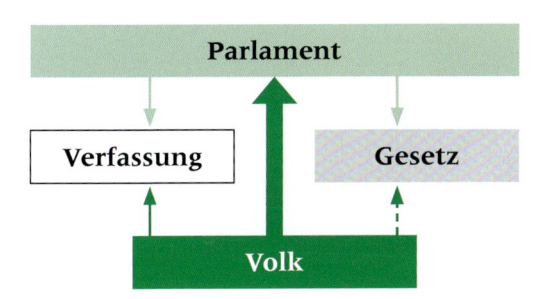

Halbdirekte Demokratie

Konkordanzdemokratie

Konkordanzdemokratie Bei der Konkordanzdemokratie sind alle massgeblichen Parteien in der Regierung vertreten, wodurch grosse Stabilität entsteht. Die politischen Ansichten der Regierungsmitglieder können sehr unterschiedlich sein, und von Fall zu Fall müssen gemeinsame Lösungen gefunden werden: Es braucht eine grosse Kompromissbereitschaft aller Mitglieder.

In diesem System gibt es keine Regierungschefin bzw. keinen Regierungschef. Die Opposition besteht im Prinzip aus dem Volk, das mit dem Referendum korrigierend eingreifen kann, wenn ihm eine Entscheidung nicht gefällt. Deshalb spricht man auch von einer «Referendumsdemokratie».

Konkurrenzdemokratie

Konkurrenzdemokratie Bei der Konkurrenzdemokratie ist das Parlament in die Regierungspartei oder Regierungsparteien und die Opposition aufgeteilt. Die Regierung wird aus dem Resultat der Parlamentswahlen abgeleitet.

Regierungsbildung
> **Es gibt dabei zwei Varianten der Regierungsbildung:**
> - Wenn eine Partei das absolute Mehr im Parlament erreicht, stellt sie allein die Regierung. Die anderen Parteien bilden zusammen die Opposition.
> - Wenn keine Partei das absolute Mehr im Parlament erreicht, müssen Koalitionen (Zusammenschlüsse) gebildet werden: Zwei oder mehr Parteien, die gemeinsam die Mehrheit im Parlament erreichen, spannen zusammen. Sie müssen sich dann auf ein Regierungsprogramm und die Zusammensetzung der Regierung einigen. Die restlichen Parteien bilden gemeinsam die Opposition.

Die vom Parlament gewählte Regierung wird von einer Regierungschefin oder einem Regierungschef präsidiert.

Der Staats- und Regierungschef der USA ist seit 2009 Barack Obama.

Demokratie in Abgrenzung zur Diktatur

Am einfachsten ist es, die Demokratie in Abgrenzung zu einer Diktatur zu definieren.

Regierungsformen

	Demokratie	Diktatur
Gewaltenteilung	Aufteilung der Staatsgewalt in: • Gesetze erlassen • Recht durchsetzen • Über Recht und Unrecht urteilen Die drei Gewalten kontrollieren sich gegenseitig.	Die Staatsgewalt ist in der Hand eines Einzelnen (Diktator) oder weniger Personen (Junta, Partei). Das bedeutet, dass «der Diktator» die Gesetze erlassen kann, die ihm passen, selbst deren Einhaltung kontrolliert und willkürlich Menschen verurteilen und inhaftieren kann.
Menschenrechte	Menschenrechte und Bürgerrechte sind garantiert.	Missachtung der grundlegendsten Menschenrechte. Politisch Andersdenkende werden systematisch verfolgt.
Wahlen und Abstimmungen	Bei freien Wahlen und Abstimmungen entscheidet jeweils die Mehrheit des Volkes.	Durch manipulierte Scheinwahlen halten sich die Herrschenden an der Macht.
Meinungs- und Pressefreiheit	Es findet ein politischer Wettbewerb zwischen Parteien mit unterschiedlichen Werthaltungen statt. Über freie Medien kann sich jeder über verschiedene Meinungen informieren.	Mithilfe der staatlich kontrollierten Medien wird die freie Meinungsbildung der Bevölkerung verunmöglicht. Die Menschen werden systematisch desinformiert. Die Machthaber dulden keine Opposition.
Ausprägungen	• Direkte/halbdirekte Demokratie • Parlamentarische Demokratie • Präsidiale Demokratie	• Militärdiktatur (Myanmar) • Parteidiktatur (Nordkorea) • Theokratie, aus dem Griechischen entnommen: «Gottesherrschaft» (Iran)

Verstanden?

3.5 Erklären Sie mithilfe der dargestellten Früchte die drei Staatsformen.

3.6 Was bedeutet der Begriff «Föderalismus»?

3.7 Welche zwei Hauptformen von Demokratie unterscheidet man?

3.8 Was grenzt die Demokratie von der Diktatur ab?

3.5 Gewaltenteilung

Man unterscheidet in einem Rechtsstaat drei Gewalten:

> **Die drei Gewalten**
> - Legislative (Gesetze erlassen)
> - Exekutive (Gesetze ausführen)
> - Judikative (über Recht und Unrecht urteilen)

Machtteilung/ Gewaltentrennung

Die Trennung dieser drei Gewalten ist ein Wesensmerkmal der Demokratie. Man vermeidet dadurch eine Machtansammlung und einen Missbrauch der Macht, weil sich die drei Gewalten gegenseitig kontrollieren. Dies bedingt aber, dass sie personell wie organisatorisch voneinander unabhängig sind.
In einer Diktatur sind die drei Gewalten nicht getrennt. Einem Missbrauch der Macht sind so keine Grenzen gesetzt!

Das Prinzip der Machtteilung am Beispiel Schweiz

	Legislative	Exekutive	Judikative
	Parlament	**Regierung**	**Gericht**
Funktion	Gesetzgebende Behörde	Ausführende Behörde	Richterliche Behörde
Aufgaben	Gesetze erlassen Kontrolle über Ausführung	Gesetze ausführen regieren, verwalten	urteilen und richten strafen und schützen
Bund	Nationalrat (200) Ständerat (46)	7 Bundesräte mit 7 Departementen	Bundesgericht mit 38 Bundesrichtern
Wahl	*Volkswahl*	*Vereinigte Bundesversammlung*	*Vereinigte Bundesversammlung*
Kanton	Grosser Rat/ Kantonsrat/Landrat	Regierungsrat/ Stadtrat	Obergericht/ Kantonsgericht
Wahl	*Volk*	*Volk*	*Volk*
Gemeinde	Gemeindeversammlung/Einwohnerrat	Gemeinderat/Stadtrat	Bezirksgericht/Amtsgericht/Kreisgericht/ Friedensrichter/Vermittler
Wahl	*Volk*	*Volk*	*Volk*

Die Bedeutung der Massenmedien als Vermittler von Informationen wird immer grösser. Einerseits tragen sie wesentlich zur Meinungsbildung bei, andererseits üben sie eine Kontrolle über die politischen Behörden aus, indem sie Missstände aufdecken und darüber berichten. Die Medien sind zunehmend zu einem Machtfaktor geworden, indem Personen der Politik und Wirtschaft dieses Instrument für die Durchsetzung der eigenen Interessen nutzen. Auch die Medienleute können durch die Auswahl und die Darstellung der Informationen grossen Einfluss auf die öffentliche Meinung und die Politik ausüben.

Massenmedien (vierte Gewalt)

Irak-Krieg 2003. In der Presse wurde sowohl der linke als auch der rechte Bildausschnitt des farbigen Originalbildes veröffentlicht.

Das Parlament (Legislative)

In der halbdirekten Demokratie übernehmen die gewählten Volksvertreterinnen und -vertreter einen Teil der Volksrechte. Sie machen die Gesetze, wählen den Bundesrat und die Bundesrichter, beschliessen die Staatsausgaben und kontrollieren die Verwaltung (BV 148 ff.).

Das Schweizer Parlament

	Nationalrat	Ständerat
Grösse	200 Mitglieder	46 Mitglieder
Repräsentiert	Das Volk	Die Kantone
Abgeordnete pro Kanton	Abgeordnete im Verhältnis zur Wohnbevölkerung der Kantone (mind. aber ein Sitz). Bevölkerungsreiche Kantone haben grösseres Gewicht als die kleinen Kantone (ZH 34 – UR 1).	Pro Ganzkanton zwei Abgeordnete, pro Halbkanton ein Abgeordneter. Bevölkerungsarme Kantone haben das gleiche Gewicht wie bevölkerungsreiche Kantone (ZH 2 – UR 2).
Wahl	Wahl für vier Jahre Proporzwahlen (Ausnahmen AI/AR/GL/NW/OW/UR)	Wahl für vier Jahre Majorzwahlen (Ausnahmen JU/NE)

Session Das Parlament trifft sich in der Regel viermal im Jahr für drei Wochen, um die oben beschriebenen Parlamentsgeschäfte zu erledigen. Diese Sitzungen (Sessionen) sind öffentlich. Bei Bedarf werden ausserordentliche Sessionen einberufen.

Fraktion Um eine Fraktion bilden zu können, braucht es mindestens fünf Mitglieder. Meistens schliessen sich die Parlamentarierinnen und Parlamentarier innerhalb der eigenen Parteien zu Fraktionen zusammen. Bei kleineren Parteien kann es auch zu parteiübergreifenden Zusammenschlüssen kommen. In den Fraktionen werden die Ratsgeschäfte vorberaten und Abstimmungs- und Wahlempfehlungen abgegeben. Nur Fraktionen können Einsitz in parlamentarische Kommissionen nehmen.

Parlamentarische Kommissionen Die einzelnen Aufgaben der Bundesversammlung sind derart vielfältig und umfangreich, dass sich nicht alle Parlamentarierinnen und Parlamentarier mit jedem Sachbereich im Detail vertraut machen können. Deshalb bereiten die parlamentarischen Kommissionen die Ratsgeschäfte vor. Sie erstatten ihrem Rat jeweils Bericht und stellen Anträge. Die Kommissionen werden gemäss den einzelnen Fraktionsstärken zusammengesetzt.

Getrennte Verhandlung (BV 156) Der Nationalrat und der Ständerat sind zwei gleichberechtigte Kammern. Sie tagen getrennt. Für Beschlüsse ist eine Übereinstimmung beider Räte erforderlich.

Vereinigte Bundesversammlung (BV 157) Vor allem bei Wahlen des Bundesrates und der Bundesrichter treffen sich die beiden Räte gemeinsam im Nationalratssaal. Dann spricht man von der Vereinigten Bundesversammlung.

Im Bild der Nationalratssaal im Berner Bundeshaus.

Der Bundesrat (Exekutive)

Die Regierung der Schweiz besteht aus den sieben Mitgliedern des Bundesrats, die von der Vereinigten Bundesversammlung (Nationalrat und Ständerat) für eine vierjährige Amtsdauer (Legislatur) gewählt werden (BV 174 ff.).

Der Bundesrat ist eine Konkordanzregierung (von lateinisch *concordare* = übereinstimmen). Dies bedeutet, dass der Bundesrat in der Regel entsprechend der Wählerstärke der wichtigsten Parteien im Parlament zusammengesetzt ist. Dadurch sind die massgebenden politischen Kräfte der Schweiz in die Regierung eingebunden und tragen Regierungsverantwortung. Eine Konkordanzregierung bewirkt Stabilität, da eine eigentliche Opposition im Parlament fehlt.

Konkordanz

Mitglieder des Bundesrates 2013, von links: **Johann Schneider-Ammann (FDP)**, **Eveline Widmer-Schlumpf (BDP)**, **Simonetta Sommaruga (SPS)**, **Didier Burkhalter (FDP)**, **Doris Leuthard (CVP)**, **Ueli Maurer (SVP)**, **Alain Berset (SPS)** und Bundeskanzlerin **Corina Casanova**.

Die Aufgaben des Bundesrates
- Entwickeln von Ideen und Zielen für die Zukunft
- Umsetzen von Parlamentsbeschlüssen (Vollzug der Gesetze)
- Leiten der jeweiligen Departemente
- Verwalten der Finanzen
- Informieren der Bevölkerung

Aufgaben

Entscheide des Bundesrates werden von jedem Mitglied nach aussen als Beschlüsse des Kollegiums vertreten, auch wenn es eine andere Meinung hat als die Mehrheit des Bundesrates.

Kollegialitätsprinzip

Die Bundespräsidentin oder der Bundespräsident wird von der Vereinigten Bundesversammlung jeweils für ein Jahr gewählt. Das Amt beinhaltet keine besonderen Machtbefugnisse (primus inter pares). Die Bundespräsidentin oder der Bundespräsident leitet die Bundesratssitzungen und repräsentiert die Schweiz nach aussen.

Bundespräsident/ Bundespräsidentin

Bundeskanzlerin / Bundeskanzler

Die Bundeskanzlerin oder der Bundeskanzler leitet die Bundeskanzlei und unterstützt in dieser Tätigkeit den Bundesrat. Die Hauptaufgaben der Bundeskanzlei sind die Vorbereitung und Koordination der Regierungsgeschäfte und die Information der Bevölkerung über die Absichten und Entscheide des Bundesrates.

Bundesverwaltung

Die Bundesverwaltung setzt sich aus sieben Departementen zusammen, welche die Regierungspolitik umsetzen. Jedem Departement steht ein Bundesrat vor.

Die sieben Departemente (Stand 2014)

EDA	**Eidgenössisches Departement für auswärtige Angelegenheiten**
	Vorsteher: **Didier Burkhalter** (FDP)
	Das EDA wahrt die Interessen der Schweiz im Ausland. Es gestaltet und koordiniert die schweizerische Aussenpolitik.
UVEK	**Eidgenössisches Departement für Umwelt, Verkehr, Energie und Kommunikation**
	Vorsteherin: **Doris Leuthard** (CVP)
	Das UVEK sorgt für moderne Verkehrswege, Kommunikations- und Stromnetze. Es sorgt aber auch dafür, dass die Belange der Umwelt respektiert werden.
WBF	**Eidgenössisches Department für Wirtschaft, Bildung und Forschung**
	Vorsteher: **Johann N. Schneider-Ammann** (FDP)
	Das WBF befasst sich unter anderem mit der Berufsbildung, der Landwirtschaft, der Preisüberwachung und kontrolliert den Wettbewerb.
EDI	**Eidgenössisches Departement des Innern**
	Vorsteher: **Alain Berset** (SPS)
	Das EDI befasst sich zum Beispiel mit der Altersvorsorge, den Sozialversicherungen, Bewilligung KK-Prämien, der Sucht- und Aidsprävention oder der Rassismusbekämpfung.
EFD	**Eidgenössisches Finanzdepartement**
	Vorsteherin: **Eveline Widmer-Schlumpf** (BDP)
	Das EFD ist zuständig für die Finanzpolitik. Darunter fallen auch das Personal, das Bauwesen und die Informatik. Sein Ziel ist ein ausgeglichener Bundeshaushalt.
EJPD	**Eidgenössisches Justiz- und Polizeidepartement**
	Vorsteherin: **Simonetta Sommaruga** (SPS)
	Das EJPD befasst sich zum Beispiel mit Asylfragen, mit der inneren Sicherheit oder mit der Bekämpfung von Kriminalität.
VBS	**Eidgenössisches Departement für Verteidigung, Bevölkerungsschutz und Sport**
	Vorsteher: **Ueli Maurer** (SVP)
	Das VBS ist zuständig für die Armee, die Sicherheitspolitik, den Bevölkerungsschutz (z.B. Zivilschutz) und den Sport (z.B. Förderung Spitzensport, J+S).

Das Bundesgericht (Judikative)

Das Bundesgericht in Lausanne ist die oberste richterliche Instanz in der Schweiz. Seine Entscheide können an den Europäischen Gerichtshof für Menschenrechte in Strassburg weitergezogen werden.

Richterlicher Instanzenweg

In der Regel werden Prozesse auf folgendem Instanzenweg behandelt:

Richterlicher Instanzenweg
- Die 1. Instanz bei Prozessen ist das *Amts-*, das *Bezirks-* oder das *Kreisgericht*.
- Die 2. Instanz ist danach das *Kantonsgericht / kantonales Verwaltungsgericht*.
- Die 3. und letzte Instanz ist das *Bundesgericht / Bundesverwaltungsgericht*.

Gerichts- und Prozessarten

	Strafgericht	Zivilgericht	Verwaltungsgericht
Prozess	Strafprozess	Zivilprozess	Verwaltungsprozess
Beteiligte	Staat gegen Privatperson	Privatperson gegen Privatperson	Privatperson gegen Staat
Gesetze	z. B. Strafgesetzbuch, Strassenverkehrsgesetz	z. B. Zivilgesetzbuch, Obligationenrecht	z. B. kantonales Steuergesetz
Urteil	schuldig – unschuldig? Strafmass	Wer ist im Recht, wer im Unrecht?	Wurden Gesetze durch Behörden missachtet?
Beispiele	Diebstahl / Mord Verkehrsdelikt	Vertragsstreitigkeiten Ehescheidung	falscher Steuerentscheid durch die Steuerbehörde

Verstanden?

3.9 Welches sind die drei Staatsgewalten?

3.10 Was soll mit der Trennung der drei Gewalten erreicht werden?

3.11 Warum werden die Massenmedien als vierte Gewalt bezeichnet?

3.12 Aus wie vielen Räten besteht das Schweizer Parlament?

3.13 Wie viele Nationalratssitze stehen einem Kanton im Minimum zu?

3.14 Nach welchem Wahlsystem wird in der Regel der Nationalrat, nach welchem der Ständerat gewählt?

3.15 Welches sind die vier Hauptaufgaben des Parlaments?

3.16 Welche Bedeutung hat eine Fraktion?

3.17 Warum gibt es parlamentarische Kommissionen, welche die Ratsgeschäfte vorbereiten?

3.18 Was versteht man unter «Vereinigte Bundesversammlung»?

3.19 Was ist eine Session?

3.20 Wie lautet die parteipolitische Zusammensetzung des Bundesrats?

3.21 Nennen Sie drei Aufgaben des Bundesrats.

3.22 Erklären Sie das Kollegialitätsprinzip.

3.23 Wie heissen die sieben Departemente der Bundesverwaltung?

3.24 Welche Aufgaben hat die Bundeskanzlei?

3.25 Welche Bedeutung haben die Entscheide des Bundesgerichts?

3.26 Wie unterscheiden sich die drei Prozessarten?

3.6 Mitwirkungsrechte und Pflichten

Grundrechte, Freiheitsrechte, Menschenrechte

Diese Rechte sind allgemeine, überstaatliche Rechte. Sie stehen allen Menschen zu, unabhängig von ihrer Hautfarbe, Herkunft, Sprache, Religion, Nationalität oder von ihrem Geschlecht. Sie sind entweder in der Allgemeinen Erklärung der Menschenrechte, in der Europäischen Menschenrechtserklärung (EMRK) und/oder in der Bundesverfassung festgehalten.

> **Beispiele von Grund- und Freiheitsrechten**
> - Menschenwürde (BV 7; EMRK 1)
> - Recht auf Leben und persönliche Freiheit (BV 10; EMRK 2)
> - Meinungsäusserungs- und Informationsfreiheit (BV 16; EMRK 10)
> - Glaubens- und Gewissensfreiheit (BV 15; EMRK 9)
> - Rechtsgleichheit (BV 8; EMRK 14)
> - Anspruch auf Grundschulunterricht (BV 19)

Die Grundrechte gelten nicht vorbehaltlos. Der Staat kann sie einschränken, wenn es das öffentliche Interesse so verlangt (z. B. bei Rassendiskriminierung, StGB 261).

Die Versammlungsfreiheit ist ein Grundrecht, das in der Bundesverfassung (BV 22) festgehalten ist. Im Bild eine Demonstration der Gewerkschaften zur Senkung des Rentenalters.

Kapitel 3 | Gemeinschaft und Staat

Staatsbürgerliche Rechte

Diese Rechte kommen allen Staatsbürgerinnen und Staatsbürgern zugute, unabhängig vom Alter. Sie sind in der Bundesverfassung aufgeführt.

> **Beispiele staatsbürgerlicher Rechte**
> - Niederlassungsfreiheit (BV 24)
> - Bürgerrechte (BV 37)
> - Schutz vor Ausweisung, Auslieferung und Ausschaffung (BV 25)

Politische Rechte

Diese Rechte stehen nur den handlungsfähigen Schweizerinnen und Schweizern zu. Sie sind ebenfalls in der Bundesverfassung festgehalten.

> **Beispiele politischer Rechte**
> - Aktives und passives Wahlrecht (BV 34, 39, 136)
> - Stimmrecht (BV 34, 39, 136)
> - Referendums- und Initiativrecht (BV 141, 138, 139)

Staatsbürgerliche Pflichten

Diese Pflichten betreffen alle Staatsbürgerinnen und -bürger und zum Teil auch niedergelassene Ausländer. Sie sind in der Bundesverfassung und in den Gesetzen geregelt.

> **Beispiele staatsbürgerlicher Pflichten**
> - Schulpflicht (BV 62)
> - Steuerpflicht
> - Versicherungspflicht
> - Militärdienstpflicht (nur männliche Schweizer, BV 59)

Verstanden ?

3.27 Was versteht man unter dem Begriff «Menschenrecht»?

3.28 Warum betrifft ein Teil der staatsbürgerlichen Pflichten auch niedergelassene Ausländer?

3.7 Stimmen und Wählen

BV 136 Stimm- und Wahlrecht sind die wichtigsten politischen Rechte. Die Möglichkeit, an freien und fairen Wahlen und Abstimmungen teilzunehmen, ist in einer funktionierenden Demokratie von zentraler Bedeutung.

Stimmrecht

Das Stimmrecht erlaubt es jeder Stimmbürgerin und jedem Stimmbürger, zu einer Sachvorlage Ja oder Nein zu sagen. Bei Abstimmungen auf Bundesebene werden die folgenden Mehrheiten unterschieden: Volksmehr, Ständemehr, doppeltes Mehr. (Siehe dazu die Erläuterung auf der nächsten Seite.)

Wahlrecht

Beim Wahlrecht wird zwischen aktivem und passivem Wahlrecht unterschieden.

- *Aktiv:* Das Recht, Personen in eine Behörde oder ein Amt zu wählen (z.B. Gemeinderat, Gemeindepräsidentin/-präsident, Grossrat/Kantonsrat, Regierungsrat, National- und Ständerat wählen).
- *Passiv:* Die Möglichkeit, selbst für ein Amt gewählt zu werden (ich kann mich z.B. in den Gemeinderat wählen lassen).

Bei Wahlen werden die folgenden Mehrheiten unterschieden: absolutes Mehr, relatives Mehr, qualifiziertes Mehr. (Siehe dazu die Erläuterungen auf der nächsten Seite.)

Voraussetzungen

- Schweizer Bürgerrecht
- Mindestens 18 Jahre alt (Kanton Glarus: aktives Wahlrecht auf Kantons- und Gemeindeebene ab 16 Jahren)
- Nicht wegen Geisteskrankheit oder Geistesschwäche verbeiständet

Verschiedene Arten von «Mehr»

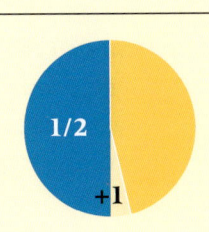

Absolutes Mehr
Ein absolutes Mehr besteht aus mindestens der Hälfte aller gültigen abgegebenen Stimmen +1.

Beispiel: In der Urne befinden sich 800 Wahlzettel:
12 davon waren ungültig, 37 leer. Es bleiben also 751 gültige Wahlzettel (800 - 12 - 37 = 751). Davon die Hälfte sind 375 Wahlzettel (751 : 2 = 375,5 –> wird abgerundet). Das absolute Mehr wären also 376 Stimmen (375 + 1 = 376).

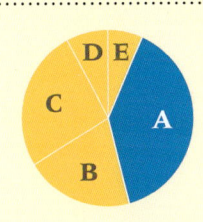

Relatives Mehr
Beim relativen Mehr ist diese Person direkt gewählt, die am meisten Stimmen hat.

Beispiel: Fünf Personen erhalten Stimmen: A erhält 4003, B erhält 3450, C erhält 1235, D erhält 457 und E 323 Stimmen. Gewählt ist direkt A.

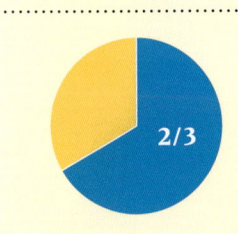

Qualifiziertes Mehr
Beim qualifizierten Mehr ist ein Wert erforderlich, der über dem absoluten Mehr liegt. Beispielsweise eine 2/3, 3/4 oder 4/5 Mehrheit.

Beispiel: In Vereinsstatuten ist häufig verankert «Die Statuten können ausschliesslich geändert werden, wenn 2/3 aller Mitglieder der Änderung zustimmen».

Volksmehr
Ein Volksmehr kommt zusammen, wenn die Mehrheit der gültigen Stimmen erreicht wird.

Beispiel: Das Resultat einer Abstimmung über eine eidgenössische Vorlage ist: 1 334 428 Ja-Stimmen gegen 784 554 Nein-Stimmen. Somit ist die Vorlage angenommen. Zur Annahme eines Gesetzes ist immer das Volksmehr erforderlich.

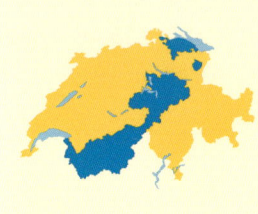

Ständemehr
Ein Ständemehr kommt zustande, wenn die Mehrheit der Kantone (Stände) erreicht wird.

Beispiel: Damit das Ständemehr erreicht wird, müssen in der Schweiz mindestens 12 Kantone die Vorlage bejahen. Im jeweiligen Kanton bestimmt das Volksmehr, ob der Kanton als «Ja-Kanton» oder als «Nein-Kanton» gezählt wird. Die Kantone AR, AI, BS, BL, OW und NW zählen als halbe Stimme (BV 142).
Es gibt keine Abstimmung, die nur das Ständemehr erfordert. Ein Unentschieden der Stände bedeutet bereits Ablehnung der Vorlage.

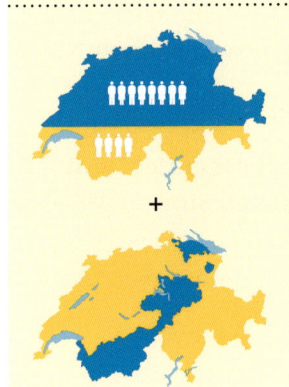

Doppeltes Mehr
Ein doppeltes Mehr kommt zustande, wenn Volks- und Ständemehr beide erreicht werden.

Beispiel: Volksmehr: 1 334 428 Ja gegen 784 554 Nein
Ständemehr: 15 ½ Kantone Ja gegen 7 ½ Kantone Nein

Das doppelte Mehr ist erforderlich bei: Änderungen der Verfassung (BV 138, 140, 195), dringlichen Bundesgesetzen ohne Verfassungsgrundlage (BV 140, 165) und den Beitritt zu internationalen Organisationen (BV 140).

Majorzwahl

Mehrheitswahl — Majorzwahl heisst Mehrheitswahl. Gewählt ist, wer am meisten Stimmen erhält. Die Majorzwahl wird angewendet, wenn nur ein Sitz oder nur wenige Sitze zu vergeben sind (z. B. Bundesratswahl, Regierungsratswahl, Ständeratswahl). Majorzwahlen sind Persönlichkeitswahlen, das heisst, der Bekanntheitsgrad eines Kandidaten oder einer Kandidatin ist entscheidend für die Wahl.
Der Vorteil dieses Wahlverfahrens liegt in seiner Einfachheit. Aufgrund des fehlenden Wählerpotenzials haben Kandidaten kleinerer Parteien allerdings wenig Chancen, gewählt zu werden.

Wahlmehrheiten — Meistens wird im ersten Wahlgang das absolute Mehr verlangt. Wird dieses nicht erreicht, ist im zweiten Wahlgang oft nur noch das relative Mehr erforderlich.

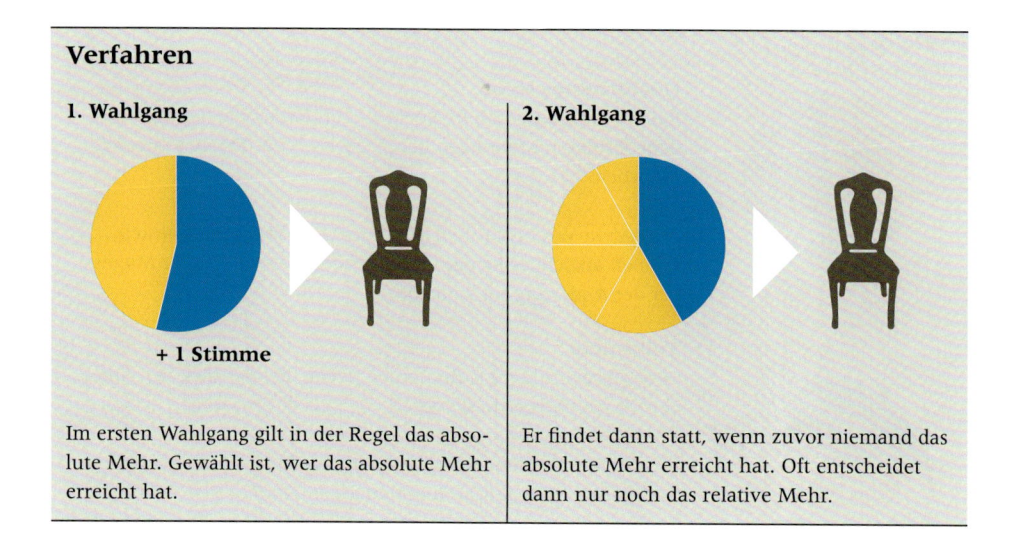

Verfahren

1. Wahlgang

+ 1 Stimme

Im ersten Wahlgang gilt in der Regel das absolute Mehr. Gewählt ist, wer das absolute Mehr erreicht hat.

2. Wahlgang

Er findet dann statt, wenn zuvor niemand das absolute Mehr erreicht hat. Oft entscheidet dann nur noch das relative Mehr.

Stille Wahl — Wenn gleich viele Kandidatinnen und Kandidaten zur Wahl vorgeschlagen werden, wie Sitze zu vergeben sind, kommt es zu einer stillen Wahl, d. h., es findet kein Wahlgang statt. Gewählt sind dann die vorgeschlagenen Personen.

Proporzwahl

Verhältniswahl — Proporzwahl heisst Verhältniswahl. Die zu vergebenden Sitze werden im Verhältnis zum Stimmenanteil der einzelnen Parteien vergeben. Je mehr Stimmen eine Partei erzielt, umso mehr Sitze erhält sie.
Der Vorteil der Proporzwahl ist, dass auch kleinere Parteien eine reelle Chance haben, Sitze zu gewinnen. Sie wird vor allem bei Parlamentswahlen (z. B. Nationalrat, Kantonsrat) angewendet.

Liste — Die Parteien reichen ihre Wahlvorschläge auf Listen ein. Diese dürfen höchstens so viele Namen enthalten, wie im entsprechenden Wahlkreis Sitze zu vergeben sind. Kein Name darf mehr als zweimal auf einer Liste stehen.
Als Wähler darf man nur eine Liste in die Urne werfen. Man hat aber folgende Möglichkeiten:

Kapitel 3 | Gemeinschaft und Staat

Mögliche Listenveränderungen bei der Proporzwahl
- Namen auf einer vorgegebenen Liste streichen
- Namen auf eine vorgegebenen Liste doppelt hinschreiben (kumulieren)
- Namen von anderen Listen (von anderen Parteien) auf die ausgewählte Liste schreiben (panaschieren)
- Leere Liste mit Namen und Parteibezeichnung vervollständigen

Möglichkeiten beim Proporz

Liste 1	Partei A	**Keine Veränderung**
1.1	Peter U.	Einen vorgedruckten Wahlzettel (Parteiliste) unverändert in die Wahlurne einlegen.
1.2	Hanna E.	*Stimmen erhalten:*
1.3	Sabine G.	Partei A: 3 Parteistimmen
		Jeder Kandidat: 1 Kandidatenstimme

Liste 2	Partei B	**Streichen**
2.1	Franz B.	Auf dem vorgedruckten Wahlzettel darf ein Name gestrichen werden. Eine wählbare Person muss der Wahlzettel aber enthalten.
~~2.2~~	~~Sina L.~~	*Stimmen erhalten:*
2.3	Erika L.	Partei B: 3 Parteistimmen
		Franz B. und Erika L.: je 1 Kandidatenstimme
		Die nun leere Zeile verbleibt der Partei B als eine Parteistimme (Zusatzstimme).

Liste 3	Partei C	**Kumulieren**
3.1	Stefan S.	Auf dem vorgedruckten Wahlzettel dürfen Sie handschriftlich einen Namen ein zweites Mal aufführen oder den Namen beim Panaschieren zweimal hinschreiben. (Wenn keine leeren Zeilen vorhanden sind, müssen Sie zuvor noch einen Namen streichen.)
3.2	Sarah A.	*Stimmen erhalten:*
~~3.3~~	~~Nicole D.~~	Partei C: 3 Parteistimmen
3.2	Sarah. A.	Kandidatenstimmen: für Sarah A. 2, für Stefan S. 1.
		Nicole D. erhält keine Kandidatenstimme mehr.

Liste 4	Partei D	**Panaschieren**
4.1	Therese I.	Auf die vorgedruckte Liste schreiben Sie den Namen einer anderen Liste auf.
~~4.2~~	~~David D.~~	*Stimmen erhalten:*
4.3	Roger C.	Partei D: 2 Parteistimmen; Partei A: 1 Parteistimme
1.1	Peter U.	Jeder Kandidat: 1 Kandidatenstimme (ausgenommen David D.)
		Partei D verliert somit eine Parteistimme an die Partei A des Kandidaten Peter U.

		Leere Liste ohne Parteibezeichnung
		Stimmen erhalten:
2.2	Sina L.	Partei B: 1 Parteistimme
		Sina L.: 1 Kandidatenstimme
		Da die Liste keine Parteibezeichnung trägt, gelten die zwei leeren Zeilen als «verloren». Die Stimmkraft wurde nicht voll ausgenützt.

Liste 3	Partei C	**Leere Liste mit Parteibezeichnung**
		Stimmen erhalten:
2.1	Franz B.	Partei C: 2 Parteistimmen
		Partei B: 1 Parteistimme
		Franz B.: 1 Kandidatenstimme
		Weil die leere Liste eine Parteibezeichnung trägt, werden die leeren Zeilen dieser Partei zugerechnet (= Zusatzstimmen).

Die Anzahl der Parteistimmen ergibt die Anzahl der Sitze der jeweiligen Partei. Die Anzahl der Kandidatenstimmen bestimmt die gewählten Personen innerhalb einer Partei.

Beispiel Proporzwahl

In einem Gemeindeparlament sind 12 Sitze (= 100 %) neu zu vergeben. Beim Wahlgang sind insgesamt 4000 Stimmen eingegangen. Partei A hat dabei 1000 Stimmen erzielt = ein Viertel (= 25 %) der eingegangenen Wählerstimmen. Partei A erhält nun auch einen Viertel der zu vergebenden Sitze, in diesem Fall also drei. Partei B (2000 Stimmen = 50 % Stimmenanteil) werden 6 Sitze zuerkannt usw.

Partei A	Partei B	Partei C	Partei D
1000 Stimmen 25 %	2000 Stimmen 50 %	600 Stimmen 15 %	400 Stimmen 10 %
3 Sitze	6 Sitze	2 Sitze	1 Sitz

Verstanden?

3.29 Erklären Sie den Unterschied zwischen Stimmen und Wählen.

3.30 Was heisst «aktives» / «passives Wahlrecht»?

3.31 Erklären Sie die Begriffe «absolutes Mehr» / «relatives Mehr».

3.32 Wann spricht man von einem qualifizierten Mehr?

3.33 Erklären Sie den Unterschied zwischen Volksmehr und Ständemehr.

3.34 Wann braucht es das doppelte Mehr?

3.35 Wann wird das Majorzwahlverfahren angewendet?

3.36 In welchem Fall findet im Majorzwahlverfahren ein zweiter Wahlgang statt?

3.37 Wann kommt es zu einer stillen Wahl?

3.38 Warum werden die meisten Parlamente im Proporzwahlverfahren gewählt?

3.39 Was bedeutet kumulieren und panaschieren?

3.8 Referendum und Initiative

Referendum

Das Referendum ist das Recht der Bürgerinnen und Bürger, über bestimmte Beschlüsse des Parlaments an der Urne endgültig zu entscheiden.

Obligatorisches Referendum

Zu gewissen Parlamentsentscheiden müssen die Stimmbürgerinnen und Stimmbürger automatisch an der Urne befragt werden.

BV 140

> **Wichtige obligatorische Referenden**
> - Verfassungsänderungen
> - Beitritt zu internationalen Organisationen (z. B. EU, NATO)

Obligatorische Referenden benötigen das doppelte Mehr.

Fakultatives Referendum

Mithilfe des fakultativen Referendums (Gesetzesreferendum) können Stimmbürgerinnen und Stimmbürger (oder die Kantone) eine Volksabstimmung zu einem vom Parlament beschlossenen Gesetz erzwingen. Damit es zu einer Abstimmung kommt, müssen die folgenden Bedingungen erfüllt sein:

BV 141

> **Fakultatives Referendum**
> - Das Referendum muss von 50 000 Bürgerinnen und Bürgern (oder von acht Kantonen) unterschrieben werden.
> - Die Unterschriften müssen innert 100 Tagen nach der Verabschiedung durch das Parlament gesammelt werden.

Beim fakultativen Referendum genügt das Volksmehr.

Bedeutung des Referendums

Die wenigsten Länder auf dieser Welt kennen diese Art von Mitentscheidungsrechte, wie es sie in der Schweiz gibt. Man nennt die Regierungsform der Schweiz deshalb auch Referendumsdemokratie. Schon die Androhung eines Referendums kann die Ausgestaltung eines Gesetzes beeinflussen; das Parlament geht einem möglichen Volksnein aus dem Wege, indem bei der Ausarbeitung des Gesetzes mehrheitsfähige Kompromisse gesucht werden.

Unterschriftenliste.

Initiative

Die Initiative ist das Recht des Volkes (Bürgerinnen und Bürger / Interessenverbände / Parteien), mittels Unterschriftensammlung eine Abstimmung über eine Verfassungsänderung zu verlangen. Auch der Bundesrat, die Kantone (Standesinitiative) oder einzelne Parlamentarier können eine Volksabstimmung beantragen.

Damit eine Volksinitiative zustande kommt, müssen die folgenden Bedingungen erfüllt sein:

BV 138 ff.

Volksinitiative
- Die Initiative muss von 100 000 Bürgerinnen und Bürgern unterschrieben werden.
- Die Unterschriften müssen innert 18 Monaten gesammelt werden.

Unterschriftenliste einer Volksinitiative.

Kapitel 3 | Gemeinschaft und Staat

Der Weg bis zur Abstimmung

Die eingereichten Unterschriftenbögen werden zunächst von den Gemeinden auf ihre Gültigkeit hin überprüft. Danach empfehlen Bundesrat wie Parlament Annahme oder Ablehnung der Vorlage. Sie können auch einen Gegenvorschlag ausarbeiten. Zu guter Letzt kann das Volk an der Urne Stellung nehmen. Für die Annahme benötigt eine Initiative das doppelte Mehr.

Initiativen auf Kantonsebene

Neben der Verfassungsinitiative kennen die Kantone auch Gesetzesinitiativen, mit denen Änderungen auf Gesetzesstufe herbeigeführt werden können.

Im Bild die Einreichung des Referendums gegen das verschärfte Asylgesetz im Januar 2013.

Verstanden?

3.40 Wann kommt es zu einem obligatorischen Referendum?

3.41 Welches Mehr benötigt das obligatorische Referendum?

3.42 Welche Bedingungen müssen erfüllt sein, damit ein fakultatives Referendum zustande kommt?

3.43 Was bezweckt das fakultative Referendum?

3.44 Welche Mehrheit braucht das fakultative Gesetzesreferendum zur Annahme?

3.45 Was bewirkt eine Volksinitiative auf Bundesebene?

3.46 Welche Bedingungen müssen erfüllt sein, damit eine Initiative zustande kommt?

3.47 Welches Mehr benötigt die Volksinitiative, damit sie angenommen wird?

3.48 Welche zusätzlichen Initiativen kennen die Kantone?

3.9 Entstehung eines Gesetzes

Der Gesetzgebungsprozess zeigt auf, wie die politischen Akteure zusammenwirken. Der Bundesrat, die Kantone, die Parteien, die Verbände, das Parlament und gegebenenfalls das Volk können bei der Ausgestaltung von Gesetzen mitreden. Aus diesem Grund treten nur neue Gesetze in Kraft, welche breit abgestützt sind.

Ablauf des Gesetzgebungsprozesses

1. **Anstoss:** Entweder setzt sich der Bundesrat von sich aus für ein neues Gesetz ein oder das Parlament verlangt es von ihm mittels einer Motion (der Bundesrat wird damit verpflichtet, ein neues Gesetz auszuarbeiten).

2. **Vorentwurf:** Eine vom Bundesrat eingesetzte Gruppe von Fachleuten (Expertenkommission) formuliert einen ersten Gesetzesentwurf.

3. **Vernehmlassung:** Der Vorentwurf wird an die Kantone, die Parteien, betroffene Verbände und weitere interessierte Kreise geschickt. Diese können dazu Stellung nehmen und Änderungsvorschläge machen.

4. **Definitiver Entwurf mit Botschaft:** Die Bundesverwaltung überarbeitet aufgrund der Vernehmlassung den Gesetzesentwurf und schickt den definitiven Entwurf mit einer «Botschaft ans Parlament» zur parlamentarischen Behandlung im Nationalrat und Ständerat.

5. **Behandlung in National- und Ständerat:** Der definitive Entwurf wird zu unterschiedlichen Zeiten in beiden Räten behandelt (Erstrat, Zweitrat). Zuerst behandelt die vorberatende Kommission des jeweiligen Rates den Text und stellt Anträge an den Rat. Anschliessend wird das Gesetz im jeweiligen Rat im Detail beraten, und es wird darüber abgestimmt (der Rat kann aber auch Nichteintreten beschliessen oder den Entwurf an den Bundesrat zurückweisen). Falls die Beschlüsse der beiden Räte in den Schlussabstimmungen voneinander abweichen, kommt es zum Differenzbereinigungsverfahren, welches sich auf die strittigen Punkte beschränkt. Findet keine Einigung statt, kommt kein neues Gesetz zustande.

6. **Veröffentlichung mit Referendumsfrist:** Nach der Veröffentlichung des Gesetzes im Bundesblatt beginnt die Referendumsfrist von 100 Tagen zu laufen.

7. **Volksabstimmung, wenn Referendum ergriffen wurde:** Falls innerhalb von 100 Tagen das Referendum ergriffen wird (50 000 Unterschriften oder 8 Kantone), kommt es zu einer Volksabstimmung.

8. **Inkrafttreten:** Wird das Referendum nicht ergriffen oder stimmt das Volk bei der Volksabstimmung dem neuen Gesetz zu, setzt i. d. R. der Bundesrat das neue Gesetz in Kraft.

Verstanden?

3.49 Von wem kommt meistens die Anregung für ein neues Bundesgesetz?

3.50 Welches ist die Aufgabe der Expertenkommission?

3.51 Wer berät und beschliesst neue Gesetze beim Bund?

3.52 Wann gibt es ein Differenzbereinigungsverfahren?

3.53 Warum tritt ein Bundesgesetz frühestens nach 100 Tagen in Kraft?

3.10 Interessengruppen

In der Politik versuchen verschiedenste Gruppen, das öffentliche Leben nach ihren Interessen und Vorstellungen, nach ihren Werten und Idealen zu gestalten. Es findet ein dauernder Kampf um Macht und Einfluss statt.
Welche Interessenträger nehmen am Entscheidungsprozess teil? Wie unterscheiden sie sich?

Politik = Machtkampf der Interessen

Parteien

Parteien sind politische Vereine und wichtige Interessenvertreter. Sie sind im Bundesrat und im Parlament vertreten und nehmen dort am Gesetzgebungsprozess teil. Sie versuchen bei Abstimmungen durch Parolen den Meinungsbildungsprozess des Volkes nach ihren Wertvorstellungen zu beeinflussen und bei Wahlen die Bürgerinnen und Bürger von ihren Idealen zu überzeugen.

Politische Grundhaltungen

Die politischen Ziele und Forderungen der einzelnen Parteien stützen sich auf unterschiedliche Weltanschauungen (Ideologien) und die daraus resultierenden politischen Grundhaltungen. Obwohl es in der Schweiz eine grosse Anzahl verschiedener Parteien gibt (pluralistische Demokratie), lassen sich grundsätzlich vier Ausrichtungen unterscheiden:

Politische Grundhaltungen

Liberal: für grosse Wirtschaftsfreiheit ohne zu viele Einschränkungen durch den Staat, für die internationale Zusammenarbeit, eine offene Haltung gegenüber Immigrant/innen und für Reformen in politischen und gesellschaftlichen Fragen.

Links: für eine bewusste soziale Umverteilung zwischen Arm und Reich, einen Ausbau des Sozialstaats und ein entsprechend stärkeres Engagement des Staates.

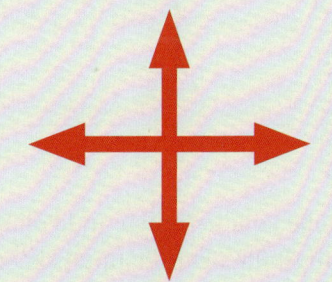

Rechts: für Eigenverantwortung und private Vorsorge, für eine Betonung von Recht und Ordnung. Positive Haltung gegenüber militärischer Verteidigung, Polizei und Staatsschutz.

Konservativ: für die Betonung der nationalen Unabhängigkeit und eine zurückhaltende Migrationspolitik und für das Festhalten am Bestehenden.

Parteienlandschaft Folgende Darstellung zeigt die Positionierung der acht grössten Parteien in der Schweiz.

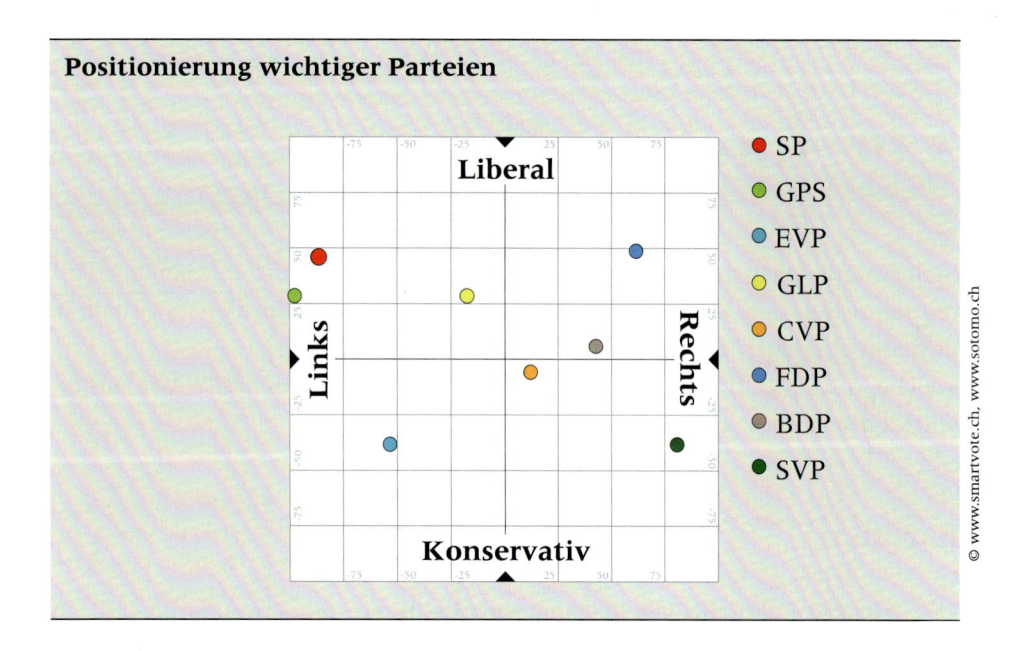

Positionierung wichtiger Parteien

- SP
- GPS
- EVP
- GLP
- CVP
- FDP
- BDP
- SVP

© www.smartvote.ch, www.sotomo.ch

Smartspider Die vier Grundhaltungen lassen sich auf acht politische Themenbereiche erweitern. Ein Wert von 100 bedeutet eine starke Zustimmung zum formulierten Ziel, 0 bedeutet keine Zustimmung. Auf diese Weise lassen sich die Grundhaltungen der einzelnen Parteien spinnennetzförmig darstellen.

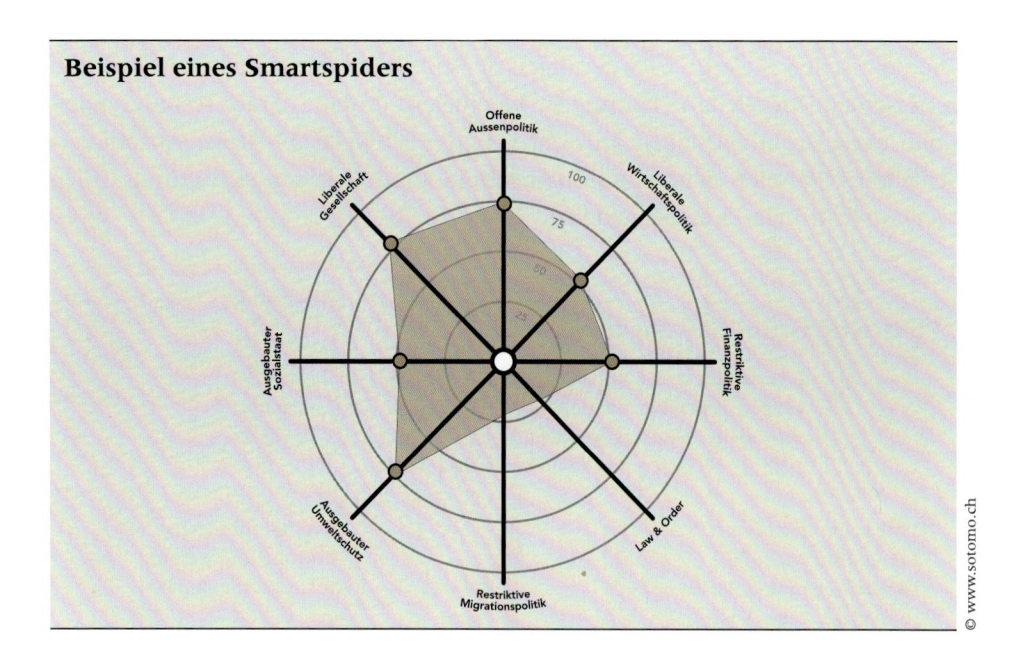

Beispiel eines Smartspiders

© www.sotomo.ch

Natürlich lassen sich nicht alle Politikerinnen und Politiker in dieses starre Schema pressen. Als Orientierungshilfe über die unterschiedlichen Grundhaltungen der einzelnen Parteien ist es aber durchaus geeignet.

www.parteienkompass.ch Auf dieser Internetsite können Sie Fragen zur aktuellen Politik beantworten und dadurch Ihre politische Position mit derjenigen der Parteien vergleichen.

Die vier grössten Parteien in der Schweiz

Diese vier Parteien stellen 158 von 200 Nationalrätinnen und Nationalräten und 40 von 46 Ständerätinnen und Ständeräten. Somit bestimmen sie weitgehend das politische Geschehen in der Schweiz.

Schweizerische Volkspartei (SVP)

Gründungsjahr: 1936
Hauptanliegen:
- Erhaltung einer neutralen und unabhängigen Schweiz (kein EU- oder NATO-Beitritt)
- Tiefere Steuern, Schuldenabbau
- Bekämpfung des Asylmissbrauchs, gegen illegale Einwanderung

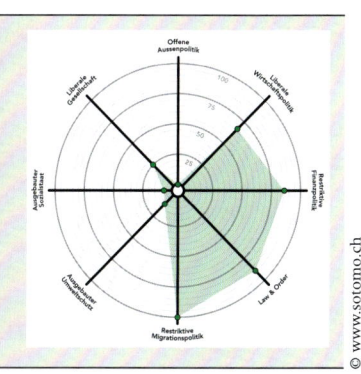

www.svp.ch

Sozialdemokratische Partei der Schweiz (SPS)

Gründungsjahr: 1888
Hauptanliegen:
- Mehr soziale Gerechtigkeit (gut ausgebaute Sozialversicherungen, Bildungschancen für alle)
- Offene, solidarische Schweiz (Entwicklungshilfe, Frieden, Menschenrechte)
- Gutes öffentliches Verkehrsnetz, Förderung erneuerbarer Energien, gegen Atomkraftwerke

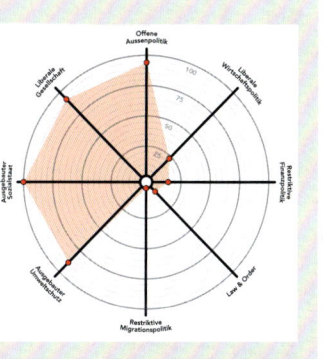

www.sp-ps.ch

Christlichdemokratische Volkspartei (CVP)

Gründungsjahr: 1912
Hauptanliegen:
- Förderung der Familie, bessere Rahmenbedingungen für die Kinderbetreuung
- Förderung des Wirtschaftsstandorts Schweiz (Innovationsförderung, attraktive Steuern, gute Infrastruktur, hohes Bildungsniveau)
- Sicherung der Sozialwerke

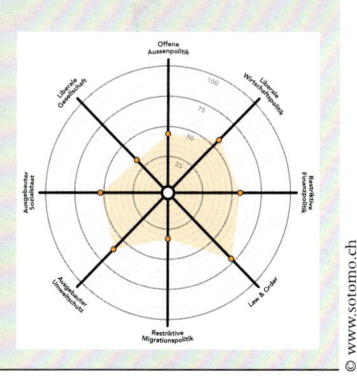

www.cvp.ch

FDP. Die Liberalen

Gründungsjahr: 2009*
Hauptanliegen:
- Freiheit und Selbstverantwortung der einzelnen Person, Wettbewerb auf dem Markt
- Gute Rahmenbedingungen für die Wirtschaft
- Tiefe Steuern, massvoller finanzieller Einsatz bei den Sozialwerken

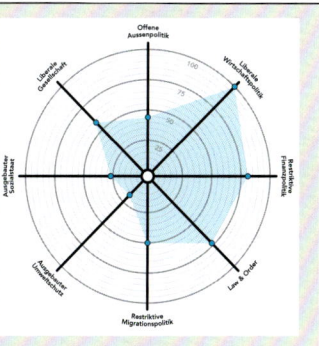

www.fdp.ch

* Die Partei entstand 2009 durch die Fusion der Freisinnig-Demokratischen Partei (1894) mir der Liberalen Partei der Schweiz (1913).

Weitere Parteien

Grüne Partei der Schweiz (GPS)

Gründungsjahr: 1983
Hauptanliegen:
- Wirkungsvoller Schutz der Umwelt und der natürlichen Ressourcen
- Ökologischer Umbau der Wirtschaft
- Stärkung der Sozialwerke, aktive Friedenspolitik

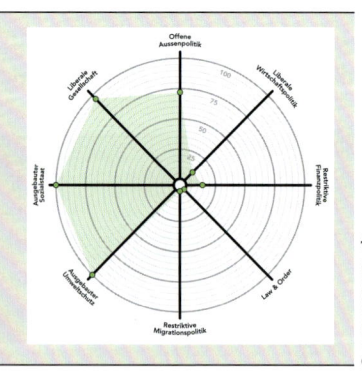

www.gruene.ch

Grünliberale Partei Schweiz (GLP)

Gründungsjahr: 2007
Hauptanliegen:
- Verbindung von Umweltschutz/Nachhaltigkeit und liberaler Wirtschaftspolitik
- Eigenverantwortung der Menschen, Staatstätigkeit auf Kernaufgaben beschränken
- Sozialer Ausgleich mit Mass

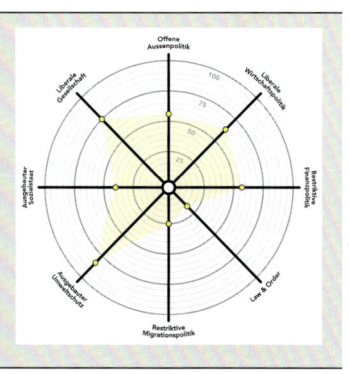

www.grunliberale.ch

Bürgerlich-Demokratische Partei (BDP)

Gründungsjahr: 2008
Hauptanliegen:
- Freiheit, eigenverantwortliches Handeln und Leistungsbereitschaft als Grundlage für Wohlstand und Wachstum
- Glaubwürdige Sicherheitspolitik (starke Armee und Polizei)
- Schutz der Umwelt durch Verursacherprinzip und andere Anreizsysteme

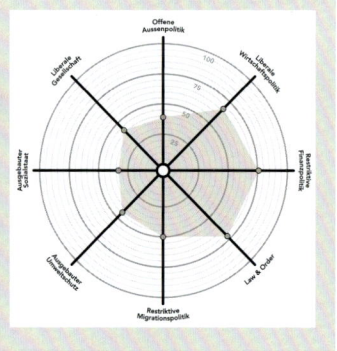

www.bdp.info

Evangelische Volkspartei (EVP)

Gründungsjahr: 1919
Hauptanliegen:
- Auf der Grundlage des Evangeliums eine sachbezogene und am Menschen orientierte Politik betreiben
- Familien stärken und finanziell entlasten
- Gerechte und ökologische Wirtschaft (Schuldenabbau, faire Löhne, fairer Handel, Förderung erneuerbarer Energien)

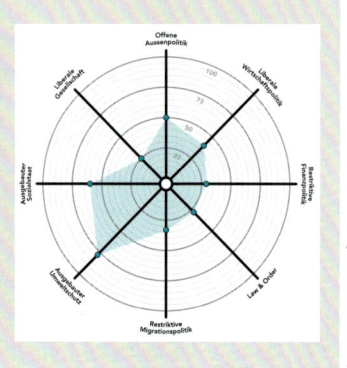

www.evppev.ch

Kapitel 3 | Gemeinschaft und Staat

Parteienspektrum der Schweiz

Die Parteien sind, wie schon erwähnt, unterschiedlich stark im National- und Ständerat vertreten und haben so unterschiedlich grossen Einfluss auf die Politik in der Schweiz.

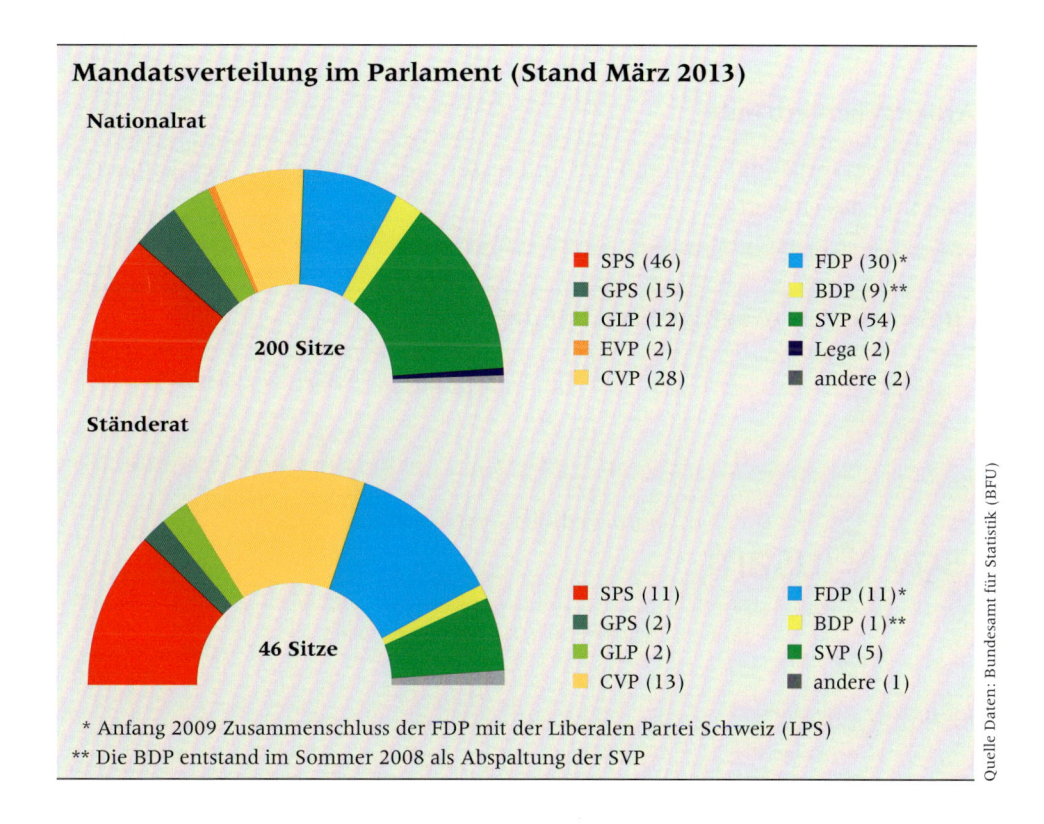

Mandatsverteilung im Parlament (Stand März 2013)

Nationalrat (200 Sitze)
- SPS (46)
- GPS (15)
- GLP (12)
- EVP (2)
- CVP (28)
- FDP (30)*
- BDP (9)**
- SVP (54)
- Lega (2)
- andere (2)

Ständerat (46 Sitze)
- SPS (11)
- GPS (2)
- GLP (2)
- CVP (13)
- FDP (11)*
- BDP (1)**
- SVP (5)
- andere (1)

* Anfang 2009 Zusammenschluss der FDP mit der Liberalen Partei Schweiz (LPS)
** Die BDP entstand im Sommer 2008 als Abspaltung der SVP

Quelle Daten: Bundesamt für Statistik (BFU)

Im Laufe der Jahrzehnte können Parteien Wähleranteile gewinnen, aber auch verlieren. Teilweise verschwinden Parteien ganz von der Bildfläche. Unten abgebildet ist der Verlauf der Parteienstärke der wichtigsten Parteien im Nationalrat seit 1971.

Veränderung der Wähleranteile

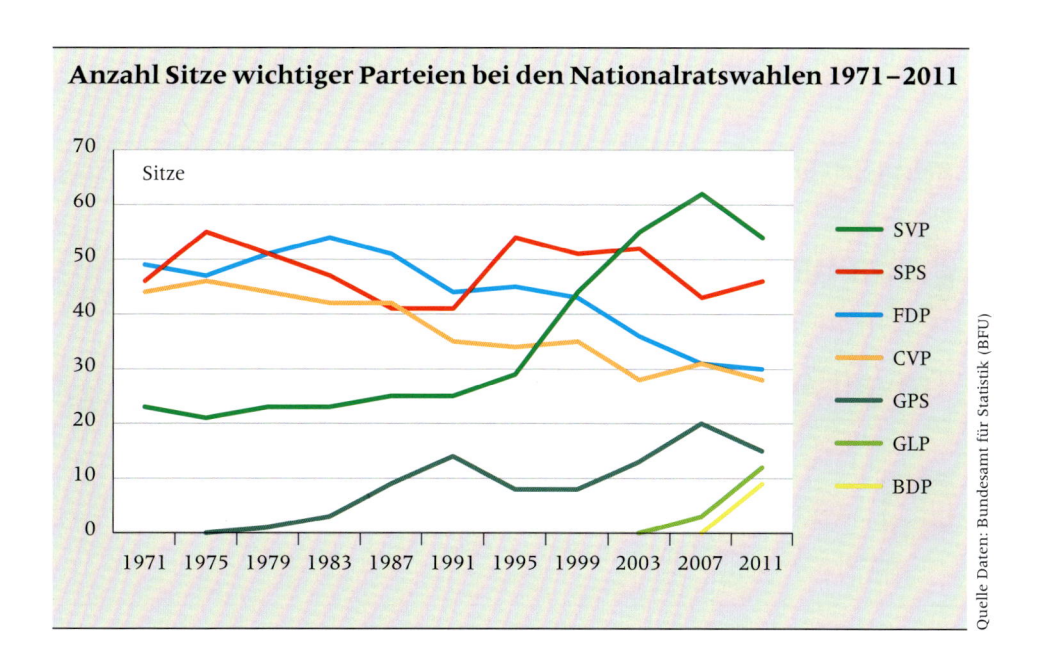

Anzahl Sitze wichtiger Parteien bei den Nationalratswahlen 1971–2011

Parteien: SVP, SPS, FDP, CVP, GPS, GLP, BDP

Quelle Daten: Bundesamt für Statistik (BFU)

Verbände

Verbände sind Zweckvereinigungen, welche die Interessen ihrer Mitglieder vertreten. Diese Interessengemeinschaften können bestimmte Wirtschaftszweige betreffen (z. B. Landwirtschaft, Gewerbe, Verkehr) oder bestimmte Wirtschaftsteilnehmer (z. B. Arbeitnehmer, Mieterinnen, Konsumenten).

Arbeitgeberverbände

Arbeitgeberverbände vertreten die Interessen der Arbeitgeber, der Unternehmen und des Gewerbes.

Beispiele von Arbeitgeberverbänden	
economiesuisse	economiesuisse / Verband der Schweizer Unternehmen
sgv usam	Schweizerischer Gewerbeverband
SCHWEIZERISCHER ARBEITGEBERVERBAND UNION PATRONALE SUISSE UNIONE SVIZZERA DEGLI IMPRENDITORI	Schweizerischer Arbeitgeberverband
	Schweizerischer Bauernverband

Arbeitnehmerverbände (Gewerkschaften)

Arbeitnehmerverbände (Gewerkschaften) vertreten die Interessen der Arbeitnehmerinnen und Arbeitnehmer und die der Verwaltungsangestellten.

Beispiele von Arbeitnehmerverbänden	
SGB I USS	Schweizerischer Gewerkschaftsbund
Travail.Suisse	Travail.Suisse
UNIA Die Gewerkschaft. Le Syndicat. Il Sindacato.	UNIA

Weitere Interessenverbände

Weitere Interessenverbände vertreten die Interessen in Teilbereichen des öffentlichen Lebens.

Beispiele weiterer Interessenverbände	
Verkehr	VCS, TCS, ACS, ASTAG
Wohnen	Schweizerischer Mieterinnen- und Mieterverband Schweizerischer Hauseigentümerverband

Nichtregierungsorganisationen (NGO)

Nichtregierungsorganisationen (NGO) sind vom Staat unabhängige, meist international tätige Organisationen. Jede dieser NGO vertritt die Interessen eines speziellen Bereichs.

Beispiele von NGO	
Umwelt	WWF, Greenpeace
Menschenrechte	Amnesty International, Schweizerisches Rotes Kreuz

Funktion der Verbände in der Politik

Verbände üben grossen Einfluss auf politische Entscheide aus. Gründe dafür sind ihre hohe Mitgliederzahl und die damit verbundene grosse Finanzkraft. Sie lancieren und unterstützen Initiativen und Referenden und geben regelmässig Abstimmungsparolen heraus. **Politischer Einfluss**

Die meisten Verbände haben enge Kontakte mit den Parteien und beeinflussen deren politisches Handeln zum Teil stark. Meist sind ihre Spitzenvertreter auch im National- oder Ständerat vertreten. Sie nehmen in dieser Funktion die Interessen ihrer Verbände wahr. Man nennt diese Interessengruppierungen Lobbys (z.B. Bauern-Lobby, Banken-Lobby, Strom-Lobby, Pharma-Lobby). **Lobby**

Bei der Ausarbeitung von Gesetzen können die Verbände in der Vernehmlassung Stellung beziehen. Zudem arbeiten Verbandsvertreter in den Kommissionen als Experten mit. Schliesslich lobbyieren ihre Vertreter bei den Diskussionen in den Räten. **Einfluss auf Gesetzgebung**

Verstanden?

3.54 Warum engagieren sich Verbände in der Politik?
3.55 Welche Bedeutung haben die Parteien?
3.56 Welche vier Grundhaltungen lassen sich bei den Parteien unterscheiden?
3.57 Für welche Werte stehen diese vier Grundhaltungen?
3.58 Wie viele Sitze belegen die vier grössten Parteien im Nationalrat, wie viele im Ständerat?
3.59 Worin unterscheiden sich die vier grössten Parteien?
3.60 Wie heisst die fünftstärkste Partei?
3.61 Welche Interessen vertreten die Verbände?
3.62 Was sind Gewerkschaften?
3.63 Was sind NGO?
3.64 Warum ist der politische Einfluss der Verbände in der Politik gross?

Risiko und Verantwortung

	Einleitung	114
4.1	Risiken	115
4.2	Versicherungen	123
4.3	Energie und Umwelt	137

Einleitung

Sie sind verschiedenen Risiken und Gefahren ausgesetzt. Deshalb sprechen wir heute auch von einer Risikogesellschaft. Indem Sie diese Gefahren und deren Ursachen erkennen, können Sie sich mit präventiven Massnahmen auseinandersetzen und verantwortungsvoll mit verschiedenen Risiken umgehen. Materielle Sicherheit, Solidarität, Mit- und Eigenverantwortung sind zentrale Themen.
In der Schweiz verfügen wir über ein gut ausgebautes Sozialversicherungsnetz. Ein Überblick hilft Ihnen, die Funktionsweise und anstehende Probleme zu erkennen. Zudem erleichtert Ihnen das Basiswissen den Umgang mit Versicherungsgesellschaften und den Abschluss von entsprechenden Verträgen.
Unser Verhältnis zur Umwelt nimmt einen immer wichtigeren Stellenwert ein. Vor allem der verschwenderische Umgang mit unseren Ressourcen führt zu globalen Problemen. Im Unterricht sollen Sie sensibilisiert und zu umweltbewusstem Handeln bewegt werden. Mit einer gesunden Lebensweise können Sie gesundheitliche Risiken reduzieren.

4.1 Risiken

Risikomanagement

Mit Risikomanagement ist der planvolle Umgang mit Risiken gemeint. Dabei gilt es, sich auf drei Ebenen mit den eigenen Risiken auseinanderzusetzen:

Risikomanagement	
1. Risiken erkennen	In einem ersten Schritt müssen die Risiken des eigenen Handelns erkannt und richtig eingeschätzt werden. Wie wir sehen werden, ist dabei unsere Wahrnehmung leicht getrübt.
2. Risiken vermeiden	Zweitens gilt es, Risiken zu vermeiden oder zu vermindern. Mit einer verantwortungsbewussten Lebensgestaltung zum Beispiel können gesundheitliche Risiken eingeschränkt und körperliches wie seelisches Wohlbefinden erhöht werden.
3. Folgen von Risiken absichern	Auf der dritten Ebene versucht man, eintretende negative Folgen von Risiken abzusichern. Hier sind die Versicherungen tätig, welche die finanziellen Folgen aus Schadensfällen auffangen.

Wahrnehmung von Risiken

Risiken werden oft falsch eingeschätzt. Menschen handeln häufig nicht danach, wie gefährlich etwas tatsächlich ist, sondern als wie gefährlich sie ein Risiko beurteilen. Folgende Verhaltensweisen lassen sich bei der Wahrnehmung und Einschätzung von Risiken erkennen:

Wahrnehmung von Risiken
- Freiwillig eingegangene Risiken (z. B. Sonnenbrand) werden als weniger gefährlich eingestuft als uns auferlegte (z. B. AKW).
- Ein seltenes Ereignis mit grossem Schaden (Flugzeugabsturz) wird schlimmer empfunden als viele kleine Vorfälle, die sich zum selben Schaden addieren (Autounfälle).
- Sofort eintretende Schäden (Strassenverkehr) werden als schlimmer wahrgenommen als solche, die mit zeitlicher Verzögerung eintreten (Rauchen).
- Risiken, deren Ursachen leicht zu verstehen sind (Lawinen), werden eher akzeptiert als Risiken, welche auf komplexer Technik beruhen (Gentechnik).
- Risiken neuer Technologien (Gentechnik) werden höher eingeschätzt als Risiken von Bekanntem (Staudamm).
- Gefahren, die unmittelbar sinnlich wahrnehmbar sind (Bergsteigen), werden eher akzeptiert als nicht wahrnehmbare (Strahlung).

Der Mensch ist im Umgang mit Risiken oft unvernünftig. Manchmal hält er das Ungefährliche für riskant und das Gefährliche für harmlos.

Persönliche Risiken

Individuelle Risiken betreffen eine einzelne Person und sind häufig beeinflussbar. Jeder Mensch kann also bis zu einem gewissen Grad steuern, wie viel Risiko er auf sich nehmen will. Welches sind nun individuelle Risiken, welche unsere Lebenserwartung verkürzen oder unsere Lebensqualität vermindern?

Alkohol und Tabak

Tabak Rauchen ist weltweit die wichtigste vermeidbare Ursache für vorzeitigen Tod; in der Schweiz sterben jährlich mehr als 8000 Menschen daran. Es ist bekannt, dass der Tabakkonsum oft in der Jugendzeit beginnt, dass das Rauchen sehr schnell zu einer Abhängigkeit führen kann und die Gesundheit schädigt.
Die einfachste Risikovermeidung auf diesem Gebiet ist der Verzicht auf das Suchtmittel Zigarette.

Alkohol Alkoholsucht ist stärker verbreitet als wahrgenommen. In der Schweiz sterben jährlich mehr als 3500 Menschen an den Folgen des Alkoholkonsums; an harten Drogen hingegen «nur» 200 Menschen. Zusätzlich fordert der Alkoholkonsum Opfer im Strassenverkehr: Von den rund 400 tödlichen Unfällen sind 60 auf zu viel Alkohol am Steuer zurückzuführen.
Je früher Jugendliche beginnen, regelmässig Alkohol zu konsumieren, und je häufiger sie Rauscherfahrungen machen, desto grösser ist die Gefahr, später Probleme mit Alkohol zu bekommen.
Weniger Risiko geht ein, wer Alkohol als Genussmittel und nicht als Suchtmittel verwendet. Es gilt: Wer fährt, trinkt nicht.

Der problematische Alkoholkonsum betrifft die ganze Gesellschaft: Plakatkampagne des Bundesamts für Gesundheit (BAG) aus dem Jahr 2008.

Bewegungsarmut und falsche Ernährung

Bewegungsarmut führt dazu, dass Menschen schneller krank werden und früher sterben. Herz-Kreislauf-Erkrankungen (vor allem der Herzinfarkt) zählen zu den häufigsten Todesursachen nach dem 40. Altersjahr. Mit genügend Bewegung kann man dieses Risiko vermindern. Sport ist insbesondere zur Erhaltung eines gesunden Körpergewichtes wichtig, aber auch zur Vorbeugung gegen diverse Krankheiten. Schliesslich wirkt sich Bewegung auch auf unser psychisches Wohlbefinden positiv aus: Neben der erhöhten Stresstoleranz kann auch eine stimmungsaufhellende und antidepressive Wirkung nachgewiesen werden.

Bewegungsarmut

Wir Mitteleuropäer essen in der Regel zu süss, zu fettig, zu ballaststoffarm, zu schnell oder einfach viel zu viel. Übergewicht verkürzt das Leben und ist ausserdem verantwortlich für viele Krankheiten und Beschwerden wie Diabetes und Gelenkprobleme.

Ernährung

Ernährungsempfehlungen

- *Abwechslungsreich essen*
  Abwechslungsreich und vielseitig zu essen ist der sicherste Weg, um den Bedarf an allen wichtigen Nährstoffen (Kohlenhydrate, Eiweisse, Fett), Vitaminen und Mineralstoffen zu decken.
- *Getränke – reichlich über den Tag verteilt*
  Es ist empfehlenswert, täglich 1–2 Liter Flüssigkeit zu trinken. Wasser und ungezuckerte Getränke sind die besten Durstlöscher.
- *Gemüse und Früchte – 5 am Tag in verschiedenen Farben*
  Um die Zufuhr von Vitaminen und Mineralstoffen sicherzustellen, sind frische Früchte, Gemüse und Salate besonders wichtig.
- *Stärkereiche Nahrungsmittel zu jeder Hauptmahlzeit*
  Deshalb sollte zu jeder Hauptmahlzeit Brot, Teigwaren, Reis, Mais, Kartoffeln oder Hülsenfrüchte eingenommen werden.
- *Milch, Milchprodukte, Fleisch, Fisch und Eier – täglich genügend*
  Pro Tag sollten Eiweissquellen wie Fleisch, Fisch, Eier, Käse gegessen werden. Der Fisch enthält wertvolle Fette; Milch oder Milchprodukte enthalten u. a. das für die Knochenbildung unentbehrliche Kalzium.
- *Öle, Fette und Nüsse – täglich mit Mass*
  Fette und Öle sind die energiereichsten Nahrungsmittel. Zu viel Fett begünstigt das Übergewicht. Deshalb sollte auch auf versteckte Fette geachtet werden!
- *Süssigkeiten, salzige Knabbereien und energiereiche Getränke – massvoll mit Genuss*
  Diese Lebensmittel liefern dem Körper hauptsächlich Energie in Form von Zucker, Fett oder Alkohol. Ein häufiger Konsum birgt die Gefahr einer zu hohen Energiezufuhr.
- *Essen Sie mit Freude, aber beenden Sie den Genuss, bevor Sie übersättigt sind!*
  Eine alte Weisheit besagt, dass man sich vom Tisch erheben soll, bevor das Gefühl einer endgültigen Sättigung erreicht ist.

Quelle: Bundesamt für Gesundheit (BAG)

Krankheiten

Bewegung, Entspannung und eine ausgewogene Ernährung sind zentral für die Erhaltung unserer Gesundheit. Neben diesen vorbeugenden Massnahmen lässt sich das Risiko, an gewissen Krankheiten zu erkranken, aber auch gezielt vermindern.

Impfungen

Impfungen können ein wirksames Mittel sein, um sich gegen bestimmte Krankheiten zu schützen (z.B. Starrkrampf oder Hepatitis). Besonders empfehlenswert sind Impfungen bei Reisen in Länder, in denen gewisse Infektionskrankheiten vorkommen. So ist beispielsweise in tropischen Regionen das Risiko besonders hoch, an Gelbfieber zu erkranken. Gegen Malaria gibt es zurzeit noch keinen Impfstoff, allerdings lässt sich das Risiko einer Ansteckung durch Medikamente und einen Mückenschutz reduzieren.

Geschlechtskrankheiten/ Verhütung

Aids ist eine Krankheit, bei der beim Menschen infolge einer Infektion mit dem HI-Virus das Immunsystem zerstört wird. Die Krankheit wird in erster Linie beim Geschlechtsverkehr übertragen. Mit Kondomen kann man sich gegen Aids und andere sexuell übertragbaren Krankheiten schützen.

Unfälle

Strassenverkehr

Im Strassenverkehr kommen in der Schweiz jährlich rund 400 Menschen ums Leben. Häufigste Unfallursachen sind übermässiger Alkoholkonsum und übersetzte Geschwindigkeit. Beide Ursachen findet man besonders häufig bei Fahrzeuglenkern unter 25 Jahren.

Unfallverhütung

Am Arbeitsplatz helfen die SUVA-Richtlinien mit, unnötige Unfälle zu vermeiden.
In der Freizeit und im Sport liegt die Risikovermeidung in der Eigenverantwortung jedes Einzelnen. Im Wintersportbereich z.B. ist das Risiko des Ski- und Snowboardfahrens ohne Helm bekannt wie auch die möglichen Folgen beim Verlassen der markierten Pisten.

Verstanden?

4.1 Der planvolle Umgang mit den eigenen Risiken nennt man Risikomanagement.
Charakterisieren Sie mit je einer treffenden Frage die drei Teilbereiche des Risikomanagements.

4.2 Warum tut sich der Mensch beim Einschätzen von Risiken schwer?

4.3 Es gibt persönliche Risiken, welche unsere Lebenserwartung verkürzen oder unsere Lebensqualität vermindern können.
Nennen Sie fünf solcher Risiken. Beschreiben Sie zusätzlich, warum diese Risiken die Lebenserwartung verkürzen oder unsere Lebensqualität vermindern können.

4.4 Erklären Sie, wieso regelmässige Bewegung zu einem gesunden Lebensstil gehört.

4.5 Nennen Sie fünf Ernährungsempfehlungen des BAG.

4.6 Warum sollte auf sämtliche Suchtmittel verzichtet werden?

Gesundheit

Gesundheitsförderung

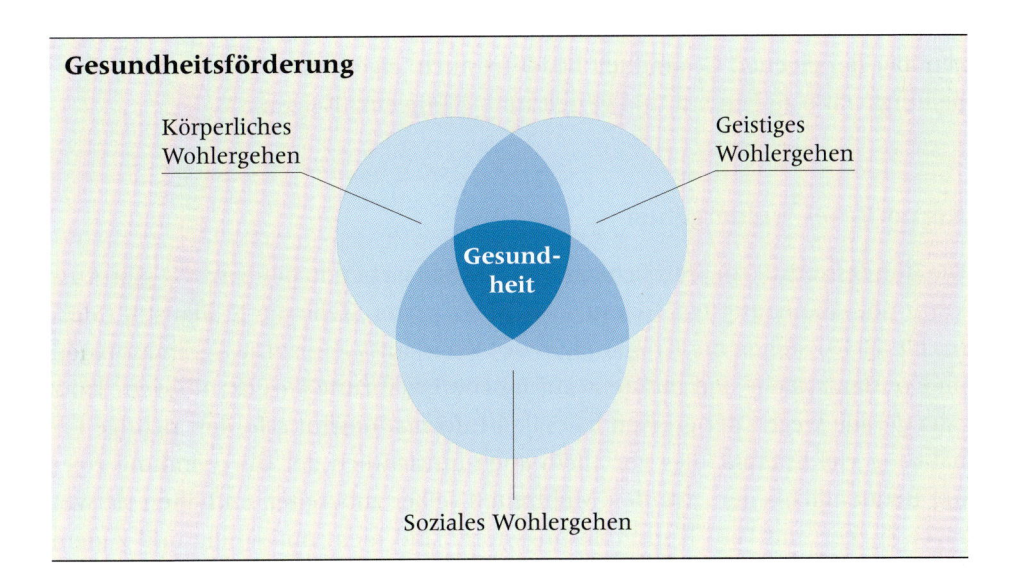

Körperliches Wohlergehen — Geistiges Wohlergehen

Gesundheit

Soziales Wohlergehen

Gesundheit ist ein wichtiger persönlicher und gesellschaftlicher Wert. Ihre Bedeutung wird oft erst bei Krankheit erkannt. Gesundheit ist nichts Starres, sondern will täglich bis ins hohe Alter neu erworben und erhalten werden.

Definition Gesundheit (WHO)

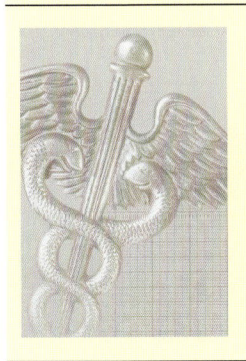

«Die Gesundheit ist ein Zustand des vollständigen körperlichen, geistigen und sozialen Wohlergehens und nicht nur das Fehlen von Krankheit oder Gebrechen. Der Besitz des bestmöglichen Gesundheitszustandes bildet eines der Grundrechte jedes menschlichen Wesens, ohne Unterschied der Rasse, der Religion, der politischen Anschauung und der wirtschaftlichen oder sozialen Stellung».

Definition von Gesundheit der Weltgesundheitsorganisation WHO

Gesundheit umfasst also Wohlergehen in insgesamt drei Lebensbereichen. Vollständiges Wohlergehen in allen drei Hinsichten ist im Alltag kaum möglich. Unser Körper kann zwischen diesen Bereichen ausbalancieren, vor allem in jungen Jahren. Jede Schädigung hinterlässt aber Spuren, wir sprechen von Narben. Werden im Körper, in der Seele und im sozialen Bereich viele Narben gesetzt, wird das Gewebe immer starrer und unelastischer, wodurch die Selbstheilungskräfte mit zunehmendem Alter Mühe haben, die Balance wieder herzustellen. Der körperliche Aspekt der Gesundheit ist der augenscheinlichste. Dass zur Gesundheit auch geistiges und soziales Wohlergehen gehören, ist weniger präsent. Gesundheitsschäden werden beseitigt und repariert, Reparaturmedizin ist Alltag. Jeder Schaden hat aber Ursachen. Die Gesundheitskosten wären tiefer, würden Krankheiten – anders als in der Reparaturmedizin, die erst bei Schäden zum Einsatz kommt – an ihren Ursachen bekämpft werden. Die Förderung und Erhaltung von Gesundheit erfordert eigentlich geringe finanzielle Mittel. Teuer ist dagegen der Versuch, Gesundheit wieder herzustellen.

Wohlergehen

Prävention Die Bedeutung der Gesundheit macht sich durch Symptome und Einschränkungen oft zu spät bemerkbar. Auf den Körper zu hören und krank machende Gewohnheiten zu ändern, ist eine tägliche Herausforderung. Verantwortung gegenüber der eigenen Gesundheit bedeutet auch, eigene Ressourcen und Selbstheilungskräfte zu kennen und gezielt und richtig einzusetzen.

Körperliches Wohlergehen

Die Bundesstatistik zu Sterblichkeit und Todesursachen in der Schweiz gibt Auskunft über die häufigsten Todesursachen. An erster Stelle dieser Statistik (Sterbefälle 2010) stehen die Krankheiten des Kreislaufsystems. Die Veränderungen im Kreislaufsystem sind meistens auf falsche Ernährung zurückzuführen. Trotz oder gerade wegen der grossen medialen Informationsflut erfordert richtige Ernährung viel Energie, dies vor allem auch hinsichtlich der Überwindung eigener Bequemlichkeiten. Werden Mahlzeiten selber zubereitet, enthalten sie weniger Zucker und Fett. Konservierungsstoffe sind nicht notwendig und zudem können regionale und saisonale Produkte bevorzugt werden. Unser Körper hat sich über Jahrhunderte an die Ernährung unserer Region angepasst. In unseren Breitengraden benötigen wir zum Beispiel im Winter wärmendes Essen. Saisonale, regional produzierte Frischprodukte sind diesem Bedürfnis angepasst.

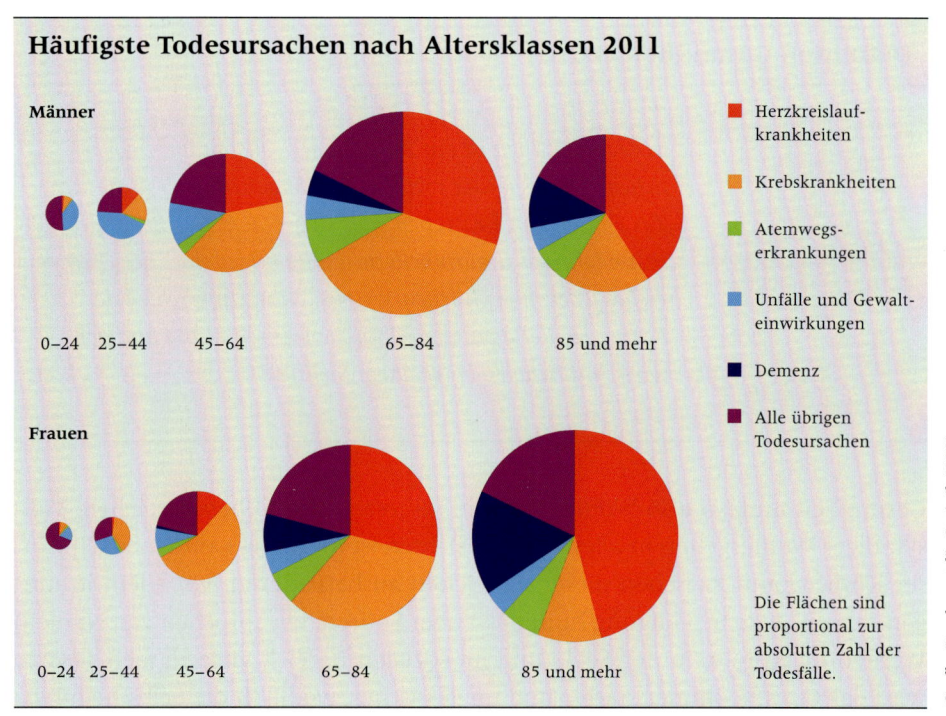

Häufigste Todesursachen nach Altersklassen 2011

- Herzkreislaufkrankheiten
- Krebskrankheiten
- Atemwegserkrankungen
- Unfälle und Gewalteinwirkungen
- Demenz
- Alle übrigen Todesursachen

Die Flächen sind proportional zur absoluten Zahl der Todesfälle.

Quelle: Bundesamt für Statistik (BFS)

Richtige Ernährung Eine Fastenzeit wirkt auf das Kreislaufsystem reinigend und entlastend. Über Jahrhunderte war die Fastenzeit im Frühling aufgrund fehlender Tiefkühltruhen selbstverständlich. Heutige Hungerkuren dagegen belasten alle Körpersysteme stark und schwächen den ganzen Körper. Unter Hungerkuren leidet vor allem das Hormonsystem, aber auch alle Körpersysteme werden dadurch verlangsamt. Menschen, die sich täglich falsch ernähren, sind weniger leistungsfähig am Arbeitsplatz, werden schneller krank (z. B. Grippe) und bauen Körperreserven ab (z. B. Abbau von Calcium aus den Knochen, was zu Osteoporose führt).

Das richtige Mass in der Ernährung zu finden, ist eine Herausforderung. Trotz Informationsmöglichkeiten ernähren sich viele Menschen falsch: zu viel Fett, Zucker, Alkohol oder zu viele schlechte Diäten führen zu Übergewicht oder Magersucht. Gründe dafür gibt es viele. Eigenverantwortung wahrnehmen gegenüber der eigenen Gesundheit und Bequemlichkeit in der konsumorientierten Gesellschaft überwinden, fordert uns täglich neu.
Das richtige Mass

An zweiter Stelle der häufigsten Todesursachen stehen die Krebskrankheiten und hier an vorderster Stelle der Lungenkrebs. Raucher wissen, dass Rauchen der Gesundheit schadet. Und trotzdem rauchen sie weiter.
Häufige Todesursachen

Fertigmahlzeiten, Fast Food, Rauchen, Alkohol und Drogen jeglicher Art vereinfachen den Alltag, zumindest während einer gewissen Zeit. Unser Körper kann negative Einflüsse eine gewisse Zeit ausbalancieren. Sind die Selbstheilungsreserven aber aufgebraucht und machen sich Krankheiten bemerkbar, ist es oft zu spät. Verkalkungen im Gefässsystem aufgrund schlechter Ernährung, Atem- und Kreislaufprobleme infolge von Rauchen und Hungerkuren können kaum mehr rückgängig gemacht werden und hinterlassen oft chronische Krankheiten.
Gesunder Lebensstil

Geistiges Wohlergehen

Geistige Gesundheit wird im Alltag noch selbstverständlicher vorausgesetzt als körperliche Gesundheit. Bei körperlichen Symptomen suchen wir schneller einen Arzt auf als bei seelischen Beschwerden. Damit es uns gut geht, benötigt es aber die Gesundheit aller drei Bereiche. So fordert auch die Seele Unterstützung und Pflege, wenn sie krank ist.
Seelische Gesundheit

Die Psychologie (Seelenkunde) hat in den letzten Jahren grosse Fortschritte gemacht. Im Gegensatz zur übrigen Medizin allerdings verzögert, was vielleicht ein Grund dafür ist, dass die Hemmschwelle beim Aufsuchen eines Seelenarztes grösser ist.
In unserer Kultur war früher für Seelisches meistens der Priester zuständig. Heute hat die Religion einen andern Stellenwert, und somit sind Priester kaum mehr erste Anlaufstelle bei psychischen Problemen.
Psychologie

Soziales Wohlergehen

Die soziale Umgebung prägt Menschen und ihr Verhalten. Ist das Leben und die Teilnahme in der Gemeinschaft in der Schweiz für viele Einwohnerinnen und Einwohner ohne grosse Einschränkungen möglich? Vergleichen wir die soziale Sicherheit in der Schweiz mit derjenigen vieler anderer Länder der Welt, herrschen bei uns sichere und stabile Verhältnisse. Migrantinnen und Migranten aus Krisengebieten, die in der Schweiz Schutz und Zuflucht suchen, sind geprägt und brauchen Zeit, sich im neuen sozialen Umfeld einzurichten, um Wurzeln zu schlagen und Vertrauen zu gewinnen.
Soziale Umgebung

Selbstsicherheit Das soziale Umfeld macht sich auch die Wirtschaft zu Nutze. In den USA wurde festgestellt, dass in Wohnvierteln mit armer Bevölkerung eine grössere Anzahl Verkaufslokale vorhanden sind, die Alkoholika anbieten, und dass diese Wohngebiete eine grössere Dichte von Fast-Food-Restaurants aufweisen. Die Verlockung, dieser Angebote zu widerstehen, erfordert Selbstsicherheit.

Social Networks Die Folgen von sozialem Wohlergehen ausschliesslich gestützt auf «Social Networks» in elektronischen Medien werden sich in einigen Jahren zeigen.

Die soziale Umgebung prägt Menschen und ihr Verhalten.

Gesundheitsförderung

Die persönliche Gesundheit zu pflegen, erfordert nebst immer wieder aktualisiertem, angepasstem Wissen viel Selbstvertrauen, Eigenverantwortung und Überwindung der Bequemlichkeit in unserer konsumorientierten Gesellschaft. Zum Glück verfügt unser Körper über ein hohes Mass an Selbstheilungskräften. Wenn wir uns dessen bewusst sind und uns bemühen, diese Kräfte zu unterstützen statt zu schwächen, fördern wir auch unsere Gesundheit. Der Schwerpunkt der heutigen Reparaturmedizin muss sich verschieben zur Gesundheitsförderung, Bekämpfung von Krankheiten an deren Ursprung und Stärkung der Selbstheilungskräfte. Tägliche Förderung und Unterstützung der Gesundheit mit allen uns bekannten Mitteln ist lebenswichtig – dies aber auch im richtigen Mass und Verhältnis.

Verstanden?

4.7 Welche drei Lebensbereiche umfasst der Begriff Gesundheit?

4.8 Worauf sind die negativen Veränderungen des Kreislaufsystems meist zurückzuführen?

4.9 Was bedeutet es, Verantwortung gegenüber der eigenen Gesundheit zu übernehmen?

4.10 Welche Grundvoraussetzungen müssen in einem Staat vorherrschen, damit soziales Wohlergehen möglich ist?

4.2 Versicherungen

Einführung

Etwa 20 Prozent des Einkommens gibt eine durchschnittliche Schweizer Familie für Versicherungen aus. Aber was macht eine Versicherung überhaupt?

Was macht eine Versicherung?

Versicherungen bieten den Menschen die Möglichkeit, sich gegen die finanziellen Folgen eines Schadens zu schützen. Sie «versichern» also ein bestimmtes Risiko. Dies funktioniert nach dem Prinzip der kollektiven Risikoübernahme (Solidaritätsprinzip): Alle Versicherten zahlen Prämien in einen Geldtopf ein. Dieses Geld kommt denjenigen zugute, die einen Schaden erleiden. Da dies nur bei wenigen Versicherten eintreten wird, reicht der Geldtopf zur Bezahlung aller Schäden aus. Die Versicherten bilden also eine Gefahrengemeinschaft. Die Versicherung zieht dabei die Prämien ein, verwaltet das Geld und bezahlt die Schäden.

Solidaritätsprinzip

« Einer für alle, alle für einen. »

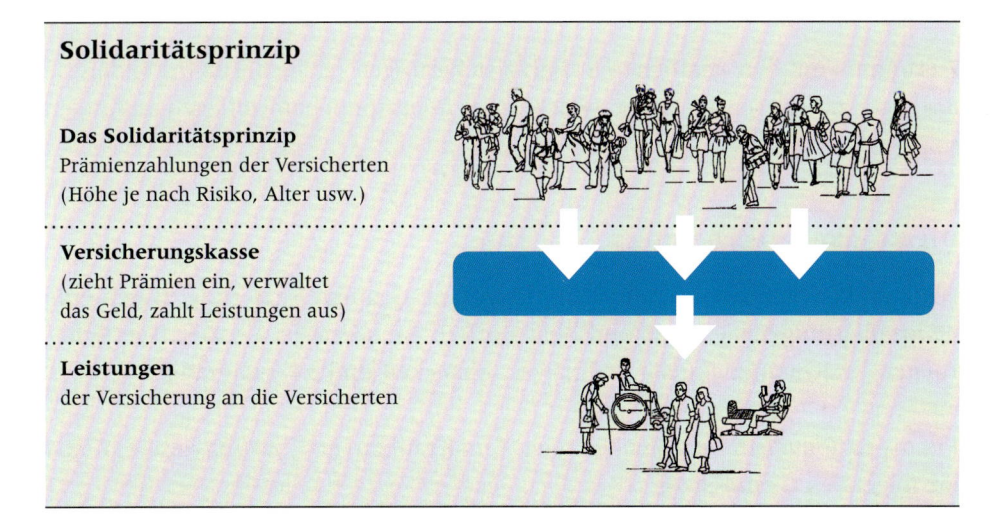

Solidaritätsprinzip

Das Solidaritätsprinzip
Prämienzahlungen der Versicherten
(Höhe je nach Risiko, Alter usw.)

Versicherungskasse
(zieht Prämien ein, verwaltet das Geld, zahlt Leistungen aus)

Leistungen
der Versicherung an die Versicherten

Mittlerweile gibt es für fast alle möglichen Risiken eine Versicherung. Die wichtigsten werden in diesem Kapitel behandelt.

Übersicht Versicherungen

	Personenversicherungen	Sachversicherungen	Haftpflichtversicherungen

obligatorisch	• Krankenversicherung
	• Unfallversicherung
	• Invalidenversicherung
	• Arbeitslosenversicherung
	• Erwerbsersatzordnung
	• Alters- und Hinterlassenenversicherung
	• Pensionskasse
		• Gebäudeversicherung	• Motorfahrzeughaftpflichtversicherung
			• Haftpflichtversicherungen für:
			  – Luftfahrzeuge
			  – Wasserfahrzeuge

freiwillig	• Private Vorsorge (z. B. Lebensversicherung) • Private Unfallversicherung	• Hausratversicherung (in einigen Kantonen obligatorisch, z. B. VD und NE) • Kaskoversicherungen (Teilkasko, Vollkasko) • Rechtsschutzversicherung • Diebstahlversicherung	Privathaftpflichtversicherung für: – Familien – Tierhalter – Gebäudehaftpflicht – Arbeitgeber

Personenversicherungen

Die nachfolgend beschriebenen Personenversicherungen helfen, finanzielle Notlagen zu verhindern oder zumindest deren Auswirkungen zu vermindern. Deshalb hat der Staat viele dieser Versicherungen für obligatorisch erklärt.

Soziales Netz — Zusammen mit den staatlichen Sozialversicherungen (siehe S. 128 ff.) bilden sie das sogenannte «soziale Netz», welches uns in persönlichen Notlagen auffangen soll.

Die Krankenversicherung

Die Krankenversicherung teilt sich auf in eine Grundversicherung, welche die «Grundleistungen» enthält und obligatorisch ist, sowie in die Zusatzversicherungen, welche individuelle Bedürfnisse abdecken und freiwillig sind.

Grundversicherung — Für die Grundversicherung gelten nach dem Krankenversicherungsgesetz (KVG) die folgenden Grundsätze:

Grundsätze der Grundversicherung
- Die Grundversicherung ist für alle Einwohnerinnen und Einwohner der Schweiz obligatorisch. (KVG 3)
- Die Leistungen sind bei allen Krankenkassen gleich. (KVG 25 ff.)
- Die Versicherten müssen sich beim Arztbesuch und beim Spitalaufenthalt an den Kosten beteiligen (Franchise, Selbstbehalt). (KVG 64)
- Eine Krankenkasse kann einer Person die Aufnahme in die Grundversicherung nicht verweigern. (KVG 4)

Die Prämie, also die monatlich der Krankenkasse zu bezahlende Rechnung für die Grundversicherung, ist von Krankenkasse zu Krankenkasse verschieden (Wettbewerb unter den Kassen!). Die Versicherten können die Höhe der Prämie aber unter anderem auch beeinflussen, indem sie sich mehr oder weniger an den anfallenden eigenen Gesundheitskosten beteiligen. **Prämie**

Mit der Franchise wählt man die Höhe des Jahresbetrages für anfallende Gesundheitskosten, welche man selber bezahlt. Das Gesetz schreibt für Erwachsene eine Franchise pro Kalenderjahr von mindestens Fr. 300.– und maximal Fr. 2500.– vor. Was darüber hinaus an Krankheitskosten anfällt, wird von der Krankenkasse (exklusive Selbstbehalt) übernommen. Im Falle eines Arztbesuches oder eines Spitalaufenthaltes muss die Patientin oder der Patient aber immer zuerst die volle Franchise bezahlt haben, bevor die Versicherung irgendwelche Kosten übernimmt. **Franchise**

Wer also eine hohe Franchise wählt, erspart seiner Krankenkasse Kosten. Entsprechend senken die Kassen die Prämien bei höheren Franchisen. Wer eine tiefe Franchise wählt, wälzt allfällige Krankheitskosten schneller auf die Kassen ab. Dieses Risiko fangen die Kassen mit einer höheren Prämie für die Versicherten auf. Eine optimale Franchise hängt einzig von den effektiven Gesundheitskosten der Versicherten ab, welche von der Grundversicherung übernommen werden. Wenn man deutlich höhere Gesundheitskosten erwartet (z. B. eine bevorstehende Operation), kann man als Versicherter die Franchise auf das Ende eines Kalenderjahres anpassen.

Auf allen Rechnungen, die den Betrag der Franchise übersteigen, muss zusätzlich ein Selbstbehalt von 10 Prozent bezahlt werden (max. Fr. 700.– pro Jahr). Die Krankenkasse bezahlt also bis Fr. 7000.– nur 90 Prozent des Betrags für Arztbesuche und Spitalaufenthalte, die über dem Franchisenbetrag zu liegen kommen. **Selbstbehalt**

Zusammenhang Franchise und Prämie
(Beispiel abhängig von Wohnort und Alter)

Franchise	Fr. 300.–	Fr. 1500.–	Fr. 2500.–
Selbstbehalt 10 % / max. Fr. 700.– pro Jahr	Fr. 700.–	Fr. 700.–	Fr. 700.–
Max. Kostenbeteiligung pro Jahr	Fr. 1000.–	Fr. 2200.–	Fr. 3200.–
Prämie Grundversicherung pro Monat	Fr. 250.–	Fr. 175.–	Fr. 125.–
Prämie Grundversicherung / Jahr	Fr. 3000.–	Fr. 2100.–	Fr. 1500.–
Erhöhte Kostenbeteiligung gegenüber Franchise Fr. 300.–		Fr. 1200.–	Fr. 2200.–
Abzüglich Einsparungen Prämie gegenüber Franchise Fr. 300.–		Fr. 900.–	Fr. 1500.–
Maximales Risiko pro Jahr		Fr. 300.–	Fr. 700.–

Für gesunde Menschen lohnt sich eine erhöhte Franchise durchaus, da die Einsparungen bei den Prämien zum Teil enorm sind und sich bereits nach einem Jahr ohne unvorhergesehene Arztkosten das maximale Risiko wieder ausbezahlt.

Leistungen Grundversicherung

Unter Berücksichtigung der obigen Punkte deckt die Grundversicherung folgende Ereignisse:

> **Leistungen der Grundversicherung**
> - Alle Kosten, die bei einem Arztbesuch entstehen, inkl. Laboruntersuchungen
> - Vom Arzt verordnete und kassenpflichtige Medikamente
> - Alle Kosten eines (auch zeitlich unbegrenzten) Spitalaufenthaltes in der allgemeinen Abteilung eines anerkannten Spitals im Wohnkanton
> - Ausgewählte komplementärmedizinische Behandlungen

Leistungen Zusatzversicherungen

Zusätzliche Leistungen muss man über die Zusatzversicherungen abdecken:

> **Leistungen der Zusatzversicherung (Auswahl)**
> - Spitalaufenthalt ganze Schweiz
> - Aufenthalt Spital halbprivat/privat
> - Brillen/Kontaktlinsen und Zahnbehandlungskosten
> - Bade- und Erholungskuren
> - Massnahmen zur Gesundheitsvorsorge (z. B. Fitnesscenter-Abonnement)
> - Nicht-Pflichtmedikamente
> - Transportkosten

Im Gegensatz zur Grundversicherung unterstehen die Prämien der Zusatzversicherungen nicht einer staatlichen Aufsicht. Es lohnt sich deshalb sehr, Kosten und Nutzen gut zu überdenken.

Steigende Krankenversicherungsprämien

Mittlerweile haben wir uns schon fast daran gewöhnt, dass die Krankenversicherungsprämien jedes Jahr massiv ansteigen. Die Kostenverursachenden machen sich gegenseitig zum Sündenbock. Eine Hilfe für die Prämienzahler ist nicht in Sicht. Es ist deshalb sinnvoll, selbst nach Möglichkeiten und Wegen zu suchen, die Prämienkosten zu senken. Folgende Möglichkeiten sind besonders zu prüfen:

> **Sparmöglichkeiten**
> - Erhöhung der Franchise
> - Wechsel zur günstigsten Kasse (gleiche Grundleistungen in der Grundversicherung bei allen Kassen)
> - HMO-Modell oder Hausarztmodell wählen (die freie Arztwahl wird eingeschränkt)
> - Telmed
> - Bei den Zusatzversicherungen sparen

www.comparis.ch
www.priminfo.ch

Es ist nicht einfach, sich im Dschungel der vielen Krankenversicherungen zurechtzufinden, gerade auch weil sich die Prämien jährlich verändern. Hilfreich sind die Internetvergleichsdienst www.comparis.ch oder www.priminfo.ch.

Die Unfallversicherung

Alle Arbeitnehmerinnen und Arbeitnehmer sind durch ihren Betrieb obligatorisch gegen Berufsunfälle und Berufskrankheiten versichert. Wer mindestens acht Stunden pro Woche arbeitet, ist überdies auch gegen Nichtberufsunfälle versichert. Ist dies nicht der Fall, ist eine Unfallversicherung bei einer Krankenkasse abzuschliessen.

UVG 10
UVG 13

Die Leistungen der Unfallversicherung sind weit besser als diejenigen der Krankenversicherung: So wird beispielsweise jeder Arztbesuch ohne Franchise und Selbstbehalt von der Versicherung bezahlt. Die Versicherten müssen für ihren Unfall also keine Kosten tragen.

Leistungen (ZVG 10 ff.)

Da nicht nur die Wiederherstellung der Gesundheit Geld kostet, sondern die verunfallte Person während ihrer Genesungszeit auch kein Geld verdienen kann, bezahlt die Unfallversicherung einen Lohnersatz. Dieser beginnt ab dem dritten Tag nach dem Unfall. Der Lohnersatz beträgt 80 Prozent des versicherten Lohnes.

UVG 15 ff.

Die Unfallversicherung leistet zudem auch Transport-, Rettungs- oder Bestattungskosten sowie Renten an Hinterbliebene, die bis zu 70 Prozent des versicherten Lohnes betragen können.

UVG 13/14/18 ff

Die Unfallversicherung durch den Arbeitgeber erlischt 30 Tage nach dem Austritt aus dem Unternehmen. Von diesem Moment an muss jede Person, wenn sie nicht wieder eine feste Anstellung eingeht, für sich selbst sorgen (z. B. Einschluss der Unfalldeckung in der Krankenkasse).
Mit einer Einzelabrede kann ich die bisherigen Versicherungsleistungen auf einfache Weise verlängern (z. B. für einen unbezahlten Urlaub zwecks einer Weltreise). Dazu muss vom ehemaligen Arbeitgeber ein Einzahlungsschein verlangt und die entsprechende Prämie bezahlt werden. Eine Einzelabrede ist längstens für sechs Monate möglich.

Einzelabrede (UVG 3)

Verstanden?

4.11 Erklären Sie das Prinzip der kollektiven Risikoübernahme (Solidaritätsprinzip).

4.12 Welches sind die Grundleistungen der Krankenversicherung?

4.13 Erklären Sie den Unterschied zwischen Franchise und Selbstbehalt

4.14 Zählen Sie drei Sparmöglichkeiten bei der Krankenkasse auf und nennen Sie deren Vor- und Nachteile.

4.15 Die Leistungen der Unfallversicherung sind besser als diejenigen der Krankenversicherung. Welche zusätzlichen Leistungen zur Krankenversicherung deckt die Unfallversicherung?

4.16 Was ist eine Einzelabrede? Wie wird sie abgeschlossen?

Die Altersvorsorge

Drei-Säulen-Konzept — Die schweizerische Altersvorsorge basiert auf drei Versicherungssäulen; entsprechend reden wir vom Drei-Säulen-Konzept. Die erste Säule ist die staatliche Vorsorge (AHV), die zweite Säule die berufliche Vorsorge (Pensionskasse) und die dritte Säule die private, individuelle Vorsorge.

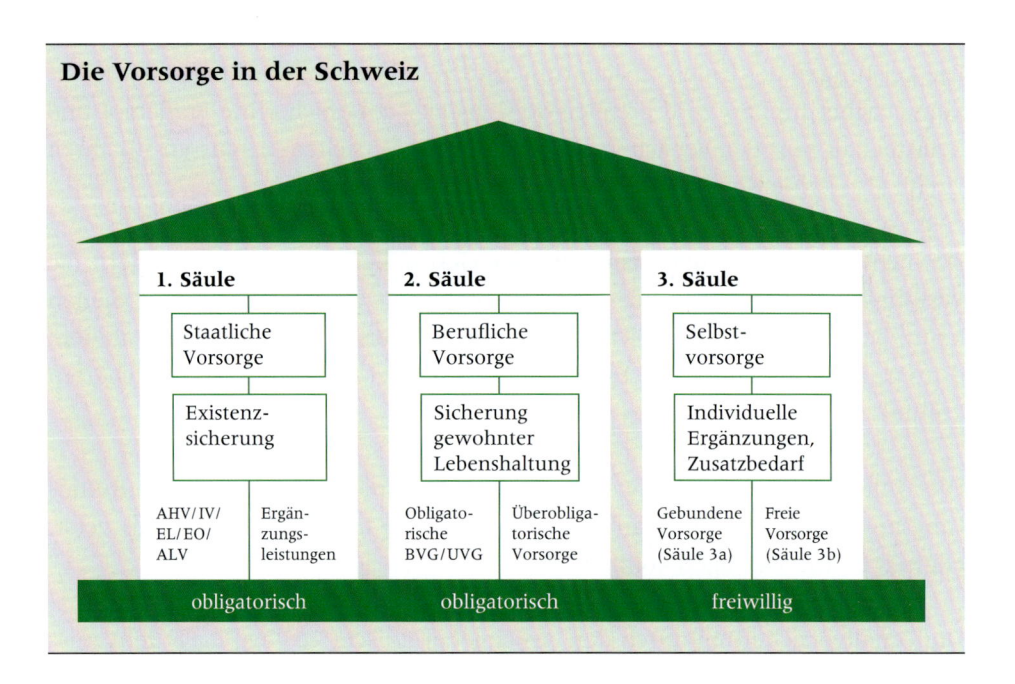

Die Vorsorge in der Schweiz

1. Säule	2. Säule	3. Säule
Staatliche Vorsorge	Berufliche Vorsorge	Selbstvorsorge
Existenzsicherung	Sicherung gewohnter Lebenshaltung	Individuelle Ergänzungen, Zusatzbedarf
AHV/IV/EL/EO/ALV — Ergänzungsleistungen	Obligatorische BVG/UVG — Überobligatorische Vorsorge	Gebundene Vorsorge (Säule 3a) — Freie Vorsorge (Säule 3b)
obligatorisch	obligatorisch	freiwillig

Die Alters- und Hinterlassenenversicherung (AHV) – 1. Säule

Ziel — Ziel der AHV ist es einerseits, dafür zu sorgen, dass die Versicherten sich im Alter ihre Existenz sichern können. Andererseits stellt die AHV sicher, dass beim Tod eines Elternteils oder Ehegatten die Hinterbliebenen nicht Not leiden müssen. Männer erreichen das AHV-Alter mit 65 Jahren, Frauen im Moment noch mit 64 Jahren.

Beitragsjahre (AHVG 3) — Anspruch auf eine volle AHV-Rente haben nur die Erwerbstätigen, die keine Beitragslücken aufweisen, also Menschen, die vom 18. Altersjahr bis zu ihrer Pensionierung ohne Unterbrechung AHV-Beiträge einbezahlt haben. Für die Berechnung der AHV-Rente werden die 44 Beitragsjahre zwischen dem 21. und 64. Altersjahr herangezogen. Um Familien nicht zu benachteiligen, wird den Personen, welche aus Gründen der Kindererziehung nicht erwerbstätig waren, für diese Zeit eine Erziehungsgutschrift angerechnet.
Der Mindestbeitrag für Nichterwerbstätige beträgt zurzeit Fr. 480.– pro Jahr.

Umlageverfahren — Die AHV-Renten werden von denjenigen finanziert, die das AHV-Alter noch nicht erreicht haben (also von allen Erwerbstätigen ab dem 18. Altersjahr). Die Finanzierung erfolgt über sogenannte Lohnprozente. Sie werden zur Finanzierung der AHV-Beiträge an die heutigen Rentnerinnen und Rentner ausbezahlt. Dieses Finanzierungssystem nennt man «Umlageverfahren»: Die Abgaben der Erwerbstätigen werden auf die Renten der Pensionierten «umgelegt» und nicht individuell angespart.

Kapitel 4 | Risiko und Verantwortung

Finanzierung der 1. Säule

Umlageverfahren der AHV

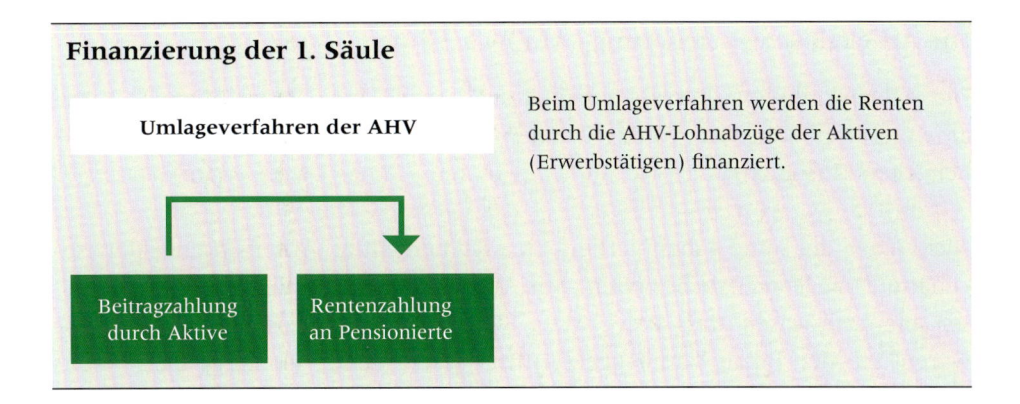

Beim Umlageverfahren werden die Renten durch die AHV-Lohnabzüge der Aktiven (Erwerbstätigen) finanziert.

- Beitragzahlung durch Aktive
- Rentenzahlung an Pensionierte

Das Problem der AHV besteht darin, dass bei der gegenwärtigen Entwicklung der Schweizer Bevölkerung immer weniger Erwerbstätige für immer mehr Rentnerinnen und Rentner aufkommen müssen. Bei der Einführung der AHV 1948 trafen auf eine rentenbeziehende Person etwa acht erwerbstätige Personen. Heute sind es nicht einmal mehr vier (2020 drei; 2040 zwei). Der Bund und die Kantone übernehmen daher einen Teil der Finanzierung der AHV.

Zuschüsse

Immer weniger Erwerbstätige müssen die Renten der Pensionierten bezahlen.

Neben der normalen Altersrente kennt die AHV die Witwen- bzw. Witwerrente, die Waisenrente, Hiflosenentschädigungen und Ergänzungsleistungen.

Leistungen

Die Invalidenversicherung (IV) – 1. Säule

Das angestrebte Ziel der IV ist es, den Menschen wieder zur Erwerbstätigkeit zu bringen. Es gilt das Prinzip «Eingliederung in die Arbeitswelt vor Rente». Deshalb hilft die IV zuerst mit Massnahmen (z.B. Umschulungen) und Hilfsmitteln (z.B. Rollstuhl) und bietet erst nachher eine Rente an.

**Ziel
(IVG 1a ff.)**

Eine Invalidenrente entspricht, falls es sich um eine hundertprozentige Invalidität handelt, genau der AHV-Rente.

Rentenhöhe

Die Arbeitslosenversicherung (ALV) – 1. Säule

Leistungen (AVIG 1a ff.) Die Arbeitslosenversicherung erbringt Leistungen bei Arbeitslosigkeit, Kurzarbeit, wetterbedingten Arbeitsausfällen und bei Zahlungsunfähigkeit des Arbeitgebers (Insolvenz).

Voraussetzungen

Taggelder Nicht jeder, der seine Arbeit verliert, ist auch berechtigt, Arbeitslosengelder (sogenannte Taggelder) zu beziehen. Mit Ausnahme von Studienabgängern müssen alle nachweisen, dass sie vor dem Beginn der Arbeitslosigkeit erwerbstätig waren. Für den Bezug von Taggeldern ist entscheidend, wie lange man bereits erwerbstätig war und wie alt man ist. Bei einer Beitragszeit von mindestens 18 Monaten und einem Alter unter 55 Jahren erhält man maximal 400 Taggelder.

Arbeitsamt Nebst dem Auszahlen von Arbeitslosengeldern kommt die Arbeitslosenversicherung aber auch für aktivierende Massnahmen auf. Beispielsweise helfen die Arbeitsämter und die regionalen Arbeitsvermittlungszentren (RAV) durch Vermittlung mit, neue Stellen zu finden. Die betroffenen Menschen müssen aber auch bereit sein, eine zumutbare Arbeitsstelle anzutreten. Versicherten Personen bis zum zurückgelegten 30. Lebensjahr wird zugemutet, auch Stellen ausserhalb ihrer bisherigen Erwerbstätigkeit anzunehmen.

Die Erwerbsersatzordnung (EO) – 1. Säule

Militärdienst / Zivildienst (EOG 1a ff.) Wer Militärdienst, Zivildienst oder Ähnliches leistet, soll dafür nicht finanziell büssen. Über die EO, die ebenfalls aus Lohnprozenten finanziert wird, erhalten alle Dienstleistenden einen Lohnersatz. In der Armee gilt dies sowohl für die Rekruten, die einen festen Ansatz haben, als auch für diejenigen, die einen Wiederholungskurs leisten und bis zu 80 Prozent ihres versicherten Lohnes erhalten können.

Mutterschaftsversicherung (EOG 16b ff.) Die Schweiz verfügt seit 2005 über eine Mutterschaftsversicherung. Der Staat bezahlt erwerbstätigen Frauen durch die Erwerbsersatzordnung (EO) während 14 Wochen 80 Prozent ihres regulären Einkommens (max. Fr. 196.– pro Tag). Werdende Mütter, die keiner Erwerbstätigkeit nachgehen, müssen auf die Mutterschaftsversicherung verzichten.

Anspruchsberechtigt ist eine Frau, die:
a) während der neun Monate unmittelbar vor der Niederkunft im Sinne des AHVG obligatorisch versichert war;
b) in dieser Zeit mindestens fünf Monate lang eine Erwerbstätigkeit ausgeübt hat; und
c) im Zeitpunkt der Niederkunft.

Verstanden?

4.17 Erklären Sie das Drei-Säulen-Konzept in eigenen Worten.

4.18 Wie wird die AHV finanziert?

4.19 Das Ziel der Invalidenversicherung ist die «Wiedereingliederung in die Arbeitswelt vor Rente». Beschreiben Sie zwei mögliche Massnahmen, bevor die Versicherung eine Rente ausbezahlt.

4.20 Die Arbeitslosenversicherung zahlt nicht nur bei Arbeitslosigkeit. Nennen Sie zwei zusätzliche Situationen.

4.21 In welchen Situationen zahlt die Erwerbsersatzordnung?

Die Pensionskasse (BVG) – 2. Säule

Gemäss dem Drei-Säulen-Konzept ist es die Funktion der ersten und zweiten Säule, pensionierten Personen den bisherigen Lebensstandard zu garantieren. Die Pensionskassenbeiträge werden wie bei der AHV direkt vom Lohn abgezogen.

Beitragspflicht

Im Gegensatz zur AHV werden die Pensionskassen durch das Kapitaldeckungsverfahren finanziert. Damit ist gemeint, dass die Beiträge, die die Arbeitgeber und Arbeitnehmer paritätisch (zu gleichen Teilen) bei der Pensionskasse einzahlen, jeder Person individuell auf ein Konto gutgeschrieben werden. Dieses wird von einer privaten Pensionskasse zinsbringend verwaltet.

Kapitaldeckungsverfahren

Erreicht eine Arbeitnehmerin das Pensionsalter oder wird sie durch einen Unfall invalid, so wird ihr das individuell in die Pensionskasse einbezahlte Geld in Rentenform ausbezahlt. Wer mehr einzahlt, erhält also auch mehr ausbezahlt (jährlich 6,8 % des Guthabens). Es findet keine Umverteilung statt.
Pensionskassengeld kann unter gewissen Bedingungen auch für den Erwerb von Wohneigentum, den Schritt in die Selbständigkeit (Firmengründung) oder im Falle einer Auswanderung bezogen werden.

Leistungen

Das Problem der Pensionskasse ist, dass das Geld gewinnbringend angelegt werden muss. In der jüngeren Vergangenheit hat sich mehrmals gezeigt, dass dies zu riskanten Börsengeschäften der Pensionskassen führen kann, die letzten Endes die versicherten Personen schädigen.

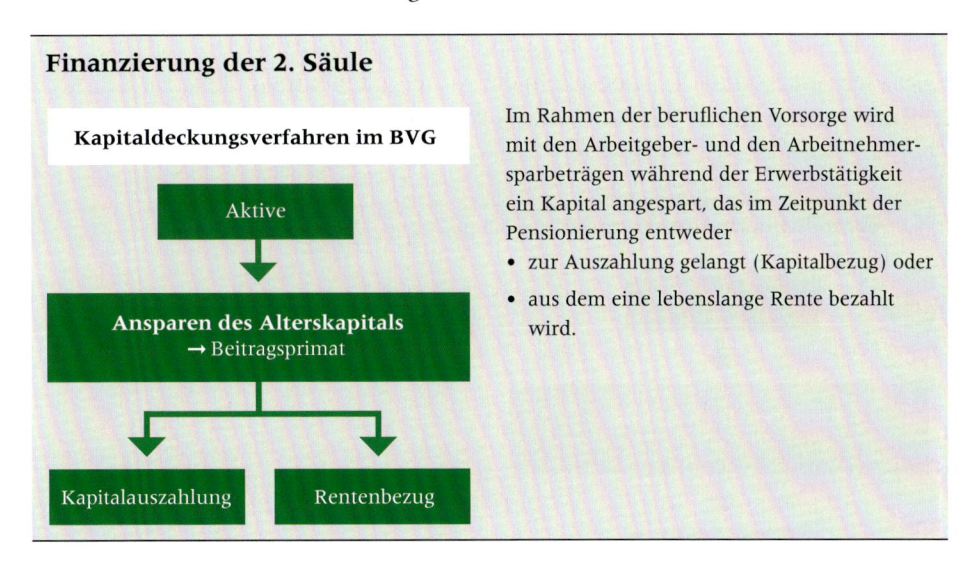

Finanzierung der 2. Säule

Kapitaldeckungsverfahren im BVG

Aktive → Ansparen des Alterskapitals → Beitragsprimat → Kapitalauszahlung / Rentenbezug

Im Rahmen der beruflichen Vorsorge wird mit den Arbeitgeber- und den Arbeitnehmersparbeträgen während der Erwerbstätigkeit ein Kapital angespart, das im Zeitpunkt der Pensionierung entweder
- zur Auszahlung gelangt (Kapitalbezug) oder
- aus dem eine lebenslange Rente bezahlt wird.

Die private Vorsorge – 3. Säule

Renten sind, wie wir bei der ersten und zweiten Säule gesehen haben, nicht beliebig hoch. Man kann auch noch privat fürs Alter vorsorgen. Der Staat unterstützt dieses freiwillige Sparen, indem er die sogenannte dritte Säule (private Vorsorge) mit Steuervorteilen versehen hat.

Der Staat erlaubt allen Lohnbezügerinnen und Lohnbezügern, eine bestimmte Summe als persönliche Altersvorsorge anzusparen und diese bei der Steuererklärung vom Einkommen abzuziehen. Man nennt dies die Säule 3a. Die einmal einbezahlten Summen können erst ab dem 60. Altersjahr wieder von der

Säule 3a (gebundene Vorsorge)

Bank oder der Versicherungsgesellschaft zurückgefordert werden. Ein vorzeitiger Bezug ist dann gestattet, wenn man das angesparte Geld zum Erwerb von eigenem Wohnraum verwenden will, wenn man sich selbstständig macht oder die Schweiz für immer verlässt.

Säule 3b (freie Vorsorge) Der freien Vorsorge – auch als Säule 3b bezeichnet – kann grundsätzlich jede Form der Vermögensbildung zu Vorsorgezwecken zugeordnet werden. Steuerbegünstigt ist zum Beispiel das Abschliessen von Lebensversicherungen.

> **Beispiele von Lebensversicherungen**
> - Bei der Todesfallrisikoversicherung erfolgt die Auszahlung der Versicherungssumme, wenn die versicherte Person während der Versicherungsdauer stirbt. Die Todesfallrisikoversicherung ist eine reine Risikoversicherung zum Schutz vor den finanziellen Folgen im Todesfall eines Elternteils oder Ehegatten.
> - Bei der gemischten Lebensversicherung erfolgt die Auszahlung der Versicherungssumme im Todesfall oder spätestens bei Ablauf der Versicherung. Die gemischte Lebensversicherung ist eine Spar- und Risikoversicherung; sie ist gleichzeitig Familienschutz und Altersvorsorge.

Vor allem der Abschluss einer kapitalbildenden Lebensversicherung will gut überlegt sein, weil es gerade jungen Familien oft schwerfällt, die Sparsumme dafür aufzubringen.

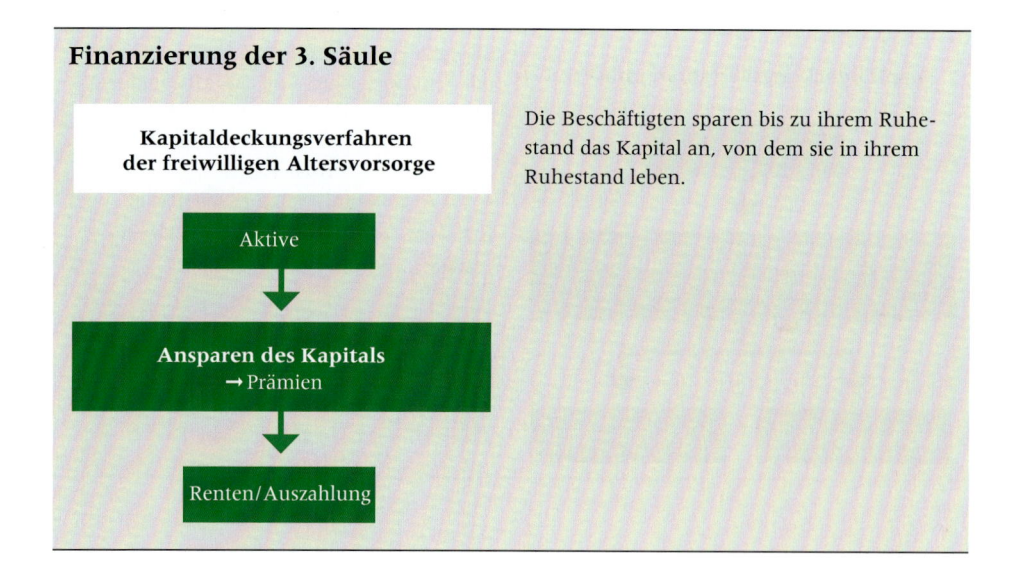

Finanzierung der 3. Säule

Kapitaldeckungsverfahren der freiwilligen Altersvorsorge

↓

Aktive

↓

Ansparen des Kapitals
→ Prämien

↓

Renten/Auszahlung

Die Beschäftigten sparen bis zu ihrem Ruhestand das Kapital an, von dem sie in ihrem Ruhestand leben.

Verstanden?

4.22 Welches Ziel wird mit der zweiten Säule angestrebt?

4.23 Was verstehen Sie unter «Kapitaldeckungsverfahren» bei der Pensionskasse?

4.24 Was ist die Säule 3a?

4.25 Was ist der Unterschied zwischen einer Todesfallrisikoversicherung und einer gemischten Lebensversicherung?

Sachversicherungen

Sachversicherungen beziehen sich auf das persönliche Eigentum.

Kaskoversicherungen beim Auto

Die Teilkaskoversicherung deckt genau definierte Schäden am eigenen Fahrzeug z. B. durch Diebstahl, Elementarereignisse (wie Hochwasser, Hagel oder Schneerutsche), Feuer, Glasbruch, Vandalenakte, Marder. — **Teilkaskoversicherung**

Die Vollkaskoversicherung deckt zusätzlich zur Teilkaskoversicherung weitere Schäden, z. B. auch selbst verschuldete Kollisionsschäden am eigenen Fahrzeug. Bei einem Totalschaden wird der Zeitwert des Fahrzeuges ersetzt. Für ein Auto mit geringem Wert ist eine Vollkaskoversicherung also nicht sinnvoll, weil die Prämien sehr teuer sind. Bei geleasten Fahrzeugen ist eine Vollkaskoversicherung meistens Pflicht. — **Vollkaskoversicherung**

Rechtsschutzversicherung

Bei einem Autounfall ist die Höhe des selbst zu tragenden Eigenschadens von der Höhe des Verschuldens abhängig. Wie gross dieses ausfällt, ist nicht immer einfach zu bemessen und erfordert deshalb oft eine richterliche Beurteilung. Da Prozesskosten teuer sind, kann es ratsam sein, sich dagegen mit einer Rechtsschutzversicherung abzusichern.

> **Leistungen der Rechtsschutzversicherung**
> - Übernimmt Abklärungen und Expertisen
> - Bezahlt und stellt einen Anwalt
> - Übernimmt die Prozesskosten

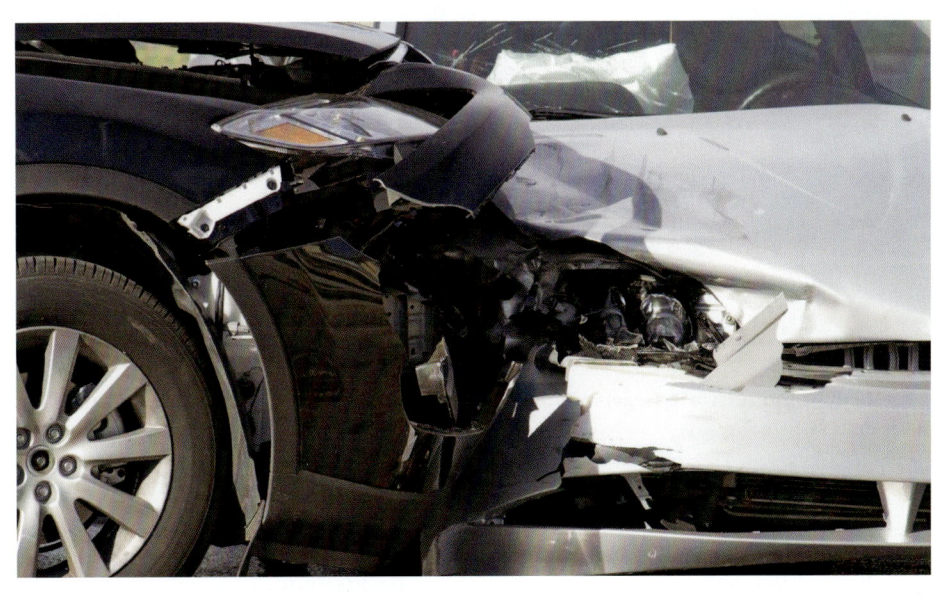

Um den zu tragenden Eigenschaden bei einem Autounfall ermitteln zu können, ist oft eine richterliche Beurteilung notwendig.

Hausratversicherung

Die Hausratversicherung deckt Schäden, die durch Feuer, Wasser, Glasbruch und Diebstahl entstehen. Im Brandfall werden alle zerstörten Gegenstände zum Neuwert ersetzt.

Unterversicherung

Bei allen Hausratversicherungen ist es wichtig, dass man der Versicherungsgesellschaft den exakten Neuwert der versicherten Gegenstände mitteilt. Ist die versicherte Summe kleiner als der Wert der Dinge, die man besitzt, entsteht eine sogenannte Unterversicherung. Jegliche Leistungen der Versicherung werden dann im Schadensfall im Verhältnis zur Unterversicherung gekürzt. Ein Beispiel soll dies verdeutlichen:

Beispiel zur Unterversicherung	
Wert im Versicherungsvertrag	Fr. 30 000.–
Tatsächlicher Wert	Fr. 50 000.–
Schaden durch Zimmerbrand	Fr. 15 000.–
Versicherung bezahlt 3/5 des Schadens	Fr. 9 000.–
Nicht gedeckter Schaden	**Fr. 6 000.–**

Es lohnt sich also nicht, über den Versicherungswert Prämien zu sparen, zumal diese ohnehin sehr niedrig sind. Zudem kann eine periodische Überprüfung des Versicherungswertes empfehlenswert sein.

Bei einem Brand zerstörte Gegenstände werden durch die Hausratversicherung zum Neuwert ersetzt.

Verstanden?

4.26 Welche Schäden deckt eine Vollkaskoversicherung?

4.27 Ihr Auto wurde gestohlen. Welche Versicherung kommt für den Schaden auf?

4.28 Welche Leistungen erbringt die Rechtsschutzversicherung?

4.29 Welche Auswirkungen hat eine Unterversicherung bei der Hausratversicherung?

Haftpflichtversicherungen

Wer einer Drittperson Schaden zufügt, haftet gemäss OR Art. 41 dafür. Haftpflichtversicherungen decken in solchen Fällen die entstandenen Schäden, die man Drittpersonen und/oder deren Sachen zugefügt hat. In der Schweiz gibt es eine Vielzahl solcher Versicherungen.

Selber gilt man als Erstperson. Bei Angehörigen und Personen, die im selben Haushalt leben, spricht man von Zweitpersonen. Demnach gelten alle anderen Personen als Drittpersonen.

Drittpersonen

Motorfahrzeughaftpflichtversicherung

Grundsätzlich gilt im Strassenverkehr: Wer anderen Schaden zufügt, ist für die Folgen verantwortlich (Kausalhaftung). Dies kann schnell sehr teuer werden, besonders wenn Personen verletzt oder getötet werden. Damit die Geschädigten in allen Fällen ihre berechtigten Ansprüche einfordern können, hat der Staat alle Fahrzeughaftpflichtversicherungen für obligatorisch erklärt. Die Haftpflichtversicherungen übernehmen die Folgen der Schäden, welche anderen zugefügt werden.

Schäden an Dritten (SVG 58 ff.)

Autofahrer und Motorradfahrer können ihr Nummernschild nur einlösen, wenn sie nachweisen können, dass sie auch eine Motorfahrzeughaftpflichtversicherung abgeschlossen haben.

Nummernschild (SVG 63)

Falls der Unfallverursacher grob fahrlässig gehandelt hat, muss die Versicherungsgesellschaft zwar die Geschädigten auszahlen, darf das Geld aber später teilweise zurückfordern. Als grob fahrlässig gilt z. B. das Autofahren ohne Benutzung der Sicherheitsgurte oder mit abgefahrenen Pneus, das Autofahren in betrunkenem oder bekifftem Zustand sowie das Überfahren von Rotlichtern oder Stoppstrassen.

Regressrecht

Das Recht der Versicherung, Gelder zurückzufordern, nennt man Regressrecht. Ein Regress bei einer grossen Schadenssumme kann sehr teuer werden.

Beispiel eines Regressfalles

H. Muster rammt unter Cannabiseinfluss einen anderen Wagen von hinten. Die Fahrerin erleidet ein schweres Schleudertrauma mit lebenslanger Teilinvalidität. Das Urteil vor Gericht lautet: fahrlässige schwere Körperverletzung und grobe Verletzung der Verkehrsregeln (Fahren in bekifftem Zustand).

Strafe	20 Tage bedingt (Probezeit 2 Jahre), Busse Fr. 500.–, Übernahme Gerichtskosten Fr. 1800.–
Zu erwartende Versicherungsleistungen	Fr. 1 350 000.– Heilungskosten, Erwerbsausfall, Haushaltschaden (Mutter/Hausfrau), Genugtuung, Anwaltskosten
Regress wegen Grobfahrlässigkeit	20 % der Versicherungsleistung: Fr. 270 000.–

Bonus – Malus Beachtung verdient auch die Bonus-Malus-Regelung der Motorfahrzeughaftpflichtversicherung: Wer unfallfrei fährt, wird bei allen Gesellschaften mit einer Prämienreduktion (Bonus) belohnt. Wer hingegen einen Unfall verursacht, wird einige Versicherungsklassen hinaufgestuft, sodass er als grösseres Versicherungsrisiko gilt und höhere Prämien bezahlen muss (Malus). Es lohnt sich deshalb oft nicht, kleinere Unfälle der Versicherung zu melden, da man sonst aufgrund der Bonus-Malus-Bewertung höhere Versicherungsprämien bezahlen muss.

Bonusschutzversicherung Die Bonusschutzversicherung schützt den im Prämienstufensystem erworbenen Bonus in der Haftpflichtversicherung. Dadurch kann eine Prämienerhöhung vermieden werden.

Privathaftpflichtversicherungen

Verschuldenshaftung für Schäden an Dritten Das Prinzip der Privathaftpflichtversicherung ist gleich wie bei der Motorfahrzeughaftpflichtversicherung: Wenn einem Dritten schuldhaft Schaden zugefügt wird, übernimmt die Versicherung des Schuldigen die Kosten, sofern nicht Absicht oder grobe Fahrlässigkeit vorliegt.

Dazu ein Beispiel: Beim Besuch einer Freundin stossen Sie unglücklicherweise deren wertvolle Vase um, sodass sie in tausend Stücke zerbricht. Dieser Schaden wird von Ihrer Privathaftpflichtversicherung übernommen.

Kausalhaftung Man kann auch ohne eigenes Verschulden haftpflichtig werden. Dies nennt man Kausalhaftung:

	Kausalhaftung	
ZGB 333	Als Eltern	Mein Kind wirft einen Stein in die Fensterscheibe des Nachbarn.
OR 55	Als Arbeitgeber	Ein Mechatroniker verursacht auf einer Probefahrt einen Unfall.
OR 58	Als Hausbesitzer	Schlecht befestigte Ziegel fallen auf ein parkiertes Auto.
OR 56	Als Tierhalter	Mein Hund beisst beim Spielen das Nachbarskind.

Die Privathaftpflichtversicherung muss zwar nicht obligatorisch abgeschlossen werden, ist aber sehr zu empfehlen.

Teilweise verlangen Vermieter den Abschluss einer Privathaftpflichtversicherung im Zusammenhang mit allfälligen Schäden beim Auszug.

Verstanden?

4.30 Warum hat der Staat die Motorfahrzeughaftpflichtversicherung für obligatorisch erklärt?

4.31 Wann kann eine Versicherungsgesellschaft Regress nehmen? Welche Folgen hat das für den Versicherungsnehmer?

4.32 Wie funktionieren Bonus und Malus?

4.33 Wie kann ich auch ohne direkte Schuld haftpflichtig werden?

Kapitel 4 | Risiko und Verantwortung

4.3 Energie und Umwelt

Ökologischer Fussabdruck

Der ökologische Fussabdruck ist eine wissenschaftliche Methode, die erfasst, in welchen Bereichen der Mensch die Umwelt wie stark belastet. Die Methode rechnet das Ausmass der Nutzungen und Belastungen der Natur etwa durch Ackerbau, Energie- oder Holzverbrauch in Flächen um, die notwendig wären, um diese Ressourcen auf erneuerbare Weise bereitzustellen.

Das Resultat – also der ökologische Fussabdruck einer Region, eines Landes oder der ganzen Welt – wird mithilfe eines Flächenmasses ausgedrückt, der sogenannten globalen Hektare. Je grösser der Abdruck, desto stärker ist die Umwelt belastet.

Globale Hektare

Andererseits berechnet die Methode auch die «Biokapazität», also die Fähigkeit der Natur, Rohstoffe zu erzeugen und Schadstoffe abzubauen. Wenn Fussabdruck und Biokapazität einer Region übereinstimmen, befindet sich diese im Einklang mit der Tragfähigkeit der Natur; sie ist nachhaltig.

Biokapazität

Ökologischer Fussabdruck der Welt

Die Länder des industrialisierten Nordens belasten die Natur pro Kopf um das Mehrfache, als ihnen im weltweiten Durchschnitt zusteht.

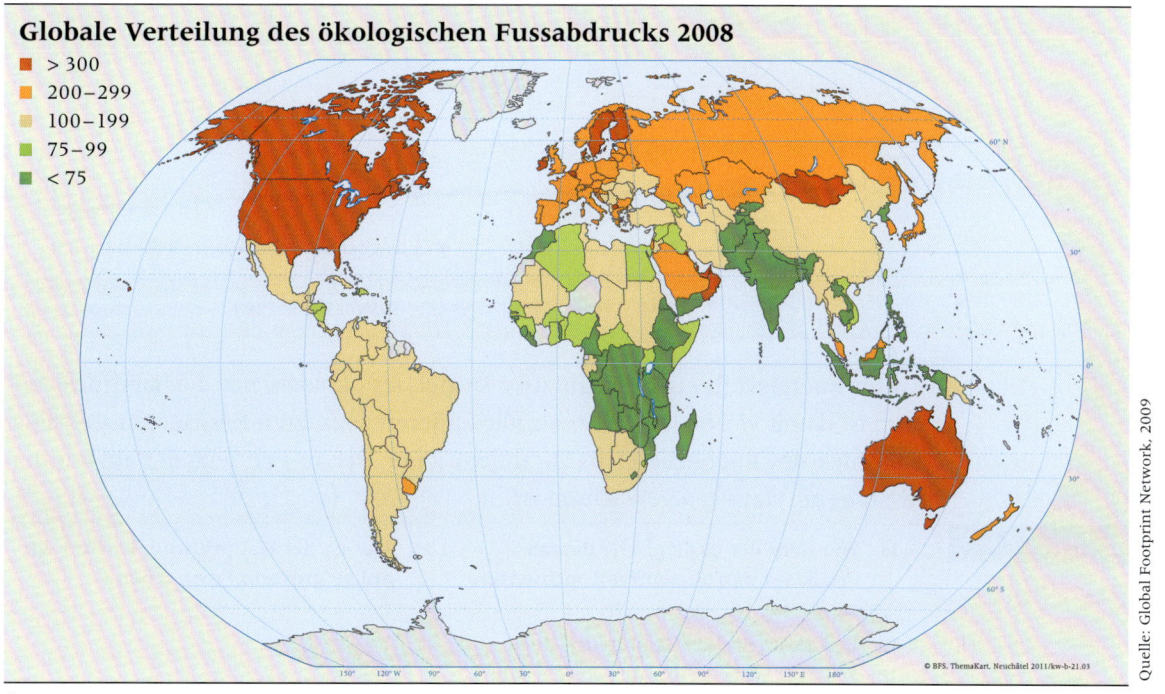

Globale Verteilung des ökologischen Fussabdrucks 2008

- \> 300
- 200–299
- 100–199
- 75–99
- < 75

Quelle: Global Footprint Network, 2009

Ökologischer Fussabdruck im Verhältnis zur durchschnittlichen verfügbaren Biokapazität pro Kopf, in Prozent.

Mit 9,5 globalen Hektaren pro Kopf übertrifft der ökologische Fussabdruck Nordamerikas alle anderen Regionen massiv und ist zum Beispiel neunmal grösser als jener von Afrika. Auch der Fussabdruck Westeuropas – mit der Schweiz im Mittelfeld – ist deutlich grösser als der globale Durchschnitt. Die Länder des Südens hingegen – insbesondere auf dem afrikanischen Kontinent und in Südostasien – beanspruchen pro Kopf sehr viel weniger globale Hektaren. Mit dem Aufschwung der bevölkerungsreichen Schwellenländer wie etwa Indien, China und Brasilien, die das energie- und ressourcenzehrende Wirtschaftsmodell des Nordens übernehmen, wird der ökologische Fussabdruck der Welt in den kommenden Jahren weiter stark wachsen.

Ökologischer Fussabdruck der Schweiz

Missverhältnis

Der ökologische Fussabdruck in der Schweiz misst derzeit 5 globale Hektaren pro Person. Die Biokapazität unseres Landes beträgt indes bloss 1,24 globale Hektaren pro Kopf. Somit ist der Fussabdruck in der Schweiz viermal so gross wie die Biokapazität.

Import von Biokapazität

Das zunehmende Missverhältnis zwischen ökologischem Fussabdruck und Biokapazität bedeutet, dass wir unseren Konsum zunehmend mit dem Import von Biokapazität, das heisst mittels Einfuhr von natürlichen Ressourcen aus anderen Ländern und durch den Export von Abfallstoffen wie Kohlendioxid decken. Allein deshalb ist es der Schweiz möglich, so viel zu konsumieren, ohne das eigene Naturkapital drastisch zu übernutzen.

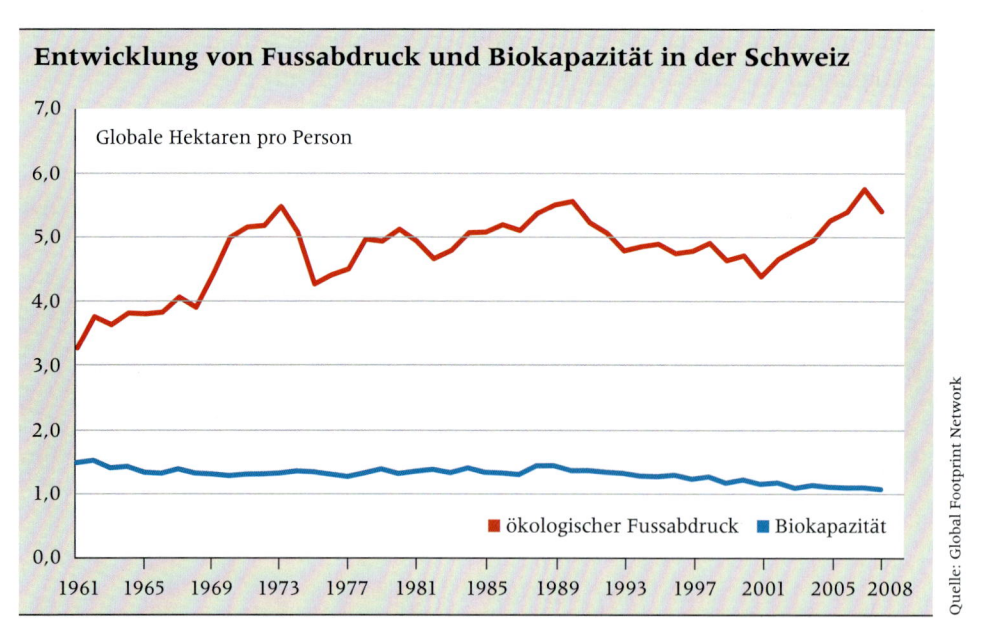

Entwicklung von Fussabdruck und Biokapazität in der Schweiz

Globale Hektaren pro Person, 1961–2008; ökologischer Fussabdruck und Biokapazität

Quelle: Global Footprint Network

Unser Energieverbrauch macht zwei Drittel des ökologischen Fussabdrucks aus und ist damit viel bedeutender als alle anderen genutzten Ressourcen. Der Fussabdruck des Energiebereichs ist zudem jener, der in den letzten Jahrzehnten weitaus am stärksten gewachsen ist.

Verstanden?

4.34 Wie sieht der ökologische Fussabdruck auf den einzelnen Kontinenten aus?

4.35 Der ökologische Fussabdruck der Schweiz ist fast viermal so gross wie die Biokapazität. Was bedeutet das?

4.36 Was ist der Hauptgrund, warum wir auf zu grossem Fusse leben?

Steigender Energieverbrauch

Nach heutigen Erkenntnissen wird die Weltbevölkerung bis zum Jahr 2020 auf etwa acht Milliarden Menschen ansteigen, welche alle Energie benötigen. Selbst bei einem gleichbleibenden Pro-Kopf-Verbrauch würde dies einen dramatischen Anstieg des Energieverbrauchs und damit einen raschen Abbau der natürlichen Ressourcen sowie eine Vervielfachung der Emissionen nach sich ziehen.

Steigender Energieverbrauch

In den Industrieländern steigt der Energieverbrauch seit Mitte der 1970er-Jahre kaum noch an, zum Teil sinkt er sogar. Der Anteil der Nicht-Industrieländer am Weltwirtschaftswachstum hat sich seit den 1990er-Jahren fast verdoppelt. Länder wie China oder Indien benötigen zurzeit weit mehr Energie für die Erstellung ihres Bruttoinlandprodukts als die Industrieländer.

Weltenenergieverbrauch

Der Energiehunger der Welt wird zu über 75 Prozent durch die nichterneuerbaren fossilen Energieträger Erdöl, Erdgas und Kohle gestillt. Dies führt zu einem fortdauernd steigenden Ausstoss von Kohlendioxid, der grösstenteils für die globale Erwärmung verantwortlich gemacht wird. Die Zukunft gehört den erneuerbaren Energiequellen (z. B. Sonne, Wind, Geothermie).

Welche Rolle der Atomstrom in einer Übergangsperiode spielen wird, ist schwer abzuschätzen. Befürworter betonen dessen saubere Energieform, während die Gegner auf die problematische Lagerung von Atommüll während den nächsten Jahrtausenden hinweisen.

In der Schweiz ist der Energieverbrauch in den letzten Jahrzehnten weiter stark gestiegen. Auffallend ist die starke Abhängigkeit von nichterneuerbaren Energieträgern:

Energieverbrauch der Schweiz

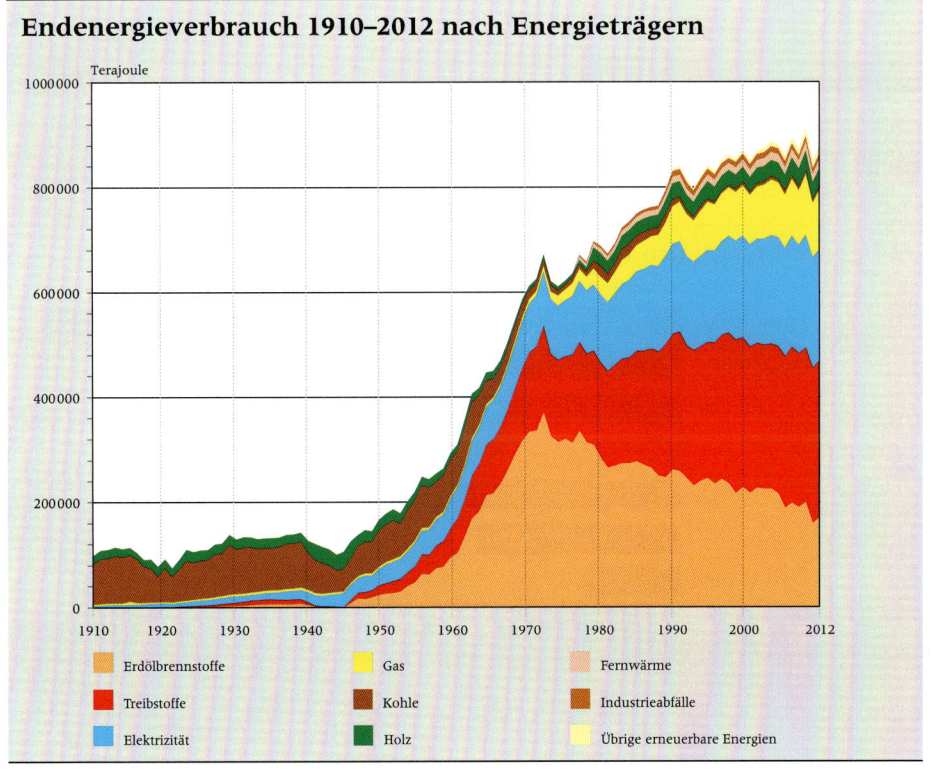

Endenergieverbrauch 1910–2012 nach Energieträgern

Legende: Erdölbrennstoffe, Treibstoffe, Elektrizität, Gas, Kohle, Holz, Fernwärme, Industrieabfälle, Übrige erneuerbare Energien

Quelle: Schweizerische Gesamtenergiestatistik

4.37 Welche Folgen hat der dramatische Anstieg unseres Energieverbrauchs?

4.38 Warum gehört die Zukunft den erneuerbaren Energien?

Verstanden?

Ressourcenverbrauch am Beispiel Wasser

Wasser ist die Quelle allen Lebens. Die Oberfläche unseres Planeten besteht zu zwei Dritteln aus Wasser. Von den weltweiten Wasserreserven sind 97 Prozent Salzwasser. Von den restlichen 3 Prozent Süsswasser ist das meiste in den Eiskappen der Pole, in Gletschern sowie in der Atmosphäre und im Boden gebunden. Nur 0,3 Prozent der gesamten Süsswasservorräte sind als Trinkwasser verfügbar. Die Versorgung mit Trinkwasser ist ein zentrales Grundbedürfnis des Menschen. Wasser wird auch zum Bewässern in der Landwirtschaft, zur Hygiene, zur sanitären Versorgung oder für die industrielle Verarbeitung verwendet.

Trinkwassermangel Seit 1940 hat sich der globale Wasserverbrauch verfünffacht. Er steigt weltweit überproportional, gemessen am Bevölkerungswachstum.

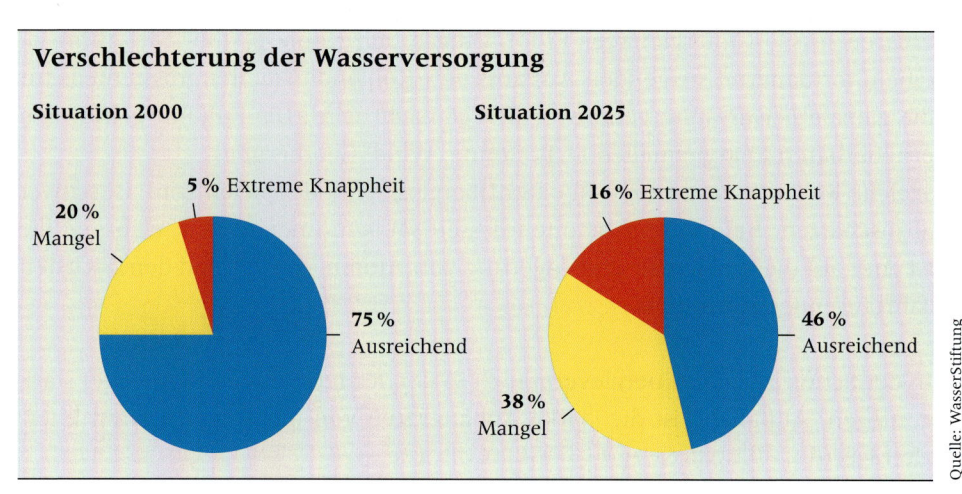

Verschlechterung der Wasserversorgung

Situation 2000
- 5 % Extreme Knappheit
- 20 % Mangel
- 75 % Ausreichend

Situation 2025
- 16 % Extreme Knappheit
- 38 % Mangel
- 46 % Ausreichend

Quelle: WasserStiftung

Wasserverbrauch Der Verbrauch in den einzelnen Ländern unterscheidet sich stark: US-Amerikaner verbrauchen doppelt so viel Wasser wie Europäer. Am wenigsten Wasser haben Menschen in Afrika zur Verfügung.

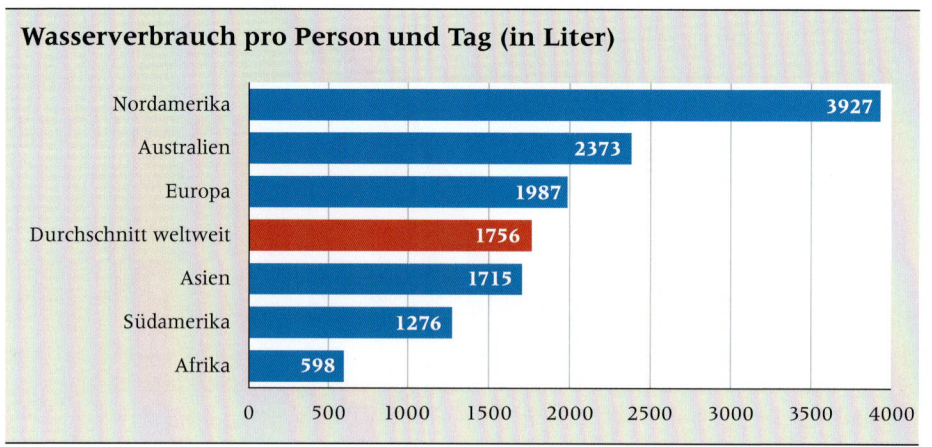

Wasserverbrauch pro Person und Tag (in Liter)

- Nordamerika: 3927
- Australien: 2373
- Europa: 1987
- Durchschnitt weltweit: 1756
- Asien: 1715
- Südamerika: 1276
- Afrika: 598

Quelle: Goldman Sachs Research

Kapitel 4 | **Risiko und Verantwortung**

Wie in den Haushalten der Industriestaaten das Wasser verwendet wird, zeigt folgende Grafik. Auffallend ist, dass mehr als ein Viertel des Trinkwassers für die Klospülung gebraucht wird.

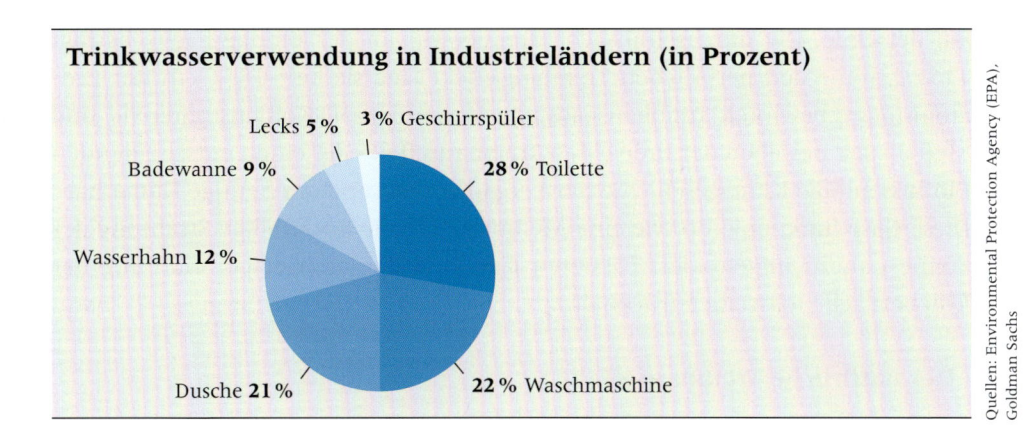

Trinkwasserverwendung in Industrieländern (in Prozent)

- Lecks 5 %
- 3 % Geschirrspüler
- Badewanne 9 %
- 28 % Toilette
- Wasserhahn 12 %
- Dusche 21 %
- 22 % Waschmaschine

Quellen: Environmental Protection Agency (EPA), Goldman Sachs

Das Grundnahrungsmittel Wasser wird zunehmend zu einem kostbaren Gut, das wir zurzeit noch im Überfluss besitzen und auch dementsprechend brauchen, um das in anderen Teilen der Welt aber jetzt schon gestritten wird. In der Zukunft wird uns auch die Frage beschäftigen, ob das Wasser einen Wert hat und somit vermarktbar wird oder ob alle Menschen auf dieser Erde ein Grundrecht auf kostenloses Wasser haben.

Kostbares Gut

> **Weitere Fakten zum Thema**
> - Über 1,2 Mrd. Menschen haben keinen Zugang zu sauberem Trinkwasser.
> - Prognose 2050: Etwa 4 Mrd. Menschen (40 Prozent der voraussichtlichen Weltbevölkerung von 9,4 Mrd.) werden unter Wasserknappheit leiden.
> - 3 Mrd. Menschen sind an keine Kanalisation angeschlossen.
> - Etwa eine halbe Milliarde Menschen leidet unter Krankheiten, die auf verschmutztes Wasser zurückzuführen sind.
> - In Entwicklungsländern sterben jedes Jahr zirka 3 Mio. Menschen durch verunreinigtes Wasser, mehrheitlich Kinder unter 5 Jahren.
> - Sauberes Wasser ist jetzt ein Menschenrecht. Die Vereinten Nationen haben den Anspruch auf reines Wasser in die Allgemeine Erklärung der Menschenrechte aufgenommen.

Folgendes Quantum an Wasser wird benötigt:

| 1 Frühstücksei = 200 Liter Wasser | Die Produktion einer Jeans benötigt 6000 Liter Wasser. | 8000 Liter Wasser stecken in einem Paar Lederschuhe. | 1 Steak = 28 Badewannen Wasser (d.h. 1 Badewanne umfasst ca. 150 Liter Wasser). |

4.39 In welchen Teilen der Erde besteht jetzt schon ein Mangel an Trinkwasser?

4.40 Welche Folgen hat das Fehlen von Trinkwasser und einer funktionierenden Abwasserentsorgung?

Verstanden?

Klimaveränderung

Der natürliche Treibhauseffekt

Der Treibhauseffekt bewirkt die Erwärmung eines Planeten durch Treibhausgase und Wasserdampf in der Atmosphäre. Er ist absolut notwendig für das Leben auf der Erde. Die durchschnittliche Temperatur an der Erdoberfläche beträgt +15 °C, ohne den natürlichen Treibhauseffekt läge sie bei −18 °C. In der Erdatmosphäre bewirken Treibhausgase wie Wasserdampf, Kohlenstoffdioxid und Methan seit Bestehen der Erde einen Treibhauseffekt, der einen entscheidenden Einfluss auf die Klimageschichte der Vergangenheit und das heutige Klima hat. Diese Gase funktionieren wie eine Membran, die die kurzwellige Strahlung der Sonne nahezu ungehindert passieren lässt und die langwellige Strahlung der Erdoberfläche teilweise zurückhält.

Der natürliche Treibhauseffekt

- Sonnenlicht
- kurzwellige Strahlung
- langwellige Strahlung
- Wärme von der Erde
- Treibhausgase
- langwellige Strahlung
- Atmosphäre

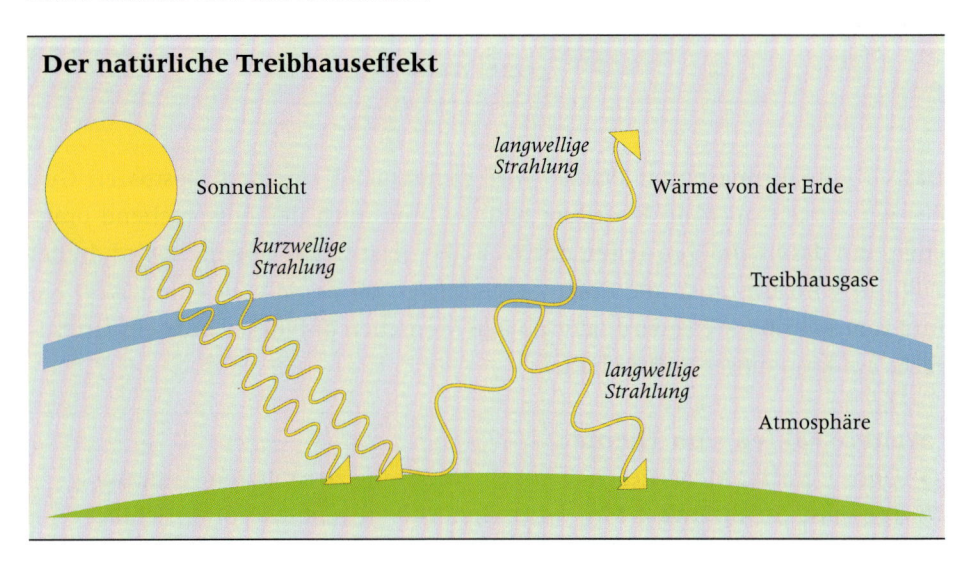

Der anthropogene Treibhauseffekt

Seit der industriellen Revolution verstärkt der Mensch den natürlichen Treibhauseffekt durch den Ausstoss von Treibhausgasen. Man bezeichnet dies als anthropogenen (vom Menschen verursachten) Treibhauseffekt. In der Wissenschaft herrscht weitgehend Einigkeit, dass die gestiegene Konzentration der vom Menschen in die Erdatmosphäre freigesetzten Treibhausgase die wichtigste Ursache der globalen Erwärmung ist, da ohne sie die gestiegenen Durchschnittstemperaturen nicht zu erklären sind.

Wir verstärken den Treibhauseffekt

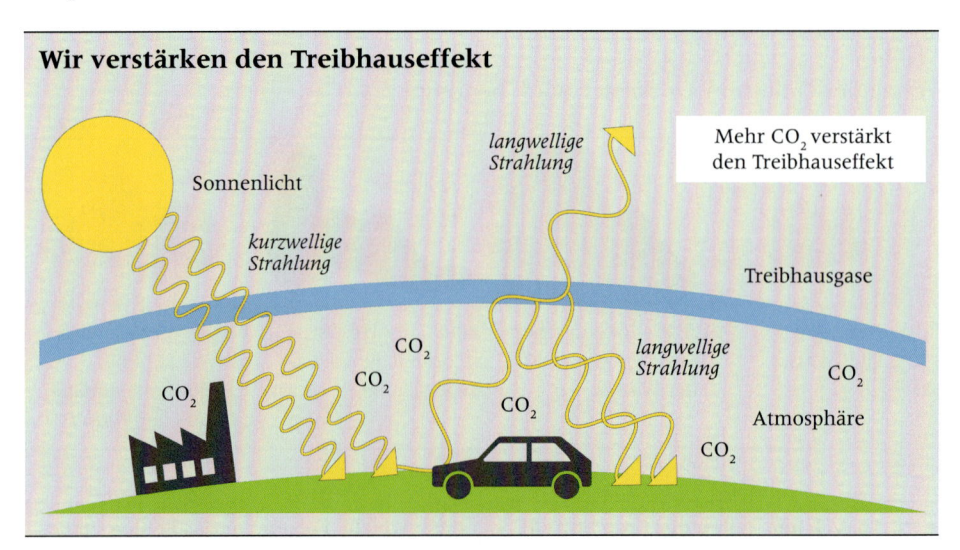

- Sonnenlicht
- kurzwellige Strahlung
- langwellige Strahlung
- Mehr CO_2 verstärkt den Treibhauseffekt
- Treibhausgase
- CO_2
- langwellige Strahlung
- Atmosphäre

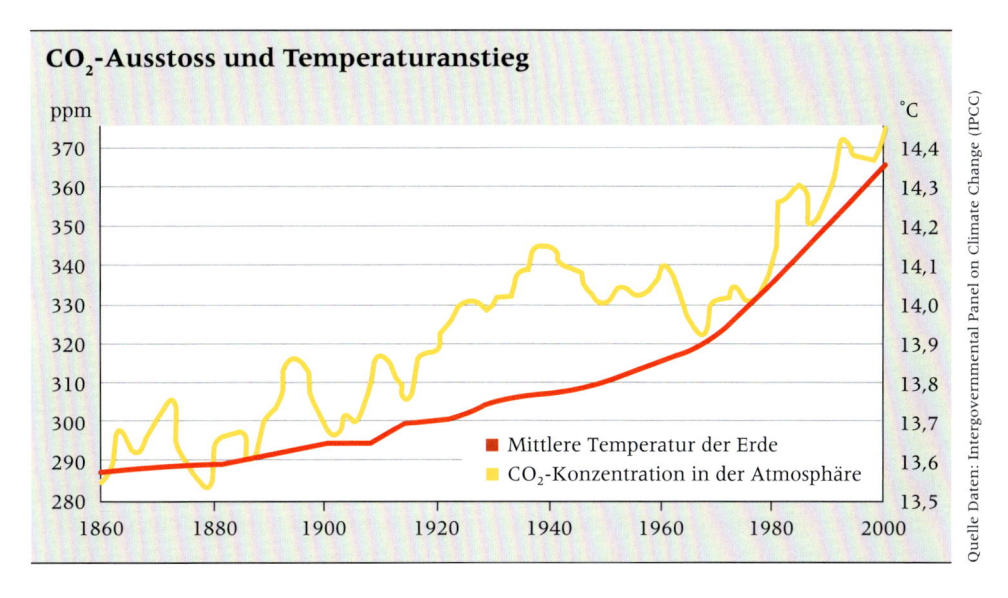

Kapitel 4 | Risiko und Verantwortung

CO$_2$-Ausstoss und Temperaturanstieg

- Mittlere Temperatur der Erde
- CO$_2$-Konzentration in der Atmosphäre

Quelle Daten: Intergovernmental Panel on Climate Change (IPCC)

Folgen des Treibhauseffektes

Das Jahr 2005 war das bisher schlimmste Hurrikanjahr seit Beginn der Wetteraufzeichnungen, und es lässt sich eindeutig ein Trend der Hurrikanhäufung innerhalb der letzten Jahre erkennen. Solche Wirbelstürme entstehen erst, wenn die Meerwassertemperatur mindestens 26,5 °C beträgt. Der Gletscherschwund, der Rückgang der oberen Schneegrenze im Sommer sowie das Auftauen des Permafrostes z. B. bei uns in den Alpen sind ebenfalls Belege für eine Temperaturerhöhung.

Steigt die Temperatur weiterhin an, so besteht die Gefahr, dass die Polkappen schmelzen und der Meeresspiegel weiter ansteigt. Dies hätte in verschiedenen Gegenden der Welt katastrophale Auswirkungen; ganze Gebiete würden unter Wasser gesetzt.

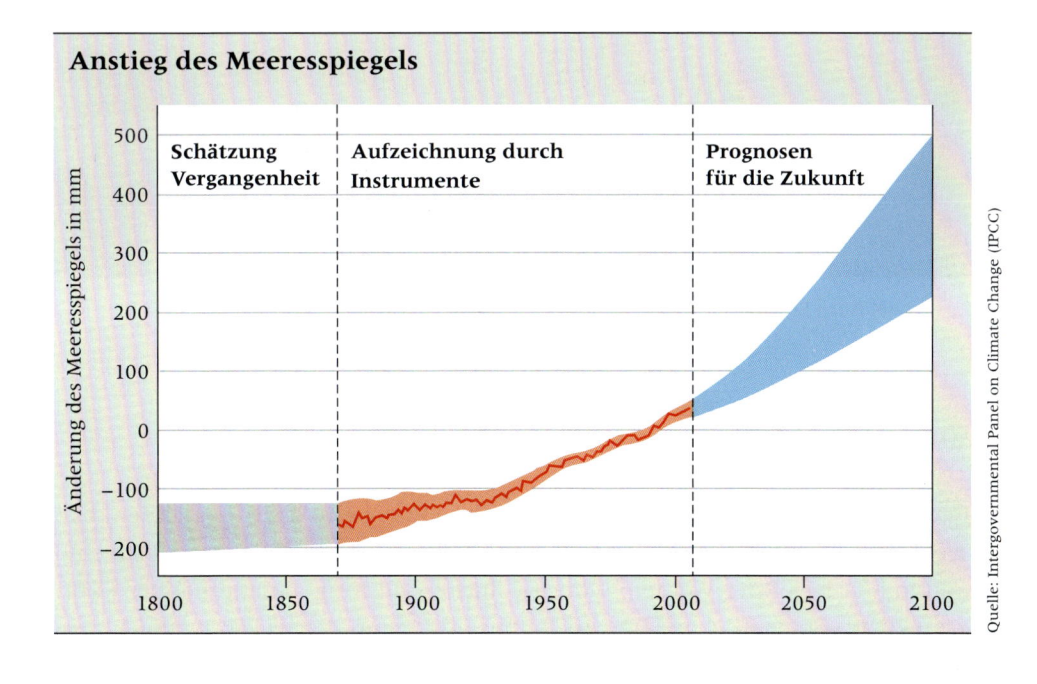

Anstieg des Meeresspiegels

Schätzung Vergangenheit | Aufzeichnung durch Instrumente | Prognosen für die Zukunft

Quelle: Intergovernmental Panel on Climate Change (IPCC)

Verstanden?

4.41 Was ist der Unterschied zwischen dem natürlichen und dem anthropogenen Treibhauseffekt?

4.42 Welche Folgen ergeben sich aus dem Klimawandel?

4.43 Warum werden die CO$_2$-Emissionen weltweit eher noch zunehmen?

Ozon/Ozonloch

Ozon(O_3) ist eine chemische Verbindung (Molekül), die aus drei Sauerstoffatomen besteht (O). Es ist ein farbloses Gas, hat einen stechenden Geruch und ist ein starkes Oxidationsmittel. Entsprechend intensiv reizt es die Atemwege bei Menschen und Tieren (Smog). Als natürlicher Bestandteil der Atmosphäre kommt Ozon in 20 bis 50 km Höhe über dem Erdboden in einer dünnen Schutzschicht vor, der sogenannten Ozonschicht. Diese schirmt die Erde vor den schädlichen UV-Strahlen ab.

Die Schutzschicht hat sich in den letzten Jahrzehnten immer mehr abgebaut. Folge davon ist das Ozonloch, welches erstmals über der Antarktis (Südpol) entdeckt wurde. Auch über der Arktis (Nordpol) ist die Ozonschicht bereits verdünnt. Ausgelöst wird dieser Abbau durch langlebige Schadstoffe (z. B. FCKW). Wegen der fehlenden oder verdünnten Schutzschicht gelangt so ein grösserer Teil der schädlichen UV-Anteile der Sonnenstrahlen auf die Erde, was beim Menschen Hautkrebs fördern und das Immunsystem schwächen kann. Das Wachstum von Kleinlebewesen und Pflanzen im Wasser wird durch diese schädliche Strahlung ebenfalls gestört.

Los Angeles im Smog.

Energiequellen

Energie ist der Motor der Wirtschaft. Und ohne Energie ist der Alltag undenkbar. Weil die Reserven für herkömmliche Energieträger wie Erdöl aber endlich sind und immer begehrter werden, wird die Suche und Nutzung alternativer Energiequellen vorangetrieben. Dies ist auch nötig, denn die weltweite Nachfrage nach Energie und der Verbrauch derselben steigen weiterhin markant an. Dazu kommt die Frage, inwiefern Kernenergie wegen seinem Gefahrenpotenzial eine Zukunft hat. Klar ist deshalb: Ein sorgsamer und verantwortungsvoller Umgang mit Energie wird weltweit die grosse Herausforderung der Zukunft sein. Im Folgenden erhalten Sie in einer Auflistung einen Überblick über erneuerbare und nicht erneuerbare Energiequellen.

Erneuerbare und nicht erneuerbare Energiequellen

Wasserkraft

Wasserkraft ist eine regenerative Energiequelle. Vereinfacht ausgedrückt, bedeutet das die Umwandlung potenzieller oder kinetischer Energie des Wassers über Turbinen in Rotationsenergie. Wurde früher diese mechanische Energie in Mühlen direkt genutzt, wird heute fast alle so gewonnene Energie mittels Generatoren in Wasserkraftwerken in Strom umgewandelt. Weitere Anwendungen sind Gezeitenkraftwerke, bei denen die Strömungsenergie aus dem Tidenhub des Meeres in elektrischen Strom umgewandelt wird.

Windenergie

Windenergie ist die kinetische Energie der bewegten Luftmassen der Atmosphäre. Sie zählt zu den erneuerbaren Energien, weil sie durch die Einwirkung der Sonne nachgeliefert wird. Die Nutzung der Windenergie mittels Windmühlen – heute erfolgt die Stromerzeugung mit Windkraftanlagen – ist eine seit dem Altertum bekannte Möglichkeit, Energie aus der Umwelt für technische Zwecke verfügbar zu machen.

Sonnenenergie

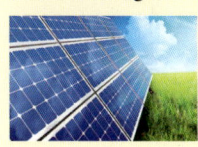

Als Sonnenenergie oder Solarenergie bezeichnet man die Energie der Sonnenstrahlung, die in Form von elektrischem Strom, Wärme oder chemischer Energie technisch genutzt werden kann. Die Photovoltaik ist ein Teilbereich der Solartechnik, welche die weitere technische Nutzungen der Sonnenenergie einschliesst. Unter Photovoltaik versteht man die direkte Umwandlung von Lichtenergie, meist aus Sonnenlicht, in elektrische Energie mittels Solarzellen. Sie wird zur Stromerzeugung eingesetzt und findet unter anderem Anwendung auf Dachflächen, bei Parkscheinautomaten, in Taschenrechnern, an Schallschutzwänden und auf Freiflächen.

Erdwärme

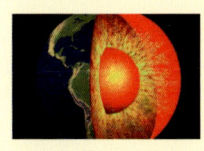

Als Geothermie wird jene Wärme bezeichnet, die im zugänglichen Teil der Erdkruste gespeichert und nutzbar ist. Wie die Wasserkraft zählt sie zu den regenerativen Energien. Geothermie kann etwa zum Heizen und Kühlen (Wärmepumpenheizung), aber auch zur Erzeugung von elektrischem Strom oder in einer Kraft-Wärme-Kopplung genutzt werden.

Biomasse

Biogas wird durch die Vergärung von Biomasse jeglicher Art hergestellt und ist brennbar. In Biogasanlagen können sowohl Abfälle als auch nachwachsende Rohstoffe vergoren werden. Eingesetzt werden kann das Gas zur Erzeugung von elektrischer Energie, zum Betrieb von Fahrzeugen oder zur Einspeisung in ein Gasversorgungsnetz.

Kernenergie

Die Technologie zur grosstechnischen Erzeugung von Sekundärenergie (z.B. Strom) mittels Kernreaktionen wird als Kernenergie, Atomenergie, Atomkraft, Kernkraft oder Nuklearenergie bezeichnet. Der Vorteil: Kernreaktionen erzeugen mehr Energie pro Masse als chemische Reaktionen. Der grösste Nachteil von Kernreaktionen ist, dass zur Erzeugung dieser Energie radioaktives Material, beispielsweise Uran, benötigt wird. Das Problem der Endlagerung radioaktiver Abfälle mit sehr langen Halbwertszeiten ist weiterhin nicht gelöst.

Erdöl

Erdöl ist ein in der Erdkruste eingelagertes Stoffgemisch, das hauptsächlich aus Kohlenwasserstoffen besteht und bei Umwandlungsprozessen von organischen Stoffen entstanden ist. Der fossile Energieträger dient zur Erzeugung von Elektrizität und als Treibstoff fast aller Verkehrs- und Transportmittel. Wichtig ist Erdöl zudem in der chemischen Industrie, wo es zur Herstellung von Kunststoffen und anderen Chemieprodukten benötigt wird. Gemeinhin bezeichnet man Erdöl auch als «Schwarzes Gold».

Erdgas

Erdgas kommt in unterirdischen Lagerstätten vor, ist ein brennbares Naturgas und wird als fossiler Energieträger bezeichnet. Es tritt häufig zusammen mit Erdöl auf, weil es auf ähnliche Weise entstanden ist. Mit Erdgas werden hauptsächlich Wohn- und Gewerberäume beheizt. Auch dient Erdgas als Wärmelieferant für thermische Prozesse in Gewerbe und Industrie (z.B. in Grossbäckereien oder Zementwerken), zur Stromerzeugung und in kleinem Umfang als Treibstoff für Kraftfahrzeuge.

Politische Instrumente

Die Umweltverschmutzung – wie auch die globale Erwärmung als Folge – sind eine Form von Marktversagen. Um dieses zu korrigieren, stehen dem Staat verschiedene Möglichkeiten zur Verfügung:

Umweltpolitische Instrumente	
Appelle	Das Stromsparpotenzial ist enorm. Alle können ihren Teil zu umweltbewusstem Stromverbrauch beitragen, indem sie beispielsweise die elektronischen Geräte nicht im Stand-by-Modus laufen lassen und Apparate der besten Energieeffizienzklasse nutzen. Aus den Appellen ergeben sich aber keine Verpflichtungen; der Druck, das Verhalten zu ändern, ist nicht sehr gross. *Beispiele:* • Bundesrätlicher Medienauftritt mit der Botschaft, die Eier mit weniger Wasser (Energie) zu kochen.
Anreize	Der Staat kann Anreize schaffen, damit sich die Menschen umweltgerecht verhalten. Einerseits kann er das Verhalten der Menschen beeinflussen, wenn diese bei umweltschonendem Handeln Geld sparen können. *Beispiele:* • Weniger Mfz-Steuern für «saubere» Autos • Individuelle Heizkostenabrechnung Eine andere Möglichkeit ist die Umsetzung des Verursacherprinzips durch Lenkungsabgaben. Dies bedeutet, dass die Verursachenden die effektiven Kosten tragen müssen, die ihr Handeln verursacht. Eine CO_2-Abgabe zum Beispiel verteuert die fossilen Brenn- und Treibstoffe. Der grösste Teil der zusätzlichen Erträge wird der Bevölkerung wieder zurückerstattet. *Beispiele:* • Abfallentsorgung mit Gebühr • CO_2-Abgabe • LSVA (Leistungsabhängige Schwerverkehrsabgabe)
Verbote / Beschränkungen	Der Staat beschränkt gewisse umweltbelastende Tätigkeiten oder verbietet problematische Stoffe. *Beispiele:* • FCKW-Verbot • Verbot von energiefressenden Glühlampen • Tempolimiten
Nachsorge	Der Staat lässt Umweltverschmutzung zu, beseitigt aber im Nachhinein die Schäden (z. B. mithilfe von Steuergeldern). *Beispiele:* • ARA (Abwasserreinigungsanlage) • KVA (Kehrichtverbrennungsanlage)

Wichtig in dieser ganzen Diskussion ist, dass der Staat durch sein Handeln zur Verbesserung der Energieeffizienz beiträgt. Neben dem Einsatz der umweltpolitischen Instrumente kann er dies z. B. auch über Subventionen von erneuerbaren Energien (Wasser-, Solar-, Windkraft, Geothermie) tun.

Nachhaltige Wirtschaftsentwicklung

> **Nachhaltige Wirtschaftsentwicklung heisst,**
> dass die gegenwärtige Generation ihre Bedürfnisse befriedigt, ohne die Fähigkeit der zukünftigen Generation zu gefährden, ihre eigenen Bedürfnisse befriedigen zu können.

Der Begriff der Nachhaltigkeit stammt ursprünglich aus der Forstwirtschaft; es wird immer nur so viel Holz geschlagen, wie durch Wiederaufforstung nachwachsen kann.
Nachhaltigkeit steht im Gegensatz zur Verschwendung und kurzfristigen Plünderung von Ressourcen und bezeichnet einen schonenden, verantwortungsvollen Umgang mit Ressourcen, der an zukünftigen Entwicklungen und Generationen orientiert ist (siehe Kapitel «Ökologie und Ethik beim Kaufen», S. 59).

Nachhaltigkeit

Definition	
Wissenschaft der Ökonomie	Die Wissenschaft der Ökonomie (Wirtschaftswissenschaften) beschäftigt sich mit der Produktion (Herstellung), dem Konsum (Verbrauch) sowie dem Umlauf und der Verteilung von Gütern.
Wissenschaft der Ökologie	Die Wissenschaft der Ökologie beschäftigt sich mit den wechselseitigen Beziehungen zwischen den Lebewesen und ihrer Umwelt. Man spricht heute auch von Umweltwissenschaften.

Weltweiter Raubbau an den natürlichen Ressourcen und die zahlreichen zunehmenden Störungen der Ökosysteme auf allen Ebenen führten zur Einsicht, dass ökologisches Gleichgewicht nur erreicht werden kann, wenn parallel ökonomische Sicherheit und soziale Gerechtigkeit gleichrangig angestrebt werden. Unser Ziel muss es also sein, einerseits die Grundbedürfnisse der Armen weltweit zu befriedigen, andererseits ein Entwicklungsmuster zu verfolgen, das die begrenzten Naturressourcen auch für zukünftige Generationen erhält (von den Erträgen leben, nicht von der Substanz).

Ökologische und ökonomische Verantwortung

Mehr als ein halbes Fussballfeld Regenwald wird pro Sekunde gerodet. Diese Zahlen zeigen, dass in ökologischen Bereichen die Entwicklung eines Nachhaltigkeitskonzepts äusserst wichtig ist.

Kyoto-Protokoll

Mit dem Erdgipfel 1992 in Rio de Janeiro wurde nachhaltige Entwicklung als internationales Leitprinzip der Staatengemeinschaft, der Weltwirtschaft, der Weltzivilgesellschaft sowie der Politik anerkannt. Daraus entstand z. B. das Kyoto-Protokoll, das erstmals völkerrechtlich verbindliche Zielwerte für den Ausstoss von Treibhausgasen festschreibt, welche die hauptsächliche Ursache der globalen Erwärmung sind.

An der UNO-Klimakonferenz 2012 im arabischen Doha (Katar) wurde die Verlängerung des Kyoto-Protokolls (Kyoto II) beschlossen. 27 Länder der Europäischen Union und 10 weitere Staaten, darunter die Schweiz und Liechtenstein, verpflichteten sich erneut zu festen Reduktionszielen in den Jahren 2013 bis 2020. Bis dahin möchte etwa die EU den Ausstoss ihrer Treibhausgase im Vergleich zu 1990 um 20 Prozent reduzieren. Ab 2020 soll weltweit ein noch umfassenderes und globales Klima-Abkommen in Kraft treten. 2015 soll in Paris ein Welt-Klimavertrag beschlossen werden, der Ziele für den CO_2-Ausstoss festschreibt, um die globale Erwärmung auf zwei Grad zu begrenzen.

2000-Watt-Gesellschaft

Eine Möglichkeit der nachhaltigen Energienutzung ist die Umsetzung der 2000-Watt-Gesellschaft. Dieses Modell sieht vor, die durchschnittlich konsumierte Leistung pro Kopf – dank technologischer Entwicklung und persönlichem Verzicht – auf 2000 Watt zu senken. Während die Entwicklungsländer ihren Energiekonsum noch steigern dürften, müssen wir den unseren drastisch einschränken.

Aspekte der Nachhaltigkeit	
Ökologische Nachhaltigkeit	Die Natur und die Umwelt sollen für die nachkommenden Generationen erhalten bleiben. *Beispiele:* Artenvielfalt, Klimaschutz, schonender Umgang mit der natürlichen Umgebung
Ökonomische Nachhaltigkeit	Unsere Wirtschaft soll so angelegt sein, dass sie dauerhaft eine tragfähige Grundlage für Erwerb und Wohlstand bietet. *Beispiele:* Schutz der Ressourcen vor Ausbeutung, Schaffung von Arbeitsplätzen
Soziale Nachhaltigkeit	Die Gesellschaft soll sich so entwickeln, dass alle Mitglieder der Gemeinschaft an dieser Entwicklung teilhaben können. *Beispiele:* sozialer Ausgleich, lebenswerte Gesellschaft für alle

Verstanden?

4.44 Wie können unser Energieverbrauch und unser CO_2-Ausstoss verringert werden?

4.45 Was möchte man mit einer CO_2-Abgabe auf Treibstoffe erreichen (welche es heute noch nicht gibt)?

4.46 Wie will man die 2000-Watt-Gesellschaft erreichen?

4.47 Was bedeutet «Nachhaltigkeit»?

4.48 Auf welchen verschiedenen Gebieten sollten wir uns nachhaltig verhalten?

Schweiz und Welt

	Einleitung	150
5.1	Europäische Union (EU)	151
5.2	Schweiz im europäischen Umfeld	160
5.3	Internationale Organisationen	165
5.4	Wohlstand, Armut und Migration	170

Einleitung

Die Schweiz ist ein neutraler und souveräner Staat mit besonderer humanitärer Tradition. Sie ist ein Teil Europas, aber auch der Welt. Sowohl im wirtschaftlichen, sozialen, politischen als auch ökologischen Bereich ist die Schweiz eng mit der internationalen Staatengemeinschaft verbunden und auf eine Zusammenarbeit angewiesen.

Die Schweiz liegt im Herzen Europas und ist somit mit der Europäischen Union verflochten. Zum Verständnis dieser gegenseitigen Abhängigkeit sind Kenntnisse über die Entwicklung der EU, ihrer Institutionen und der verschiedenen Abkommen mit der Schweiz unerlässlich.

Die Schweiz ist Mitglied der Vereinten Nationen. Die UNO stellt sich globalen Herausforderungen und sucht nach Lösungen.

Die weltweit unterschiedliche Verteilung des Wohlstandes führt zu Ungerechtigkeiten und Spannungen. Diese wirken sich auf die Schweiz und Ihr persönliches Umfeld aus.

Die Schweiz kann ökologische Probleme nicht alleine lösen. Nur mit internationaler Zusammenarbeit ist es möglich, unsere Ökosysteme nachhaltig zu schützen. Sie erkennen, dass der Schutz unserer natürlichen Umwelt lokal und global erfolgen muss.

5.1 Europäische Union (EU)

Geschichte

Die Zeit der Weltkriege

Bis 1914 — Die Idee eines geeinten Europas gibt es schon lange. Während in frühen Jahrhunderten mit Waffengewalt und Heiratspolitik versucht wurde, die Vorherrschaft zu erlangen (beispielsweise Napoleon), kommen im 19. Jahrhundert erstmals Ideen von Philosophen und Dichtern auf, welche einen freiwilligen Zusammenschluss gleichberechtigter Länder fordern.

Diese Ideen haben in einer Zeit der König- und Kaiserreiche natürlich keine Chance. Auch der zunehmende Nationalismus in der zweiten Hälfte des 19. Jahrhunderts, der im Ersten Weltkrieg von 1914–1918 gipfelt, verhindert ein auch nur ansatzweise friedlich geeintes Europa.

Heiratspolitik und Waffengewalt

Nach 1918 — Nach dem Ersten Weltkrieg, der fast 10 Millionen Tote und 20 Millionen Verwundete forderte, Hungersnöte, Zerstörung und Elend über Europa brachte und den Untergang der meisten Monarchien bedeutete, flammt die Idee eines wirtschaftlich vereinten Europas, mit dem Ziel, dauerhaften Frieden und damit Wohlstand in Europa zu sichern, wieder auf. Allerdings verhindern faschistische Regimes (Mussolini, Hitler, Franco) mit der Betonung des Nationalismus solche Bestrebungen.

Mussolini, Hitler, Franco

Im Zweiten Weltkrieg werden in Europa unzählige Städte und weite Landstriche total verwüstet. Im Bild das fast vollständig zerstörte Dresden, Ende 1945.

Der Eiserne Vorhang Im Anschluss an den Zweiten Weltkrieg, der noch verheerender war als der Erste und unzählige Städte und weite Landstriche Europas total verwüstete, erlangt die Idee eines gemeinsamen Europas erneut Auftrieb. Die Leute sind kriegsmüde. Vor allem die USA unterstützen die europäische Bewegung. Dies auch daher, weil Europa seit dem Krieg in zwei Machtbereiche geteilt ist, in ein kommunistisches Osteuropa unter der Vorherrschaft der UdSSR und in ein von den USA unterstütztes demokratisches Westeuropa.

Nach 1945

Symbol der Teilung Europas in ein demokratisches Westeuropa und ein kommunistisches Osteuropa: die Berliner Mauer (gefallen 1989).

Die Europäische Gemeinschaft für Kohle und Stahl (EGKS)

Schuman-Plan Der 9. Mai 1950 gilt als Geburtsstunde der heutigen Europäischen Union. Robert Schuman, der französische Aussenminister, verkündet einen Plan zur zukünftigen Zusammenarbeit mit der Bundesrepublik Deutschland. Auch fünf Jahre nach dem Ende des Zweiten Weltkrieges leidet Europa weiterhin unter den Kriegsfolgen, vieles ist noch zerstört und Europa von dauerhaftem Frieden und Wohlstand weit entfernt.

9. Mai 1950

Ziel des Schuman-Planes ist eine dauerhafte Aussöhnung zwischen den «ewigen Gegnern» Frankreich und Deutschland. Die Produktion von Kohle (damals wichtigster Energieträger) und Stahl soll einer gemeinsamen Behörde unterstellt werden; die Länder verzichten dadurch in diesen kriegswichtigen Bereichen auf ihre nationale Selbstbestimmung. Damit will man eine Kriegsgefahr zwischen den beiden Ländern verhindern und den wirtschaftlichen Aufschwung fördern.

Die Gemeinschaft soll allen demokratischen Staaten Europas offen stehen und Frieden, Wohlstand und wirtschaftlichen Erfolg sichern. Als Vision schwebt Schuman eine «Europäische Föderation» gleichberechtigter Staaten vor. Die gemeinsame Verwaltung von Kohle und Stahlproduktion soll ein erster kleiner Schritt in diese Richtung sein.

Kapitel 5 | Schweiz und Welt

1952	Im Jahre 1951 unterzeichnen in Paris die sechs Länder Frankreich, Deutschland, Italien, Belgien, die Niederlande und Luxemburg die Gründungsakte der Europäischen Gemeinschaft für Kohle und Stahl – auch Montanunion genannt –, die 1952 in Kraft tritt.	Europäische Gemeinschaft für Kohle und Stahl (EGKS)

Die Römer Verträge

1957	Nachdem sich die Montanunion erfolgversprechend entwickelt hat, beschliessen die sechs Länder, ihre gemeinsamen Beziehungen auszubauen. 1957 unterzeichnen sie in Rom zwei weitere Verträge, die der Europäischen Wirtschaftsgemeinschaft (EWG) und der Europäischen Atomgemeinschaft (EAG, Euratom).	Römer Verträge
	Ziel der EWG ist die schrittweise Verwirklichung eines gemeinsamen Marktes. Die Landesgrenzen zwischen den Mitgliedsländern sollen keine Schranken mehr bilden: Zölle werden abgebaut und schliesslich aufgehoben, der Handel von Waren und Dienstleistungen zwischen den Mitgliedern soll gezielt gefördert werden, und eine gemeinsame Landwirtschaftspolitik sichert die Versorgung der Bevölkerung. Durch die vier Grundfreiheiten des freien Waren-, Dienstleistungs-, Kapital- und Personenverkehrs erhofft man sich, die gemeinsame Wirtschaft zu stärken und den Wohlstand der Bevölkerung anzuheben.	Europäische Wirtschaftsgemeinschaft (EWG)
	Mit dem Euratom-Vertrag beschliessen die sechs Ländern, durch gemeinsame Forschung möglichst schnell die Voraussetzungen zur zivilen Nutzung von Kernenergie (Atomkraftwerke) zu schaffen. Man erhofft sich unbegrenzte Versorgung mit günstigem Atomstrom für die Wirtschaft. Zudem ist diese «Vergemeinschaftung» auch friedenssichernd, da eine gemeinsame Kontrolle im Nuklearbereich erreicht wird.	Europäische Atomgemeinschaft (EAG, Euratom)

Von der 6er-Gemeinschaft zur EU der 28 Staaten

1967	Bis anhin gab es für jeden der drei Verträge eine eigene Kommission und einen eigenen Rat. Der Fusionsvertrag ändert dies durch die Einsetzung eines gemeinsamen Rates und einer gemeinsamen Kommission der (drei) Europäischen Gemeinschaften (EG).	Fusionsvertrag
1973	Den Europäischen Gemeinschaften treten Grossbritannien, Irland und Dänemark bei.	9er-Gemeinschaft

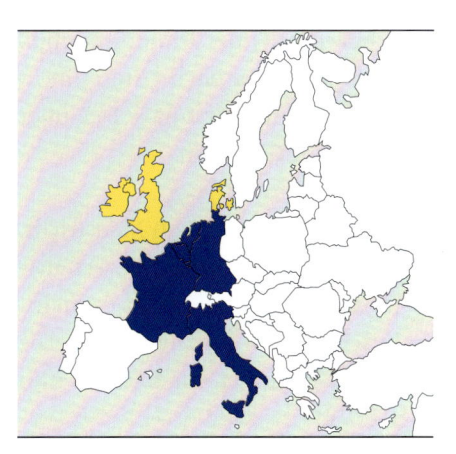

Krise der EG	Ende der Sechzigerjahre und in den Siebzigerjahren gerät der europäische Einigungsprozess ins Stocken, die Mitgliedsstaaten der Gemeinschaft regeln vermehrt wirtschaftliche Probleme im Alleingang.	**1970er-Jahre**
10er-Gemeinschaft	Griechenland wird das zehnte Mitgliedsland.	**1981**
12er-Gemeinschaft	Spanien und Portugal werden EG-Mitglieder.	**1986**
Ziel EU und Binnenmarkt	Erst mit der einheitlichen Europäischen Akte, die 1987 in Kraft tritt, kommt wieder Schwung in die europäische Bewegung. Die drei Gründungsverträge werden angepasst und erweitert. Als Ziel wird erstmals eine Europäische Union formuliert. Bis 1992 sollen die vier Grundfreiheiten (freier Waren-, Dienstleistungs-, Kapital- und Personenverkehr) umgesetzt und ein voll funktionierender EU-Binnenmarkt somit verwirklicht sein.	**1987**
Ende des Kalten Krieges	Mit dem Fall der Berliner Mauer 1989 und der Auflösung der Sowjetunion entstehen in Osteuropa neue Staaten. 1990 schliesst sich die Deutsche Demokratische Republik (DDR) der Bundesrepublik Deutschland (BRD) an und erweitert so die EG nach Osten hin. Andere osteuropäische Staaten können nun erstmals frei über ihre Zukunft entscheiden. Ihr Ziel ist ein EG-Beitritt.	**1989–1991**
Der Vertrag von Maastricht (Gründung der EU)	Die zwölf Mitgliedsstaaten beschliessen im Vertrag von Maastricht, die Gemeinschaft schrittweise in eine vollständige Wirtschafts- und Währungsunion (EU-Binnenmarkt mit dem Euro als Gemeinschaftswährung) und in eine politische Union umzuwandeln. Die Unionsbürgerschaft mit EU-Pass wird eingeführt. Die EU baut nun auf drei Säulen auf (siehe dazu S. 159).	**1992/1993**

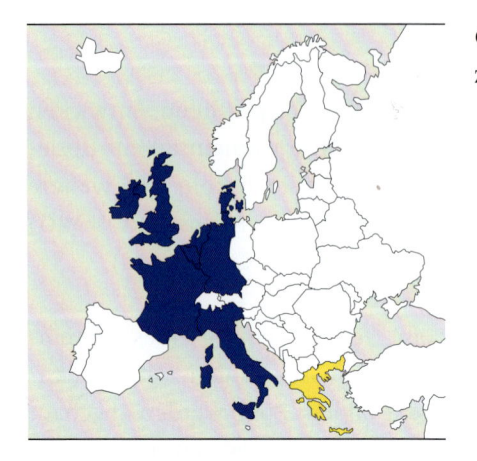

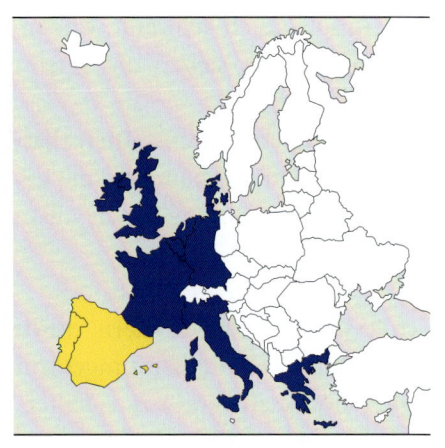

Kapitel 5 | Schweiz und Welt

1995	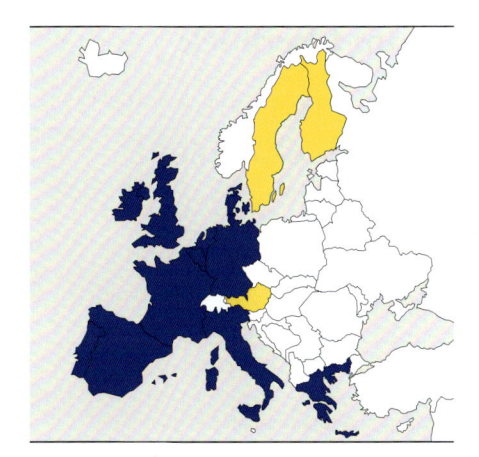	Schweden, Finnland und Österreich treten der Europäischen Union bei.	15er-Gemeinschaft
1999/2002		1999 wird der Euro in 12 der 15 Länder zur Einheitswährung (Grossbritannien, Dänemark und Schweden sind nicht dabei). Ab 2002 ersetzen Euronoten und -münzen die alten Landeswährungen.	Euro
2004/2007 2013	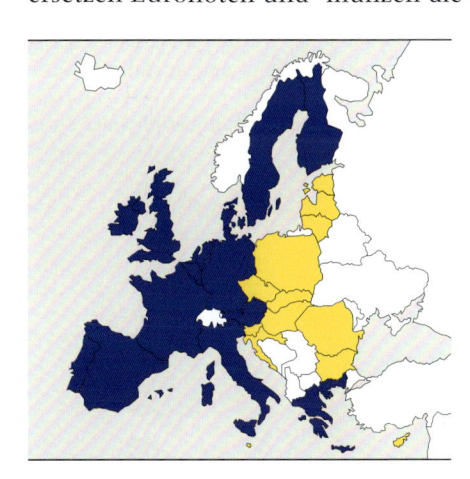	2004 erfährt die EU die grösste Erweiterung. Insgesamt zehn Staaten mit rund 74 Millionen Bürgerinnen und Bürgern treten der Union bei, acht aus dem ehemaligen Ostblock (Estland, Lettland, Litauen, Polen, Tschechien, Slowakei, Ungarn und Slowenien) sowie Zypern und Malta. 2007 kommen Rumänien und Bulgarien, 2013 Kroatien dazu.	Osterweiterung/ 27er-Gemeinschaft
2009		Mit dem Vertrag von Lissabon werden die Institutionen schlanker und handlungsfähiger gestaltet. Neu gibt es einen EU-Präsidenten, der für zweieinhalb Jahre gewählt ist. Das Parlament erhält grössere Befugnisse und neu 751 Sitze. Die Bürgerrechte werden erweitert: Eine Million EU-Bürgerinnen und -Bürger können nun mit einer Initiative die Kommission, falls diese zuständig ist, auffordern, einen Gesetzesvorschlag auszuarbeiten.	Vertrag von Lissabon

Verstanden?

5.1 Warum tauchte die Idee des gemeinsamen Europas jeweils nach den Weltkriegen auf?

5.2 Warum unterstützten die USA nach dem Zweiten Weltkrieg die europäische Bewegung?

5.3 Was war das Ziel des Schuman-Planes?

5.4 Warum betraf die erste Form der europäischen Zusammenarbeit die Bereiche Kohle und Stahl?

5.5 Welches sind die Gründungsländer der EWG?

5.6 Nennen Sie die vier Grundfreiheiten des EU-Binnenmarktes.

5.7 Welche Neuerungen sind mit dem Vertrag von Maastricht hinzugekommen?

5.8 Wie nennen sich die Europäischen Gemeinschaften ab 1992?

5.9 Wie viele Länder gehören seit 2007 der EU an?

Die Europäische Union im Überblick

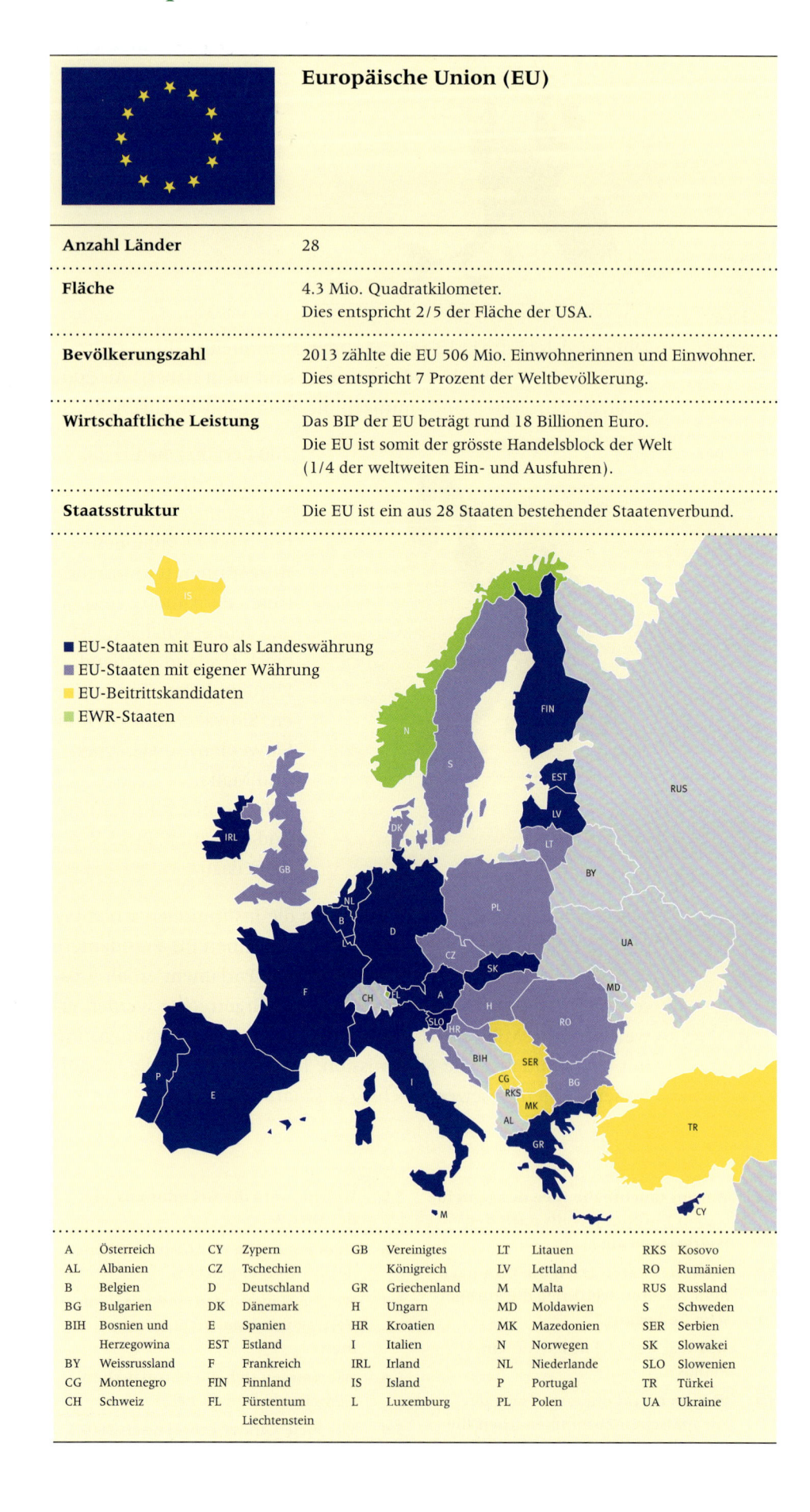

	Europäische Union (EU)
Anzahl Länder	28
Fläche	4.3 Mio. Quadratkilometer. Dies entspricht 2/5 der Fläche der USA.
Bevölkerungszahl	2013 zählte die EU 506 Mio. Einwohnerinnen und Einwohner. Dies entspricht 7 Prozent der Weltbevölkerung.
Wirtschaftliche Leistung	Das BIP der EU beträgt rund 18 Billionen Euro. Die EU ist somit der grösste Handelsblock der Welt (1/4 der weltweiten Ein- und Ausfuhren).
Staatsstruktur	Die EU ist ein aus 28 Staaten bestehender Staatenverbund.

- EU-Staaten mit Euro als Landeswährung
- EU-Staaten mit eigener Währung
- EU-Beitrittskandidaten
- EWR-Staaten

A	Österreich	CY	Zypern	GB	Vereinigtes Königreich	LT	Litauen	RKS	Kosovo
AL	Albanien	CZ	Tschechien			LV	Lettland	RO	Rumänien
B	Belgien	D	Deutschland	GR	Griechenland	M	Malta	RUS	Russland
BG	Bulgarien	DK	Dänemark	H	Ungarn	MD	Moldawien	S	Schweden
BIH	Bosnien und Herzegowina	E	Spanien	HR	Kroatien	MK	Mazedonien	SER	Serbien
		EST	Estland	I	Italien	N	Norwegen	SK	Slowakei
BY	Weissrussland	F	Frankreich	IRL	Irland	NL	Niederlande	SLO	Slowenien
CG	Montenegro	FIN	Finnland	IS	Island	P	Portugal	TR	Türkei
CH	Schweiz	FL	Fürstentum Liechtenstein	L	Luxemburg	PL	Polen	UA	Ukraine

Aufbau und Funktionsweise der Europäischen Union

Die EU-Staaten treten ihre Befugnisse in Bereichen, die besser gesamteuropäisch geregelt werden sollten, den zuständigen EU-Organen ab. Diese beschliessen dann für alle Mitgliedsstaaten verbindliche EU-Gesetze. Man spricht hier von supranational (überstaatlich). Die einzelnen Nationalstaaten bleiben weiterhin bestehen.

Eine supranationale Organisation

Typische supranationale Beschlüsse sind die gemeinsame Währung, das Schengener Abkommen, welches die Grenzkontrollen zwischen den EU-Staaten aufhebt, sowie der Binnenmarkt mit seinen unzähligen EU-Gesetzen.

Im Laufe der Jahrzehnte hat sich die EU wie folgt organisiert:

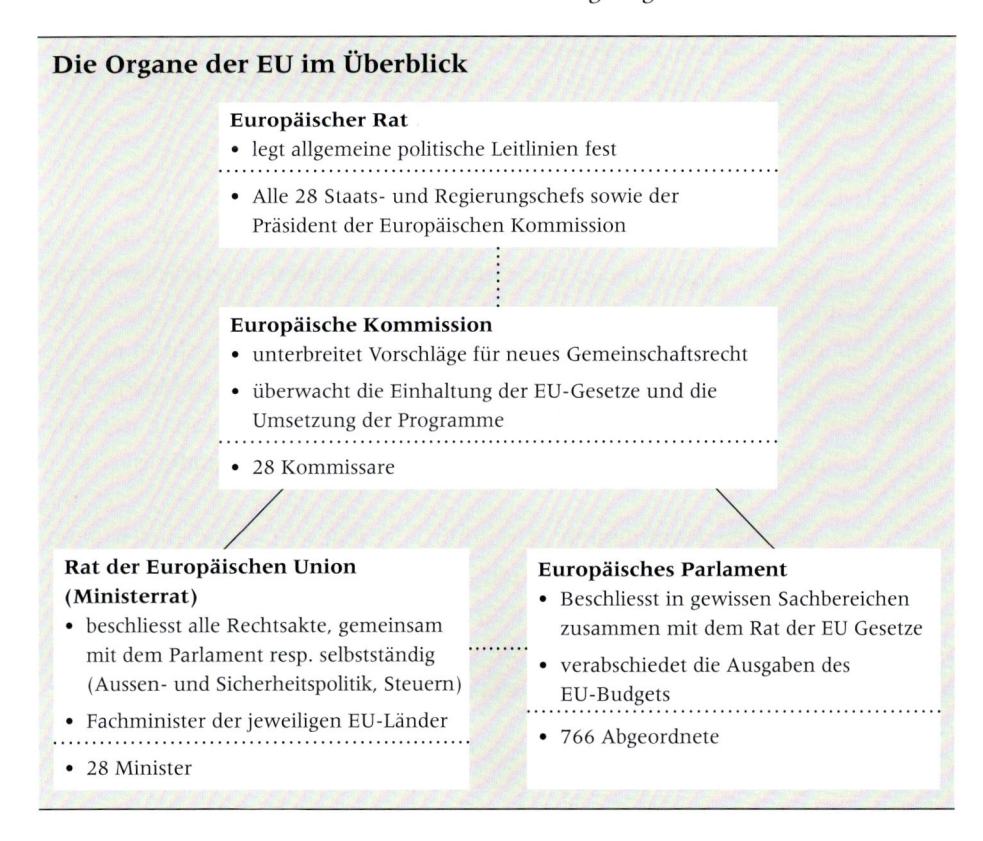

Die Organe der EU im Überblick

Europäischer Rat
- legt allgemeine politische Leitlinien fest
- Alle 28 Staats- und Regierungschefs sowie der Präsident der Europäischen Kommission

Europäische Kommission
- unterbreitet Vorschläge für neues Gemeinschaftsrecht
- überwacht die Einhaltung der EU-Gesetze und die Umsetzung der Programme
- 28 Kommissare

Rat der Europäischen Union (Ministerrat)
- beschliesst alle Rechtsakte, gemeinsam mit dem Parlament resp. selbstständig (Aussen- und Sicherheitspolitik, Steuern)
- Fachminister der jeweiligen EU-Länder
- 28 Minister

Europäisches Parlament
- Beschliesst in gewissen Sachbereichen zusammen mit dem Rat der EU Gesetze
- verabschiedet die Ausgaben des EU-Budgets
- 766 Abgeordnete

Mindestens zweimal jährlich treffen sich alle Staats- und Regierungschefs der EU-Länder zu einem Gipfeltreffen, dem sogenannten Europäischen Rat. Er legt die Leitlinien der politischen Entwicklung fest und gilt als wichtigstes politisches Organ (Behörde).

Der Europäische Rat

Der Rat der EU tagt in Brüssel und wird auch Ministerrat genannt, da er sich aus den entsprechenden Fachministern der EU-Staaten zusammensetzt. Geht es um Finanzangelegenheiten, treffen sich die 28 Finanzminister, sind Verkehrsprobleme zu besprechen, finden sich die Verkehrsminister zu Gesprächen ein. Jeder Minister hat entsprechend der Bevölkerungsgrösse seines Landes mehr oder weniger Stimmrecht. Deutschland beispielsweise hat 29 Stimmen, Österreich nur 10.

Der Rat der EU (Ministerrat)

Der Rat der EU gilt als wichtigstes gesetzgebendes Organ. Er erlässt alleine oder in Zusammenarbeit mit dem Europäischen Parlament Verordnungen und Richtlinien («EU-Gesetze»), die für alle Mitgliedsstaaten verbindlich sind.

Das Europäische Parlament verfügt im Vergleich zu Landesparlamenten über relativ wenig Macht. Im Bild der Plenarsaal in Strassburg, in dem sich die Abgeordneten zu den Sitzungen treffen.

Das Europäische Parlament

Jedes EU-Land entsendet für fünf Jahre seine EU-Parlamentarier, die vom jeweiligen Volk gewählt werden. Entsprechend der Bevölkerungszahl hat ein Land mehr oder weniger Abgeordnete, wobei die kleinen Staaten oft etwas bevorzugt werden: Deutschland hat 96 Abgeordnete, das zehnmal kleinere Österreich 18. Das Europäische Parlament tagt abwechselnd in Brüssel und Strassburg. Im Gegensatz zu Landesparlamenten hat das EU-Parlament relativ wenig Macht, da es Gesetze nur zusammen mit dem Ministerrat beschliessen kann und in der Aussen- und Sicherheitspolitik sowie bei den Steuern gar nicht zuständig ist.

Die Europäische Kommission

In der Europäischen Kommission (Gremium) ist jedes EU-Land durch einen EU-Kommissar (Beauftragten) vertreten. Sie ist damit mit einer Landesregierung vergleichbar. Die Kommission ist zuständig für die Umsetzung der Beschlüsse von Ministerrat und Parlament. Sie erarbeitet auch Vorschläge für den Ministerrat und das Parlament. Die Europäische Kommission ist zudem zuständig für die EU-Beamten.

Europäische Verfassung

Fast 60 Jahre sind seit den Verträgen zur Kohle- und Stahlunion (EGKS) vergangen. Die Union ist von sechs auf 28 Staaten angewachsen. Neue Bereiche kamen hinzu, die Strukturen sind aber zum Teil noch die gleichen wie früher. Die EU beruht auf unzähligen Verträgen, selbst EU-Kenner haben bisweilen Mühe, sich zurechtzufinden. Zudem ist die EU mit den jetzigen Strukturen und 28 Mitgliedsstaaten nur noch schwer regierbar.

Im Jahr 2001 setzte der Rat der Europäischen Union eine Versammlung ein, die das Ziel hatte, eine europäische Verfassung auszuarbeiten. Da die Verfassung jedoch in zwei EU-Staaten vom Volk abgelehnt wurde, ist der Versuch, die EU effizienter und regierbarer zu gestalten, vorerst gescheitert.

Mit dem Vertrag von Lissabon, der Ende 2009 in Kraft trat und als Kompromiss zur EU-Verfassung gilt, hat sich die Union nun schlankere Institutionen und einfachere Beschlussverfahren verordnet. Zudem ist die Macht des Parlaments und der EU-Bürgerinnen und -Bürger gestärkt worden.

Drei Säulen der EU

Durch den Reformvertrag von Lissabon (seit dem 1. Dezember 2009 in Kraft) wurden die bisherigen EU-Verträge abgeändert und ergänzt, jedoch nicht aufgehoben. Die drei Säulen, welche die Grundlage der EU seit dem Vertrag von Maastricht 1992 bildeten, wurden in angepasster Form in die EU integriert. Die EU wurde damit von einer Dachorganisation zu einer eigenen Rechtspersönlichkeit.
Einzige Ausnahme ist die Europäische Atomgemeinschaft (EAG), welche nicht eingegliedert wurde und als supranationale (staatenübergreifende) Organisation neben der EU besteht.

Aufbau der EU

EAG, Euratom

Die Europäische Union (EU)

1. Dezember 2009: Vertrag von Lissabon

Europäische Gemeinschaften	Gemeinsame Aussen- und Sicherheitspolitik	Zusammenarbeit innere Sicherheit und Justiz
EGKS Europäische Gemeinschaft für Kohle und Stahl, auch Montanunion genannt. (seit 2002 Teil der EG) **E(W)G** Europäische Wirtschaftsgemeinschaft, 1993 in **EG,** Europäische Gemeinschaft, umbenannt. **EAG** Europäische Atomgemeinschaft (Euratom) • Binnenmarkt mit den vier Grundfreiheiten (Waren, Personen, Kapital und Dienstleistungen) • Asyl- und Einwanderungspolitik • Wirtschafts- und Währungsunion • Agrarpolitik	*Gemeinsame Aussenpolitik* Harmonisierung der verschiedenen Länderpositionen und schrittweise Einführung einer gemeinsamen EU-Aussenpolitik zur: • Wahrung der gemeinsamen Werte und Interessen • Förderung von Demokratie und Rechtsstaatlichkeit • Wahrung der Menschenrechte *Gemeinsame Sicherheitspolitik* • Gemeinsame Verteidigungspolitik und Errichtung einer 50 000–60 000 Mann starken EU-Eingreiftruppe	Verhütung und Bekämpfung der Kriminalität, insbesondere: • Terrorismus • Organisierte Kriminalität • Menschenhandel • Drogenhandel • Waffenhandel • Bestechung und Betrug Schaffung von Europol Erleichterung und Beschleunigung der Zusammenarbeit bei Gerichtsverfahren

Geregelt in den Verträgen

Verstanden?

5.10 a) Welches sind die Mitglieder des Europäischen Rates?
b) Was wird dort beschlossen?

5.11 Vergleichen Sie die Kompetenzen des EU-Parlaments mit denjenigen des schweizerischen Parlaments.

5.12 a) Welches Gremium wäre die Europäische Kommission in der Schweiz?
b) Wie setzt sie sich personell zusammen?

5.13 a) Was ist die Hauptaufgabe des Ministerrates?
b) Warum treffen sich in diesem Gremium nicht immer die gleichen Personen?
c) Was gilt bei den Abstimmungen unter den Mitgliedern?

5.14 a) Welches Ziel wollte man mit einer europäischen Verfassung erreichen?
b) Warum gibt es sie bis jetzt nicht?

5.2 Schweiz im europäischen Umfeld

Geschichte

Unterschiedliche Haltung der Schweiz

In den 1950er-Jahren steht die Schweizer Bevölkerung einer (west-)europäischen Integration relativ positiv gegenüber. Nicht zuletzt die Niederschlagung von Volksaufständen in den sowjetisch beherrschten osteuropäischen Staaten wie beispielsweise 1956 in Ungarn führt in Westeuropa und der Schweiz zu einer Solidarisierung und einem Gemeinschaftsgefühl.

Der Bundesrat steht einem Beitritt zu den Europäischen Gemeinschaften (EG) aber ablehnend gegenüber. Hauptgründe sind die schweizerische Neutralität, die er gefährdet sieht, und die seiner Ansicht nach zu weit reichenden politischen Verpflichtungen.

In den kommenden Jahren ändert sich auch die Stimmung in der Schweizer Bevölkerung, die einer Integration jetzt skeptisch und oft mit ablehnender Haltung begegnet.

1950er-Jahre

Europäische Freihandelsassoziation (EFTA)

1960 gründen die Schweiz, Grossbritannien, Österreich, Dänemark, Norwegen, Portugal und Schweden die EFTA (Europäische Freihandelsassoziation).

Ziel der EFTA ist es, unter den Mitgliedsländern den Handel und Wohlstand zu fördern. Dies, indem sie Handelsschranken – vor allem die Zölle für Güter – schrittweise abbaut.

Anders als in der EG sind die Landwirtschaft und Fischerei vom Abkommen ausgeschlossen, zudem greift die EFTA nicht in die politische Handlungsfreiheit der Mitgliedsstaaten ein. Die EFTA soll damit ein Gegengewicht zur EG und zu deren politischen Zielen bilden.

Mit dem Austritt von Grossbritannien, Dänemark und Irland 1973 und deren Beitritt zur EG verliert die EFTA an Bedeutung.

Heute gehören der EFTA noch die Schweiz, Island, Liechtenstein und Norwegen an.

1960

EG-Freihandelsabkommen

1972 schliessen die Schweiz und die EG ein Freihandelsabkommen ab. Dies vertieft die wirtschaftlichen Beziehungen, lässt die politischen aber unangetastet. Das Freihandelsabkommen gilt ausschliesslich für Industrieprodukte, die in der Schweiz oder in EG-Staaten produziert werden.

1972

Strategisches Ziel EG-Beitritt

Anfang der 1990er-Jahre ändert der Bundesrat seine Meinung und legt nun sogar den Beitritt der Schweiz zur EG als strategisches Ziel fest. Er stellt in Brüssel ein Gesuch um Beitrittsverhandlungen.

1990er-Jahre

Kapitel 5 | Schweiz und Welt

Wechselvolle Geschichte: die Beziehungen der Schweiz zur EU.

1992	Als erster Schritt der Integration wird ein Beitritt der Schweiz zum Europäischen Wirtschaftsraum (EWR = EU-Binnenmarkt) propagiert. Am 6. Dezember 1992 lehnt das Schweizer Stimmvolk den Beitritt jedoch ab. Die Vorlage scheitert beim Ständemehr klar (18 Kantone sagen Nein) und beim Volksmehr knapp (50,3 % Nein). In der Folge «friert» der Bundesrat das EU-Beitrittsgesuch ein.	**EWR-Abstimmung**

Verstanden?

5.15 Welche zwei Gründe waren für den Bundesrat in den 1950er-Jahren ausschlaggebend, einen Beitritt zu den Europäischen Gemeinschaften abzulehnen?

5.16 Was ist der Unterschied zwischen der EFTA und der EG? Warum verlor die EFTA an Bedeutung?

5.17 Weshalb hat der Bundesrat das EU-Beitrittsgesuch «eingefroren»?

Bilaterale Verträge

Bilateraler Weg Nach der Ablehnung des EWR-Beitritts 1992 beschliesst der Bundesrat, die Beziehungen zur EU durch bilaterale Abkommen zu regeln (bilateral = zweiseitig; auf der einen Seite die EU, auf der anderen Seite die Schweiz).

Bilaterale I

1999 ist eine erste, langwierige Verhandlungsrunde abgeschlossen. Das Ergebnis sind sieben thematisch abgegrenzte Verträge, welche in einer Abstimmung im Jahr 2000 vom Schweizer Volk mit einer klaren Zweidrittelmehrheit angenommen werden.

Diese sieben Vertragswerke werden häufig Bilaterale I genannt. Die wichtigsten Dossiers sind die folgenden:

Personenfreizügigkeit Zwischen der Schweiz und der EU wird der freie Personenverkehr eingeführt. Dies bedeutet, dass Schweizer Bürgerinnen und Bürger sich in jedem EU-Land niederlassen und dort arbeiten können. Dies gilt umgekehrt auch für Personen aus der EU, die in die Schweiz kommen möchten.

Um den Zugang zum Arbeitsmarkt zu erleichtern, werden Berufsdiplome gegenseitig anerkannt. Dumpinglöhne (extrem tiefe Löhne) durch Arbeitnehmende aus der EU sollen durch flankierende Massnahmen verhindert werden. So gelten beispielsweise die Mindestlöhne einer Branche für alle Arbeitnehmenden.

Technische Handelshemmnisse Güter, die in der Schweiz eine Zulassungsprüfung bestanden haben (z. B. Pharmaprodukte oder Elektroapparate), benötigen keine zusätzliche, zweite Prüfung in der EU mehr – und umgekehrt. Dies erleichtert den Marktzugang für Schweizer Produkte im EU-Binnenmarkt erheblich.

Öffentliches Beschaffungswesen Investiert die öffentliche Hand (Bund, Kantone, Gemeinden oder staatliche Firmen wie Post, SBB), so müssen diese Aufträge ab einem bestimmten Betrag EU-weit ausgeschrieben werden (Submissionsgesetz).

Bundesrätin Eveline Widmer-Schlumpf unterzeichnet im Mai 2008 das Zusatzprotokoll über die Erweiterung der Personenfreizügigkeit auf Rumänien und Bulgarien. Diese Ausdehnung des freien Personenverkehrs wurde Anfang 2009 durch die Stimmbürgerinnen und Stimmbürger bestätigt.

Die öffentliche Hand kann durch die Vergabe von Aufträgen an ausländische Konkurrenzfirmen teilweise Geld sparen, Schweizer Firmen haben im Gegenzug die Chance, öffentliche Aufträge im EU-Binnenmarkt zu erhalten.

Landverkehr

Die Schweiz ist für Europa als Gütertransitland sehr wichtig. Mit dem Landverkehrsabkommen gesteht die EU der Schweiz zu, den alpenquerenden Verkehr so weit wie möglich auf die Schiene zu verlagern. Zudem ist sie mit der Einführung einer Transitabgabe (LSVA = Lastenabhängige Schwerverkehrsabgabe) einverstanden.
Im Gegenzug baut die Schweiz die NEAT (Neue Eisenbahn-Alpentransversale) und erhöht die Gewichtslimite für Lastwagen von 28 auf 40 Tonnen.
Weiter gehören die Dossiers Luftverkehr, Landwirtschaft und Forschung zu den Bilateralen I.

Der alpenquerende Verkehr soll so weit als möglich auf die Schiene verlagert werden.

Bilaterale II

Bei den Bilateralen I wurden vor allem wirtschaftliche Aspekte geregelt. In einer zweiten Verhandlungsrunde liegt das Schwergewicht nun auf politischen Fragen. Im Jahr 2004 werden die Verhandlungen abgeschlossen, 2005 heisst das Schweizer Stimmvolk die Vorlage gut.
Die beiden wichtigsten Dossiers sind die folgenden:

Schengen / Dublin

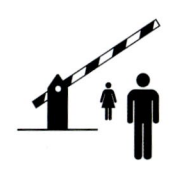

Das Schengener Abkommen schafft die Grenzkontrolle zwischen den beteiligten Staaten ab. Dafür gibt es vermehrt mobile Kontrollen im Landesinnern. Die EU-Aussengrenze wird verstärkt überwacht, und mit dem Schengener Informationssystem (SIS) kommt ein europaweites Fahndungssystem zum Einsatz, welches allen teilnehmenden Ländern zur Verfügung steht. Die polizeiliche und gerichtliche Zusammenarbeit wird zudem vereinfacht und intensiviert. Ende 2008 hat die Schweiz das Schengener Abkommen umgesetzt und ist damit Teil des Schengenraums.
Das Dubliner Abkommen regelt die Behandlung von Asylgesuchen. Wird ein Asylgesuch in einem EU-Land abgelehnt, gilt der Entscheid auch für die Schweiz

und umgekehrt. Dank der zentralen Fingerabdruckdatenbank EURODAC ist ein erneutes Asylgesuch in einem anderen «Dublin-Staat» nicht möglich.

Zinsbesteuerung

%

Schweizer Banken werden verpflichtet, einen Teil der Zinserträge, die EU-Bürgerinnen und -Bürger auf Schweizer Bankkonten erwirtschaften, den entsprechenden EU-Ländern abzuliefern. Damit bekämpft die EU die Steuerhinterziehung ihrer eigenen Bürger. Einen Teil des Ertrags dieses Steuerrückbehalts erstattet die Schweiz den Wohnsitzstaaten der Anleger zurück, ein Teil behält sie als Entschädigung für ihren Aufwand.

Die Bilateralen II betreffen unter anderem auch das Bankwesen.

Weiterer bilateraler Weg

Das Schweizer Stimmvolk hat am 9. Februar 2014 die Initiative gegen Masseneinwanderung angenommen und entscheidet sich damit gegen die Fortführung der Personenfreizügigkeit. In der Folge ist das Verhältnis mit der EU angespannt. Wie der bilaterale Weg weitergeführt werden kann, ist offen.

Verstanden?

5.18 Welchen Inhalt hat das Dossier «Personenfreizügigkeit»?

5.19 Welche Vor- und Nachteile ergeben sich für Schweizer Firmen aus dem Dossier «Öffentliches Beschaffungswesen»?

5.20 Welche Vorteile bringen Schengener und Dubliner Abkommen der Schweiz?

5.3 Internationale Organisationen

Für die Lösung globaler Probleme braucht es internationale Organisationen und Konferenzen. Die wichtigsten werden nachfolgend kurz beschrieben.

Regierungsorganisationen

UNO

Die Absicht, Kriege zu verhindern, stand als zentraler Punkt hinter der Gründung der UNO. Kurz nach dem Zweiten Weltkrieg trat am 24. Oktober 1945 die Charta (die «Verfassung») der Vereinten Nationen in Kraft. Die Charta soll mit Normen und Verhaltensregeln das friedliche Miteinander der Staaten der Welt regeln, um «künftige Geschlechter vor der Geissel des Krieges zu bewahren».

United Nations Organization (Vereinte Nationen, UNO)	
Ziel	• Sicherung des Weltfriedens • Einhaltung des Völkerrechts • Schutz der Menschenrechte • Förderung der internationalen Zusammenarbeit
Bedeutung	• Die UNO ist die einzige weltumspannende Organisation (193 Mitgliedsländer). Jedes Land kann sich Gehör verschaffen. • Die UNO kann über den Sicherheitsrat mit friedenssichernden und friedenserzwingenden Massnahmen sowie mit Handelshindernisse zu einer gewaltlosen Welt beitragen. • Durch die verschiedensten Spezialorganisationen (z. B. UNICEF, UNHCR, WHO) macht die UNO die Welt ein bisschen menschlicher. • Die UNO ist das «Gewissen» der Welt.
Betritt	• Schweiz: 2002, Fürstentum Liechtenstein: 1990

Die UNO ist nur so gut wie ihre Mitgliedsländer: Der Weltfrieden ist noch nicht erreicht, die Menschenrechte werden nicht überall eingehalten, und es gibt noch viele Menschen in Not.

Die Non-Violence-Skulptur symbolisiert die Friedensarbeit der UNO.

Organe der UNO

Sekretariat
Generalsekretär
Hauptsitz: New York
Aussenstellen:
Genf, Wien, Nairobi

wählt ← → *wählt*

Sicherheitsrat
5 ständige Mitglieder
10 nichtständige Mitglieder

Generalversammlung
193 Mitgliedstaaten

wählt (zu Sekretariat), *wählt* (zu Wirtschafts- und Sozialrat), *wählt* (zu Internationaler Gerichtshof), *wählt* (zu Sicherheitsrat)

Wirtschafts- und Sozialrat
54 Mitglieder

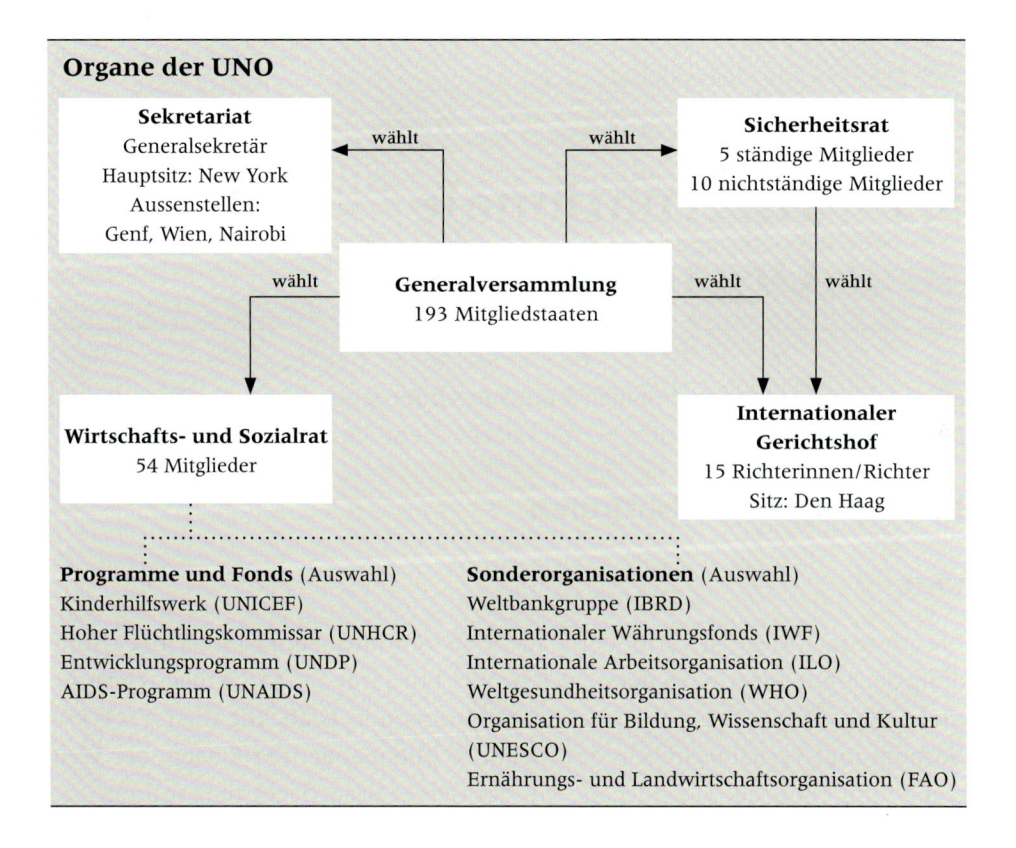

Internationaler Gerichtshof
15 Richterinnen/Richter
Sitz: Den Haag

Programme und Fonds (Auswahl)
Kinderhilfswerk (UNICEF)
Hoher Flüchtlingskommissar (UNHCR)
Entwicklungsprogramm (UNDP)
AIDS-Programm (UNAIDS)

Sonderorganisationen (Auswahl)
Weltbankgruppe (IBRD)
Internationaler Währungsfonds (IWF)
Internationale Arbeitsorganisation (ILO)
Weltgesundheitsorganisation (WHO)
Organisation für Bildung, Wissenschaft und Kultur (UNESCO)
Ernährungs- und Landwirtschaftsorganisation (FAO)

WTO

1947 wurde das Allgemeine Zoll- und Handelsübereinkommen GATT abgeschlossen, welches etwa 50 Jahre später in die Gründung der Welthandelsorganisation WTO mündete. Das Ziel der WTO ist der freie Welthandel.

World Trade Organization (Welthandelsorganisation, WTO)	
Ziel	• Freier Welthandel mit fairen Spielregeln • Abbau von Handelshemmnissen und Zöllen
Bedeutung	• 158 Länder sind Mitglied der WTO; sie erwirtschaften gemeinsam mehr als 90 Prozent des Welthandelsvolumens • Zuständig für die Streitschlichtung bei Handelskonflikten

NATO

Der Nordatlantikpakt, ein militärisches Bündnis europäischer und nordamerikanischer Staaten, wurde 1949 unterzeichnet. Durch den Fall des «Eisernen Vorhanges» hat sich die sicherheitspolitische Lage in Europa radikal verändert. Die Folge sind Partnerschaftsprogramme und die Osterweiterung der Nato.

North Atlantic Treaty Organization (Nordatlantikpakt, NATO)	
Ziel	• Militärisches Verteidigungsbündnis zur Konfliktverhütung und Krisenbewältigung
Bedeutung	• 28 Länder sind Mitglied der NATO • Seit 1994 «Partnerschaft für den Frieden» (PfP): militärische Zusammenarbeit mit weiteren 23 Staaten (darunter die Schweiz) seit 1996 • Unterstützung der europäischen Sicherheits- und Verteidigungspolitik • Rüstungskontrolle, so viel Abrüstung wie möglich

Nichtregierungsorganisationen (NGO)

Amnesty International

Amnesty International wurde 1961 in London gegründet. Die Organisation setzt sich weltweit für Menschenrechte ein. Sie recherchiert Menschenrechtsverletzungen, betreibt Öffentlichkeits- und Lobbyarbeit und organisiert beispielsweise Brief- und Unterschriftenaktionen in Fällen von Folter oder drohender Todesstrafe.

Amnesty International (AI)		Hauptsitz: London
Ziel	• Hilfe für politische Gefangene • Bekämpfung der Menschenrechtsverletzungen	
Bedeutung	• Weltweit über 1 Mio. Mitglieder • Jährlicher Bericht über Verstösse von einzelnen Ländern gegen die Menschenrechte • Die Arbeit von AI verhindert, dass politische Gefangene in Vergessenheit geraten. • Symbol gegen Folter auf dieser Welt	

IKRK

1863 gründete der Schweizer Henri Dunant das IKRK, nachdem er vier Jahre vorher die Gräuel des Krieges bei der Schlacht von Solferino in Italien erlebt hatte (an einem Tag wurden 6000 Soldaten getötet und 25 000 verwundet). Grundlage bildet die Genfer Konvention, welche Regeln für den Schutz von Personen, die nicht an den Kampfhandlungen teilnehmen, aufstellt.

Internationales Komitee vom Roten Kreuz (IKRK)		Hauptsitz: Genf
Ziel	• Menschliches Leiden verhüten und lindern	
Bedeutung	• Regeln für den Schutz von Personen, die nicht an den Kampfhandlungen teilnehmen (Verwundete, Kranke, Schiffbrüchige, Zivilpersonen) • Betreuung von Gefangenen • Suchdienst für Menschen, welche während eines Konfliktes von ihren Familienangehörigen getrennt wurden • Unterstützung der Zivilbevölkerung mit Soforthilfe (Nahrungsmittel, Kleider, Medikamente, Unterkünfte) • Schutzsymbol	
Hinweis	• www.dunant-museum.ch in Heiden (AR)	

Andere Kulturen verwenden für dieselbe Organisation andere Symbole:

WWF

Der WWF wurde 1961 in der Schweiz gegründet. Er will der weltweiten Naturzerstörung Einhalt gebieten und eine Zukunft gestalten, in der Mensch und Natur in Harmonie leben.

World Wide Fund For Nature (WWF)	Hauptsitz: Gland
Ziel	• Natur- und Umweltschutz

Bedeutung	• Weltweit über 5 Mio. Mitglieder (CH 260 000)
	• Der WWF setzt sich weltweit ein für:
	  – die Erhaltung der biologischen Vielfalt der Erde
	  – die nachhaltige Nutzung natürlicher Ressourcen
	  – die Eindämmung von Umweltverschmutzung und schädlichem Konsumverhalten

Greenpeace

Das Hauptanliegen von Greenpeace (1971 gegründet) ist der Umweltschutz. Greenpeace wurde vor allem durch Kampagnen gegen Kernwaffentests und Aktionen gegen den Walfang bekannt. Heute konzentriert sich die Organisation darüber hinaus auf weitere ökologische Probleme wie Überfischung, die globale Erwärmung, die Zerstörung von Urwäldern und die Gentechnik.

Greenpeace	Hauptsitz: Amsterdam
Ziel	• Schutz der Natur, der Umwelt und der Tiere

Bedeutung	• Weltweit 3 Mio. Mitglieder (CH 135 000)
	• Umweltaktivismus mit viel medialem Echo z. B.:
	  – gegen Walfang
	  – gegen Atomkraft und Atommülltransporte
	  – gegen Gentechnikversuche

WWF und Greenpeace setzen sich für die Erhaltung der biologischen Vielfalt ein.

Kapitel 5 | Schweiz und Welt

Internationale Konferenzen

Neben den internationalen Organisationen versuchen auch internationale Konferenzen, sich mit den globalen Problemen auseinanderzusetzen und Lösungen zu finden.

Die UNO-Sonderkonferenzen erörtern bestimmte Sachfragen; z. B. gab es im Jahre 2000 einen Weltsozialgipfel (in Kopenhagen). **UNO-Sonderkonferenzen**

Jedes Jahr treffen sich die Regierungschefs der acht bedeutendsten Industriestaaten (USA, Kanada, Japan, Grossbritannien, Deutschland, Frankreich, Italien und Russland). Ziel des jährlichen Treffens ist es, die aktuelle Lage der Weltwirtschaft zu erörtern, mögliche Strategien zu diskutieren und nötigenfalls beschlossene Massnahmen zu koordinieren. **G8-Gipfel**

In Erweiterung zur G8 besteht seit 1999 ein informeller Zusammenschluss von 19 Staaten und der Europäischen Union, die sogenannte Gruppe der zwanzig wichtigsten Industrie- und Schwellenländer (G20). Sie ist ein Forum für die Kooperation und Konsultation in Fragen des internationalen Finanzsystems. Hauptthema des letzten G20-Gipfels 2012 im kanadischen Toronto waren mögliche Massnahmen zur Regulierung der internationalen Finanzmärkte im Zusammenhang mit der Finanzkrise. Dies ohne Teilnahme der Schweiz. Obwohl sie weltweit als einer der wichtigsten Finanzplätze gilt, ist sie nicht Teil der G20. **G20-Gipfel**

In Davos treffen sich jedes Jahr über tausend Unternehmensführer, rund 250 Staatsvertreter, etwa 300 Wissenschaftler und hochrangige Kulturträger zum World Economic Forum (WEF). Angestrebt wird eine weltweite Vernetzung zwischen den Entscheidungsträgern aus Wirtschaft, Politik und Wissenschaft. **World Economic Forum (WEF)**

WORLD ECONOMIC FORUM

COMMITTED TO IMPROVING THE STATE OF THE WORLD

Als Gegenveranstaltung zum Davoser Weltwirtschaftsforum findet jeweils das Weltsozialforum (WSF) statt. Ziel dieses Alternativ-Gipfels ist es, Strategien für eine andere, eine bessere Welt zu entwerfen. **Weltsozialforum (WSF)**

Verstanden?

5.21 Was ist das Besondere an der UNO?
5.22 Was will die WTO erreichen?
5.23 Wie ist die Schweiz mit der NATO verbunden?
5.24 Was sind die Haupttätigkeitsfelder von Amnesty International?
5.25 Wie hilft das IKRK?
5.26 Was ist dem WWF und Greenpeace wichtig?
5.27 Was ist das Ziel der jährlichen G8-Gipfel?

5.4 Wohlstand, Armut und Migration

Kluft zwischen Arm und Reich

Eines der grössten ungelösten Probleme auf dieser Erde ist die Kluft zwischen reichen Industriestaaten und armen Entwicklungsländern. Die Unterschiede im Wohlstand sind gewaltig; während das BIP pro Kopf der ärmsten Länder ein paar wenige Hundert Franken beträgt, sind es für die Schweiz über 50 000 Franken. Berücksichtigt man auch die Lebenserwartung und den Bildungsgrad als zusätzliche Messgrössen für die Wohlfahrt, ergibt sich folgendes Bild der Welt:

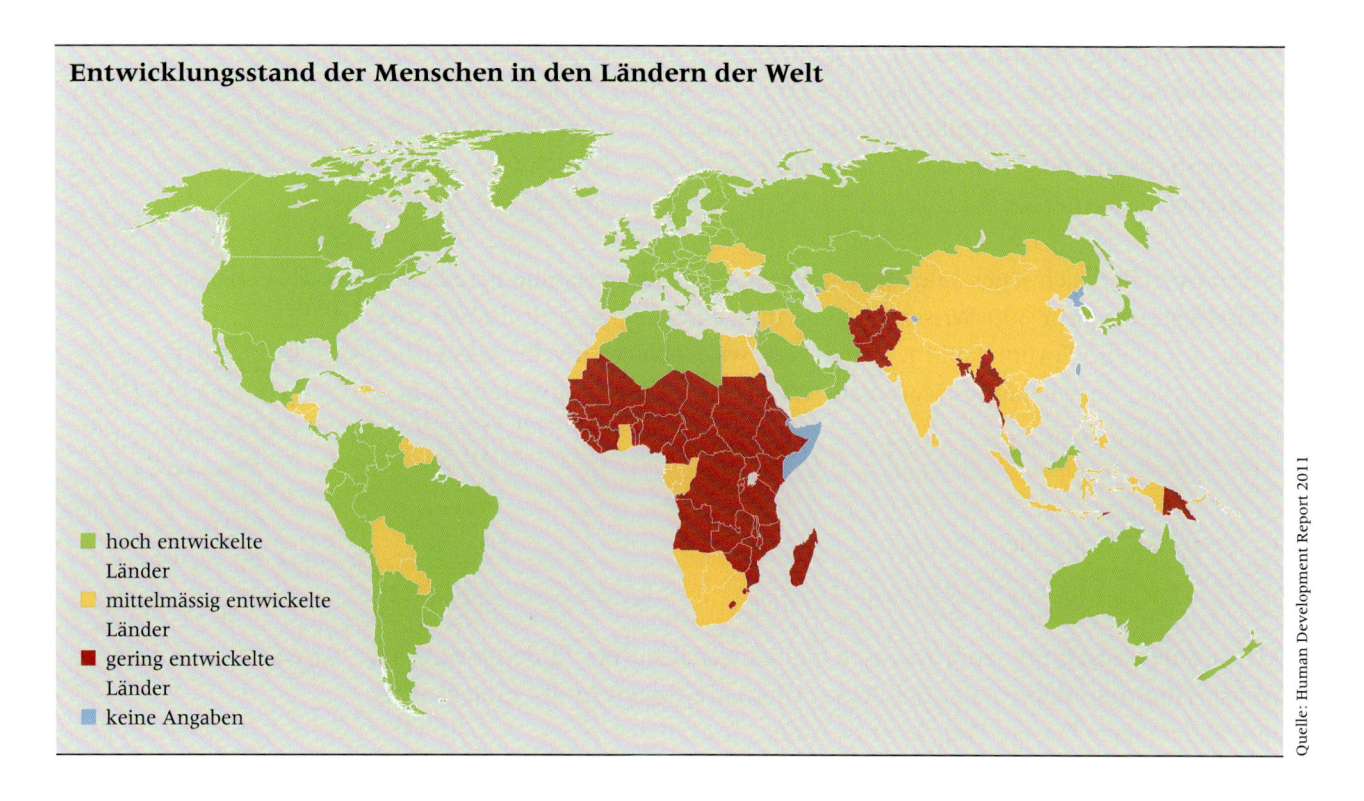

Entwicklungsstand der Menschen in den Ländern der Welt

- hoch entwickelte Länder
- mittelmässig entwickelte Länder
- gering entwickelte Länder
- keine Angaben

Quelle: Human Development Report 2011

Triebkraft der Migration Die wachsende Kluft zwischen Arm und Reich ist die bedeutendste Triebkraft der globalen Migration. Tourismus, Fernsehen und Internet erhöhen den Anreiz zur Migration. Sie führen den Ärmsten den Wohlstand der Begüterten vor Augen. Tag für Tag versuchen Flüchtlinge aus Afrika in überfüllten Booten nach Europa zu gelangen. Viele kommen bei diesem Versuch um. Sie sind bereit, diese Chance mit ihrem Leben zu bezahlen.

Entwicklungsländer

Charakteristisch für Entwicklungsländer ist, dass sie nicht in der Lage sind, die eigene Bevölkerung mit lebensnotwendigen Gütern und Dienstleistungen zu versorgen, ihr somit ein menschenwürdiges Leben zu ermöglichen. Diese Unterversorgung führt zu Armut, Hunger und geringerer Produktivität. Chronische Unterernährung (v.a. bei Kindern) hemmt darüber hinaus die geistige und körperliche Entwicklung. In den letzten Jahren wurde vermehrt die Diskriminierung der Frauen als wichtige Ursache der Probleme der Entwicklungsländer erkannt.

Die Zahl der «absolut Armen» wird von der UNO mit etwa einer Milliarde Menschen weltweit beziffert. Diese Menschen können wesentliche Grundbedürfnisse wie Nahrung, Wohnung, Kleidung, Gesundheit nicht befriedigen. Gemäss der Weltbank liegt die Grenze der absoluten Armut bei einem Einkommen von einem US-Dollar pro Tag.

«Absolut Arme»

In der Schweiz gibt es keine einheitliche Armutsdefinition. Meistens wird diesbezüglich auf das Existenzminimum gemäss der SKOS (Schweizerische Konferenz für Sozialhilfe) verwiesen. Es setzt sich zusammen aus den Kosten für den allgemeinen Lebensunterhalt (Nahrung, Kleider, Freizeit usw.), den Wohnkosten (Miete) und den Kosten für die medizinische Grundversorgung. Das Existenzminimum wird anhand des Konsumverhaltens der untersten Einkommensschicht (die ärmsten 10 % der Schweiz) ermittelt. Die Armutsgefährdungsschwelle lag im Jahr 2011 bei CHF 29 141.– Einkommen pro Jahr. Es galten entsprechend 14,1 % der Schweizer Bevölkerung als arm. Für eine Familie mit zwei Kindern unter 14 Jahren liegt die Armutsgefährdungsschwelle bei CHF 5000.– pro Monat.

Armut in der Schweiz

Eine bedeutende Verantwortung für die extreme Armut in der «Dritten Welt» tragen die wohlhabenden Industrieländer. Die Mauern gegen Agrarimporte aus den Entwicklungsländern und die gängigen Subventionen für die eigene Landwirtschaft schädigen die Länder im Süden. Die Zollpolitik der Industrieländer und ihre Handelsbeschränkungen behindern den Aufbau von Industrie in der «Dritten Welt». Zudem fliessen Fluchtgelder auch aus Entwicklungsländern auf Schweizer Bankkonten und sind dort durch das Bankgeheimnis geschützt.

Verantwortung der Industrieländer

Das altbekannte Muster der Hungersnot ist dabei, sich zu wandeln. Es ist nicht mehr nur die ländliche Bevölkerung, die davon betroffen ist, sondern auch die Menschen in den Städten. Obwohl Lebensmittel im Überfluss in den Supermärkten erhältlich sind, können es sich viele nicht mehr leisten, sie zu kaufen. Das ist die neue Gestalt des Hungers.

Globale Hungersnot

Entwicklungspolitik

Heute lebt rund ein Fünftel der Weltbevölkerung in extremer Armut – d.h., eine Milliarde Menschen müssen mit weniger als einem US-Dollar täglich auskommen. Rund 800 Millionen Menschen sind unterernährt, die meisten von ihnen leben in Entwicklungsländern. Entwicklungspolitik hat zum Ziel, Lösungen für solche Missstände zu finden.

Verfassungsauftrag Die Bundesverfassung sieht vor, dass die Schweiz «zur Linderung von Not und Armut in der Welt, zur Achtung der Menschenrechte und zur Förderung der Demokratie, zu einem friedlichen Zusammenleben der Völker sowie zur Erhaltung der natürlichen Lebensgrundlagen» (BV 54) beiträgt. In der schweizerischen Entwicklungspolitik hat die Armutsbekämpfung heute absolute Priorität, in Einklang mit den Millenniumszielen der Vereinten Nationen.

Millenniumsziele der UNO Im September 2000 haben die Vereinten Nationen in New York acht Millenniumsziele verabschiedet, die bis spätestens 2015 erreicht werden sollen:

> **Millenniumsziele der UNO**
> - Bekämpfung von extremer Armut und Hunger
> - Primarschulbildung für alle
> - Gleichstellung der Geschlechter und Stärkung der Rolle der Frauen
> - Senkung der Kindersterblichkeit
> - Verbesserung der Gesundheitsversorgung der Mütter
> - Bekämpfung von HIV/Aids, Malaria und anderen schweren Krankheiten
> - Ökologische Nachhaltigkeit
> - Aufbau einer globalen Partnerschaft für Entwicklung

Entwicklungszusammenarbeit

Auftrag der Entwicklungszusammenarbeit Entwicklungszusammenarbeit ist ein Bereich der schweizerischen Aussenpolitik. Zuständig ist die Direktion für Entwicklung und Zusammenarbeit (DEZA). Die Entwicklungszusammenarbeit gilt als nachhaltige Investition in eine sichere Zukunft der zunehmend globalisierten Welt. Ihr Ziel ist es, menschenwürdige Verhältnisse für alle in den Partnerländern im Süden und Osten zu schaffen. Durch die Förderung von Menschenrechten, Demokratie und Rechtsstaatlichkeit sowie nachhaltiger wirtschaftlicher Entwicklung trägt Entwicklungszusammenarbeit zu Frieden und Stabilität bei und damit zur Erhöhung der weltweiten Sicherheit. So gesehen, ist sie nicht nur eine Investition in eine lebenswerte Zukunft für alle, sondern erfolgt auch im Eigeninteresse der Schweiz.

Entwicklungshilfe hat in erster Linie zum Ziel, Hilfe zu Selbsthilfe zu leisten.

Umgesetzt wird die Entwicklungszusammenarbeit in Form von bilateraler Hilfe (Projekte und Programme vor Ort) und durch die Unterstützung multilateraler (verschiedenartiger) Organisationen (UNO, Hilfswerke) im Bereich der Armutsbekämpfung.

Bilaterale und multilaterale Entwicklungszusammenarbeit

Oberstes Ziel der Entwicklungszusammenarbeit ist die Hilfe zur Selbsthilfe. Durch Vermittlung von Fachwissen, Investition in die Ausbildung vor Ort, durch den Aufbau von Institutionen und das Bereitstellen von Krediten und Dienstleistungen will man die Entwicklungszusammenarbeit die Partnerländer unterstützen, ihre Probleme kreativ anzugehen und selbst zu lösen.

Hilfe zur Selbsthilfe

Bevölkerungsentwicklung

Ein wichtiges Element in Zusammenhang mit Wohlstand, Armut und Ungleichheit sowie der wachsenden Migration stellt die weltweite Bevölkerungsentwicklung dar. Im letzten Jahrhundert hat sich die Zahl der Menschen weltweit mehr als verdreifacht. Heute leben rund 7,1 Milliarden Menschen auf dieser Erde.

Bevölkerungsentwicklung seit 1000 v. Chr.

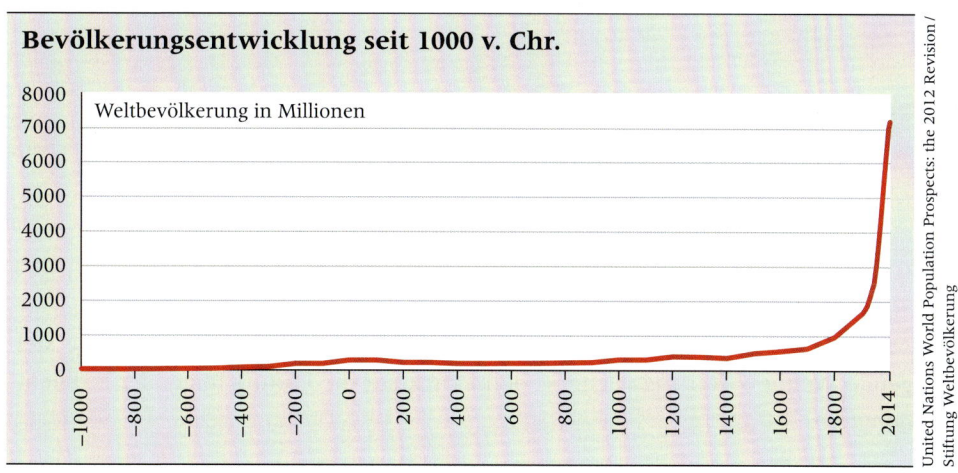

Weltbevölkerung in Millionen

Quelle: United Nations World Population Prospects: the 2012 Revision / Stiftung Weltbevölkerung

Alle zwei Jahre gibt die UNO ihre neuesten Berechnungen zur Entwicklung der Weltbevölkerung bis zum Jahr 2050 bekannt. Bei der mittleren Variante geht die UNO davon aus, dass die durchschnittliche Kinderzahl von heute 2,55 Kindern weltweit (Schweiz: 1,52 Kinder) bis zum Jahr 2050 knapp unter das Ersatzniveau von 2,1 Kindern pro Frau sinken wird (bei dieser Rate ersetzt sich jede Generation selbst – die Bevölkerungszahl bleibt stabil). Die Weltbevölkerung würde dann bis zum Jahre 2050 auf 9,2 Milliarden Menschen anwachsen.

Bevölkerungsprognose bis 2050

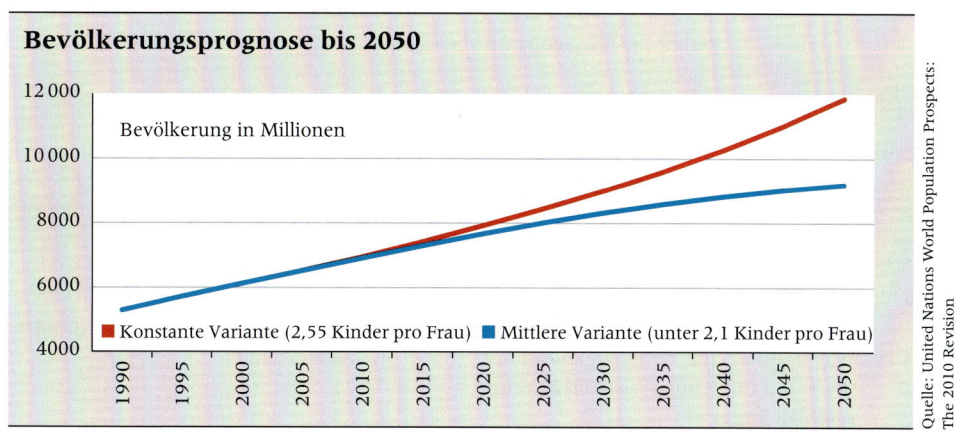

Bevölkerungsprognose bis 2050

Bevölkerung in Millionen

■ Konstante Variante (2,55 Kinder pro Frau)   ■ Mittlere Variante (unter 2,1 Kinder pro Frau)

Quelle: United Nations World Population Prospects: The 2010 Revision

Entwicklungsländer wachsen

Das Wachstum der Bevölkerung findet heute fast ausschliesslich in den Entwicklungsländern statt. Dort wird die Zahl der Menschen bis zum Jahre 2050 von 5,4 auf 7,9 Milliarden zunehmen. Europa hingegen wird infolge des Trends zu immer weniger Kindern fast 70 Millionen Bewohnerinnen und Bewohner weniger haben als heute. Selbst für China, das menschenreichste Land der Welt, stehen die Zeichen infolge der bis im Jahre 2013 geführten «Ein-Kind-Politik» langfristig auf Rückgang.

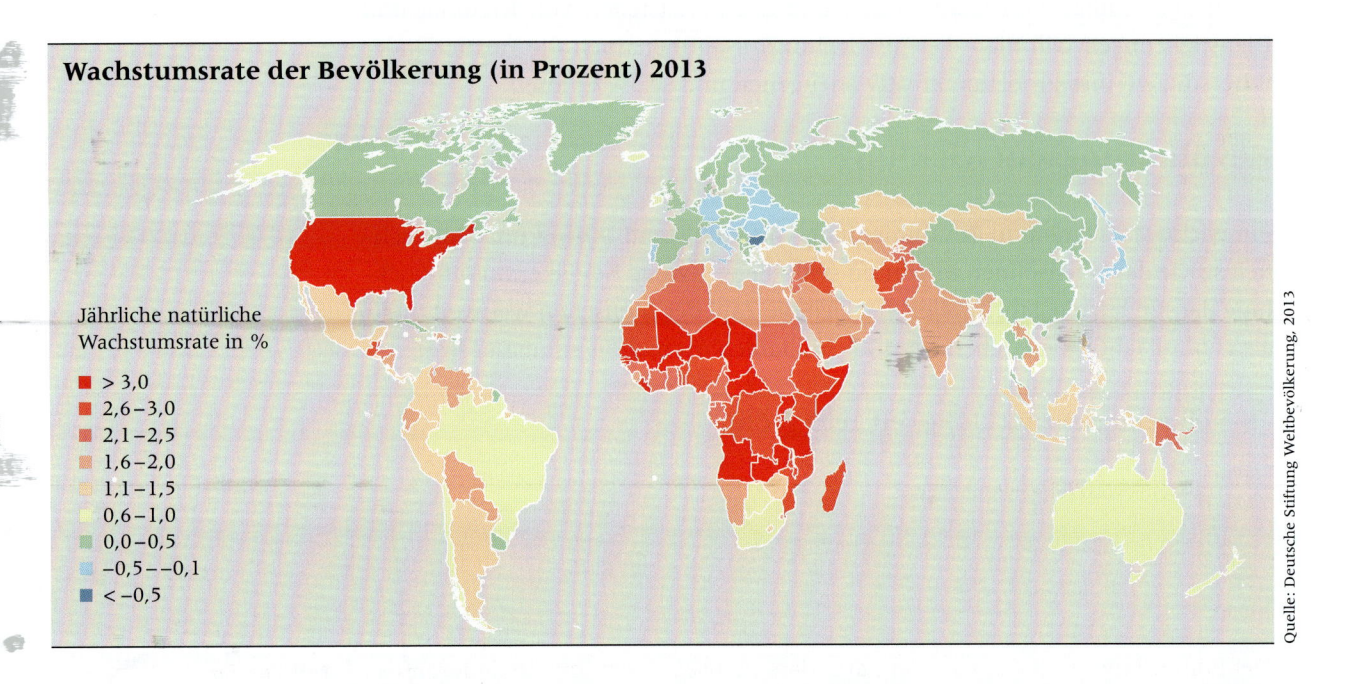

Wachstumsrate der Bevölkerung (in Prozent) 2013

Jährliche natürliche Wachstumsrate in %
- \> 3,0
- 2,6–3,0
- 2,1–2,5
- 1,6–2,0
- 1,1–1,5
- 0,6–1,0
- 0,0–0,5
- −0,5–−0,1
- < −0,5

Quelle: Deutsche Stiftung Weltbevölkerung, 2013

Herausforderungen

Auf die Menschheit warten gewaltige Herausforderungen. Die rasant steigende Weltbevölkerung verstärkt den Druck auf die Lösung folgender Problembereiche:

Herausforderungen	
Umwelt und Energie	Der Energie- und der Ressourcenverbrauch nehmen stetig zu. Die Umwelt muss weiterhin mit steigenden Belastungen fertigwerden.
Ernährung	Jeder siebte Mensch hungert. Weltweit sind es insgesamt 854 Millionen. Jedes Jahr verhungern 8,8 Millionen; alle drei Sekunden stirbt ein Mensch an Hunger.
Beschäftigung	Schon heute sind rund 200 Millionen Menschen arbeitslos. Am schlimmsten trifft es Jugendliche, die rund ein Viertel der Weltbevölkerung im erwerbsfähigen Alter ausmachen. Rund die Hälfte der Arbeitslosen weltweit gehört zur Altersgruppe zwischen 15 und 24 Jahren.
Epidemien	Allein im südlichen Afrika sind 25 Millionen Menschen an Aids erkrankt.
Migration	175 Millionen Menschen halten sich aus verschiedenen Gründen fern ihrer Heimat auf.

Verstanden?

5.28 Warum setzen Menschen ihr Leben aufs Spiel, um von Afrika nach Europa zu gelangen?

5.29 Was könnten die Industrieländer ändern, um die Kluft zwischen arm und reich zu ändern?

5.30 Wie sieht die Bevölkerungsentwicklung weltweit bis ins Jahr 2050 aus?

5.31 Welche Probleme müssen in Zukunft gelöst werden?

Migration

Migration bedeutet Ein- und Auswanderung von Menschen. In der Vergangenheit sind immer wieder Menschen – teilweise sogar ganze Bevölkerungsgruppen – in andere Regionen der Welt gezogen, weil sie hofften, dort bessere Existenzgrundlagen zu finden. Kriege haben in den letzten Jahrhunderten mehrfach riesige Flüchtlingsströme ausgelöst.

Migrationsgründe

Viele Gründe bewegen Menschen dazu, ihr Heimatland zu verlassen. Man unterscheidet dabei Push- und Pull-Faktoren (Schub- und Sogfaktoren).

Push-Faktoren bezeichnen die Situation, dass Menschen aus ihrem ursprünglichen Gebiet «weggedrückt» werden.

Push-Faktoren
- Krieg
- Verfolgung wegen der Religion, der politischen Überzeugung oder aus rassistischen Gründen
- Umweltkatastrophen (z. B. Überschwemmungen, Hungersnöte)
- Überbevölkerung verbunden mit Armut, Arbeitslosigkeit, Mangel an Zukunftsperspektiven

Bei Pull-Faktoren geht man davon aus, dass Menschen von einem anderen Gebiet «angezogen» werden.

Pull-Faktoren
- Gute Verdienstmöglichkeiten, hoher Lebensstandard und Wohlstand
- Sicherheit vor Verfolgung, Gewährleistung grundlegender Menschenrechte
- Toleranz gegenüber Religionen und Menschen aus unterschiedlichen Kulturkreisen
- Gute Bildungsmöglichkeiten

Politische Instabilität kann ebenfalls ein Grund für Migration sein. Im Bild die Aufstände des Arabischen Frühlings.

Globale Migrationsströme

In den letzten Jahrzehnten hat die globale Migration ein bisher nie gekanntes Ausmass angenommen. Erhebungen internationaler Organisationen kommen zum Schluss, dass sich gegenwärtig über 175 Millionen Menschen fern ihrer Heimat aufhalten. Ein grosser Teil davon hat die Heimat aus wirtschaftlichen Gründen verlassen. 19,2 Millionen Menschen gelten als Flüchtlinge. Sie haben das eigene Land verlassen, weil sie dort verfolgt, oft auch misshandelt und gefoltert wurden.

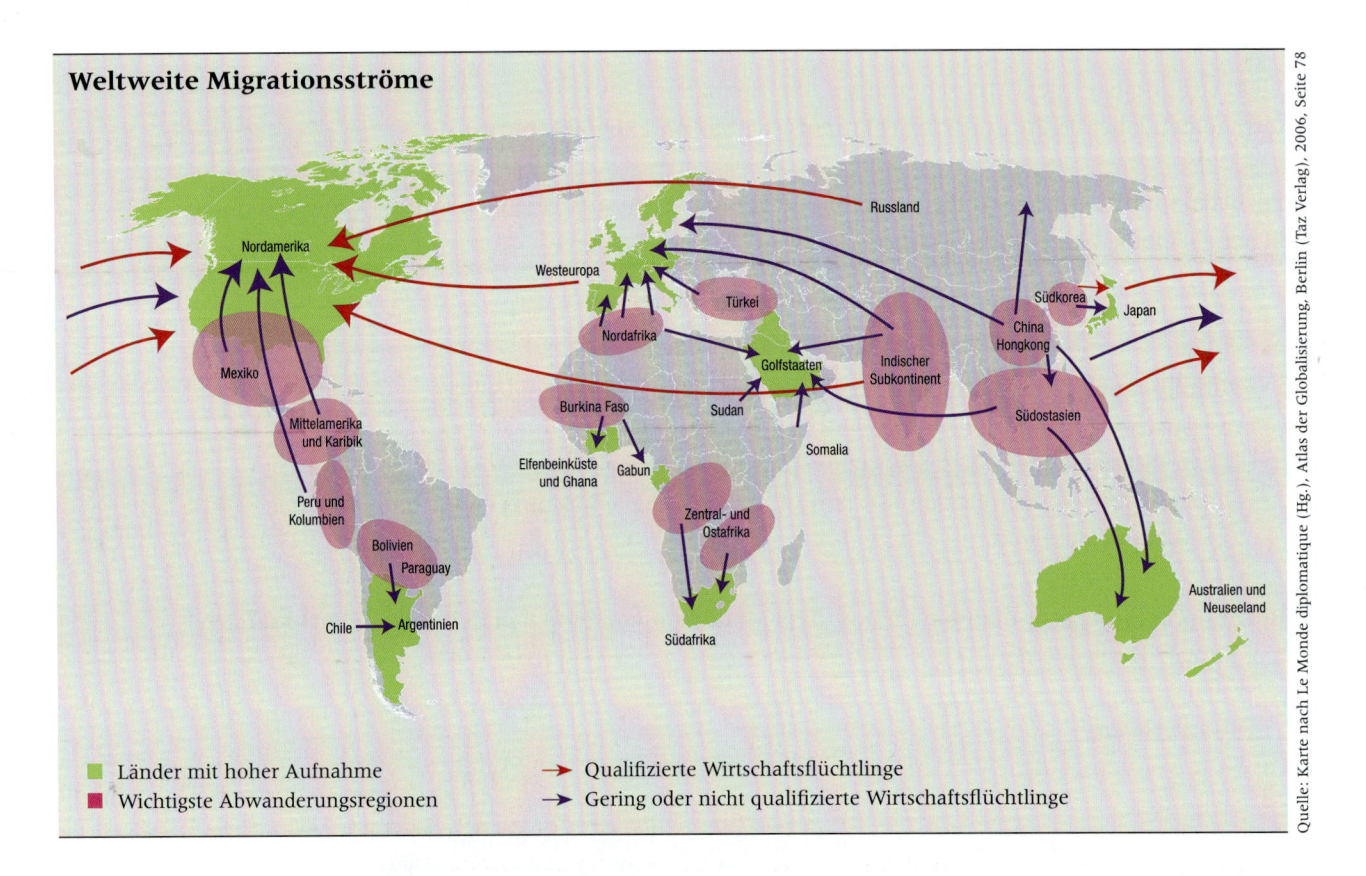

Weltweite Migrationsströme

- Länder mit hoher Aufnahme
- Wichtigste Abwanderungsregionen
- → Qualifizierte Wirtschaftsflüchtlinge
- → Gering oder nicht qualifizierte Wirtschaftsflüchtlinge

Quelle: Karte nach Le Monde diplomatique (Hg.), Atlas der Globalisierung, Berlin (Taz Verlag), 2006, Seite 78

Migrantinnen und Migranten bevorzugen Staaten, in denen sich bereits viele ihrer Landsleute aufhalten. Vereinfacht ausgedrückt, bedeutet dies: Migration erzeugt weitere Migration.

Die italienische Küstenwache greift vor Lampedusa Migrantinnen und Migranten auf.

Ausländische Bevölkerung weltweit

Nicht überall auf der Welt ist der Ausländeranteil gleich hoch. Während z. B. in China und Brasilien weniger als 1 Prozent Ausländer leben, sind es in Australien und Neuseeland rund 20 Prozent.

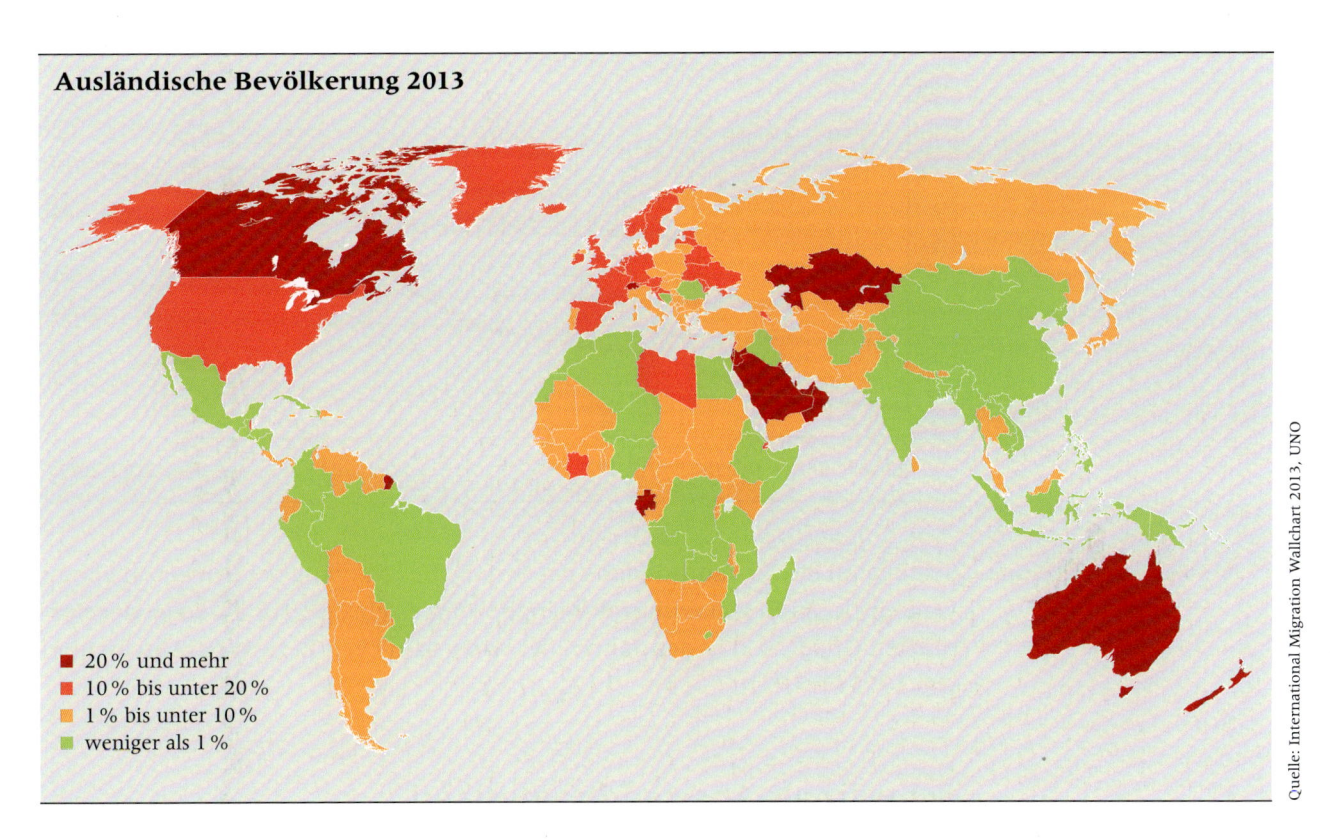

Ausländische Bevölkerung 2013

- 20 % und mehr
- 10 % bis unter 20 %
- 1 % bis unter 10 %
- weniger als 1 %

Quelle: International Migration Wallchart 2013, UNO

Die Schweiz zählt zu den Staaten mit den höchsten Anteilen an Ausländerinnen und Ausländern an der Gesamtbevölkerung. Dies ist in erster Linie eine Folge der stetigen Zuwanderung. Zudem sind die Einbürgerungshürden tendenziell höher als in anderen Staaten. Gemessen am Anteil der Ausländerinnen und Ausländern ist die Einbürgerungsquote unter dem Durchschnitt der EU-Länder.

Verstanden?

5.32 Was ist der Unterschied zwischen Push- und Pull-Faktoren im Zusammenhang mit der Migration?

5.33 Wie heissen die grossen Zielgebiete der weltweiten Migration?

5.34 Was bedeutet «Migration erzeugt weitere Migration»?

5.35 Warum gehört die Schweiz zu den Staaten mit dem höchsten Anteil an Ausländerinnen und Ausländern?

Bevölkerungsentwicklung in der Schweiz

Ende 2013 zählte die Schweiz 8 112 200 Einwohnerinnen und Einwohner. Davon waren 24 Prozent ausländischer Nationalität.

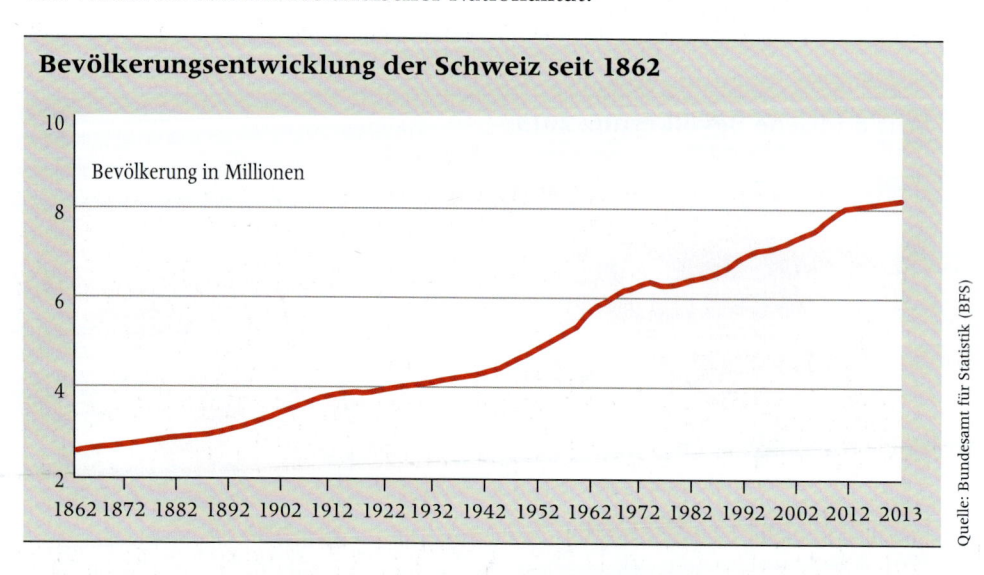

Bevölkerungsentwicklung der Schweiz seit 1862

Quelle: Bundesamt für Statistik (BFS)

Bevölkerungswachstum

Seit Beginn des 20. Jahrhunderts hat sich die Bevölkerung der Schweiz mehr als verdoppelt. Zu Bevölkerungsrückgängen kam es einzig 1918 als Folge der Spanischen Grippe und in den Jahren der wirtschaftlichen Rezession (Abschwung) von 1975 bis 1977.

Schweiz als Auswanderungsland

Not

Das Bevölkerungswachstum und Hungersnöte zwangen im 19. Jahrhundert viele Schweizerinnen und Schweizer zur Emigration. Die Auswanderer liessen sich in allen Kontinenten nieder, die meisten wählten jedoch Nordamerika zu ihrer neuen Heimat.

Auswanderungsbewegung nach Übersee	
1850–1860	rund 50 000 Personen
1860–1880	rund 70 000 Personen
1881–1890	rund 90 000 Personen
1891–1930	rund 18 000 Personen

Streben nach Wohlstand

Nicht alle auswandernden Personen verliessen ihre Heimat aus Not: In der zweiten Hälfte des 19. Jahrhunderts entstand eine neue Wanderungsform, welcher das Streben nach mehr Wohlstand zugrunde lag. Die Entscheidung für oder gegen die Auswanderung war nicht mehr gleichbedeutend mit der Wahl zwischen Arbeit und Arbeitslosigkeit. Nun wurde auch die Art der Arbeit massgebend, und Menschen entschlossen sich zur Auswanderung, um ihre Berufschancen zu verbessern.

Die Zahl der im Ausland lebenden Schweizerinnen und Schweizer geht in die Hunderttausende. Heute leben in Europa die meisten Auslandschweizer in Frankreich, danach folgen Deutschland und Italien. Ausserhalb Europas leben die meisten Schweizerinnen und Schweizer in den USA und in Kanada.

120 000 Auslandschweizerinnen und -schweizer haben sich im Stimmregister einer Schweizer Gemeinde eingetragen, können also in der Schweiz stimmen und wählen.

Auslandschweizer

Im 19. Jahrhundert wanderten auch viele Schweizerinnen und Schweizer in die USA aus. Im Bild die Ankunft eines Auswandererschiffes auf Ellis Island, New York (1902).

Verstanden?

5.36 Wie hat sich die schweizerische Bevölkerung im letzten Jahrhundert entwickelt?

5.37 Welches waren die Gründe für die Auswanderung von Schweizerinnen und Schweizern im 19. Jahrhundert?

5.38 Wie viele Schweizerinnen und Schweizer leben im Ausland?

Schweiz als Einwanderungsland

Immigration

Ein Drittel der Schweizer Bevölkerung hat einen Migrationshintergrund, ist also selbst aus dem Ausland in die Schweiz eingewandert oder hat einen eingewanderten Elternteil. Ein Viertel der Einwohnerinnen und Einwohner ist im Ausland geboren.

Die Schweiz zählt zu den bedeutendsten Einwanderungsländer Europas.

Arbeitsintensive Bereiche

Ausländische Arbeitskräfte sind vor allem im Gastgewerbe und in der Baubranche anzutreffen. Rund die Hälfte der Arbeit in diesem Bereich wird heute von Ausländerinnen und Ausländern erbracht. Auch in der Industrie, Energiewirtschaft und Wasserversorgung macht der Ausländeranteil rund 40 Prozent aus. Im Gesundheits- und Sozialwesen ist ein Drittel der Angestellten ausländischer Herkunft.

Spezialisten

Viele ausländische Arbeitskräfte sind aber auch Spezialisten, deren Stellen man mit Schweizerinnen und Schweizern gar nicht besetzen könnte. Sie tragen wesentlich zum Wirtschaftswachstum und damit zum Wohlstand der gesamten Bevölkerung bei.

Export der Arbeitslosigkeit

Obwohl die Arbeitslosenquote bei Ausländerinnen und Ausländern höher ist als diejenige bei den Schweizerinnen und Schweizern, tragen die ausländischen Personen dazu bei, die Arbeitslosigkeit zu senken. In den wirtschaftlich schwierigen Jahren von 1990 bis 1999 mussten mehr ausländische Arbeitskräfte auswandern, als neue einreisten. So konnte ein Teil der Schweizer Arbeitslosigkeit «exportiert» werden. Dasselbe geschah auch während der Wirtschaftskrise in den 1970er-Jahren.

Personenfreizügigkeit

Im Jahr 2002 trat zwischen der Schweiz und der Europäischen Union die Personenfreizügigkeit als Teil der bilateralen Verträge in Kraft. Mit dem Freizügigkeitsabkommen erhalten die Staatsangehörigen der Europäischen Union das Recht, in die Schweiz einzureisen und sich hier aufzuhalten, sofern sie eine Arbeitsstelle haben oder ihren Lebensunterhalt selber bestreiten können. Umgekehrt können auch Schweizerinnen und Schweizer in der EU wohnen und arbeiten. Die Personenfreizügigkeit sowie die gute Wirtschaftslage hat in den letzten Jahren zu einem Anstieg der Einwanderung aus EU-Ländern geführt:

Zuwanderung aus EU-Staaten seit 1991

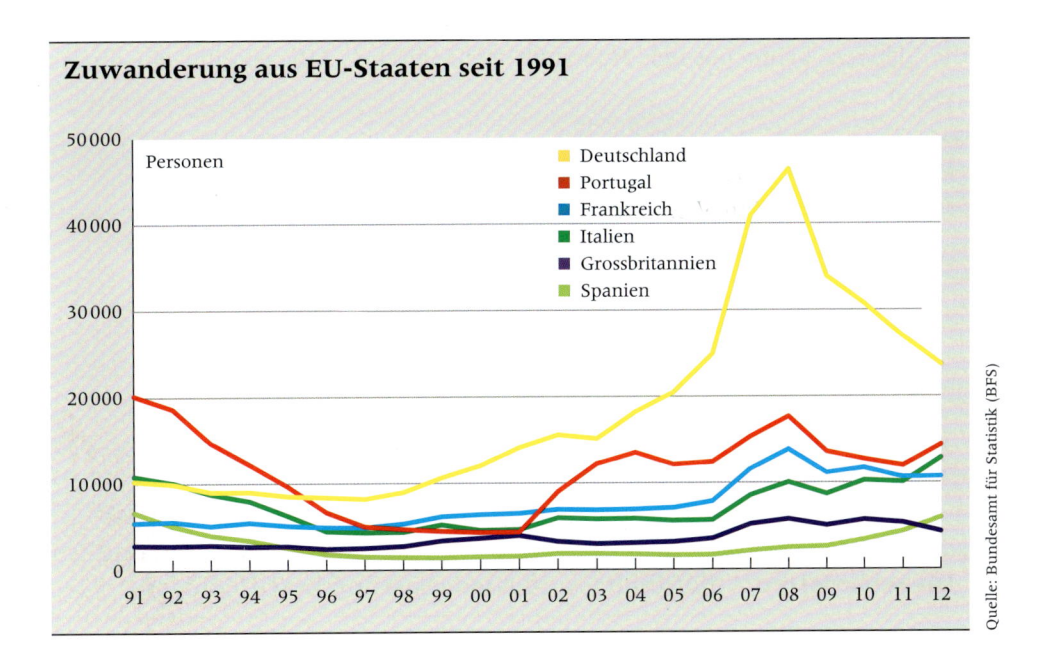

Quelle: Bundesamt für Statistik (BFS)

Die Einwanderung von Staatsangehörigen aus Serbien, Bosnien-Herzegowina, Kroatien, Sri Lanka und der Türkei war im Jahr 2011 hingegen rückläufig. Dies entspricht dem Trend der letzten Jahre.

Jene Ausländer, die in der Schweiz aufgenommen worden sind und rechtmässig hier leben, müssen sich bis zu einem gewissen Grad eingliedern. Es ist jedoch umstritten, wie weit die Eingliederung und Anpassung tatsächlich gehen muss.

Assimilation und Integration

Definition

Assimilation	Menschen aus einer anderen Kultur passen sich völlig der neuen Kultur an. Sie werden wie Einheimische und verlieren die kulturelle Bindung an ihr Herkunftsland.
Integration	Menschen aus einer anderen Kultur passen sich den Menschen im neuen Kulturraum an, bewahren sich aber Bestandteile der ursprünglichen Kultur.

Die schweizerische Ausländerpolitik folgte lange Zeit dem Prinzip, dass ausländische Arbeitskräfte nach ihrem Engagement in der Schweiz in ihre Herkunftsländer zurückkehren sollten (z. B. Saisonarbeiterinnen und -arbeiter). Ihre Integration in die einheimische Gesellschaft war kein formuliertes Ziel. Bis in die 1980er-Jahre hat es die Schweiz versäumt, eine gezielte Integrationspolitik zu formulieren und umzusetzen. Beispielsweise war es zweitrangig, ob Ausländerinnen und Ausländer eine der Landessprachen erlernten. Brisant wurde die Integrationsthematik erst, als man erkannte, dass die Gastarbeiterpolitik nur in Ansätzen funktionierte und die Mehrheit der ausländischen Arbeitskräfte schliesslich in der Schweiz blieb.

Vernachlässigte Integration

Arbeitsmarkt

Mit der Arbeitsmarktpolitik versucht die Schweiz, die einheimische Wirtschaft mit genügend Arbeitnehmerinnen und Arbeitnehmern zu versorgen. Der grösste Teil der ausländischen Mitbürgerinnen und Mitbürger sind über die Arbeitsmarktpolitik als Arbeitskräfte (mit Familie) in die Schweiz gelangt.

Arbeitsmarktpolitik

Duales System

Die Schweiz kennt bei der Zulassung ausländischer Arbeitskräfte ein duales System.

> **Duales System der Zulassung ausländischer Arbeitskräfte**
> - Erwerbstätige aus EU-Staaten können vom Personenfreizügigkeitsabkommen profitieren. Sie sind den Schweizer Arbeitnehmerinnen und Arbeitnehmern gleichgestellt.
> - Aus allen anderen Staaten werden in beschränktem Ausmass lediglich Führungskräfte, Spezialistinnen und Spezialisten sowie qualifizierte Arbeitskräfte zugelassen.

Aufenthalts- und Niederlassungsbewilligung

Folgende Bewilligungen über den Aufenthalt oder die Niederlassung können unterschieden werden:

Die wichtigsten Aufenthalts- und Niederlassungsbewilligungen	
Aufenthaltsbewilligung B	Fünf Jahre gültig; wird nach Vorlage eines Arbeitsvertrages mit einer Dauer von mindestens einem Jahr oder unbefristet erteilt.
Niederlassungsbewilligung C	Wird in der Regel nach einem ordnungsgemässen und ununterbrochenen Aufenthalt von fünf bis zehn Jahren in der Schweiz erteilt. Das Aufenthaltsrecht ist unbeschränkt und darf nicht an Bedingungen geknüpft werden.
Kurzaufenthaltsbewilligung L	Wird auf Vorlage eines Arbeitsvertrages von weniger als einem Jahr erteilt. Die Gültigkeit der Bewilligung entspricht der Dauer des Arbeitsvertrags. Für Inhaber besteht die Möglichkeit der Verlängerung und der Erneuerung der Bewilligung, ohne das Land verlassen zu müssen.

Asyl

Mit der Asylpolitik will die Schweiz verfolgten Menschen Schutz bieten und ihnen ein sicheres Leben in der Schweiz ermöglichen. Der kleinste Teil der ausländischen Mitbürgerinnen und Mitbürger kommt über das Asylverfahren in die Schweiz (etwa 0,5 % der ausländischen Wohnbevölkerung).

Genfer Flüchtlingskonvention

Betroffenheit über die Schrecken des Zweiten Weltkrieges veranlasste die internationale Staatengemeinschaft 1951 in der Schweiz eine Schutzvereinbarung zu schliessen: Einzelpersonen und Gruppen sollten durch die Genfer Flüchtlingskonvention besser vor politischer Unterdrückung, Verfolgung, Gewalt und Rassismus geschützt werden.

Asylsuchende

Als Asylsuchende werden Menschen bezeichnet, die aus ihrem Heimatland geflüchtet sind und in einem Staat um Aufnahme und Schutz bitten.

Flüchtlinge

Flüchtlinge sind Personen, die in ihrem Heimatstaat oder im Land, in dem sie zuletzt wohnten, wegen ihrer Religion, Nationalität, Zugehörigkeit zu einer bestimmten sozialen Gruppe, wegen ihrer politischen Anschauungen oder aus rassistischen Gründen ernsthaften Nachteilen ausgesetzt sind (z.B. die Freiheit oder sogar das Leben ist gefährdet). Dies ist gleichzeitig der einzige Umstand, der in der Schweiz als Asylgrund akzeptiert wird. Krieg und Hunger berechtigen in der Schweiz nicht zu dauerhaftem Aufenthalt.

Das Bundesamt für Migration unterzieht jedes Asylgesuch einer sorgfältigen und individuellen Prüfung. Auf offensichtlich missbräuchliche Gesuche wird nicht eingetreten. Bei den übrigen Gesuchen gilt es zu prüfen, ob die Asylgründe glaubhaft sind und die Flüchtlingseigenschaft gemäss Asylgesetz gegeben ist. Asylsuchende, deren Gesuch abgelehnt worden ist, die jedoch nicht in ihr Heimatland zurückkehren können, erhalten eine vorläufige Aufnahme. Folgende drei Gründe gelten als ausschlaggebend:

Asylverfahren

> **Voraussetzung für eine vorläufige Aufnahme**
> - Der Vollzug der Wegweisung erweist sich als unzulässig (konkrete Gefährdung der ausländischen Person).
> - Eine Rückschaffung ist unzumutbar (z. B. wegen Krieg oder schwerwiegender persönlicher Notlage).
> - Die Wegweisung ist unmöglich (z. B. Herkunftsland weigert sich, eigene Staatsangehörige aufzunehmen).

Einbürgerung

Einbürgerungen werden, im Rahmen der Vorgaben von Bund und Kanton, durch die Gemeinden vollzogen (Erwerb des Gemeindebürgerrechts). Danach ist man automatisch Schweizer Bürger bzw. Bürgerin. Geprüft werden die Gesuche entweder durch den Gemeinderat, eine Einbürgerungskommission oder die Gemeindeversammlung. Die Ablehnung einer Einbürgerung muss begründet werden und darf weder diskriminierend noch willkürlich sein.

> **Voraussetzungen für die Einbürgerung (Bund)**
> - Zwölf Jahre Wohnsitz in der Schweiz (die zwischen dem vollendeten 10. und 20. Lebensjahr in unserem Land verbrachten Jahre zählen dabei doppelt)
> - Eingliederung in die schweizerischen Verhältnisse (Integration)
> - Vertrautheit mit den schweizerischen Lebensgewohnheiten, Sitten und Gebräuchen
> - Beachten der schweizerischen Rechtsordnung
> - Keine Gefährdung für die innere und äussere Sicherheit der Schweiz
> - Erleichtert eingebürgert werden ausländische Ehefrauen und Ehemänner von schweizerischen Ehepartnern sowie ausländische Kinder eines schweizerischen Elternteils. Sie können den Antrag nach dreijähriger Ehedauer und fünf Jahre Wohnsitz in der Schweiz stellen.

Verstanden?

5.39 Welches sind die beiden Hauptgründe, wieso ausländische Personen in die Schweiz einwandern?

5.40 Warum hat sich die Schweiz lange Zeit nicht um die Integration der Ausländer gekümmert?

5.41 Was ist das Ziel der Arbeitsmarktpolitik?

5.42 Welche Aufenthaltsbewilligung bekommt eine Ausländerin, die eine Arbeitsstelle in der Schweiz gefunden hat?

5.43 Wann kann ein Ausländer eine Niederlassungsbewilligung beantragen?

5.44 Aus welchem Grund bekommt man in der Schweiz Asyl?

5.45 Was sind «vorläufig Aufgenommene»? Warum schickt man sie nicht zurück in ihr Heimatland?

5.46 Wie lange muss man in der Schweiz wohnhaft sein, um einen Antrag auf Einbürgerung stellen zu können?

Beziehung und Zusammenleben

6

	Einleitung	186
6.1	Sexualität	187
6.2	Zusammenleben	190
6.3	Wohnen und Miete	203

Einleitung

Sie verfügen, je älter Sie werden, über ein immer grösser werdendes familiäres und ausserfamiliäres Beziehungsfeld. Freundschaft, Liebe und Partnerschaft haben einen zentralen Stellenwert in der Persönlichkeitsentwicklung. In unserer Gesellschaft werden verschiedene Beziehungsformen gelebt. Sie sind sich eines verantwortungsvollen Umgangs mit Sexualität bewusst.

Die Ehe hat neben verschiedenen anderen Lebensformen noch immer eine grosse Bedeutung in unserer Gesellschaft. Unsere Gesetze regeln Rechte und Pflichten der Ehegatten, die güterrechtliche Situation und die Auflösung der Ehe. In diesem Zusammenhang nimmt die aktuelle Umsetzung des Gleichberechtigungsprinzips in der Familie sowie in unserer Gesellschaft einen hohen Stellenwert ein.

Der grösste Teil der Bevölkerung in der Schweiz lebt in Mietwohnungen. Kenntnisse über das Mietrecht können Sie vor unliebsamen Überraschungen schützen.

6.1 Sexualität

Es ist heute sehr einfach, etwas über Sexualität zu erfahren. Internet, Fernsehen, Magazine und Handy, alles ist auf dem neusten Stand. Sex ist überall. Es ist fast unmöglich, sich dem zu entziehen. Dennoch ist unser Wissen über Sex, Beziehungen, Lust und Frust, Sinnlichkeit und Intimität nicht unbedingt hinreichend. Es entsteht der trügerische Eindruck: «Alles schon gesehen, schon erlebt und gemacht.»

Sexualität, Beziehungen und Gefühle sind ein Abenteuer, etwas sehr Individuelles, das persönlich erlebt und gelernt werden muss. Es geht darum, seinen eigenen persönlichen Weg im Dschungel von Bildern, Informationen, Fakten und Erlebtem zu finden. Dies ist nicht immer sehr einfach, weil es von aussen sehr viele Einflüsse gibt, die einen verwirren können. Umso mehr ist es wichtig, auf seine eigenen Gefühle zu hören, sich ernst zu nehmen und eigene Entscheide zu treffen, auch wenn diese nicht der Mehrheit entsprechen. Scheut man die Mühe, auf seine eigenen Bedürfnisse zu hören, kann Sexualität auch etwas sehr Verletzendes sein. Sie ist eine Lebenskraft, die sich immer wieder verändern kann; der Umgang mit ihr ist deshalb ein lebenslanger Entwicklungsprozess.

Sexuelle Orientierung

Wie sexuelle Orientierung bei Menschen entsteht, ist nicht geklärt. Vermutet wird, dass dabei biologische, psychologische und soziale Komponenten eine Rolle spielen. Bisher ist aber kein Gen gefunden worden, das eindeutig die sexuelle Orientierung eines Menschen bestimmt. Man geht davon aus, dass fünf bis zehn Prozent aller Menschen schwul, lesbisch oder bisexuell sind. Leider ist es immer noch so, dass Menschen, die sexuell «anders» empfinden, Angst haben müssen, diskriminiert zu werden. Deshalb ist das Wissen um einige Fakten sehr wichtig, um Freunde oder Familienangehörige in einer solchen Situation unterstützen zu können.

www.drgay.ch
www.purplemoon.ch
www.rainbowgirls.ch

Zentrale Begriffe bezüglich sexueller Orientierung	
Heterosexualität	griech. hetero = anders. Menschen, die heterosexuell empfinden, verlieben sich in das andere Geschlecht. Frauen verlieben sich in Männer und umgekehrt.
Homosexualität	griech. homo = gleich. Homosexuell zu empfinden bedeutet, man fühlt sich vom gleichen Geschlecht angezogen. Ein Mann liebt einen Mann = schwul; eine Frau liebt eine Frau = lesbisch.
Bisexualität	lat. bi = zwei. Bisexuelle Menschen können sich in Frauen und Männer verlieben. Es hat nichts damit zu tun, dass sie sich nicht entscheiden können. Die sexuelle Orientierung einer Person kann sich im Laufe eines Lebens auch ändern.

Transsexualität	Transsexualität hat nichts damit zu tun, in wen sich jemand verliebt oder für wen man etwas empfindet. Vielmehr geht es darum, wer jemand ist und wie dies zum Ausdruck gebracht wird. Menschen, die transsexuell sind, fühlen sich im falschen Körper gefangen.
Coming-out	engl. coming-out = zeigen, herauskommen. Man steht zu seinen Gefühlen und spricht über seine sexuelle Orientierung.

Sexuelle Gesundheit

Sexuelle Gesundheit erfordert einen positiven und respektvollen Umgang mit Sexualität und sexuellen Beziehungen. Sie schliesst die Möglichkeit von befriedigenden und sicheren sexuellen Erfahrungen frei von Zwang, Diskriminierung und Gewalt mit ein. Um sexuelle Gesundheit zu erreichen und aufrechtzuerhalten, müssen die sexuellen Rechte aller Menschen respektiert, geschützt und durchgesetzt werden.

Sexuell gesund zu bleiben bedeutet, seine eigene Sexualität auszudrücken und zu kommunizieren, sodass sie zu persönlichem und partnerschaftlichem Wohlbefinden führt. Es heisst auch, Verantwortung für sich selbst zu übernehmen, den eigenen Körper zu kennen und seine sexuellen Wünsche, Bedürfnisse, Gefühle mit Möglichkeiten und Grenzen wahrzunehmen. Sexuell gesund zu bleiben heisst auch, selber zu entscheiden, wie man verhütet und sich gegen sexuell übertragbare Krankheiten schützt.

Verhütungsmittel und Schutzmassnahmen

Antibabypille — Der medizinische Fachausdruck für die Pille ist Ovulationshemmer. Mit Ovulation ist der Eisprung gemeint, der durch die von aussen zugeführten Hormone (Östrogene und Gestagene) verhindert wird. Somit unterbindet die Pille eine Schwangerschaft. Sie ist rezeptpflichtig und wird nicht von der Krankenkasse übernommen.

Kondome — Das Kondom wird vom Mann benutzt und erstellt eine Barriere. Es wird vor dem Geschlechtsverkehr über den Penis gezogen. Kondome gibt es in verschiedenen Grössen. Es ist wichtig, dass Sie wissen, welche Grösse Ihnen bequem ist. Das Kondom verhindert nicht nur eine Schwangerschaft, sondern schützt auch gegen sexuell übertragbare Krankheiten.

Spirale — Die Spirale wird der Frau in die Gebärmutter eingesetzt, um eine Schwangerschaft für 2 bis 5 Jahre zu verhindern. Die Spirale wird durch den Frauenarzt eingesetzt.

Pflaster — Das Pflaster wird 21 Tage lang auf bestimmte Körperstellen aufgeklebt. Alle 7 Tage wird es gewechselt. Durch die Hormone, die über die Haut aufgenommen werden, wird ein Eisprung unterdrückt und eine Schwangerschaft verhindert.

Ring — Der Verhütungsring wird in die Scheide eingeführt. Er enthält Hormone, welche täglich über die Scheidenschleimhaut an den Körper abgegeben werden. Der Ring bleibt jeweils 21 Tage in der Scheide und wird dann wieder für 7 Tage entfernt, sodass eine menstruationsähnliche Blutung entstehen kann.

Die «Pille danach»

Die «Pille danach» ist ein Notfallmedikament und keinesfalls als Verhütung gedacht. Sie kann eingenommen werden, wenn ein Kondom geplatzt, die Pille vergessen worden ist oder sonst ein «Unfall» stattgefunden hat. Sie verhindert eine Schwangerschaft, ist aber keine Abtreibung. Die «Pille danach» kann rezeptfrei in der Apotheke bezogen werden, nachdem ein Beratungsgespräch stattgefunden hat. Sie kann bis maximal 72 Stunden nach dem «Unfall» eingenommen werden, je früher desto besser.

HIV-Test

Es ist empfohlen, bei jedem neuen Partner bzw. jeder neuen Partnerin, wenn das Bedürfnis nach ungeschütztem Sex besteht, vorher einen HIV-Test zu machen. Der Test kann bei Hausärzten, Gynäkologen, im Spital oder an speziellen Teststellen gemacht werden. Je nach Situation ist ein Schnelltest möglich. Dabei erhält man entweder das Resultat innerhalb einer halben Stunde oder das Blut wird ins Labor geschickt und das Resultat wird binnen 24 Stunden zugestellt.

Geschlechtskrankheiten

Geschlechtskrankheiten sind sexuell übertragbare Krankheiten, die bei der Sexualität weitergegeben oder empfangen werden können. Es handelt sich dabei um Viren oder Bakterien, die je nachdem eine Infektion oder eine Entzündung hervorrufen. Einige sind mit Medikamenten heilbar. Eine HIV-Infektion jedoch kann nicht geheilt werden. Es handelt sich dabei um einen Virus, der das Immunsystem schwächt. Heute gibt es Medikamente, welche ein Leben lang jeden Tag eingenommen werden müssen, damit diese Virusinfektion kontrollierbar ist. Wichtig ist es, immer ein Kondom zu benutzen. Dieses schützt vor sexuell übertragbaren Krankheiten und vor ungewollten Schwangerschaften. Wenn es juckt, brennt und rot wird im Genitalbereich, egal ob bei Frau oder Mann, soll man den Partner bzw. die Partnerin informieren, zum Arzt gehen und nur noch Geschlechtsverkehr mit Kondomen haben.

LOVE LIFE

1. Eindringen immer mit Gummi.
2. Sperma und Blut nicht in den Mund.
3. Bei Juckreiz, Brennen oder Ausfluss zum Arzt.

Im Bild eine Kampagne der Aids-Hilfe Schweiz.

Fachstellen

Folgende Beratungsstellen sind zu empfehlen: Die Fachstelle für Aids und Sexualfragen St. Gallen (www.ahsga.ch) sowie die Fachstelle für Familienplanung, Schwangerschaft und Sexualität (www.faplasg.ch).

6.2 Zusammenleben

Partnerschaft und Rollenverständnis

Gleichberechtigung Die Schweiz hat länger als alle westlichen Demokratien gebraucht, bis sie die Frauen als gleichberechtigt anerkannt hat. Erst 1971 erhielten die Schweizerinnen das Stimm- und Wahlrecht auf eidgenössischer Ebene. Auf Gemeinde- und Kantonsebene wurde die politische Mitbestimmung sogar erst 1990 vollständig durchgesetzt, indem das Bundesgericht den Kanton Appenzell Innerrhoden zur sofortigen Einführung des Frauenstimm- und -wahlrechts zwang. Das in der Folge revidierte Familienrecht geht von einem partnerschaftlichen Grundgedanken aus; Mann und Frau sorgen gemeinsam für das Wohl der Familie. Auch die Rollenverteilung im Zusammenleben hat sich stark verändert. Nur noch in etwa der Hälfte der Familien besorgt die Ehefrau den Haushalt allein und ist der Ehemann die einzige erwerbstätige Person.

Abstimmungsplakate zum Frauenstimmrecht (links von 1946, rechts von 1953).

Verstanden?

6.1 Wann hat die Schweiz den Frauen das Stimm- und Wahlrecht zugestanden?

6.2 Warum hat der Kanton Appenzell Innerrhoden 1990 das Frauenstimm- und -wahlrecht eingeführt?

6.3 Was ist der Grundgedanke im heutigen Familienrecht?

6.4 Mit welchen Aussagen wird auf den Plakaten für oder gegen das Stimm- und Wahlrecht der Frauen geworben?

Gleichstellung in der Realität

Die Gleichstellung der Geschlechter in allen Lebensbereichen ist in der Schweiz gesetzlich verankert. Trotzdem driften Anspruch und Wirklichkeit noch immer auseinander. Die Chancengleichheit im Erwerbsleben wurde bis heute nicht erreicht und ist ein aktuelles und kontrovers diskutiertes Thema. So machen immer noch mehr Männer als Frauen Karriere. Dagegen verdienen Frauen bei gleichwertiger Arbeit deutlich weniger als Männer und verrichten viel mehr unbezahlte Arbeit, während Männer sichtlich mehr bezahlte Arbeit leisten. Ungleich ist die Verteilung auch bei der Hausarbeit und Kinderbetreuung. Frauen engagieren sich hier noch immer deutlich mehr. Wie es um die Gleichstellung in der Schweiz wirklich steht, zeigt die folgende alphabetisch gegliederte Übersicht.

Das «ABC der Gleichstellung»

Aufstiegschancen
Ausbildungsjahre und Berufserfahrung bringen Männern mehr ein als Frauen. Vier von fünf Angestellten in leitender Funktion sind Männer. Bei einer Beförderung auf gleicher Ebene profitieren Männer mehr als Frauen.

Ausbildungsniveau
In den letzten Jahren haben die Frauen gegenüber den Männern punkto Ausbildung stark aufgeholt. Ihr Rückstand an Ausbildungsjahren gegenüber den Männern beträgt durchschnittlich nur noch 0,8 Jahre. Trotzdem ist die Berufswahl immer noch geschlechterspezifisch. In technischen Berufen sind die Frauen untervertreten.

Bezahlte Arbeit
Durchschnittlich leisten die Frauen 23 Stunden pro Woche bezahlte Arbeit. Die Männer kommen mit 43 Erwerbsstunden pro Woche fast auf das doppelte Pensum.

Erwerbsquote
Heute sind vier von fünf Frauen erwerbstätig, auch Mütter mit kleinen Kindern. Meist leisten sie kleine Teilzeitpensen und verzichten damit auf berufliche Herausforderungen, auf eine ausreichende individuelle Altersvorsorge und nehmen oft unsichere Arbeitsbedingungen an.

Hausarbeit
Insgesamt leisten die Frauen mit 27 Wochenstunden doppelt so viel an Hausarbeit wie die Männer mit 13,5 Stunden. Die Hauptverantwortung für den Haushalt liegt in 79 % der Fälle bei der Frau, in 3 % beim Mann. Die restlichen 18 % teilen sich die Verantwortung.

Kinderbetreuung
Bei Ehepaaren mit einem Kind leistet die Frau durchschnittlich 17,6 Stunden pro Woche Kinderbetreuung, der Mann 12,1 Stunden. Mit jedem weiteren Kind steigt der Umfang der Haushaltarbeit bei den Frauen um 5 bis 6 Stunden pro Woche, beim Mann bleibt er stabil.

Lohn
Das Recht auf gleichen Lohn für gleichwertige Arbeit ist seit 1981 in der Bundesverfassung verankert. Dennoch beträgt die Lohndifferenz zwischen Männern und Frauen in der Privatwirtschaft durchschnittlich 21,5 %. Der monatliche Bruttolohn (40 Std./Woche) der Frauen beträgt im Durchschnitt 4358.–, jener der Männer 5551.– Franken.

Waschen und Bügeln
Die einzelnen Bereiche der Hausarbeit sind unterschiedlich verteilt. Besonders gering ist der Einsatz der Väter beim Waschen und Bügeln (7 %), beim Putzen und Aufräumen (17 %) und beim Zubereiten von Mahlzeiten (24 %). Weit grösser ist ihr Engagement beim Spielen und Hausaufgabenmachen mit den Kindern. Hier erreichen sie 70 % des Zeitaufwands der Mütter.

Unbezahlte Arbeit
Die Mütter leisten pro Woche durchschnittlich 23 Stunden bezahlte Arbeit und 34 Stunden Haus- und Familienarbeit. Bei den Vätern ist es umgekehrt: Sie verbringen durchschnittlich 43 Stunden pro Woche mit bezahlter Arbeit und rund 18 Stunden mit Haus- und Familienarbeit.

Konkubinat

Ehe ohne Trauschein

Das Zusammenleben zweier Menschen in einer eheähnlichen Gemeinschaft wird Konkubinat (Ehe ohne Trauschein) genannt. Das Konkubinat hat sich in der zweiten Hälfte des 20. Jahrhunderts stark verbreitet, obschon es anfänglich in einigen Kantonen gesetzlich noch verboten war. Heute wird das Zusammenleben ohne Trauschein auch als Ehe auf Probe betrachtet, wobei nicht nur junge Menschen im Konkubinat leben, sondern auch viele ältere Menschen davon Gebrauch machen.

Vor- und Nachteile des Konkubinats

Vorteile:
- Die Gründung und Auflösung des Konkubinats erfolgt ohne Formalitäten.
- Im Konkubinat sind meistens beide Partner erwerbstätig. Da sie nicht verheiratet sind, werden die Einkommen getrennt besteuert, was zu Einsparungen bei der Steuerrechnung führen kann.
- Rentnerinnen und Rentner erhalten zwei ganze Altersrenten (200 Prozent) statt eine auf 150 Prozent gekürzte Altersrente (wie dies bei einem Ehepaar der Fall ist).
- Im Konkubinat lässt sich ausprobieren, ob das Zusammenleben klappt. Sollte es nicht klappen, ist die Auflösung eines Konkubinats einfacher.

Nachteile:
- Während der Dauer und vor allem bei der Auflösung des Konkubinats sind beide Partner rechtlich nicht geschützt. Das Gesetz enthält keine Bestimmungen zum Konkubinat.
- Kinder von Konkubinatspaaren werden wie aussereheliche Kinder behandelt. Die Mutter erhält das elterliche Sorgerecht für das Kind.
- Beim Tod eines Konkubinatspartners hat der Lebensgefährte keinen Erbanspruch und kann keine Ansprüche auf eine AHV geltend machen.

Konkubinatsvertrag

Um sich rechtlich gegenseitig besser abzusichern, sollten die Konkubinatspartner mit einer schriftlichen Vereinbarung (Konkubinatsvertrag) für den Fall einer Trennung oder eines Todesfalles vorsorgen.

Wichtige Elemente des Konkubinatsvertrags
- Wohnen (Unterzeichnung des Mietvertrages, Aufteilung der Miete)
- Eigentumsverhältnisse (Gegenstände, Mobiliar, Neuanschaffungen)
- Aufteilung der Haushaltskosten, Lebensunterhaltskosten, Schulden
- Gegenseitige Absicherung, Unterstützung und Begünstigung (z. B. Testament, Lebensversicherung)
- Regelung zur Auflösung des Konkubinats

Verstanden?

6.5 Was bedeutet der Begriff «Konkubinat»?

6.6 Welche gesetzlichen Vorschriften gelten beim Konkubinat?

6.7 Zählen Sie je zwei Vor- und Nachteile des Konkubinats auf.

6.8 Welche Inhaltspunkte sollten in einem Konkubinatsvertrag geregelt werden?

Ehe

Der Weg zur Ehe

Das gegenseitige Heiratsversprechen wird als Verlobung resp. als Verlöbnis bezeichnet. Dieses Versprechen ist an keine Formvorschrift gebunden, kommt ohne die Mitwirkung des Staates zustande, stellt aber einen Vertrag dar. Worte, Briefe, gezielte Geschenke, Ringwechsel, ein Fest usw. genügen als Verlobungsbeweis. Ob letztlich geheiratet wird, steht den Verlobten frei.

Verlobung/Verlöbnis (ZGB 90)

Wird ein Verlöbnis aufgelöst, können gegenseitige Geschenke zurückgefordert werden (keine gewöhnlichen Gelegenheitsgeschenke, sondern z.B. teure Perlencolliers oder ähnlich kostspielige Geschenke). Hat einer der Verlobten in guten Treuen Aufwendungen in Hinblick auf die Eheschliessung getätigt (z.B. Buchung der Hochzeitreise), so kann er bei der Auflösung des Verlöbnisses vom anderen einen angemessenen Beitrag verlangen.

Auflösung der Verlobung (ZGB 91–93)

Die Ehefähigkeit deckt sich mit der Volljährigkeit, d.h., die Braut und der Bräutigam müssen mindestens 18 Jahre alt und urteilsfähig sein, damit sie heiraten dürfen.

Ehefähigkeit (ZGB 94)

> **Ehehindernisse**
> - *Verwandtschaft (sowohl Blutsverwandtschaft nur in gerader Linie bzw. Grosseltern, Eltern, Kinder, wie auch Adoptivverwandtschaft)*
>   Blutsverwandte Personen (Vater und Tochter/Geschwister und Halbgeschwister) dürfen einander nicht heiraten.
> - *Frühere Ehe*
>   Bigamie (Doppelehe) ist verboten. Bevor erneut geheiratet werden kann, muss der Nachweis erbracht werden, dass die frühere Ehe aufgelöst worden ist (Todesschein, Scheidungsurteil oder Familienregisterauszug).

Ehehindernisse (ZGB 95 und 96)

Nur vor einem Zivilstandsbeamten bzw. einer Zivilstandsbeamtin kann in der Schweiz eine zivilrechtlich wirksame Ehe geschlossen werden. Die religiöse Trauung darf erst nach der zivilen stattfinden. Die zivile Trauung findet in einem amtlichen Trauungslokal des vom Brautpaar gewählten Zivilstandsamtes statt, und zwar in Anwesenheit zweier volljähriger und urteilsfähiger Zeugen. Die Trauung ist öffentlich.

Die Trauung (ZGB 101/102)

Wirkungen der Ehe

Durch die Trauung verbinden sich eine Frau und ein Mann zu einer ehelichen Gemeinschaft. Diese bringt Rechte und Pflichten mit sich. Die Ehegatten verpflichten sich beispielsweise, das Wohl der Gemeinschaft zu wahren und für ihre Kinder gemeinsam zu sorgen (Unterhalt und Erziehung). Eigene Interessen müssen zurückgestellt werden. Weiter schulden die Eheleute einander Treue und Beistand.

Rechte und Pflichten der Ehegatten (ZGB 159)

Mit den neuen, seit 1.1.2013 geltenden Regelungen zum Namens- und Bürgerrecht wird die Gleichstellung der Ehegatten gewährleistet. Grundsätzlich kann jeder Ehegatte seinen Ledignamen beibehalten. Die Brautleute können jedoch erklären, dass sie einen gemeinsamen Familiennamen tragen wollen – den Ledignamen der Braut oder jenen des Bräutigams. Doppelnamen sind nicht mehr zulässig.

Familienname (ZGB 160)

Eheliche Wohnung (ZGB 162/169)

Die Ehepartner bestimmen gemeinsam die eheliche Wohnung. Für Kündigung oder Verkauf der Familienwohnung ist die ausdrückliche Zustimmung beider Ehegatten erforderlich.

Unterhalt der Familie (ZGB 163)

Die beiden Ehegatten übernehmen gemeinsam die Verantwortung für die Familie und sorgen, ihren Möglichkeiten entsprechend, für deren Unterhalt. Es gibt keine gesetzlich vorgeschriebene Rollenverteilung. Die Ehepartner bestimmen, wer erwerbstätig ist und wer den Haushalt besorgt.

Betrag zur freien Verfügung (ZGB 164)

Der Ehepartner, der den Haushalt führt und die Kinder betreut, hat Anspruch auf einen angemessenen Betrag zur freien Verfügung. Durch diese Regelung soll verhindert werden, dass der haushaltführende Ehepartner finanziell benachteiligt wird, weil er zugunsten der Hausarbeit ganz oder weitgehend auf ein eigenes Einkommen verzichtet. Der Betrag zu freien Verfügung wird bar ausgehändigt. Über den Verwendungszweck besteht keine Auskunftspflicht.

Durch die Heirat verpflichten sich die Ehepartner, das Wohl der Gemeinschaft zu wahren und allenfalls eigene Interessen zurückzustellen.

Vertretung der ehelichen Gemeinschaft (ZGB 166)

Für die laufenden Bedürfnisse (z. B. Wohnungskosten, Nahrung, Kleider, Arzt und Medikamente) kann jeder Ehegatte die eheliche Gemeinschaft alleine rechtsgültig vertreten. Bei solchen Schulden haften beide Ehegatten gemeinsam (solidarisch). Für grössere Geschäfte (z. B. Kauf teurer Möbel, Aufnahme eines Bankkredites) haftet der unbeteiligte Ehepartner hingegen ohne seine Zustimmung in der Regel nicht.

Beide Ehepartner können erwerbstätig sein. Jeder hat aber auf die Interessen des andern und das Wohl der Gemeinschaft Rücksicht zu nehmen.

Beruf und Gewerbe der Ehegatten (ZGB 167)

Die Ehepartner müssen sich gegenseitig über ihr Einkommen, Vermögen und ihre Schulden Auskunft geben. Gegenseitiges Vertrauen und Offenheit in finanziellen Belangen ist eine unabdingbare Voraussetzung für die Festlegung der Unterhaltsbeiträge einer Familie. Grundsätzlich sollten sich die Eheleute unaufgefordert über eingetretene Veränderungen in den finanziellen Verhältnissen orientieren.

Auskunftspflicht (ZGB 170)

Eingetragene Partnerschaft

Das Partnerschaftsgesetz – gültig seit dem 1. Januar 2007 – regelt die eingetragene Partnerschaft zwischen gleichgeschlechtlichen Paaren auf Bundesebene. Die Eintragung verleiht der Beziehung von homosexuellen Paaren einen rechtlichen Rahmen und stellt sie weitestgehend den Ehepaaren gleich, etwa in der Unterstützungspflicht, im Steuerrecht und im Umgang mit der Vorsorge.

Partnerschaftsgesetz (PartG)

Im Gegensatz zu Eheleuten sind aber Partner, die in einer eingetragenen Partnerschaft leben, weder zur Adoption zugelassen noch dürfen sie fortpflanzungstechnische Verfahren in Anspruch nehmen. Beides ist gemäss PartG sogar ausdrücklich verboten.

Die eingetragene Partnerschaft hat grundsätzlich keine Auswirkungen auf die Namensgebung der Partnerinnen und Partner sowie auf deren Bürgerrecht.

Verstanden?

6.9 Welche Bedeutung hat eine Verlobung?

6.10 Können sich nicht volljährige Personen verloben?

6.11 Welche Folgen kann die Auflösung eines Verlöbnisses haben?

6.12 Nennen Sie zwei Voraussetzungen, damit jemand heiraten kann.

6.13 Zählen Sie zwei Ehehindernisse auf.

6.14 Wo wird eine Trauung durchgeführt?

6.15 Welches sind die Wirkungen der Ehe in Bezug auf den Familiennamen?

6.16 Wer ist zuständig für den Unterhalt der Familie?

6.17 Weshalb hat der Ehepartner, der den Haushalt führt, Anrecht auf einen Betrag zur freien Verfügung?

6.18 Wie beurteilen Sie die Auskunftspflicht (ZGB 170)?

6.19 Nennen Sie einen wesentlichen Unterschied zwischen der eingetragenen Partnerschaft und der Ehe.

Kindesverhältnis

Entstehung des Kindesverhältnisses

ZGB 252 ff. Das Kindesverhältnis klärt die Frage, wer der Vater und wer die Mutter eines Kindes ist. Zwischen dem Kind und der Mutter entsteht es durch Geburt oder durch Adoption.

> **Entstehung des Kindesverhältnis zwischen Kind und Vater**
> - Durch die Ehe mit der Mutter des Kindes (bei einem ehelichen Kind)
> - Durch freiwillige Anerkennung (bei einem ausserehelichen Kind)
> - Durch ein Vaterschaftsurteil (bei einem ausserehelichen Kind)
> - Durch Adoption (wenn Ehefrau und Ehemann gemeinsam ein fremdes Kind annehmen)

Wirkung des Kindesverhältnisses

Familienname und Bürgerrecht (ZGB 270/271) Das Kind verheirateter Eltern erhält den von den Eltern gewählten, gemeinsamen Familiennamen. Tragen die Eltern jedoch verschiedene Namen, so erhält das Kind denjenigen ihrer Ledignamen, den sie bei der Eheschliessung zum Namen ihrer gemeinsamen Kinder bestimmen mussten. Das Bürgerrecht übernimmt das Kind von dem Elternteil, dessen Namen es trägt.

Unterhaltspflicht der Eltern (ZGB 276/277) Die Unterhaltspflicht der Eltern umfasst die Kosten für Pflege, Erziehung und Ausbildung des Kindes. Sie haben für den Unterhalt des Kindes zu sorgen, bis es volljährig ist.

Dauert die Ausbildung über die Volljährigkeit hinaus, so besteht die Unterhaltspflicht der Eltern, soweit zumutbar, bis zum ordentlichen Abschluss weiter.

Die Unterhaltspflicht der Eltern umfasst die Kosten für Pflege, Erziehung und Ausbildung der Kinder.

Solange ein Kind minderjährig ist, steht es unter der elterlichen Sorge. In der Ehe üben die Eltern diese – sofern sie volljährig sind – gemeinsam aus. Bei der Auflösung des gemeinsamen Haushaltes oder bei Trennung kann der Richter die elterliche Sorge einem Ehegatten allein zuteilen, wenn sich dies als nötig erweist. Bei geschiedenen und unverheirateten Paaren gilt seit Juli 2014 das gemeinsame Sorgerecht.

Elterliche Sorge (ZGB 296–298a)

Die Eltern haben die Kompetenz, in der Erziehung die notwendigen Entscheidungen zu treffen. Dabei steht das Wohl des Kindes im Vordergrund. Das Kind schuldet den Eltern allerdings auch Gehorsam. Je älter und reifer ein Kind ist, desto mehr Freiheiten in der Lebensgestaltung sollten ihm gewährt werden und desto mehr sollte bei wichtigen Angelegenheiten auf seine Meinung Rücksicht genommen werden. Grundsätzlich darf das Kind ohne die Einwilligung der Eltern die häusliche Gemeinschaft nicht verlassen.

Rechte und Pflichten der Eltern in der Erziehung (ZGB 301–303)

Die Eltern haben die Pflicht, dem Kind eine schulische und berufliche Ausbildung, die seinen Neigungen, Fähigkeiten und Begabungen entspricht, zu verschaffen. Bei Meinungsverschiedenheiten sollte der Wille des Kindes respektiert werden.

Recht auf Ausbildung

Die Eltern vertreten im Rahmen der elterlichen Sorge das Kind gegenüber Drittpersonen.

Vertretung (ZGB 304)

Kinder können eigenes Vermögen besitzen (Erbschaft, Schenkungen). Die Eltern haben das Recht und die Pflicht, das Kindesvermögen zu verwalten, solange ihnen die elterliche Sorge zusteht. Die Erträge des Kindesvermögens dürfen für den Unterhalt, die Erziehung und die Ausbildung des Kindes verwendet werden. Wollen die Eltern das Kindesvermögen verwenden, so müssen sie die Bewilligung der Kinderschutzbehörde einholen.

Verwaltung und Verwendung des Kindesvermögens (ZGB 318ff.)

Das Kind kann über seinen Arbeitserwerb, sein Erspartes und sein Taschengeld selbst verfügen. Übersteigt eine Ausgabe die finanziellen Möglichkeiten des Kindes, darf diese Ausgabe nur mit Zustimmung der Eltern getätigt werden.
Wohnt das Kind bei seinen Eltern, so können diese verlangen, dass es einen angemessenen Beitrag an die Haushaltskosten leistet.

Arbeitserwerb und Taschengeld (ZGB 323)

Verstanden?

6.20 Wie entsteht das Kindesverhältnis zwischen Mutter / Vater und Kind?

6.21 Wie lange haben die Eltern für die Ausbildungskosten eines Kindes aufzukommen?

6.22 Wer hat in der Ehe das elterliche Sorgerecht?

6.23 Wie ist das elterliche Sorgerecht geregelt, wenn die Eltern nicht miteinander verheiratet sind?

6.24 Kann ein 17-Jähriger von zu Hause ausziehen?

6.25 Worauf sollten die Eltern bei der Berufswahl ihres Kindes achten?

6.26 Wer verfügt über Ihren Lernendenlohn?

6.27 Wie beurteilen Sie den Sachverhalt, dass Ihre Eltern, sofern Sie bei ihnen wohnen, von Ihnen einen angemessenen Beitrag an die Haushaltskosten verlangen können?

Scheidung

Eine Ehe kann nicht wie andere Verträge in gegenseitigem Einverständnis aufgelöst werden – sie muss gerichtlich geschieden werden. Auf diese Weise soll verhindert werden, dass sich bei der Auflösung der Ehe eine Seite übermässige Vorteile verschafft.

Scheidung auf gemeinsames Begehren (ZGB 111)

Seit dem Jahr 2000 gibt es im Schweizer Recht die Scheidung auf gemeinsames Begehren. Wie der Name bereits andeutet, sind in diesem Fall beide Ehegatten bereit, in die Scheidung einzuwilligen. In einer Konvention werden umfassende Einigungen über die Scheidungsfolgen festgehalten. Nach einer gesetzlich festgesetzten zweimonatigen Bedenkzeit werden die Eheleute durch das Gericht geschieden. In der Schweiz werden fast 90 Prozent aller Scheidungen auf gemeinsames Begehren vollzogen.

Scheidung auf Klage (ZGB 114/115)

Sind sich die Ehegatten über die Scheidung als solche nicht einig, so bleibt dem scheidungswilligen Ehegatten die Möglichkeit, eine einseitige Scheidungsklage gegen den anderen Gatten zu erheben.

Nach einer zweijährigen Trennungszeit oder aufgrund schwerwiegender Gründe, die eine Fortsetzung der Ehe unzumutbar machen, wird die Scheidung gerichtlich durchgesetzt.

Folgende Punkte müssen geklärt werden:	
• Nachehelicher Unterhalt	• Güterrecht
• Elterliche Sorge	(Errungenschaftsbeteiligung)
• Unterhaltsbeiträge an Kinder	• Erbrecht

An Stelle einer Scheidung kann auch eine gerichtliche Trennung verlangt werden.

In der Schweiz wird heute jede zweite Ehe geschieden. Durch die güterrechtliche Auseinandersetzung wird dabei geregelt, wer welchen Anteil des Vermögens erhält.

Trennung statt Scheidung

Solange sich die Ehegatten über die Bedingungen des Getrenntlebens einig sind, müssen sie nicht zwingend an ein Gericht gelangen. Es steht ihnen frei, eine schriftliche Trennungsvereinbarung aufzusetzen und gemeinsam zu unterzeichnen oder mündliche Absprachen zu treffen.

Trennung in gegenseitigem Einvernehmen (ZGB 117/118)

Unter Umständen kann es sinnvoll oder gar notwendig sein, eine Trennungsvereinbarung gerichtlich genehmigen zu lassen. So können beispielsweise in Trennung lebende Personen nur Sozialhilfe oder Alimentenbevorschussung beantragen, wenn sie eine gerichtlich genehmigte Trennungsvereinbarung vorweisen können.

Gerichtlich genehmigte Trennungsvereinbarung

Rechtliche Auswirkungen einer Trennung
- Getrennt lebende Ehepaare gelten rechtlich weiterhin als verheiratet.
- Für gemeinsame Kinder haben getrennt lebende Eltern weiterhin gemeinsam das Sorgerecht, die Trennungsvereinbarung regelt die elterliche Obhut.
- Eine Trennung hat keine Änderung des Güterstandes zur Folge.
- Getrennt lebende Ehepaare werden in der Regel separat besteuert.
- Eine Trennung ist in der Regel unbefristet und kann jederzeit aufgehoben werden.

Errungenschaftsbeteiligung

Die Errungenschaftsbeteiligung ist der ordentliche oder gesetzliche Güterstand der Ehe. Sie tritt beim Abschluss der Ehe automatisch in Kraft, wenn die Ehepartner nichts anderes vereinbart haben. Rund 95 Prozent aller Ehen in der Schweiz leben unter diesem Güterstand. Darin werden die Vermögensverhältnisse der Eheleute während der Ehe und bei deren Auflösung geregelt.

Durch die Errungenschaftsbeteiligung geregelte Fragen
- Wem gehört was?
- Wer verfügt über welches Vermögen?
- Wer haftet für welche Schulden?
- Wer verwaltet das Vermögen?
- Wer nutzt bzw. behält die Erträge?
- Wie sieht die Aufteilung bei der Auflösung der Ehe aus?

Das Vermögen von Frau und Mann vor der Ehe wird als Eigengut bezeichnet. Erbschaften und Schenkungen während der Ehe werden zum Eigengut gerechnet.

Eigengut (ZGB 198)

Während der Ehe gebildete Vermögen (z. B. aus Arbeitserwerb oder Bankzinsen) gehören zur Errungenschaft. Während der Ehe kann jeder Ehepartner sein Eigengut und seine Errungenschaft selbstständig verwalten und darüber verfügen. Für seine Schulden haftet jeder Ehegatte alleine.

Errungenschaft (ZGB 197)

Güterrechtliche Auseinandersetzung

Bei Auflösung der Ehe kommt es zur güterrechtlichen Auseinandersetzung, die wie folgt geregelt ist:

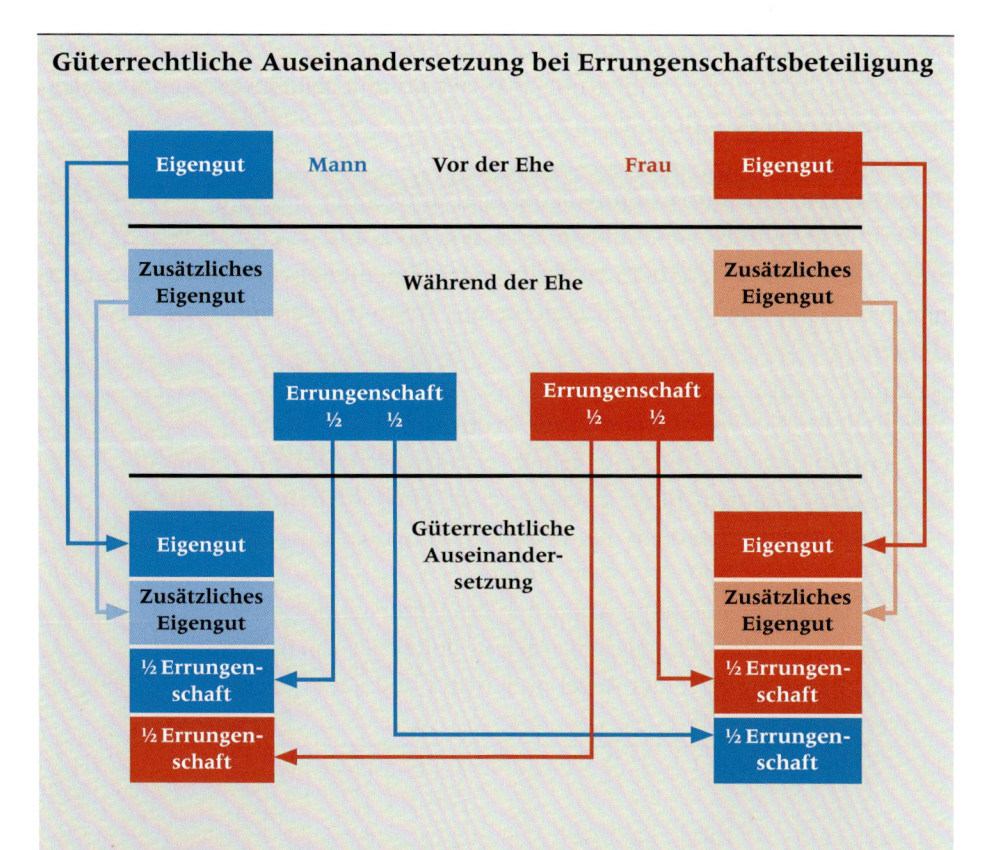

Güterrechtliche Auseinandersetzung bei Errungenschaftsbeteiligung

| Eigengut | Mann | Vor der Ehe | Frau | Eigengut |

Während der Ehe
- Zusätzliches Eigengut (Mann)
- Zusätzliches Eigengut (Frau)
- Errungenschaft ½ ½
- Errungenschaft ½ ½

Güterrechtliche Auseinandersetzung
- Eigengut / Zusätzliches Eigengut / ½ Errungenschaft / ½ Errungenschaft (Mann)
- Eigengut / Zusätzliches Eigengut / ½ Errungenschaft / ½ Errungenschaft (Frau)

- Jeder Ehegatte behält sein Eigengut (= Eigengut vor der Ehe plus zusätzliches Eigengut während der Ehe).
- Von der Errungenschaft werden allfällige Schulden abgezogen. Was übrig bleibt, bildet den Errungenschaftsvorschlag.
- **ZGB 215** Jeder Ehegatte behält die Hälfte seines Vorschlages und hat Anspruch auf die Hälfte des Vorschlages des anderen Ehegatten.
- Sind die Schulden grösser als das Vermögen, ist die Rede von einem Rückschlag. Diesen hat jeder Ehegatte alleine zu tragen.

Weitere Güterstände (ZGB 221 ff./247 ff.)

Neben der Errungenschaftsbeteiligung gibt es noch die Gütergemeinschaft und die Gütertrennung. Beide Güterstände benötigen einen Ehevertrag.

Während in der Gütergemeinschaft der grösste Teil des Familienvermögens gemeinsam verwaltet wird, existiert bei der Gütertrennung kein gemeinsames Vermögen.

Verstanden?

6.28 Welche möglichen Scheidungsformen gibt es?

6.29 Welche möglichen Folgen kann eine Scheidung haben?

6.30 Was sind Vor- bzw. Nachteile einer Trennung?

6.31 Was regelt die Errungenschaftsbeteiligung?

6.32 Was ist der Unterschied zwischen Eigengut und Errungenschaft?

6.33 Wie wird das Familienvermögen bei einer Auflösung der Ehe geteilt?

6.34 Was passiert mit den Schulden?

Erbrecht

Allgemeines

Das Erbrecht bestimmt, wer beim Tod einer Person (Erblasser) erbberechtigt ist und wie die Erbschaft zwischen dem überlebenden Ehegatten (sofern der Erblasser verheiratet war) und den übrigen Erben geteilt wird.
Wenn die Schulden grösser sind als das Vermögen, kann man die Erbschaft ausschlagen.

Testament

Mithilfe eines Testaments kann der Erblasser (handlungsfähige Person) über einen bestimmten Teil seines Erbes frei verfügen. Folgende Formen des Testaments sieht das Gesetz vor:

Formen des Testaments	
Handgeschriebenes Testament	Von Anfang bis Schluss von Hand geschrieben inklusive Ort, Datum und Unterschrift
Öffentlich beurkundetes Testament	Unter Mitwirkung von zwei Zeugen vor einem Notar oder einer Urkundsperson unterschrieben
Nottestament	Wird in einer Notlage in Anwesenheit von zwei Zeugen mitgeteilt und später zu Protokoll gegeben

Gesetzliche Erben nach Stämmen (ZGB 457 ff.)

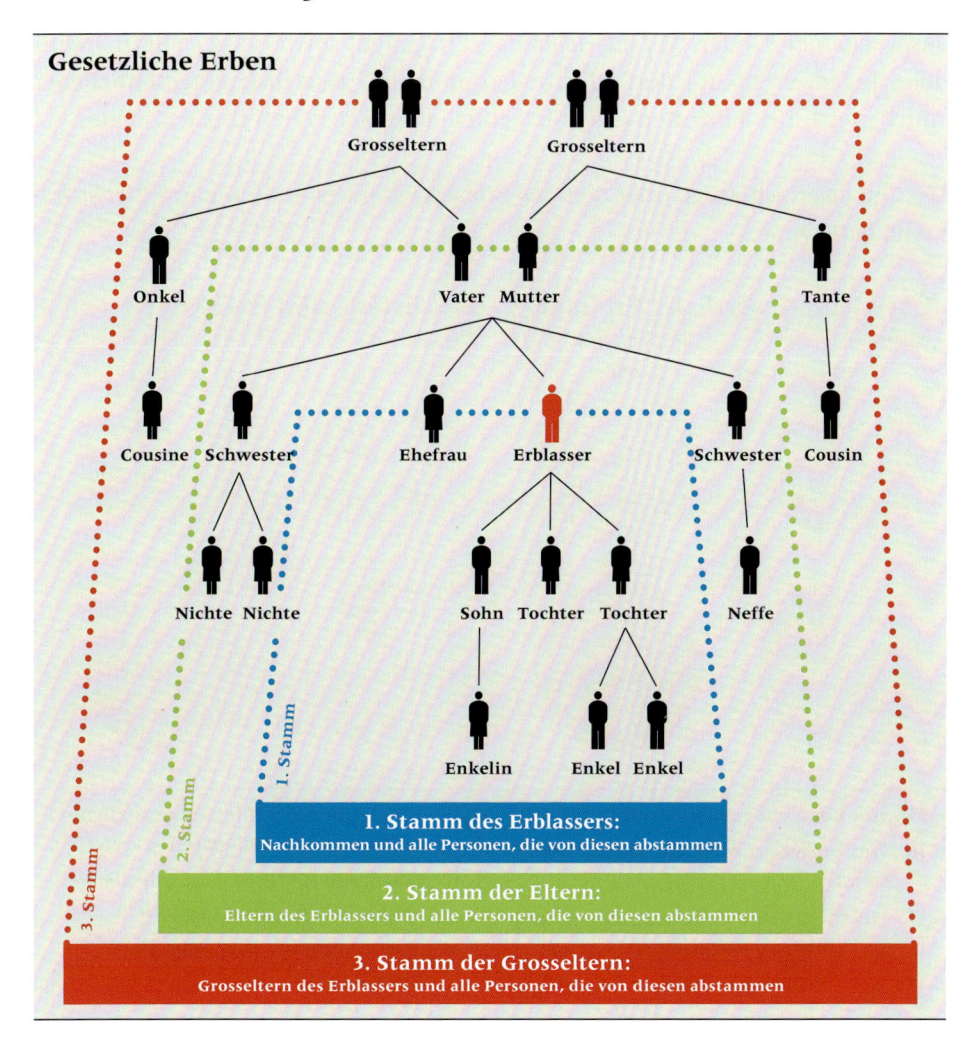

Die gesetzlichen Erben werden in Stämme eingeteilt. Zuerst erbt der 1. Stamm (Nachkommen). Nur wenn keine Nachkommen vorhanden sind, erbt der elterliche und allenfalls der grosselterliche Stamm.

Gesetzliche Erben

- **1. Stamm des Erblassers:** Nachkommen und alle Personen, die von diesen abstammen
- **2. Stamm der Eltern:** Eltern des Erblassers und alle Personen, die von diesen abstammen
- **3. Stamm der Grosseltern:** Grosseltern des Erblassers und alle Personen, die von diesen abstammen

Grundsätze zur gesetzlichen Erbfolge (ZGB 457–459/462)

Wenn beim Tod einer Person kein Testament und kein Erbvertrag vorliegt, tritt die gesetzliche Erbfolge ein.

> **Gesetzliche Erbfolge**
> - Zuerst sind die Kinder erbberechtigt. Ist ein Kind bereits verstorben, treten an seine Stelle seine Nachkommen (z.B. Enkel). Sobald mindestens ein Erbe im ersten Stamm vorhanden ist, gehen alle anderen Stämme leer aus.
> - Sind keine Erben im ersten Stamm vorhanden, so fällt die Erbschaft je zur Hälfte an die Mutter- und die Vaterseite. Falls ein Elternteil bereits verstorben ist, geht dessen Erbschaft an die Nachkommen der Eltern (Geschwister des Erblassers).
> - Sind keine Nachkommen und keine Erben im elterlichen Stamm vorhanden, so gelangt die Erbschaft an den Stamm der Grosseltern und deren Nachkommen. Mit diesem Stamm hört die Erbberechtigung der Verwandten auf.
> - Der überlebende Ehegatte erbt immer.
>   - Er hat Anspruch auf die Hälfte der Erbschaft, wenn Nachkommen vorhanden sind.
>   - Wenn er mit dem elterlichen Stamm zu teilen hat, hat der überlebende Ehegatte Anrecht auf drei Viertel der Erbschaft.
>   - Sind nur Erben im grosselterlichen Stamm vorhanden, erbt der überlebende Ehegatte alles.

Pflichtteilsrecht (ZGB 471)

Der Erblasser kann durch Testament oder Erbvertrag die gesetzlichen Erbansprüche der Kinder, des überlebenden Ehegatten, sowie seiner Eltern verändern, indem er sie auf den Pflichtteil (minimaler, gesetzlich vorgeschriebener Anteil) setzt. Der Pflichtteil ist ein Bruchteil des gesetzlichen Erbanspruches.

Frei verfügbare Quote

Der Teil des Nachlasses, über den der Erblasser frei bestimmen kann, heisst frei verfügbare Quote.

Übersicht: Gesetzliche Erbfolge / Pflichtteile und freie Quote

Erblasser mit Nachkommen

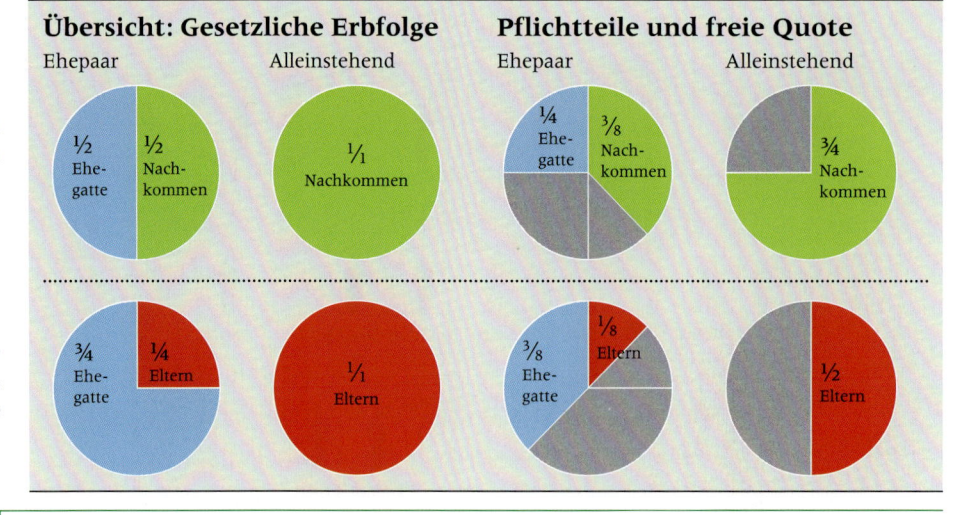

- Ehepaar: ½ Ehegatte, ½ Nachkommen
- Alleinstehend: 1/1 Nachkommen
- Ehepaar (Pflichtteile): ¼ Ehegatte, ⅜ Nachkommen
- Alleinstehend (Pflichtteile): ¾ Nachkommen

Erblasser ohne Nachkommen, zwei Elternteile

- Ehepaar: ¾ Ehegatte, ¼ Eltern
- Alleinstehend: 1/1 Eltern
- Ehepaar (Pflichtteile): ⅜ Ehegatte, ⅛ Eltern
- Alleinstehend (Pflichtteile): ½ Eltern

Verstanden?

- 6.35 Wer kann ein Testament hinterlassen?
- 6.36 Was bezweckt man mit einem Testament?
- 6.37 Welches ist die sicherste Art den letzten Willen zu bekunden?
- 6.38 Wer sind die gesetzlichen Erben?
- 6.39 Wie kann der Erblasser gesetzliche Erben auf den Pflichtteil setzen?
- 6.40 Was kann der Erblasser mit der frei verfügbaren Quote machen?
- 6.41 Wann kann ich eine Erbschaft ausschlagen?

6.3 Wohnen und Miete

Eine eigene Wohnung zu haben, ist ein wichtiger Schritt in ein selbst gestaltetes Leben. Zu Beginn der Erwerbstätigkeit ist der Lohn in der Regel nicht allzu hoch. Bevor Sie eine Wohnung suchen, sollten Sie sich deshalb die Frage stellen, welchen Mietzins Sie sich leisten können. Eine Faustregel besagt, dass die Obergrenze für den Mietzins inklusive Nebenkosten nicht mehr als 30 Prozent des Einkommens betragen sollte. Es kann sich deshalb lohnen, zu Beginn der Selbstständigkeit mit anderen Personen eine Wohnung zu beziehen. Schon das Zusammenziehen mit der Partnerin bzw. dem Partner halbiert die Miete und vergrössert die Möglichkeiten bei der Wohnungssuche.

Grundsätzliche Überlegungen

Wohnungssuche und Umzug

Wichtig bei der Wohnungssuche ist, dass sie nicht eingleisig erfolgt. Die besten Vorgehensweisen sind die folgenden:

Wohnungssuche

Vorgehensweise bei der Wohnungssuche
- Suche im Internet (z. B. www.immoscout24.ch; www.homegate.ch)
- Mund-zu-Mund-Propaganda (verschiedensten Leuten mitteilen, dass Sie eine Wohnung suchen)
- Anschlagbretter lesen (z. B. Grossverteiler, Warenhäuser, Arbeitsplatz, Schule)
- Zeitungsinserate beachten (Rubrik «Wohnungsmarkt»)
- Selber inserieren

Eine eigene Wohnung: ein wichtiger Schritt in ein selbst gestaltetes Leben.

Chiffre-Inserat Viele Vermieterinnen inserieren ihre Wohnung unter einer Chiffre, damit sie nicht über längere Zeit mit Telefonanrufen überhäuft werden, sondern in Ruhe aus den eingegangenen Bewerbungen auswählen können.

Eine Strategie der Wohnungssuche beinhaltet das durchforsten von Chiffre-Inseraten.

Mietbewerbung Auf ein Chiffre-Inserat muss eine schriftliche Mietbewerbung geschrieben werden. Die Chance, die Wohnung zu erhalten, wird grösser, wenn sich die eigene Mitbewerbung von den anderen abhebt. Sie müssen also dem Vermieter zeigen, dass gerade Sie (und nicht alle anderen) der perfekte Mieter, die perfekte Mieterin für diese Wohnung wären.

Umzug Gut geplant ist halb gezügelt. Wer sich sorgfältig und vor allem frühzeitig vorbereitet, spart viel Zeit, Geld, Stress und Ärger. Die folgenden Tipps sollen helfen, den Zügelcountdown erträglicher zu gestalten:

> **Zügeltipps**
> - Bei der Arbeitgeberin bzw. dem Arbeitgeber den rechtlich zustehenden freien Tag für den Umzug einfordern
> - Bei verschiedenen Zügelfirmen Offerten einholen oder Helfende und Fahrzeug organisieren
> - Genügend Verpackungsmaterial beschaffen
> - Kisten genau anschreiben und Möbel so weit wie möglich demontieren
> - Parkplätze für das Transportfahrzeug vor dem alten, aber auch vor dem neuen Wohnhaus reservieren
> - Ämtern, Unternehmen, Versicherungen, Verwandten und Bekannten Adressänderung bekannt geben
> - Zählerstände (Strom, Gas, Wasser und Heizung) in der alten und neuen Wohnung notieren

Verstanden?

6.42 Welche Wohnmöglichkeiten haben Sie als Lehrabgänger bzw. Lehrabgängerin?

6.43 Wie und wo kann ich eine Wohnung suchen?

6.44 Was sollte man bei einer Mietbewerbung beachten?

6.45 Zählen Sie vier Tipps auf, die beim Vorbereiten eines Umzuges beachtet werden sollten.

Mietvertrag und Mietantritt

Das Gesetz sieht für den Mietvertrag keine besondere Form vor. Dieser kann also schriftlich oder mündlich abgeschlossen werden. Üblicherweise kommen Mietverhältnisse durch das Unterzeichnen eines Formular- resp. Mustermietvertrages zustande.

Form des Mietvertrages

Üblicherweise wird der Mietvertrag schriftlich abgeschlossen.

Unterzeichnen mehrere Mieter den Mietvertrag (z. B. WG), so haften sie solidarisch für alle Verbindlichkeiten (z. B. Bezahlung des Mietzinses, Schäden beim Auszug).

Solidarhaftung

Die Vermieterin ist verpflichtet, die Wohnung zum vereinbarten Zeitpunkt in einem zum vertragsgemässen Gebrauch geeigneten Zustand zu übergeben und während der Mietzeit in diesem Zustand zu erhalten. Dazu ein Beispiel: Peter mietet eine Neubauwohnung im Parterre mit Gartensitzplatz. Beim Einzug in die Wohnung kann der Gartensitzplatz noch nicht benutzt werden, da die Umgebungsarbeiten nicht beendet sind. Weil der Gartensitzplatz einen Teil der gemieteten Wohnung darstellt, ist in diesem Falle «der zum vertragsgemässen Gebrauch geeignete Zustand» nicht gegeben. Peter kann für die Übergangszeit eine angemessene Mietzinsreduktion verlangen.

Übergabe der Wohnung (OR 256/256a)

Beim Mietantritt sollte die Vermieterin mit dem Mieter die Räume gemeinsam besichtigen und die vorhandenen Mängel in einer Mängelliste (Antritts-/Übergabeprotokoll) festhalten. Dies ist keine gesetzliche Pflicht. Der Mieter hat aber so die Gewissheit, dass er bei Beendigung des Mietverhältnisses nicht für Mängel aufkommen muss, die bereits bei seinem Einzug vorhanden waren.

Mängelliste

Bei der Miete von Wohnräumen darf die Vermieterin höchstens drei Monatsmieten als Sicherheit verlangen. Diese Kaution (Sicherheit) dient zur Deckung von ausstehenden Mietzinsen und Nebenkosten sowie zur Deckung von Schadenersatzforderungen.

Kaution (OR 257e)

Häufig verlangt die Vermieterin den Abschluss einer Privathaftpflichtversicherung, welche die Kaution überflüssig macht.

Privathaftpflichtversicherung

Verstanden?

6.46 Welche Formvorschrift gilt für den Mietvertrag?

6.47 Weshalb haben Mieter und Vermieterin ein Interesse an der gemeinsamen Aufnahme eines Antrittsprotokolls?

6.48 Wie hoch darf eine Kaution sein, und welchen Zweck erfüllt sie?

Mietzeit

Pflichten des Mieters

Mietzins und Nebenkosten (OR 257a) — Der Mieter muss den Mietzins und meistens die Nebenkosten (z. B. für Heizung, Warmwasser, Garten- und Umgebungspflege, Strom) an jedem Monatsende bezahlen (in der Praxis häufig im Voraus). Die Vermieterin muss dem Mieter auf Verlangen Einsicht in die Nebenkosten gewähren.

Sorgfalt und Rücksichtnahme (OR 257f) — Der Mieter ist beim Gebrauch der gemieteten Räume zur Sorgfalt verpflichtet. Beispiel: Auch bei sorgfältigem Gebrauch kann es zu Verfärbungen der Wände kommen (z. B. hinter aufgehängten Bildern). Dies gilt aber als normale Abnützung. Anders sieht es aus, wenn wegen starken Rauchens die Tapeten übermässig verfärbt sind.
Auf die Nachbarn hat der Mieter mit seinem Verhalten Rücksicht zu nehmen.

Hausordnung — Wird beim Abschluss eines Mietvertrages eine Hausordnung als verbindlich erklärt, muss sich der Mieter an diese Bestimmungen halten.

Duldungspflicht (OR 257h) — Der Mieter muss der Vermieterin gestatten – sofern sie sich rechtzeitig angemeldet hat – die Räume für den Unterhalt, die Wiedervermietung oder den Verkauf zu besichtigen.

Kleine Mängel (OR 259) — Kleine Mängel muss der Mieter selbst beseitigen oder bezahlen. Dies unabhängig davon, ob ihn ein direktes Verschulden trifft oder ob der Mangel beim normalen Gebrauch entstanden ist. Als kleine Mängel gelten z. B. schadhafte WC-Brillen, Duschschläuche und Dichtungen an Wasserhahnen, defekte Schlösser, Sicherungen, Glühlampen, Steckdosen und Schalter oder Gurten und Kurbeln von Rollladen und Storen.
Manche Formularmietverträge enthalten die Regelung, dass alle Reparaturen bis zu einem bestimmten Betrag vom Mieter zu übernehmen sind.

Eine defekte Waschmaschine muss durch die Vermieterin repariert oder ersetzt werden.

Rechte des Mieters

Mittelschwere (z. B. defekte Wasch- und Abwaschmaschine) und schwerwiegende Mängel (z. B. Heizung funktioniert nicht), die der Mieter nicht selbst zu beseitigen hat, müssen der Vermieterin mitgeteilt werden. Aus Beweisgründen ist eine schriftliche Information empfehlenswert. Wird der Mangel nicht oder zu spät gemeldet und entsteht dadurch weiterer Schaden am Mietobjekt, wird der Mieter schadenersatzpflichtig.

Hat der Mieter einen Mangel ordnungsgemäss mitgeteilt und für dessen Behebung einen Termin festgelegt, den die Vermieterin nicht einhält, hat der Mieter folgende Rechte:

Mittlere und grössere Mängel (OR 259–259i)

> **Rechte des Mieters bei Nichtbeseitigung von Mängeln**
> - Der Mieter hat, solange der Mangel nicht behoben ist, Anspruch auf eine verhältnismässige Herabsetzung des Mietzinses (Mietzinsreduktion).
> - Hat der Mangel Schäden zur Folge, kann der Mieter Schadenersatzforderungen an die Vermieterin stellen.
> - Der Mieter kann den Mietzins bei einer vom Kanton bezeichneten Stelle hinterlegen (Voraussetzungen OR 259g).
> - Der Mieter kann den Mangel durch eine Fachperson beheben lassen, die anfallenden Reparaturkosten bezahlen und mit dem nächsten Mietzins verrechnen. Er muss gegebenenfalls belegen, dass die Reparatur nicht zu teuer war. Bei diesem Vorgehen ist Vorsicht geboten!
> - Bei schwerwiegenden Mängeln kann der Mieter das Mietverhältnis fristlos kündigen.

Erneuerungen (z. B. alte Fenster werden ersetzt) oder Änderungen (z. B. Einbau eines Lifts) durch die Vermieterin müssen für den Mieter zumutbar sein. Die Arbeiten sind so zu organisieren, dass der Mieter möglichst nicht gestört wird.

Erneuerungen und Änderungen durch Vermieter (OR 260)

Der Mieter kann Erneuerungen und Änderungen vornehmen, wenn die Vermieterin schriftlich zugestimmt hat. Den ursprünglichen Zustand muss er in diesem Fall beim Auszug nur dann wiederherstellen, wenn dies schriftlich vereinbart worden ist.

Erneuerungen und Änderungen durch Mieter (OR 260a)

Weist das Mietobjekt wegen der Eigeninvestition des Mieters einen erheblichen Mehrwert auf (z. B. Decken und Zimmerwände täfern), hat er beim Auszug Anspruch auf eine Entschädigung, sofern die Vermieterin der entsprechenden Änderung schriftlich zugestimmt hat.

Mehrwert

Untermiete Der Mieter darf die Mietsache mit Zustimmung der Vermieterin untervermieten (keine Formvorschrift). Diese Zustimmung kann die Vermieterin nur aus bestimmten Gründen verweigern:

> **Verweigerungsgründe für die Untermiete**
> - Der Mieter gibt die Bedingungen der Untermiete nicht bekannt (z. B. Dauer der Untermiete oder Identität des Untermieters).
> - Die Bedingungen der Untermiete sind missbräuchlich (z. B. Untervermieterin erzielt einen Gewinn aus der Vermietung).
> - Der Vermieterin entstehen aus der Untermiete wesentliche Nachteile (z. B. Untermieterinnen nutzen das Mietobjekt als Bandprobenraum und die Nachbarn stören sich am Lärm).

Bei einem Umzug sind die Rechte aber auch die Pflichten der Mieter zu berücksichtigen.

Verstanden?

6.49 Zählen Sie vier Beispiele von Nebenkosten auf.

6.50 Welche drei Gründe berechtigen die Vermieterin, die Wohnung zu besichtigen?

6.51 Nennen Sie drei Mängel, welche der Mieter bezahlen muss.

6.52 Welche Rechte haben Sie, falls die Vermieterin einen Mangel nicht beseitigt?

6.53 Woran ist zu denken, wenn Sie in der Wohnung einen Umbau tätigen wollen?

6.54 Wann hat die Vermieterin das Recht, Ihnen den Abschluss eines Untermietvertrages zu verbieten?

Mietende

Bei einem vorzeitigen (ausserterminlichen) Auszug ist der Mieter von seinen vertraglichen Verpflichtungen nur befreit, wenn er der Vermieterin einen zahlungsfähigen und zumutbaren Ersatzmieter vorschlägt. Dieser muss bereit sein, den Mietvertrag zu den gleichen Bedingungen zu übernehmen. Gelingt es dem Mieter nicht, einen Ersatzmieter zu finden, schuldet er den Mietzins bis zum vertraglich festgelegten Mietende.

Vorzeitiger Auszug (OR 264)

Mieter müssen Wohnungen schriftlich kündigen. Für die Mieterkündigung genügt ein eingeschriebener Brief, bei Ehepaaren mit der Unterschrift beider Eheleute.

Mieterkündigung (OR 266l/266m)

Die Vermieterkündigung einer Wohnung erfolgt auf einem vom Kanton genehmigten Formular, das den Mieter darüber informiert, wie er vorzugehen hat, wenn er die Kündigung anfechten oder eine Erstreckung des Mietverhältnisses verlangen will. Bei Ehepaaren wird die Kündigung beiden Ehegatten separat zugestellt. Erfüllt die Vermieterkündigung diese gesetzlichen Bestimmungen nicht, ist sie ungültig.

Vermieterkündigung (OR 266l/266n/266o)

Wenn im Mietvertrag nichts anderes bestimmt ist, gelten folgende Fristen und Termine:

Kündigungsfristen und Kündigungstermine (OR 266ff.)

> **Kündigungsfristen und -termine**
> - Für unmöblierte und möblierte Wohnungen sowie unmöblierte Einzelzimmer gilt eine Kündigungsfrist von drei Monaten auf einen ortsüblichen Termin (z.B. Kanton St. Gallen und Appenzell Inner- und Ausserrhoden an jedem Monatsende ausser Dezember).
> - Für möblierte Einzelzimmer und Einstellhallenplätze gilt eine Kündigungsfrist von zwei Wochen auf Ende einer einmonatigen Mietdauer (z.B. Mietbeginn ist der 20. Dezember, d.h., die Kündigung erfolgt auf den 20. Januar, 20. Februar usw.).
> - Für bewegliche Sachen gilt eine Kündigungsfrist von drei Tagen auf einen beliebigen Zeitpunkt.

Diese Fristen dürfen durch vertragliche Abmachungen verlängert, jedoch nicht verkürzt werden.
Die Kündigung muss am letzten Tag vor Beginn der Kündigungsfrist beim Empfänger eintreffen, sonst gilt sie als verspätet. Somit verschiebt sich die Kündigung auf den nächstmöglichen Termin.

OR 266a

Bei einem Eigentümerwechsel gilt der Grundsatz, dass ein Kauf die Miete nicht bricht. In der Regel läuft das Mietverhältnis also normal weiter, wenn eine Mietwohnung verkauft wird. Kann jedoch die neue Eigentümerin dringenden Eigenbedarf geltend machen, so besteht die rechtliche Möglichkeit, die Wohnung unter Einhaltung der dreimonatigen Kündigungsfrist auf den ortsüblichen Termin zu kündigen.

Wechsel des Eigentümers (OR 261)

Am Ende der Mietzeit muss der Mieter die Wohnung in dem Zustand zurückgeben, der sich aus dem vertragsgemässen Gebrauch ergibt. Der Mieter haftet

Rückgabe der Wohnung

somit nicht für die übliche Abnützung der Mietsache (z. B. Spannteppich ist nach 15 Jahren unbrauchbar). Dafür zahlt er schliesslich Miete. Er haftet ausschliesslich für Schäden, die fahrlässig oder absichtlich verursacht worden sind. Bei der Berechnung eines Schadens muss die Lebensdauer der beschädigten Sache mit berücksichtigt werden (z. B. ein Kind bemalt die Tapete im Kinderzimmer. Tapeten haben eine Lebensdauer von zirka 10 Jahren. Wenn die Tapete beim Auszug 8 Jahre alt war, müssen die Eltern 2/10 resp. 1/5 der Erneuerungskosten bezahlen).

Lebensdauertabelle

www.mieterverband.ch/mietrechtonline/Lebensdauertabelle

Am Ende der Mietzeit haftet der Mieter für Schäden, die er fahrlässig oder absichtlich verursacht hat.

Verstanden?

6.55 Was müssen Sie bei einem vorzeitigen Auszug tun, damit Sie sich von Ihren mietvertraglichen Verpflichtungen befreien können?

6.56 Welche Formvorschriften gelten bei einer Vermieterkündigung?

6.57 Wann muss die Kündigung spätestens bei der Vermieterin eintreffen?

6.58 Was bewirkt eine Kündigung, welche nicht fristgerecht (zu spät) eingereicht wurde?

6.59 Welche Kündigungsfristen gelten für Wohnungen und möblierte Einzelzimmer?

6.60 Für welche Schäden haften Sie bei der Wohnungsrückgabe?

Mieterschutz

Der Bund hat Vorschriften gegen Missbräuche im Mietwesen erlassen.   *Allgemeines*

> **Der Mieterschutz regelt**
> - den Schutz des Mieters vor missbräuchlichen Mietzinsen und anderen missbräuchlichen Forderungen der Vermieterin,
> - die Anfechtung missbräuchlicher Kündigungen,
> - die befristete Erstreckung von Mietverhältnissen.

Schutz vor missbräuchlichen Mietzinsen

Mietzinse sind grundsätzlich missbräuchlich, wenn damit ein übersetzter Ertrag erzielt wird oder wenn sie auf einem offensichtlich übersetzten Kaufpreis beruhen.   *Missbräuchliche Mietzinsen (OR 269/269a)*

Auch während der Mietdauer kann der Mieter mit einem schriftlichen Herabsetzungsbegehren verlangen, dass der Mietzins auf den nächstmöglichen Kündigungstermin herabgesetzt wird. Dies ist dann der Fall, wenn Grund zur Annahme besteht, der Vermieter erziele einen übersetzten Ertrag aus der Mietsache (z. B. Hypothekarzins sinkt).   *Herabsetzungsbegehren (OR 270/270a)*

Mietzinse gelten aber dann nicht als missbräuchlich, wenn sie im Rahmen der orts- oder quartierüblichen Mietzinse liegen oder durch Kostensteigerungen oder Mehrleistungen des Vermieters begründet sind (z. B. Hypothekarzinserhöhungen, wertvermehrende Investitionen).

Die Vermieterin muss die Mietzinserhöhung auf einem vom Kanton bewilligten Formular rechtzeitig mitteilen (spätestens zehn Tage vor Beginn der Kündigungsfrist) und begründen. Erfüllt die Ankündigung der Mietzinserhöhung diese gesetzlichen Vorgaben nicht, ist sie ungültig.   *Mietzinserhöhungen (OR 269d)*

Der Mieter kann eine Mietzinserhöhung innert 30 Tagen seit der Ankündigung bei der Schlichtungsbehörde anfechten. Erhält der Mieter Recht, darf ihm im Regelfall während den nächsten drei Jahren nicht gekündigt werden.   *Anfechtung von Mietzinserhöhungen (OR 270b)*

Anfechtung missbräuchlicher Kündigungen

Die Kündigung der Vermieterin, die auf Verlangen des Mieters begründet werden muss, ist unter gewissen Voraussetzungen anfechtbar.   *Anfechtung der Kündigung (OR 271/271a)*

> **Anfechtbare Kündigungen**
> - Kündigung aufgrund von Ansprüchen, die der Mieter nach Treu und Glauben einfordert (z. B. Rachekündigung, weil der Mieter wegen zu hoher Heizkosten reklamiert hat)
> - Kündigung während eines Schlichtungs- oder Gerichtsverfahrens im Zusammenhang mit dem Mietverhältnis
> - Kündigung vor Ablauf von drei Jahren nach Abschluss eines Schlichtungs- oder Gerichtsverfahrens (Sperrfrist)

Das Anfechtungsbegehren ist innert 30 Tagen nach Erhalt der Kündigung bei der Schlichtungsbehörde einzureichen. Wird diese Frist versäumt, ist die Kündigung gültig.

Erstreckung des Mietverhältnisses

Erstreckung des Mietverhältnisses (OR 272/272a und b)

Der Mieter hat das Recht, die Erstreckung eines befristeten oder unbefristeten Mietverhältnisses zu verlangen, wenn die Beendigung der Miete für ihn eine Härte zur Folge hätte, die schwerer wiegt als das Interesse der Vermieterin an der Vertragsbeendigung (z.B. kinderreiche Familie; alleinerziehende Mütter oder Väter). Sinn und Zweck dieser Regelung ist, dem Mieter mehr Zeit für die Suche nach einer neuen Wohnung zu geben.

Die Erstreckung ist von vornherein ausgeschlossen, wenn der Mieter z.B. in Zahlungsverzug ist oder er seine Pflicht zur Sorgfalt und zur Rücksichtnahme schwer verletzt hat.

Das Mietverhältnis kann erstreckt werden, wenn der Mieter innert 30 Tagen ab Empfang der Kündigung bei der Schlichtungsbehörde am Ort, wo sich die Liegenschaft befindet, einen entsprechenden Antrag stellt. Das Mietverhältnis kann für Wohnräume um höchstens vier Jahre erstreckt werden.

Verstanden?

6.61 Was regelt der Mieterschutz?

6.62 Unter welchen Voraussetzungen ist die Ankündigung einer Mietzinserhöhung rechtswirksam?

6.63 Innert welcher Frist müssen Sie eine Mietzinserhöhung anfechten?

6.64 Nennen Sie zwei Gründe, die zur Anfechtung einer Kündigung berechtigen.

6.65 Welche Umstände verunmöglichen eine Mieterstreckung?

6.66 Wie lange kann ein Mietverhältnis für Wohnungen maximal erstreckt werden?

7 Arbeit und Markt

	Einleitung	**214**
7.1	Rechtliche Grundlagen des Arbeitsvertrags	215
7.2	Einzelarbeitsvertrag (EAV)	217
7.3	Gesamtarbeitsvertrag (GAV)	229
7.4	Einfacher Auftrag	230
7.5	Werkvertrag	231
7.6	Leben im Gleichgewicht	233
7.7	Konjunktur und Wirtschaftsentwicklung	238
7.8	Globalisierung	253

Einleitung

Als Arbeitnehmerin bzw. Arbeitnehmer in Ihrem Betrieb, aber auch als Konsumentin bzw. Konsument auf dem Markt nehmen Sie direkt Einfluss auf die Entwicklung der Wirtschaft. Sie erkennen die Bedeutung technologischer Entwicklungen sowie den Prozess der Globalisierung und leiten daraus wichtige Erkenntnisse für Ihr Leben ab.

Der Arbeitsmarkt entwickelt sich stetig. Jeder Wirtschaftsteilnehmer versucht seine Interessen durchzusetzen, dadurch entstehen Konflikte. Unsere Gesellschaft fordert das Lösen dieser Konflikte, wobei wirtschaftliche und ethische Gesichtspunkte berücksichtigt werden sollten.

Als Arbeitnehmerin und Arbeitnehmer stossen Sie auf Probleme, welche das Arbeitsrecht betreffen. Kenntnisse von den wichtigsten Rechten und Pflichten helfen Ihnen bei der Lösung dieser Probleme.

Auf dem globalen Markt herrscht ein stetiger Wettbewerb. Die Schweiz ist ein Teil dieses Marktes. Verschiedene Faktoren führen zu Schwankungen, welche grossen Einfluss auf die Arbeitsplätze haben. Im Alltag erleben Sie, wie der Staat, aber auch einzelne Firmen darauf reagieren.

7.1 Rechtliche Grundlagen des Arbeitsvertrags

Ein Arbeitsverhältnis zwischen einem Arbeitgeber und einer arbeitnehmenden Person wird durch gesetzliche Bestimmungen, vertragliche Vereinbarungen und betriebsinterne Reglemente geregelt.

Gesetzliche Bestimmungen

Das Obligationenrecht (OR) enthält Vorschriften über den Einzelarbeitsvertrag (EAV). Geregelt sind z. B. Begriff und Entstehung des Einzelarbeitsvertrages, die Pflichten von Arbeitnehmenden und Arbeitgebenden, die Beendigung des Arbeitsverhältnisses und deren Folgen.

Obligationenrecht (OR)

Das Arbeitsgesetz (ArG) enthält z. B. Vorschriften über Unfall- und Gesundheitsvorsorge, Arbeits- und Ruhezeiten, Abend-, Nacht- und Sonntagsarbeit, Bestimmungen zur Gleichstellung von Mann und Frau, zum Schutz der schwangeren Frauen und der jugendlichen Arbeitnehmenden.

Arbeitsgesetz (ArG)

Vertragliche Vereinbarungen

Im Einzelarbeitsvertrag (individueller Arbeitsvertrag) werden z. B. die Funktion und Stellung im Betrieb, der Lohn und die Kündigungsfristen für den einzelnen Arbeitnehmer im Detail geregelt.

Einzelarbeitsvertrag (EAV)

Der Arbeitsvertrag enthält alle wichtigen Bestimmungen bezüglich des Arbeitsverhältnisses.

Gesamtarbeitsvertrag (GAV) — Ein Gesamtarbeitsvertrag (GAV) wird zwischen einem Arbeitgeberverband und einer Arbeitnehmerorganisation (Gewerkschaft) abgeschlossen. Gegenstand der Vereinbarungen sind z. B. Mindestlöhne, Teuerungsausgleich, Lohnfortzahlungspflicht bei Krankheit, Höchstarbeitszeit, Ferien, Freizeit und Kündigungsfristen.

Normalarbeitsvertrag

Normalarbeitsvertrag (NAV) — In Branchen wie der Landwirtschaft, dem Hausdienst oder in der Krankenpflege war es früher üblich, arbeitsvertragliche Abmachungen mündlich zu treffen. Bund und Kantone wurden deshalb verpflichtet, sogenannte Normalarbeitsverträge (NAV) nach einem bestimmten Muster festzulegen. Darin enthalten sind Bestimmungen über Abschluss, Inhalt und Beendigung gewisser Arbeitsverhältnisse. Bevor ein NAV erlassen werden kann, müssen die Berufsverbände und interessierte Kreise angehört werden. In Kraft tritt der NAV nach der amtlichen Veröffentlichung. Seine Bestimmungen sind somit verbindlich.

Betriebsinterne Reglemente

Betriebsreglement — Betriebsreglemente (z. B. Betriebsordnung) beinhalten Regelungen, die für alle Arbeitnehmenden im Betrieb von Bedeutung sind, wie z. B. Freitage, Verhalten bei Unfall und Krankheit und gleitende Arbeitszeit.

Verstanden?

7.1 Wo finden Sie gesetzliche Bestimmungen zum Einzelarbeitsvertrag?

7.2 In welchem Gesetz finden Sie die Pflichten der Arbeitnehmenden?

7.2 Einzelarbeitsvertrag (EAV)

Vertrag

Durch die Unterzeichnung eines Einzelarbeitsvertrags verpflichten sich die beiden Vertragsparteien zu Folgendem:

> **Hauptpflichten im Einzelarbeitsvertrag**
> - Arbeitnehmende verpflichten sich zur Leistung von Arbeit auf eine bestimmte oder unbestimmte Zeit.
> - Arbeitgebende verpflichten sich zur Zahlung eines Lohnes.

Der Einzelarbeitsvertrag bedarf keiner besonderen Form. Er ist formlos gültig. Allerdings besteht für den Arbeitgeber eine Informationspflicht (OR 330b). **Form (OR 320)**

Das unbefristete Arbeitsverhältnis beginnt mit einer Probezeit. Diese dauert mindestens einen Monat, maximal aber drei Monate. **Probezeit (OR 335b)**

Pflichten der Arbeitnehmenden

Eine angestellte Person muss die vertraglich verabredete Arbeit selbst leisten. Sie kann also nicht während einer Woche ihren Bruder zur Arbeit schicken, um länger Ferien zu machen, auch wenn dieser die gleiche Ausbildung hat. **Persönliche Arbeitsleistung (OR 321)**

Arbeitnehmende müssen die ihnen zugewiesenen Arbeiten sorgfältig und mit vollem Einsatz ausführen. Insbesondere Werkzeuge, Geräte, Material usw. müssen sie fachgerecht und schonend behandeln. **Sorgfaltspflicht (OR 321a)**

Für Schäden, die sie dem Arbeitergeber absichtlich oder fahrlässig zufügen, sind sie haftbar unter Berücksichtigung des Berufsrisikos, des Bildungsgrades oder der Fachkenntnisse, die zur Arbeit verlangt werden.
Die Privathaftpflichtversicherung zahlt keine Schäden am Arbeitsplatz! **Haftung (OR 321e)**

Von den Mitarbeitenden wird verantwortungsbewusstes, faires und wohlerzogenes Verhalten erwartet. Sie haben alles zu unterlassen, was dem Arbeitgeber einen Schaden zufügen kann. Fabrikations- und Geschäftsgeheimnisse sind während der Dauer des Arbeitsverhältnisses zu wahren, je nach Interesse des Arbeitgebers sogar darüber hinaus.
Nebentätigkeiten, welche die Leistungsfähigkeit der Arbeitnehmenden am Arbeitsplatz beeinträchtigen oder den Arbeitgeber konkurrenzieren, sind verboten. Wer dennoch eine Nebenbeschäftigung ausführt, braucht bei einem 100%igen Anstellungsverhältnis die Zustimmung des Arbeitgebers. **Treuepflicht (OR 321a)**

Arbeitnehmerinnen und Arbeitnehmer haben die ihnen zugewiesenen Arbeiten sorgfältig und mit vollem Einsatz auszuführen.

Rechenschafts- und Herausgabepflicht (OR 321b)	Was die Arbeitnehmenden in Ausübung ihrer Tätigkeit für den Arbeitgeber von Drittpersonen erhalten, haben sie dem Arbeitgeber abzuliefern (z. B. Geld, Geschenke, nicht aber Trinkgeld).
Überstunden (OR 321c)	Überstunden liegen vor, wenn über die vertraglich vereinbarte Arbeitszeit hinaus gearbeitet werden muss. Arbeitnehmende können vom Arbeitgeber verpflichtet werden, Überstunden zu leisten, wenn sie aus betrieblichen Gründen notwendig und für die Arbeitnehmenden zumutbar sind (z.B. persönliche Leistungsfähigkeit und Gesundheit, familiäre Pflichten). Die geleisteten Überstunden können durch Freizeit von gleicher Dauer abgegolten werden. Diese Kompensation kann vom Arbeitgeber nicht einseitig angeordnet werden; er braucht das Einverständnis der Arbeitnehmenden. Wird die Überstundenarbeit nicht durch Freizeit ausgeglichen, schuldet der Arbeitgeber der angestellten Person einen Lohnzuschlag von mindestens 25 Prozent. Es ist Sache der Arbeitnehmenden, nachzuweisen, dass sie Überstunden geleistet haben. Der Anspruch auf Entschädigung verjährt innert fünf Jahren.
Befolgung von Anordnungen und Weisungen (OR 321d)	Arbeitnehmende haben die Weisungen des Arbeitgebers zu befolgen. Sie erledigen ihre Arbeit also nicht nach eigenem Gutdünken, sondern gemäss Anordnungen des Arbeitgebers. Weisungen, welche die Leistungsfähigkeit der angestellten Person überfordern, schikanös sind, ihre Gesundheit gefährden oder sie in Gewissenskonflikte stürzen, muss sie nicht befolgen. Allgemeine Anordnungen sind häufig in einer Betriebsordnung, in einem Pflichtenheft oder einer Stellenbeschreibung enthalten.

Verstanden?

7.3 Welche Vertragsform gilt für den Einzelarbeitsvertrag?

7.4 Zählen Sie vier Pflichten der Arbeitnehmenden auf.

7.5 Erklären Sie die Treuepflicht.

7.6 Wann dürfen Sie keinen bezahlten Nebentätigkeiten nachgehen?

7.7 Was sind Überstunden?

7.8 Wann ist eine Arbeitnehmende verpflichtet, Überstunden zu leisten?

7.9 Mit wie viel Prozent Lohnzuschlag müssen Überstunden meistens entschädigt werden?

Pflichten der Arbeitgebenden

Der Arbeitgeber hat den Mitarbeitenden den vereinbarten Lohn jeweils auf Ende jedes Monats zu bezahlen, sofern nichts anderes üblich oder abgemacht worden ist.
Normalerweise müssen die Arbeitnehmenden zuerst den ganzen Monat arbeiten, bevor sie ihren Lohn erhalten. Gerät eine angestellte Person in eine Notlage, so muss ihr der Arbeitgeber auf Verlangen einen Vorschuss in der Höhe der geleisteten Arbeit bezahlen.
Die Mitarbeitenden haben Anspruch auf eine schriftliche Lohnabrechnung.

Lohnzahlungspflicht (OR 322/323b)

Die Gratifikation ist eine Sondervergütung, welche der Arbeitgeber bei gutem Geschäftsgang, guter Leistung der angestellten Person oder als Ansporn für die Zukunft freiwillig entrichtet. Manchmal ist sie im Arbeitsvertrag geregelt. Dann ist sie auch bei vorzeitigem Austritt anteilmässig geschuldet.

Gratifikation (OR 322d)

Der 13. Monatslohn, falls im Arbeitsvertrag aufgeführt, gilt als fester Jahreslohnbestandteil und wird geschuldet. Bei einem Stellenwechsel während des Jahres hat die angestellte Person ebenfalls Anrecht auf eine anteilmässige Zahlung desselben.

13. Monatslohn

Kann eine angestellte Person die Arbeit wegen begründeter Verhinderung nicht ausführen, so muss der Arbeitgeber für eine beschränkte Zeit den Lohn weiter bezahlen, sofern das Arbeitsverhältnis mehr als drei Monate gedauert hat. Als begründete Verhinderung gelten die folgenden Ereignisse:

Lohnzahlung bei Verhinderung des Arbeitnehmers (OR 324a ff.)

Gründe für Lohnfortzahlung
- Krankheit
- Unfall
- Obligatorischer Militärdienst
- Ausübung eines öffentlichen Amtes (z. B. Kantonsrat, Gemeinderat)
- Schwangerschaft und Geburt

Im ersten Dienstjahr beträgt die Lohnfortzahlungspflicht drei Wochen.

Um endlose Diskussionen zu vermeiden, haben Arbeitsgerichte Tabellen entwickelt (Berner, Basler und Zürcher Skala), die als Richtlinien für die Dauer der Lohnfortzahlungspflicht herangezogen werden können.

Dauer der Lohnfortzahlungspflicht

Lohnfortzahlungspflicht in Wochen

Dienstjahr	Berner Skala	Basler Skala	Zürcher Skala
1.	3	3	9
2.	4	9	8
3.	9	9	9
4.	9	13	10
5.	13	13	11
6.	13	13	12
7.	13	13	13
8.	13	13	14
9.	13	13	15
10.	17	13	16

Diese Regelung gilt, wenn keine Versicherung – weder die kollektive Krankentaggeldversicherung im Betrieb noch die Unfallversicherung oder die Erwerbsersatzordnung – den Lohnausfall deckt.

Bei der Berechnung der Dauer des Lohnanspruches ist die ganze Abwesenheit während eines Anstellungsjahres massgebend (z. B. Krankheit und Unfall).

Arbeitsgeräte, Material und Auslagen (OR 327/327a)

Sofern nichts anderes vereinbart oder üblich ist, muss der Arbeitgeber den Arbeitnehmenden die notwendigen Arbeitsgeräte und Materialien bereitstellen.

Stellen Arbeitnehmende mit Einverständnis der Arbeitgebenden Geräte oder Materialien selbst zur Verfügung, haben sie dafür eine angemessene Entschädigung zugute. Der Arbeitgeber hat der angestellten Person die Spesen zu ersetzen, die ihr durch die Ausführung der Arbeit entstehen, insbesondere dann, wenn es sich um auswärtige Arbeiten handelt.

Schutz der Persönlichkeit des Arbeitnehmers (OR 328 und 328b)

Der Arbeitgeber hat die Persönlichkeit der Arbeitnehmenden zu schützen. Insbesondere muss er sexuelle Belästigung und Mobbing verhindern.

Der Arbeitgeber hat auf die Gesundheit der Arbeitnehmenden Rücksicht zu nehmen und alle zumutbaren und notwendigen Vorkehrungen zu treffen, um Unfälle und andere Gesundheitsgefährdungen zu verhindern.

Der Datenschutz muss gewährleistet werden.

Ferien (OR 329a–d)

Der Mindestferienanspruch beträgt ab dem vollendeten 20. Altersjahr vier bezahlte Wochen (20 Arbeitstage) pro Kalenderjahr.

Der Arbeitgeber bestimmt den Zeitpunkt der Ferien und nimmt dabei auf die Wünsche der Arbeitnehmenden Rücksicht (so kann z. B. ein Familienvater wünschen, seine Ferien während der Schulferien beziehen zu können). Mindestens zwei Ferienwochen müssen den Arbeitnehmenden in einem zusammenhängenden Abschnitt gewährt werden.

Für ein unvollständiges Dienstjahr werden die Ferien anteilsmässig gewährt.

Ferien dürfen nicht durch Geldleistungen abgegolten werden, da sie der Erholung dienen (Ausnahme: Beendigung des Arbeitsverhältnisses).

Krankheit und Unfall während der Ferien

Erkrankt oder verunfallt eine angestellte Person während der Ferien ernsthaft ohne eigenes Verschulden, sodass der Erholungszweck nicht mehr gewährleistet ist, bewirkt dies einen Unterbruch der Ferien. Die Person kann die entsprechenden Ferientage nachbeziehen, muss jedoch beweisen, dass sie krank war oder einen Unfall hatte. Sie sollte deshalb ihren Arbeitgeber sofort informieren und sich ein Arztzeugnis beschaffen.

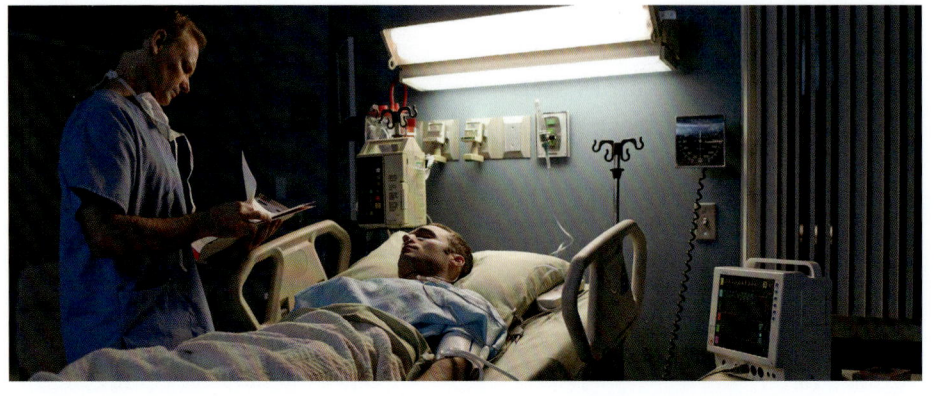

Wer während der Ferien ernsthaft verunfallt, kann die Ferientage nachbeziehen.

Viele Arbeitsverträge verlangen von den Angestellten, dass sie ab dem dritten Tag, den sie im Betrieb fehlen, ein Arztzeugnis vorlegen müssen. Der Arbeitgeber darf im Arbeitsvertrag aber festlegen, dass ein Zeugnis bereits ab dem ersten Tag nötig ist.

Arztzeugnis

Kann eine angestellte Person während einer länger dauernden Frist nicht arbeiten, kann ihr der Arbeitgeber die Ferienansprüche kürzen.

Kürzung der Ferien (OR 329b)

Nach der Niederkunft hat eine Arbeitnehmerin Anspruch auf einen Mutterschaftsurlaub von mindestens 14 Wochen.

Mutterschaft (OR 329f.)

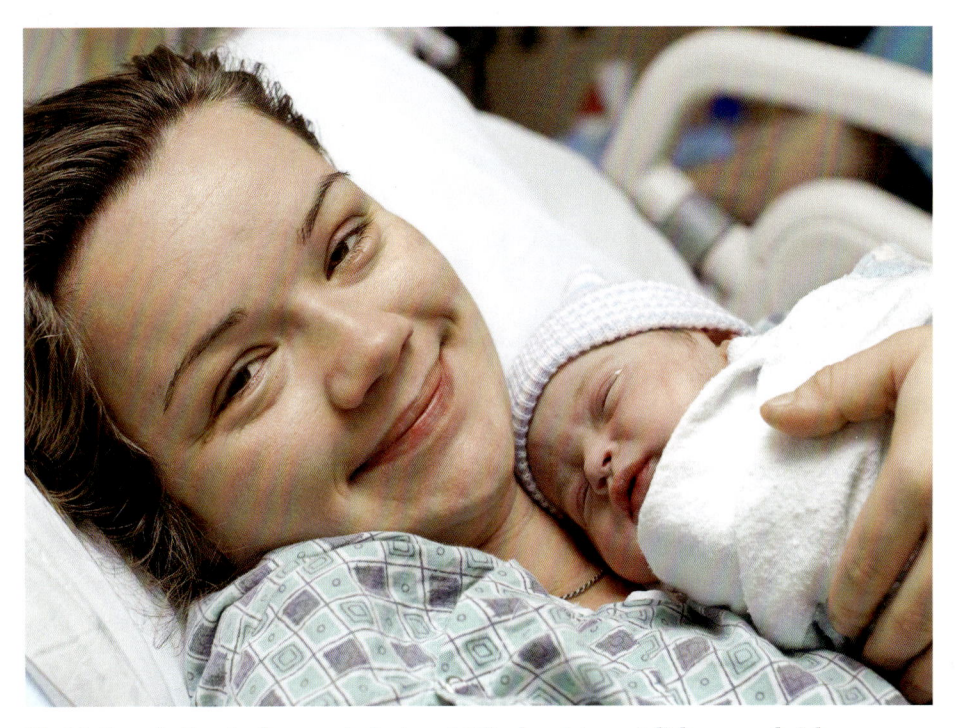

Ein Mutterschaftsurlaub von mindestens 14 Wochen ist gesetzlich vorgeschrieben.

Ferienansprüche verjähren nach fünf Jahren.

Verjährung

Arbeitnehmende haben Anspruch auf freie Stunden und Tage. Es gelten in der Praxis recht einheitliche Richtlinien:

Übliche freie Stunden und Tage (OR 329)

Richtlinien für freie Tage (häufig im GAV geregelt)	
Eigene Heirat	2 bis 3 Tage
Heirat eines engen Verwandten	1 Tag
Geburt eines Kindes	1 Tag
Tod eines Familienmitgliedes	1 bis 3 Tage
Umzug	1 Tag
Behördengang und Arztbesuch	nach Bedarf

Pro Jahr können die Kantone acht Feiertage den Sonntagen gleichstellen. Der 1. August (Bundesfeiertag) gilt als Feiertag.
Wenn im GAV/EAV geregelt, können Feiertage, welche in die Ferien fallen, nachbezogen werden.

Feiertage

Ausserschulische Jugendarbeit (OR 329e) — Jugendliche Arbeitnehmende bis zum 30. Altersjahr haben für ehrenamtliche leitende oder betreuende Tätigkeiten im Rahmen ausserschulischer Jugendarbeit (z. B. J+S-Kurse) Anspruch auf maximal fünf Arbeitstage unbezahlten Urlaub.

Engagement, beispielsweise bei den Pfadfindern, kann einem Jugendlichen bis zu fünf Tagen unbezahlten Urlaub bringen.

Arbeitszeugnis (OR 330a) — Arbeitnehmende können jederzeit vom Arbeitgeber ein Zeugnis verlangen, das über die Art und Dauer des Arbeitsverhältnisses, die Stellung und Funktion im Betrieb sowie über ihre Leistungen und ihr Verhalten Auskunft gibt. Das Arbeitszeugnis muss inhaltlich klar, eindeutig und wahrheitsgetreu verfasst werden. Es darf keine falschen Angaben enthalten und sollte auf verschlüsselte Formulierungen verzichten (keine Codierungen).

Arbeitsbestätigung (OR 330a) — Bei Unstimmigkeiten zwischen den Vertragsparteien hat die angestellte Person das Recht auf eine Arbeitsbestätigung. Diese beinhaltet nur die Art und Dauer der Beschäftigung, äussert sich aber nicht über die Leistungen und das Verhalten des Arbeitnehmenden.

Verstanden?

7.10 Zählen Sie vier Pflichten der Arbeitgebenden auf.

7.11 Beat ist seit einem halben Jahr in einem Betrieb angestellt. Nun muss er Militärdienst leisten. Wie lange ist der Arbeitgeber verpflichtet, seinen Lohn weiterzuzahlen?

7.12 Was sind Spesen?

7.13 Auf wie viele Ferienwochen hat eine 22-Jährige Anrecht?

7.14 Wer bestimmt den Zeitpunkt der Ferien?

7.15 Weshalb dürfen Ferien nicht durch Geldleistungen abgegolten werden?

7.16 Wie viele Freitage stehen Ihnen bei einer Heirat zu?

7.17 Für welche Tätigkeiten stehen Ihnen bis zum 30. Altersjahr fünf Tage unbezahlten Jugendurlaubs zu?

7.18 Nennen Sie die Unterschiede zwischen einem Arbeitszeugnis und einer Arbeitsbestätigung.

Beendigung

Ein befristeter Arbeitsvertrag endet ohne Kündigung mit Ablauf der Vertragszeit. Ein unbefristeter Arbeitsvertrag läuft so lange, bis er von einer Vertragspartei beendigt wird.

Befristete und unbefristete Arbeitsverhältnisse (OR 334 und 335)

Soweit schriftlich nichts anderes vereinbart, gelten folgende Kündigungsfristen:

Kündigungsfristen (OR 335a–c)

Kündigungsfristen
- Während der Probezeit kann das Arbeitsverhältnis jederzeit mit sieben Tagen Kündigungsfrist gekündigt werden.
- Nach der Probezeit kann das Arbeitsverhältnis im 1. Dienstjahr mit einer Frist von einem Monat auf jedes Monatsende gekündigt werden.
- Im 2. bis 9. Dienstjahr kann das Arbeitsverhältnis mit einer Frist von zwei Monaten auf jedes Monatsende gekündigt werden.
- Ab dem 10. Dienstjahr kann das Arbeitsverhältnis mit einer Frist von drei Monaten auf jedes Monatsende gekündigt werden.

Diese Kündigungsfristen dürfen abgeändert werden. Grundsätzlich gilt eine Mindestkündigungsfrist von einem Monat.

Die Kündigung kann mündlich mitgeteilt werden. Sie ist formlos gültig. Eine schriftliche, eingeschriebene Kündigung erleichtert jedoch den Beweis. Die Kündigung muss schriftlich begründet werden, falls dies von einer Vertragspartei gewünscht wird.
Das Kündigungsschreiben muss spätestens am letzten Tag vor Beginn der Kündigungsfrist im Besitze des Empfängers sein. Der Poststempel ist nicht massgebend. Es empfiehlt sich, die Kündigung rechtzeitig aufzugeben und sich allenfalls zu erkundigen, ob sie eingetroffen ist oder nicht.

Form der Kündigung (OR 335)

Verspätete Kündigungen gelten auf den nächstmöglichen Kündigungstermin. Wird irrtümlicherweise mit einer zu kurzen Kündigungsfrist gekündigt, ist die Kündigung keinesfalls nichtig. Reklamiert der Empfänger nicht, gilt sie als angenommen. Reklamiert der Empfänger, wird die Kündigung automatisch auf den richtigen Zeitpunkt hin vollzogen.

Verspätete Kündigungen

Kündigungen können missbräuchlich sein. In solchen Fällen kann ein Arbeitnehmer zwar nicht verlangen, dass er wieder eingestellt wird, aber er kann vom Arbeitgeber eine Entschädigung verlangen, welche eine Richterin oder ein Richter festlegt und maximal sechs Monatslöhne beträgt. Dazu muss der Arbeitnehmer bis zum Ablauf der Kündigungsfrist beim Arbeitgeber schriftlich Einsprache erheben.

Missbräuchliche Kündigung (OR 336 ff.)

Beispiele missbräuchlicher Kündigungsgründe
- Die Chefin erfährt, dass ein Angestellter homosexuell ist.
- Eine Arbeitnehmerin trägt aus religiöser Überzeugung ein Kopftuch.
- Ein Arbeitnehmer reklamiert, weil die gesetzlichen Sicherheitsvorschriften nicht eingehalten würden.
- Eine Arbeitnehmerin ist Mitglied einer Gewerkschaft.

Kündigung zur Unzeit / Sperrfristen

OR 336 c, d Kündigungen können ungültig sein, wenn sie in eine Zeitspanne fallen, in welcher der Arbeitgeber oder die Arbeitgeberin nicht kündigen darf. Diese sogenannten Sperrfristen gelten aber erst nach der Probezeit.

Folgende Sperrfristen müssen Arbeitgebende beachten:

> **Sperrfristen**
> - *Militär-/Zivilschutzdienst/Zivildienst*
>   während der Dienstleistung inklusive vier Wochen vorher und nachher
> - *Krankheit/Unfall*
>   im ersten Dienstjahr während 30 Tagen
>   ab dem zweiten bis fünften während 90 Tagen
>   ab dem sechsten während 180 Tagen
> - *Schwangerschaft*
>   während der Schwangerschaft bis 16 Wochen nach der Geburt
> - *Hilfsaktion im Ausland*
>   während der Hilfsaktion (Voraussetzung Zustimmung Arbeitgeber)

Eine Kündigung, die während einer solchen Sperrfrist durch den Arbeitgeber ausgesprochen wird, ist nichtig. Sie hat keine Wirkung und muss nach Ablauf der Sperrfrist wiederholt werden.
Ist die Kündigung vor Beginn einer Sperrfrist erfolgt, ist sie gültig. Aber die Kündigungsfrist wird während der Dauer der Sperrfrist unterbrochen und läuft erst nachher wieder weiter.

Eine Sperrfrist gilt beim Militär- und Zivilschutz. Während der Schwangerschaft und bis 16 Wochen nach der Geburt darf einer Arbeitnehmerin nicht gekündigt werden.

Fristlose Auflösung

OR 337–337c Aus wichtigen Gründen kann das Arbeitsverhältnis ohne Einhaltung der Kündigungsfristen aufgelöst werden. Bei einem wichtigen Grund kann man dem Kündigenden die Fortsetzung des Arbeitsverhältnisses nicht mehr zumuten. Eine solche Kündigung ist nur in krassen Fällen möglich.
Die fristlose Auflösung beendet den Arbeitsvertrag und die Lohnzahlungspflicht sofort.

Wichtige Gründe der Arbeitgebenden für eine fristlose Auflösung

- Ein Arbeitnehmer begeht Straftaten gegenüber dem Arbeitgeber oder seinen Arbeitskollegen (z. B. Diebstahl, Tätlichkeiten, falsche Spesenangaben).
- Eine Arbeitnehmerin konkurrenziert ihren Arbeitgeber (z. B. Schwarzarbeit, Geschäfte auf eigene Rechnung).
- Ein Arbeitnehmer verweigert mehrmals und beharrlich seine zu leistende Arbeit, erscheint wiederholt unentschuldigt zu spät oder gar nicht zur Arbeit, verlässt unbegründet den Arbeitsplatz, bezieht eigenmächtig Ferien oder verweigert die Leistung von Überstunden.

Wichtige Gründe der Arbeitnehmenden für eine fristlose Auflösung

- Ein Arbeitgeber wird gegenüber einer Arbeitnehmerin tätlich, belästigt sie unsittlich, beleidigt sie oder überwacht ihr Privatleben.
- Eine Arbeitgeberin fordert einen Arbeitnehmer zu strafbaren Handlungen auf (z. B. Steuerhinterziehung).
- Ein Arbeitgeber ist zahlungsunfähig, d. h., er kann z. B. den Lohn der angestellten Personen nicht zahlen (OR 337a).

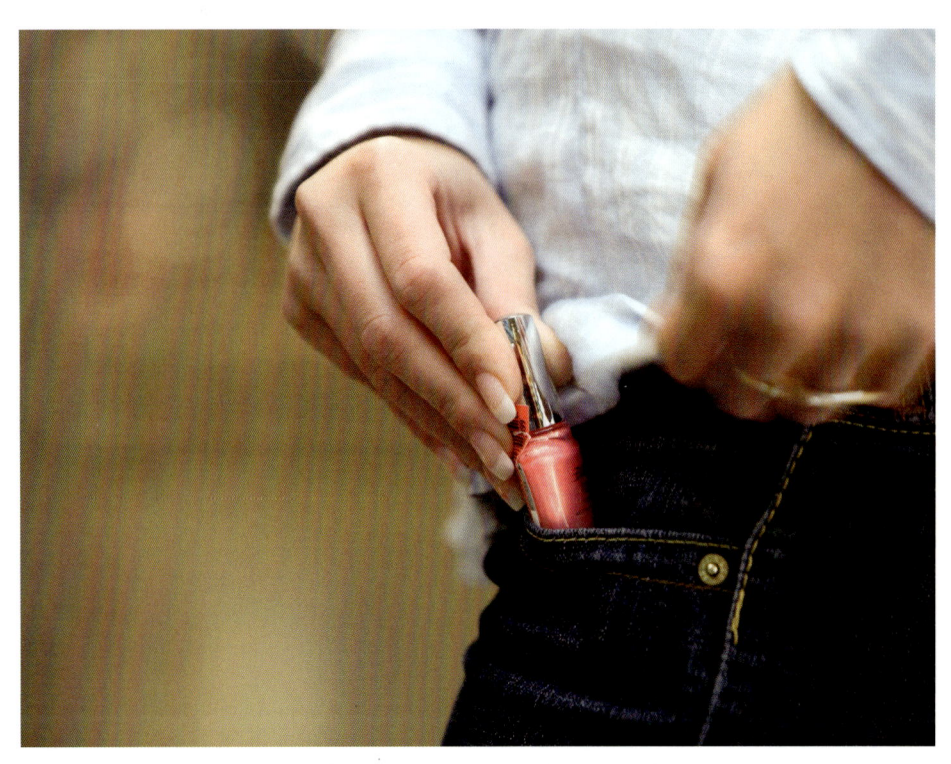

Wer seinen Arbeitgeber bestiehlt, kann fristlos entlassen werden.

Wird eine angestellte Person ungerechtfertigterweise fristlos entlassen, steht ihr der Lohn bis zum Ablauf der ordentlichen Kündigungsfrist zu. Zusätzlich kann die Person gerichtlich eine Entschädigung geltend machen. Diese Entschädigung kann maximal bis zu sechs Monatslöhnen betragen.

Nichtantreten oder fristloses Verlassen der Stelle (OR 337d)

Treten Arbeitnehmende ohne wichtigen Grund die Stelle nicht an oder verlassen sie fristlos, werden sie schadenersatzpflichtig. In einem solchen Fall schulden die Arbeitnehmenden dem Arbeitgeber ein Viertel eines Monatslohnes. Ausserdem hat der Arbeitgeber Anspruch auf Ersatz weiteren Schadens (z. B. Einstellung einer Temporärarbeitskraft).

Fristlose Kündigungen können nicht willkürlich erfolgen, sondern unterliegen bestimmten gesetzlichen Regelungen.

Verstanden?

7.19 Welche ordentlichen Kündigungsfristen gelten?

7.20 Dürfen Kündigungsfristen im Einzelarbeitsvertrag abgeändert werden?

7.21 Welche Formvorschrift gilt für Kündigungen?

7.22 Wann muss das Kündigungsschreiben spätestens im Besitze des Empfängers sein?

7.23 Was passiert mit einer Kündigung, die eine zu kurze Kündigungsfrist aufweist?

7.24 Zählen Sie zwei Beispiele für missbräuchliche Kündigungen auf.

7.25 Welche Folgen hat eine missbräuchliche Kündigung für eine Arbeitnehmerin?

7.26 Was ist eine Sperrfrist?

7.27 Nennen Sie die Sperrfristen bei Militärdienst und bei Krankheit oder Unfall.

7.28 Welches sind die Folgen einer Kündigung, bei der die Kündigungsfrist in die Sperrfrist fällt?

7.29 Nennen Sie zwei wichtige Gründe des Arbeitgebers für eine fristlose Auflösung.

7.30 Welche Folgen hat das Nichtantreten einer Stelle für den Arbeitnehmer?

Arbeitszeit

Die Zeit am Arbeitsplatz gilt als Arbeitszeit. Der Weg zur Arbeit gilt nicht als Arbeitszeit. Muss sich eine angestellte Person auf Anordnung des Arbeitgebers oder von Gesetzes wegen beruflich weiter- oder fortbilden, dann gilt die dafür aufgewendete Ausbildungszeit als Arbeitszeit.

Begriff der Arbeitszeit (ArGV 1 13)

> **Höchstarbeitszeiten**
> - 45 Stunden für Arbeitnehmende in industriellen Betrieben sowie für Büropersonal, technische und andere Angestellte, mit Einschluss des Verkaufspersonals in Grossbetrieben des Detailhandels.
> - 50 Stunden für alle übrigen Arbeitnehmenden.

Wöchentliche Höchstarbeitszeit (ArG 9)

Der Einzelarbeitsvertrag und ein Gesamtarbeitsvertrag können die Arbeitszeit senken. Wird mehr als die vertragliche Arbeitszeit gearbeitet, so sind das Überstunden.

Überstunden (OR 321c)

Wird die wöchentliche Höchstarbeitszeit ausnahmsweise wegen dringender Arbeiten überschritten, liegt Überzeit vor.

Überzeit (ArG 12 und 13)

> **Bedingungen für Überzeit**
> - Dringlichkeit der Arbeit oder ausserordentlicher Arbeitsandrang
> - Inventaraufnahmen, Rechnungsabschlüsse und Liquidationen (Auflösungen)
> - Vermeidung oder Beseitigung von Betriebsstörungen

Überstunden und Überzeit werden mit Freizeit von gleicher Dauer oder einem Lohnzuschlag von 25 Prozent abgegolten.

Die Arbeitswoche darf für die einzelne angestellte Person höchstens 5½ Arbeitstage umfassen.

Arbeitszeitverteilung (ArGV 1 16)

Die Nachtarbeit und die Sonntagsarbeit sind bewilligungspflichtig und erfordern das Einverständnis der Arbeitnehmenden. Die Nachtarbeit ist mit einem Lohnzuschlag von 25 Prozent, die Sonntagsarbeit mit einem von 50 Prozent abzugelten. In verschiedenen Berufen gibt es Ausnahmeregelungen (z. B. Bäcker-Konditoren, Nachtwächter, Securitas, Gesundheitsberufe usw.)

Nacht- und Sonntagsarbeit (ArG 16 bis 18ff.)

Die Arbeit ist je nach Dauer der Arbeitszeit mit Pausen zu unterbrechen. Pausen gelten als Arbeitszeit, wenn die Arbeitnehmenden den Arbeitsplatz nicht verlassen dürfen.

Pausen (ArG 15)

Bis zum 15. Lebensjahr sind Anstellungen grundsätzlich verboten. Bis zum 19. Altersjahr (bei Lernenden bis zum 20. Altersjahr) trifft den Arbeitgeber eine verstärkte Fürsorgepflicht. Die tägliche Höchstarbeitszeit beträgt für Jugendliche neun Stunden innerhalb eines Zeitraums von 12 Stunden.

Sondervorschriften Jugendliche (ArG 29–32)

Verstanden?

7.31 Was ist Überzeit?
7.32 Aus welchen Gründen darf Überzeit angeordnet werden?
7.33 Wie hoch ist der prozentuale Lohnzuschlag für Nacht- bzw. Sonntagsarbeit?

Probleme und Lösungen

Gütliche Einigung

Tagtäglich wird Arbeitnehmenden zu Unrecht gekündigt, werden Löhne nicht bezahlt, Freitage nicht gewährt oder Arbeitszeugnisse nicht ausgestellt. Bei diesen arbeitsrechtlichen Streitigkeiten ist der Streitwert meistens gering. Deshalb ist eine gütliche Einigung zwischen den Vertragsparteien in solchen Situationen fast immer besser als ein teures Gerichtsverfahren.

Recht haben und Recht bekommen sind aber zweierlei Paar Stiefel. Während des Arbeitsverhältnisses sind arbeitsrechtliche Streitigkeiten problematisch. Einerseits befinden sich die Arbeitnehmenden in einem Abhängigkeitsverhältnis gegenüber dem Arbeitgeber und sind somit am kürzeren Hebel, andererseits dürfen die Arbeitnehmenden mit ihren Forderungen nicht zu lange warten, da sie sonst verjähren.

Rechtsauskünfte

Oft genügt es, dass sich die Parteien genau über ihre Rechte und Pflichten ins Bild setzen, um Streitigkeiten beizulegen. Am besten erkundigen sich Arbeitnehmende bei Rechtsberatungen von Gewerkschaften, beim örtlichen Arbeitsgericht, bei paritätischen Kommissionen (GAV) oder bei Rechtsdiensten von Zeitungen und Zeitschriften (z. B. www.beobachter.ch).

Zuständiges Gericht

Gelingt es den Parteien nicht, sich zu einigen, bleibt nur der Gang ans Gericht. Das Arbeitsrecht schreibt den Kantonen vor, für Streitigkeiten bis zu einem Streitwert von Fr. 30 000.– ein einfaches, rasches und kostenloses Verfahren anzubieten (in der Regel Arbeitsgericht). Für Klagen bis zu diesem Betrag riskiert ein Arbeitnehmer nur seine eigenen Anwaltskosten (sofern eine Anwältin zugelassen wird) und eine allfällige Entschädigung an die Gegenpartei.

Liegt der Streitwert höher als Fr. 30 000.–, gilt das normale Zivilprozessrecht des jeweiligen Kantons.

Können sich die Parteien nicht einigen, so bleibt nur der Gang ans Gericht.

Verstanden?

7.34 Wer hilft Ihnen bei Streitigkeiten am Arbeitsplatz?

7.35 Welche Vorschrift macht das Arbeitsrecht den Kantonen in Bezug auf Arbeitsstreitigkeiten?

7.3 Gesamtarbeitsvertrag (GAV)

Der Gesamtarbeitsvertrag (GAV) wird zwischen Arbeitgeberverbänden und Arbeitnehmerorganisationen (Gewerkschaften) abgeschlossen.

Die Bestimmungen eines Gesamtarbeitsvertrages enthalten häufig günstigere Regelungen für die Arbeitnehmenden als das OR.

Inhalt (OR 356)

Häufige Inhaltspunkte eines GAV
- Mindestlohn
- Teuerungsausgleich
- Gratifikation
- Überzeitentschädigung
- Personalvorsorge
- Bezahlung des Lohnes bei Militärdienst, Krankheit und Unfall
- Arbeits- und Ruhezeit
- Ferien und Feiertage
- Kündigungsfristen

Ein Einzelarbeitsvertrag darf abweichende Bestimmungen zu einem Gesamtarbeitsvertrag aufweisen, aber nur zum Vorteil der Arbeitnehmenden. Bestimmungen des Einzelarbeitsvertrages, die dem Gesamtarbeitsvertrag widersprechen, sind nichtig (ungültig).

Grundsätzlich gelten die Bestimmungen eines Gesamtarbeitsvertrages nur für die Mitglieder des jeweiligen Arbeitgeberverbandes und der jeweiligen Arbeitnehmerorganisation, welche den Vertrag ausgehandelt haben. Der Bundesrat oder der Regierungsrat eines Kantones kann jedoch unter bestimmten Umständen einen Gesamtarbeitsvertrag für die ganze Schweiz beziehungsweise für den betreffenden Kanton allgemeinverbindlich erklären. Dann gilt dieser Vertrag obligatorisch für alle Arbeitgebenden und Arbeitnehmenden dieser bestimmten Berufsgruppe.

Geltungsbereich, Allgemeinverbindlicherklärung (AVE)

Die Vertragsparteien (Sozialpartner) müssen alle Bestimmungen einhalten und sind verpflichtet, den Arbeitsfrieden in Bezug auf alle Regelungen im GAV zu wahren (Friedenspflicht). Auf Kampfmassnahmen wie Streiks oder Aussperrungen wird während der Gültigkeit des GAV verzichtet.

Bedeutung des GAV (OR 357/357a)

Verstanden?

7.36 Wie heissen die Vertragspartner bei einem Gesamtarbeitsvertrag?

7.37 Nennen Sie Unterschiede zwischen einem Einzelarbeitsvertrag und einem Gesamtarbeitsvertrag.

7.38 Wann darf ein Einzelarbeitsvertrag abweichende Bestimmungen zu einem Gesamtarbeitsvertrag aufweisen?

7.39 Wann gilt ein Gesamtarbeitsvertrag obligatorisch für alle Arbeitnehmenden und Arbeitgebenden einer bestimmten Berufsgruppe?

7.40 Welche Bedeutung hat der Gesamtarbeitsvertrag für die Sozialpartner?

7.4 Einfacher Auftrag

Der Besuch beim Coiffeur oder Zahnarzt, die Fahrstunde beim Fahrlehrer, die Fahrt mit Taxi und Chauffeur nach Hause oder der Anwalt, der einem vor Gericht vertritt: Das sind allesamt Beispiele für einen einfachen Auftrag, bei dem eine Dienstleistung erfüllt wird. Gemäss OR 394 ff. besorgt dabei ein Beauftragter Geschäfte oder Dienste, die ihm ein Auftraggeber überträgt. In der Regel erhält der Beauftragte nebst der Entschädigung für seine Auslagen auch eine Vergütung.

Im Folgenden sind die Eckpunkte des einfachen Auftrags kurz umrissen.

Formvorschrift — Der einfache Auftrag ist formlos gültig.

Persönliche Auftragsführung — In der Regel muss der Beauftragte laut OR 398 den Auftrag selber ausführen. Abweichen darf er von dieser Regelung, wenn es ihm der Auftraggeber erlaubt.

Entschädigung — Wenn sie abgemacht wurde oder üblich ist, muss eine Vergütung bezahlt werden. Auch wird der Beauftragte für seine notwendigen Auslagen stets entschädigt. Es sei denn, es wurde anderslautend vereinbart.

Haftung — Beim einfachen Auftrag ist kein konkretes Resultat wie im Werkvertrag, sondern eine sorgfältig ausgeführte Dienstleistung geschuldet. Der Beauftragte haftet demnach für sorgfältiges Handeln, wenn er den Auftrag ausführt.

Auflösung (OR 404) — Von beiden Vertragsparteien kann der einfache Auftrag jederzeit aufgelöst werden. Erfolgt dies aber zu einem ungünstigen Zeitpunkt, ist allenfalls Schadenersatz geschuldet. Ein Beispiel: Man vereinbart für Samstagmorgen um 8 Uhr eine Fahrstunde, erwacht aber erst um 7.45 Uhr und setzt den Fahrlehrer darüber in Kenntnis. Wenn dieser in der verbleibenden Viertelstunde keinen Ersatz findet, muss die Fahrstunde dennoch bezahlt werden.

Verstanden?

7.41 Nennen Sie vier Beispiele von einfachen Aufträgen.

7.5 Werkvertrag

Der Bau eines Hauses, die Herstellung einer speziellen Kommode oder die Autoreparatur sind Beispiele für einen Werkvertrag. Dabei fertigt der Unternehmer gemäss OR 363 ff. für den Besteller gegen Bezahlung ein Werk an. Im Vordergrund steht dabei also ein konkretes Resultat. Anders als beim Kaufvertrag, bei dem eine fertige Ware gekauft wird, lässt der Besteller beim Werkvertrage eine Sache nach seinen Wünschen herstellen, reparieren oder abändern.

Eine Autoreparatur wird durch einen Werkvertrag geregelt.

Im Folgenden sind die Eckpunkte des Werkvertrags kurz umrissen.

Ein Werkvertrag ist formlos gültig.	**Formvorschrift**
In der Regel hat der Unternehmer das Werk selber herzustellen oder unter seiner persönlichen Leitung herstellen zu lassen.	**Werkherstellung**
Wurde im Voraus die Höhe der Vergütung genau abgemacht (Festpreis), muss dieser Preis auch bezahlt werden. Ungeachtet dessen, ob der Aufwand für den Hersteller grösser oder kleiner war. Anders ist es, wenn der Preis nicht oder nur ungefähr bestimmt wurde. Dann muss der Besteller jenen Aufwand bezahlen, den für die vertragsgemässe Herstellung nötig ist.	**Entschädigung** (OR 373)

Haftung Für die sorgfältige und termingerechte Ausführung des Werks haftet der Unternehmer (OR 364 und 366). Er ist laut OR 368 ebenfalls dafür verantwortlich, dass das Werk die vertraglich zugesicherten Eigenschaften und keine Mängel aufweist. Im Gegenzug muss der Besteller das vollendete Werk sofort prüfen und dem Unternehmer allfällige Mängel mitteilen (Mängelrüge). Sind die Mängel sehr gross, kann er die Annahme verweigern, mit Ausnahmen bei Bauten. Sind die Mängel klein, kann der Besteller eine Preisminderung oder eine Nachbesserung fordern (OR 368). Wenn nichts anderes vereinbart wurde, dauert die Garantiezeit fünf Jahre bei Bauwerken und ein Jahr für alle übrigen Werke (OR 371).

Auflösung (OR 375/377) Der Besteller kann jederzeit vom Vertrag zurücktreten, solange das Werk noch nicht vollendet ist. Er muss dem Unternehmer aber den bereits geleisteten Materialaufwand, Löhne sowie den entgangenen Gewinn bezahlen. Wird der Werkpreis unverhältnismässig stark überschritten (in der Regel um mehr als 10 %), kann der Besteller auch nach der Vollendung des Werks vom Vertrag noch zurücktreten, wenn keine verbindliche Abmachung besteht. In einem solchen Fall hat der Besteller dem Unternehmer die bereits ausgeführten Arbeiten angemessen zu vergüten.

Verstanden?

7.42 Nennen Sie vier Beispiele für einen Werkvertrag.

7.43 Nennen Sie die wesentlichen Unterschiede zwischen einem einfachen Auftrag und einem Werkvertrag.

7.6 Leben im Gleichgewicht

Ein Leben im Gleichgewicht erfordert ein Bewusstsein von potenziellen Stressfaktoren und vorzeitiges Reagieren, wenn solche aufzutreten drohen. Stressfaktoren können einerseits am Arbeitsplatz in Form von Mobbing oder sexueller Belästigung vorkommen, sie können aber ebenso selbstverschuldet sein, gerade wenn auf belastende Faktoren nicht angemessen reagiert wird. Stress muss rechtzeitig erkannt und bewältigt werden, ansonsten können sich schwerwiegende körperliche und psychische Folgeerscheinungen einstellen. Zu einem richtigen Umgang mit Stress gehören auch vorbeugende Massnahmen wie gesunde Ernährung, körperliche Betätigung und hinreichend Entspannung.

Mobbing

Eine allgemein gültige Definition gibt es nicht. Doch wird eine Person oder eine Gruppe am Arbeitsplatz von Kollegen, Vorgesetzten oder untergebenen Mitarbeitenden schikaniert, belästigt, beleidigt, ausgegrenzt oder mit kränkenden Arbeitsaufgaben beauftragt, spricht man vom Mobbing (englisch «to mob» = schikanieren, anpöbeln, angreifen). Die gemobbten Personen geraten durch die Gruppendynamik (oder das Machtgefälle) in eine unterlegene Position. Oft leiden Betroffene darunter, verspüren Angst und Hilflosigkeit. Auch können gesundheitliche Störungen auftreten. Wird das Thema in einer Firma nicht angegangen, kann Mobbing bis zur Kündigung führen, denn: Ohne fremde Hilfe (Beratungsstelle) gelingt es in der Regel nur selten, den Mobbing-Prozess zu unterbinden.

Bei Mobbing ist man als Betroffene/r auf fremde Hilfe angewiesen.

Von Mobbing bedrohte Lebensbereiche

Mobbing tritt vor allem dann häufiger auf, wenn Mitarbeitende allgemein unzufrieden sind, Konflikte nicht gelöst werden, bei Fusionen und Umstrukturierungen oder wenn der Druck am Arbeitsplatz zunimmt. Mobbing ist systematisch, häufig, wiederholend und erstreckt sich über einen längeren Zeitraum. Mobbing gibt es aber nicht nur in der Arbeitswelt. Mobbing geschieht auch in der Schule, in Vereinen, in der Nachbarschaft, innerhalb von Familien und immer häufiger auch im Internet (Cyber-Mobbing).

Wann und in welchem Ausmass Mobbing tatsächlich gegeben ist, lässt sich nicht immer einfach beurteilen. Meistens müssen die Vorkommnisse genau analysiert werden. Auch ist Mobbing zuweilen schwierig zu beweisen. Die Handlungen sind oft unterschwellig, geschehen knapp neben dem «Üblichen» und sind schwer zuzuordnen.

Prävention

Für Unternehmen ist es billiger, nachhaltig in die Prävention (etwa mit einem Verhaltenskodex) zu investieren, indem sie für ein stimmiges Arbeitsklima sorgen. Mitarbeitende sind in einem solchen Umfeld motivierter und produktiver. Mobbing kommt ein Unternehmen aufgrund von Leistungseinbrüchen und krankheitsbedingten Ausfällen oftmals teuer zu stehen.

Wer sich gemobbt fühlt, muss sich wehren. Als erster Schritt sollte die Situation überdacht und mit Vertrauenspersonen besprochen werden. Im Weiteren empfiehlt es sich, externe Hilfe in Anspruch zu nehmen (vgl. z.B. www.mobbing.ch oder www.beobachter.ch).

Sexuelle Belästigung

Sexuelle Belästigung ereignet sich in der Schweiz nicht nur auf der Strasse oder an der Bar, sondern auch am Arbeitsplatz. 28 Prozent der Frauen und 10 Prozent der Männer fühlen sich im Verlauf ihres Berufslebens sexuell belästigt oder durch entsprechendes Verhalten gestört, wie 2008 eine gesamtschweizerische Umfrage ergab. Darunter fällt jedes Verhalten mit sexuellem Bezug, das von einer Seite unerwünscht ist und das eine Person in ihrer Würde verletzt. Die Belästigung kann sich während der Arbeit ereignen oder bei Betriebsanlässen. Sie kann von Mitarbeitern und Mitarbeiterinnen, Vorgesetzten, Angehörigen aus Partnerbetrieben oder von der Kundschaft ausgehen. Das Gleichstellungsgesetz verbietet sexuelle Belästigung am Arbeitsplatz, wozu u.a. gehört:

Sexuelle Belästigung
- Vorzeigen, Auflegen, Aufhängen und Verschicken von pornografischem Material (auch elektronisch)
- Sexistische «Witze» und anzügliche Bemerkungen
- Unerwünschte Berührungen und Körperkontakte
- Annäherungsversuche und Ausübung von Druck, um ein Entgegenkommen sexueller Art zu erlangen – oft verbunden mit dem Versprechen von Vorteilen und dem Androhen von Nachteilen.

Entgegenwirken

Wer von sexueller Belästigung betroffen ist, sollte dies auf keinen Fall hinnehmen und der belästigenden Person klar mitteilen, dass deren Verhalten nicht toleriert werden kann – egal, um wen es sich handelt. Wiederholt sich das Verhalten, sollte die für Fälle von sexueller Belästigung zuständige Person, der Personaldienst oder der oder die Vorgesetzte informiert werden.

Stress erkennen und bewältigen

Unter Stress versteht man die Reaktion unseres Körpers auf Situationen, in denen wir unter zu viel Druck stehen. Soziale Stressoren (Kontakt zu anderen Menschen) aber auch andere Einflüsse (so etwa situative Stressoren wie Zeit- und Erwartungsdruck) können Stresssituationen auslösen. Bemerkbar wird Stress in einem Gefühl von körperlichem und/oder psychischem Unwohlsein. Langfristige Stresseinwirkungen können der Gesundheit ernsthaften Schaden zufügen und Burnout-Symptome nach sich ziehen.

Stress muss frühzeitig erkannt und bekämpft werden.

Belastende Faktoren (Stressoren)	Mögliche Reaktionen (Symptome, Anzeichen)	
Arbeits-, Zeit-, Erwartungsdruck, chronische Überforderung, Kritik, Schulden, Konflikte im Berufs- und Privatleben, Krankheit, Unfall, Lärm, Hitze, falsche Ernährungsweise, ungesunder Lebensstil usw.	Körper:	Kopf-, Rückenschmerzen, Magenbeschwerden, Übelkeit, Schweissausbrüche, Schlafstörungen, Nervosität usw.
	Psyche:	Müdigkeit, Angst, Minderwertigkeitsgefühl, Motivationsverlust, Stimmungsschwankungen, Gefühlsausbrüche usw.

Stress gehört zum Leben wie das Atmen. Allerdings müssen wir in Stresssituationen richtig reagieren und die Belastung erträglicher machen. Entscheidend dabei ist der Wille, mit Gewohnheiten zu brechen.

Mögliche Strategien gegen Stress	
Lebensstrategie/ Ressourcen pflegen	*Basis einer erfolgreichen Stressbewältigung ist:* • das Finden eines Gleichgewichts zwischen den Bereichen Arbeit/Leistung, Körper/Gesundheit, Familie/Kontakte und Sinn/Kultur; z.B. Kontakt zu humorvollen Menschen suchen, Freundschaften pflegen und fördern • die Pflege der körperlichen und psychischen (seelischen) Ressourcen/Kräfte eines Menschen, positiv denken • körperliche Fitness, Übergewicht reduzieren, genügende Erholungszeit, ausreichender Schlaf, bewusstes Atmen • gesunde und ausgewogene Ernährung; Ernährungspyramide beachten (Gemüse, Trennkost)
Arbeitsverhalten	*Den Stress vermeiden durch richtigen Einsatz der Arbeitsstrategien:* • eine effiziente Zeit- und Arbeitsplanung führen • Ziele und Prioritäten setzen

Bewegung	*Sportliche Betätigung stärkt den Körper und «lüftet» den Geist:* • Ausdauer: Radfahren, Walking, Schwimmen, Jogging, Tennis, Volleyball usw. • Natur: Wandern, Kajak, Langlaufen usw.
Entspannung	*Entspannungstechniken eignen sich hervorragend für eine tiefe Entspannung:* • Yoga, autogenes Training usw. • Ausgleich suchen; z. B. Musik hören, sich hinsetzen und nichts tun, eine Veranstaltung besuchen usw.

Der Schlüssel zu höherer Leistungsfähigkeit

Konzentration Aufmerksamkeit

Konzentration ist die Fähigkeit, die gesamte Aufmerksamkeit für eine gewisse Zeit auf etwas auszurichten, sie zu binden und alles andere zu ignorieren. Sie fordert einen hohen Grad an geistiger Anspannung. Aufmerksamkeit ist eine Frage des Willens. Sie ist keine Eigenschaft, die immer und jederzeit vorhanden ist, sondern eine Fähigkeit, die in besonderem Masse von der Situation abhängt. Wer sich gut konzentrieren kann, verzeichnet Erfolgserlebnisse und kann seine Gedächtnisleistung und Kreativität steigern.

> **Voraussetzungen**
> - *Thema/Sache:* Ist etwas interessant oder eine langweilige Pflichtaufgabe?
> - *Stimmung:* Fühle ich mich wohl, habe ich Sorgen?
> - *Umgebung:* Was passiert gerade um mich herum?

Die Konzentrationsfähigkeit hängt vor allem von folgenden Massnahmen ab:

Konzentrationsfördernde Massnahmen

Gesunde Ernährung
Nicht zu viel Süssigkeiten, dafür Obst (Glukose verarbeitet das Gehirn direkt.)

Genug Flüssigkeit
Das Gehirn braucht viel Flüssigkeit (Wasser!), um gut arbeiten zu können.

Immer eins nach dem anderen
Nicht mehrere Dinge gleichzeitig tun.

Entspannung
Ruhepausen zum Auftanken und Ausschalten der Motorik einlegen; z. B. alle 5 Minuten eine geistige Kurzpause, ein Blick ins Aquarium, ein erfrischender Film, sanfte Musik

Bewegung
Sich zwischendurch bewegen (aufstehen, sich recken und strecken): Durch die schnellere Atmung wird mehr Sauerstoff aufgenommen und so der Stoffwechsel angeregt.

RUHE! Störfaktoren beseitigen
Bewusstes Ausschalten bzw. Herausfiltern der Umweltreize:
Visuelle Ablenkung: z. B. Fernseher, Mitarbeitende
Akustische Ablenkung: z. B. Radio, Musik, Gespräche, Lärm
innere Ablenkung: z. B. unangenehme Gefühle, Frust, Ärger

Ausgeruht sein
Müdigkeit schränkt die Konzentrationsfähigkeit und die Ausdauer ein.

Motivation steigern
Der innere Antrieb, die Sehnsucht, ein Ziel zu erreichen, setzen ungeahnte Kräfte frei.

Kapitel 7 | Arbeit und Markt **237**

Der Lernprozess in der Entwicklung der Konzentrationsfähigkeit besteht im aktiven Ausschalten oder Herausfiltern negativer Umwelteinflüsse. Konzentration kann man trainieren, beispielsweise mit autogenem Training, Meditation oder einfachen Konzentrations- und Entspannungsübungen.

Konzentrationsfähigkeit

Meditation oder auch nur ein Gang in die Natur fördert die Konzentrationsfähigkeit.

Verstanden?

7.44 Wie reagiert man auf Mobbing?

7.45 Wie reagiert man auf sexuelle Belästigung?

7.46 Nennen Sie fünf Möglichkeiten wie Sie Stress bewältigen.

7.47 Nennen Sie fünf Massnahmen wie Sie konzentriert, gut lernen können.

7.7 Konjunktur und Wirtschaftsentwicklung

Wirtschaftsformen

Gegensätzliche Denkmodelle

Weil die Volkswirtschaft eng mit der Politik verbunden ist, verfügt jede Gesellschaft über eine staatlich geregelte Wirtschaftsordnung, welche festlegt, wie die Wirtschaft in einem Land funktionieren soll. Die beiden Extreme bilden zwei völlig gegensätzliche Denkmodelle bzw. Systeme. Die beiden Systeme unterscheiden sich folgendermassen:

Wirtschaftssysteme

Freie Marktwirtschaft	**Zentrale Planwirtschaft**
Keine staatlichen Eingriffe	Totale staatliche Kontrolle
Im Zentrum stehen die Freiheit und das Interesse jeder einzelnen Person. Das Gewinnstreben ist der Motor der Wirtschaft. Man geht davon aus, dass das Streben nach persönlichem Nutzen den Nutzen der Gemeinschaft fördert (z.B. Schweiz, Amerika).	Die Steuerung der Volkswirtschaft erfolgt über eine staatliche Bürokratie. Was produziert werden soll, entscheidet eine staatliche Planstelle. Anreiz bilden nicht Gewinn und Nutzen, sondern Auszeichnung und Strafen (z.B. Nordkorea).

Die soziale Marktwirtschaft

Aufgaben des Staates

Die beiden Wirtschaftssysteme in der reinen Form sind nirgends anzutreffen. In den westlichen Demokratien hat sich eine sozial gesteuerte Marktwirtschaft durchgesetzt. Dabei nimmt sich der Staat das Recht, ergänzend ins Marktgeschehen einzugreifen. In der sozialen Marktwirtschaft übernimmt der Staat drei Aufgaben:

Aufgaben des Staates

- *Durchsetzung des Rechtssystems* – Bürgerinnen und Bürger in einem Staat müssen ihre Rechte an Gerichten einfordern können. In Staaten wie der Schweiz ist ein derartiges Rechtssystem selbstverständlich. Menschen in anderen Ländern leiden jedoch darunter, dass z.B. Verträge nicht durchgesetzt werden können oder Mafiagruppen Schutzgelder erpressen.
- *«Gerechte» Verteilung* – Der Staat sorgt auch für eine politisch gewünschte Umverteilung. Viele Staatseingriffe beruhen darauf, dass Einkommen an gewisse Bevölkerungsgruppen, Regionen oder Generationen umverteilt wird. Wie viel und zu wem, ist das Resultat des politischen Prozesses.
- *Korrektur von Marktversagen* – In der Marktwirtschaft übernehmen die Märkte die Verteilung von Gütern und Ressourcen. Dies funktioniert in der Regel auch. Es gibt allerdings Situationen, in denen der Markt nicht funktioniert. Man spricht dabei von «Marktversagen».

Kapitel 7 | **Arbeit und Markt**

Es lassen sich drei Arten von Marktversagen unterscheiden:

Marktversagen

Marktversagen

Kein Wettbewerb	Externe Kosten	Öffentliche Güter
Ist ein Unternehmen auf einem bestimmten Markt der einzige Anbieter, spricht man von einem Monopol. Wegen der fehlenden Konkurrenz kann dieser Anbieter die Preise und Mengen weitgehend selbst festsetzen. Möglicher Staatseingriff: • *Wettbewerbskommission* Diese geht gegen Absprachen zwischen Unternehmen (Kartellen) vor und bekämpft den Missbrauch der Marktmacht einzelner Unternehmen. • *Preisüberwacher*	Externe Kosten trägt nicht der Verursacher, sondern die Allgemeinheit. Das wichtigste Beispiel in diesem Bereich ist die Umweltverschmutzung. Möglicher Staatseingriff: • *Nachsorge* z.B. Kläranlage, Kehrichtverbrennung • *Verbote* z.B. Verbot von FCKW • *Verursacherprinzip* Dieses kann über Lenkungsabgaben (z.B. CO_2-Abgabe) oder über Entsorgungsgebühren durchgesetzt werden.	Das sind Güter, welche alle benützen können, deren Kosten aber niemand alleine tragen will. Wenn im Winter durch den Schnee die Strassen unbenutzbar werden, möchte keines der Transportunternehmen für alle anderen die Strassen freiräumen. Möglicher Staatseingriff: • Der Staat stellt die öffentlichen Güter zur Verfügung und bezahlt diese durch Steuereinnahmen.

Der Staat muss die ihm zur Verfügung stehenden Mittel des Eingreifens sorgfältig auswählen. Denn es besteht stets die Möglichkeit, dass Massnahmen des Staates aufgrund von unvorhergesehenen Problemen zu schlechteren Resultaten führen, als wenn man nichts getan hätte. Ist dies der Fall, spricht man von Staatsversagen. So wird im Zusammenhang mit der Finanzmarktkrise 2008 kritisiert, dass der Staat bzw. die Regierungen oft Teil des Problems seien, allein schon durch die gegebene enge personelle Verflechtung von Beamten und Politikern mit der Finanzindustrie.

Staatsversagen

Verstanden?

7.48 Was sind die Unterschiede zwischen der freien Marktwirtschaft und der zentralen Planwirtschaft?

7.49 Was ist das Wesen der sozialen Marktwirtschaft?

7.50 Welches sind die wichtigsten drei Aufgaben des Staates in der sozialen Marktwirtschaft?

7.51 In welchen Bereichen kann der Markt versagen?

Wirtschaftspolitik

Ziele der Wirtschaftspolitik

Die Wirtschaftspolitik umfasst die Gesamtheit aller staatlichen Massnahmen, die darauf abzielen, die Lebensqualität möglichst vieler Menschen in einer Gesellschaft zu verbessern. Dem Handeln des Staates liegen dabei die folgenden, von fast allen akzeptierten Ziele zugrunde:

> **Ziele der Wirtschaftspolitik**
> - Hoher Wohlstand
> - Tiefe Arbeitslosigkeit
> - Stabile Preise und tiefe Inflation (siehe S. 244)
> - Nachhaltige Staatsfinanzierung

Mit welchen Massnahmen die gewünschten wirtschaftspolitischen Ziele erreicht werden sollen, ist jeweils sehr umstritten und eines der Hauptthemen der politischen Auseinandersetzung.

Hoher Wohlstand

Wachstum und Konjunktur

Entscheidend für die Höhe des Wohlstands ist das langfristige Wachstum, welches der Staat positiv zu beeinflussen versucht (z.B. durch Investitionen in die Bildung oder die Infrastruktur). Allerdings wächst die Wirtschaft nicht linear, sondern folgt sogenannten Konjunkturzyklen.

Definition	
Konjunktur	Widerspiegelt die Gesamtsituation einer Volkswirtschaft. Sie bezeichnet den schwankenden Verlauf der Wirtschaft bzw. des Wirtschaftswachstums. Das Wirtschaftswachstum wird anhand des realen Bruttoinlandproduktes (S. 70) gemessen. Die Wirtschaftsentwicklung kann mittels einer wellenförmig verlaufenden Kurve – Konjunkturzyklus genannt – dargestellt werden.
Konjunktur-zyklus	Es wird ein Zeitraum (eine ganz bestimmte Phase) der Wirtschaftsentwicklung betrachtet, entweder eine Periode von einem Wellental zum nächsten Wellental oder von einem Wellenberg zum nächsten Wellenberg. In der Schweiz werden die Konjunkturzyklen anhand der jährlichen Veränderungsraten des Bruttoinlandproduktes gemessen (z.B. durch die Konjukturforschungsstelle KoF).

Ein grosses Wirtschafswachstum kann sich beispielsweise in einem allgemeinen Bauboom äussern.

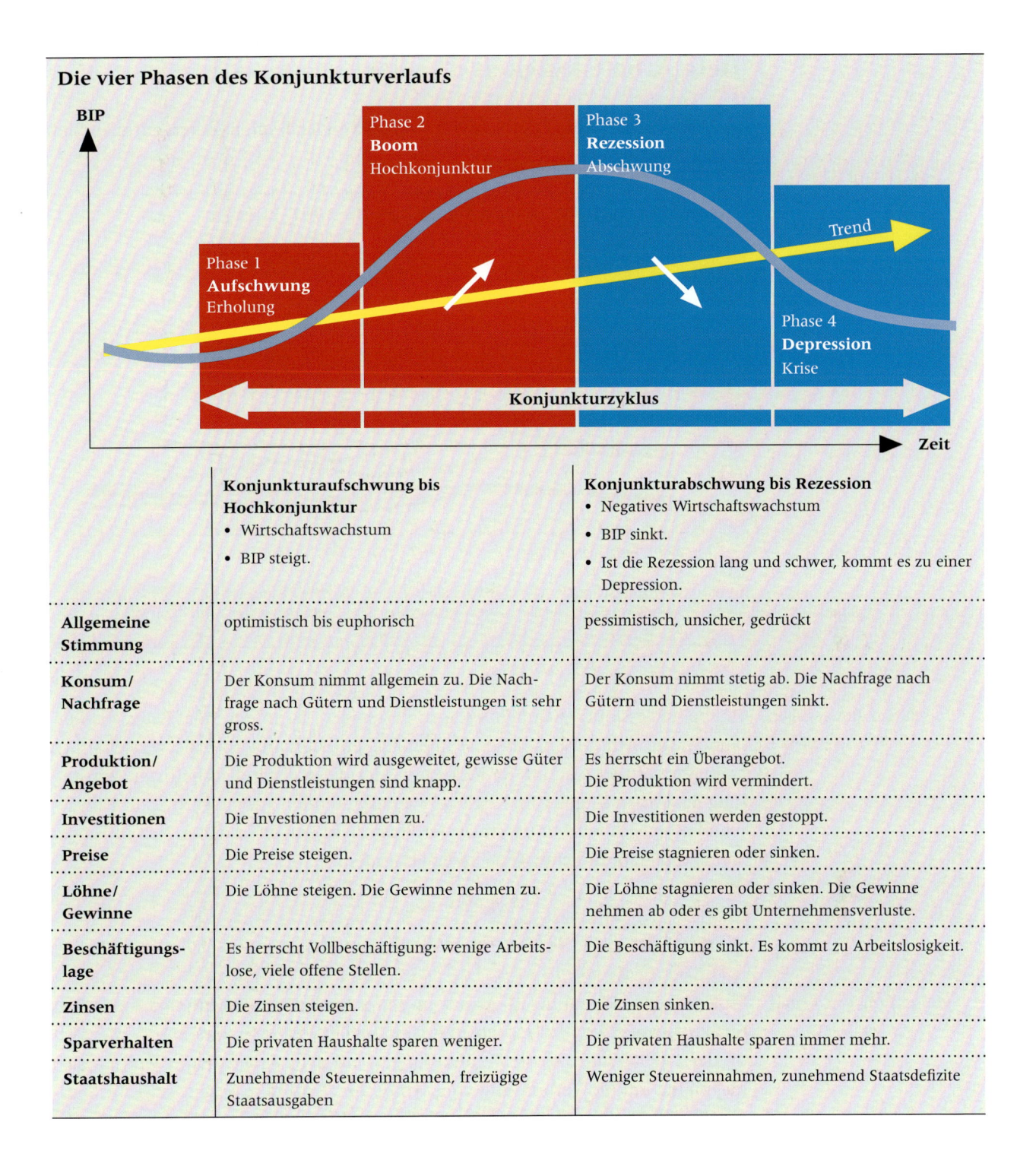

Die vier Phasen des Konjunkturverlaufs

Phase 1 Aufschwung / Erholung
Phase 2 Boom / Hochkonjunktur
Phase 3 Rezession / Abschwung
Phase 4 Depression / Krise

	Konjunkturaufschwung bis Hochkonjunktur • Wirtschaftswachstum • BIP steigt.	**Konjunkturabschwung bis Rezession** • Negatives Wirtschaftswachstum • BIP sinkt. • Ist die Rezession lang und schwer, kommt es zu einer Depression.
Allgemeine Stimmung	optimistisch bis euphorisch	pessimistisch, unsicher, gedrückt
Konsum/ Nachfrage	Der Konsum nimmt allgemein zu. Die Nachfrage nach Gütern und Dienstleistungen ist sehr gross.	Der Konsum nimmt stetig ab. Die Nachfrage nach Gütern und Dienstleistungen sinkt.
Produktion/ Angebot	Die Produktion wird ausgeweitet, gewisse Güter und Dienstleistungen sind knapp.	Es herrscht ein Überangebot. Die Produktion wird vermindert.
Investitionen	Die Investionen nehmen zu.	Die Investitionen werden gestoppt.
Preise	Die Preise steigen.	Die Preise stagnieren oder sinken.
Löhne/ Gewinne	Die Löhne steigen. Die Gewinne nehmen zu.	Die Löhne stagnieren oder sinken. Die Gewinne nehmen ab oder es gibt Unternehmensverluste.
Beschäftigungslage	Es herrscht Vollbeschäftigung: wenige Arbeitslose, viele offene Stellen.	Die Beschäftigung sinkt. Es kommt zu Arbeitslosigkeit.
Zinsen	Die Zinsen steigen.	Die Zinsen sinken.
Sparverhalten	Die privaten Haushalte sparen weniger.	Die privaten Haushalte sparen immer mehr.
Staatshaushalt	Zunehmende Steuereinnahmen, freizügige Staatsausgaben	Weniger Steuereinnahmen, zunehmend Staatsdefizite

Grosse Konjunkturschwankungen haben unerwünschte volkswirtschaftliche Folgen (z. B. Arbeitslosigkeit). Der Staat versucht daher, grosse Schwankungen abzudämpfen. Bei einem Wirtschaftsabschwung (Rezession) kann der Staat beispielsweise versuchen, Staatsaufträge auszuweiten, um Arbeitsplätze zu sichern. Oder er gewährt Steuererleichterungen, damit mehr Geld für Konsum und Investitionen zur Verfügung steht.

In wirtschaftlich guten Zeiten (Aufschwung/Hochkonjunktur) verpflichtet der Staat beispielsweise die Unternehmen, Arbeitsbeschaffungsreserven für Investitionen in Notlagen zu bilden.

Konjunkturpolitik

Tiefe Arbeitslosigkeit

Die Arbeitslosenzahlen der Schweiz sind im Vergleich mit anderen europäischen Ländern gering.

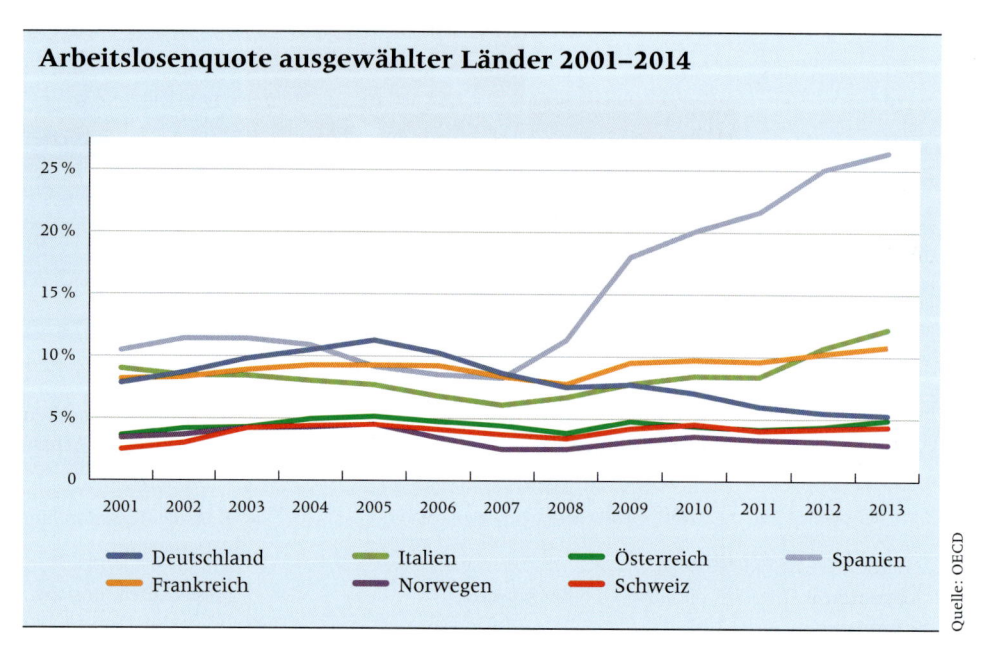

Arbeitslosenquote ausgewählter Länder 2001–2014

Deutschland · Italien · Österreich · Spanien · Frankreich · Norwegen · Schweiz

Quelle: OECD

Massnahmen gegen Arbeitslosigkeit — Um bei Rezessionen Kündigungen zu vermeiden, kann der Staat Kurzarbeit erlauben, um Auftragsengpässe zu überbrücken. Kurzarbeit ist die wirtschaftlich bedingte vorübergehende Reduzierung oder die vollständige befristete Einstellung der Arbeit in einem Betrieb bei weiterlaufenden Arbeitsverträgen. Falls jemand arbeitslos wird, unterstützt der Staat diese Personen dabei, sich um- oder weiterzubilden und eine neue Stelle zu finden.

Armut in der Schweiz: Working Poor

Verbreitung von Armut — Trotz grossem Reichtum ist Armut in der Schweiz kein Tabuthema mehr. Der Strukturwandel von Wirtschaft und Gesellschaft, die lang andauernde Rezession der 1990er-Jahre sowie Veränderungen auf dem Arbeitsmarkt wirkten sich nachhaltig auf die Verbreitung von Armut aus. Laut dem Bundesamt für Statistik (BFS) gilt ein Einkommen von 2250 Franken pro Monat als Armutsgrenze. Für eine Familie mit zwei Kindern liegt sie bei 4000 Franken. Bei 586 000 Personen (7,8 Prozent) lag 2010 das verfügbare Haushaltseinkommen unter dieser Grenze – fast jede 13. Person galt damit in der Schweiz als arm.

Betroffene — Waren früher vor allem ältere Menschen von Armut betroffen, hat sich dies nach der Einführung der Alters- und Hinterbliebenenversicherung (AHV) und beruflichen Vorsorge (BVG) geändert. Zwar lebte auch 2010 jede sechste Person über 65 Jahre in Armut. Doch heute sind
- Alleinerziehende,
- geschiedene Frauen,
- allein lebende Männer und
- junge Familien mit mehr als drei Kindern

Kapitel 7 | Arbeit und Markt

am stärksten armutsgefährdet. Im Tessin und in der Romandie ist die Armutsquote deutlich höher als in der Deutschschweiz. Zudem ist jede vierte von Armut betroffene Person in der Schweiz Ausländerin oder Ausländer. Auch ist diese in den städtischen Zentren häufiger anzutreffen als in ländlichen Regionen. Besorgniserregend ist vor allem, dass immer mehr Leute arm werden, obwohl sie eine Arbeitsstelle haben. Dieses Phänomen nennt man Working Poor (arme arbeitende Menschen). Rund 120 000 Personen, die einer Arbeit nachgingen, lebten 2010 in der Schweiz unter der Armutsgrenze.

Die Bundesverfassung schreibt vor, dass Leute, die in Not geraten und nicht in der Lage sind, für sich selbst zu sorgen, Anspruch auf Hilfe haben. Kantone und Gemeinden müssen deshalb per Gesetz Notdürftige unterstützen. Längst nicht alle Betroffenen machen diesen Anspruch auch geltend. Fachleute gehen aber davon aus, dass die Zahl dieser «verschämten Arbeitslosen» leicht gesunken ist, da angesichts der zunehmenden Verarmung in den unteren Bevölkerungsschichten der Gang aufs Sozialamt «normal» geworden sei.

Anspruch auf Hilfe

Armut ist auch auf der höchsten politischen Ebene ein Thema. Mit einem nationalen Programm will der Bund ab 2014 Armut in der Schweiz bekämpfen. Schwerpunkt des rund neun Milliarden Franken teuren Programms ist die Bildung. Sozial benachteiligte Kinder und Jugendliche sollen verstärkt gefördert werden, sodass sie später selbst für ihren Lebensunterhalt aufkommen können.

Armutsbekämpfung

Auch in der reichen Schweiz ist Armut keine Seltenheit mehr.

Verstanden?

7.52 Welches sind die wesentlichen Ziele der Wirtschaftspolitik?

7.53 Mit welchen Massnahmen kann der Staat diese Ziele umsetzen?

7.54 Was ist ein Konjunkturzyklus?

7.55 Wie heissen die vier Phasen eines Konjunkturzyklus?

7.56 Wie ist die allgemeine Wirtschaftslage in der Phase des Abschwungs?

7.57 Wie ist die Beschäftigungslage in der Depression?

7.58 Wie soll der Staat bei grossen Konjunkturschwankungen eingreifen?

7.59 Was versteht man unter Working Poor?

Stabile Preise, Inflation und Deflation

Inflation

Definition der Inflation Unsere heutigen Marktwirtschaften sind zugleich auch Geldwirtschaften, in denen das Geld bzw. der Preis den objektiven Tauschwert eines Gutes widerspiegelt. Das heisst, der Geldwert wird dadurch bestimmt, dass man einer bestimmten Geldmenge eine bestimmte Gütermenge zuordnet. Konkret: Mit beispielsweise 1000 Franken kann man eine bestimmte Menge Güter kaufen. Dies nennt man die Kaufkraft des Geldes.

Kaufkraft Dieses System des Wirtschaftens mit Geld stellt die Basis für eine mögliche Inflation dar. Die Kaufkraft unterliegt ständigen Veränderungen, sodass man mit demselben Geldbetrag zu unterschiedlichen Zeitpunkten unterschiedliche Gütermengen erhält. Wenn die Preise laufend steigen, sprechen wir von Teuerung oder Inflation.

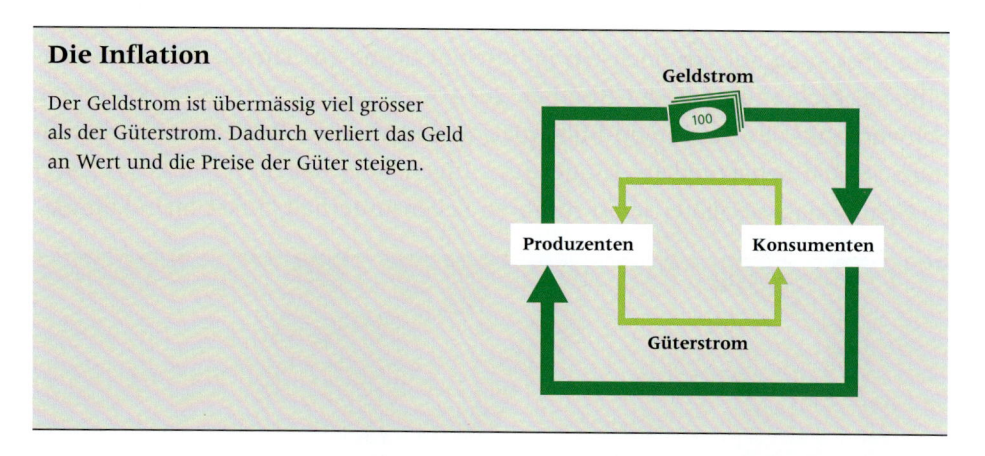

Die Inflation

Der Geldstrom ist übermässig viel grösser als der Güterstrom. Dadurch verliert das Geld an Wert und die Preise der Güter steigen.

Im Allgemeinen ist die Inflation (von lat.: «das Sich-Aufblasen»; «das Aufschwellen») eine Steigerung des Preisindexes oder eine Schwächung der Kaufkraft. Ursprünglich bezog sich der Begriff lediglich auf eine Ausweitung der Geldmenge, was bei mangelndem Wirtschaftswachstum zu einer Geldentwertung führen kann. Heute bedeutet Inflation jedoch ein anhaltender Abstieg des allgemeinen Preisniveaus.

Wirkung der Inflation Sinkt die Kaufkraft des Lohnes ständig, sind davon die unteren und mittleren Einkommensschichten besonders stark betroffen. Familien und Rentner mit kleinem Einkommen können zum Teil die teuren Güter für den täglichen Bedarf nicht mehr bezahlen, während hohe Einkommen den Kaufkraftverlust des Geldes eher verschmerzen. Durch die Geldentwertung verlieren auch die Ersparnisse an Wert.

Hält der Prozess der Teuerung über längere Zeit an, kann dies die sozialen Gegensätze verschärfen, zu politischen Unruhen führen und das Vertrauen in das Funktionieren der Wirtschaft zerstören.

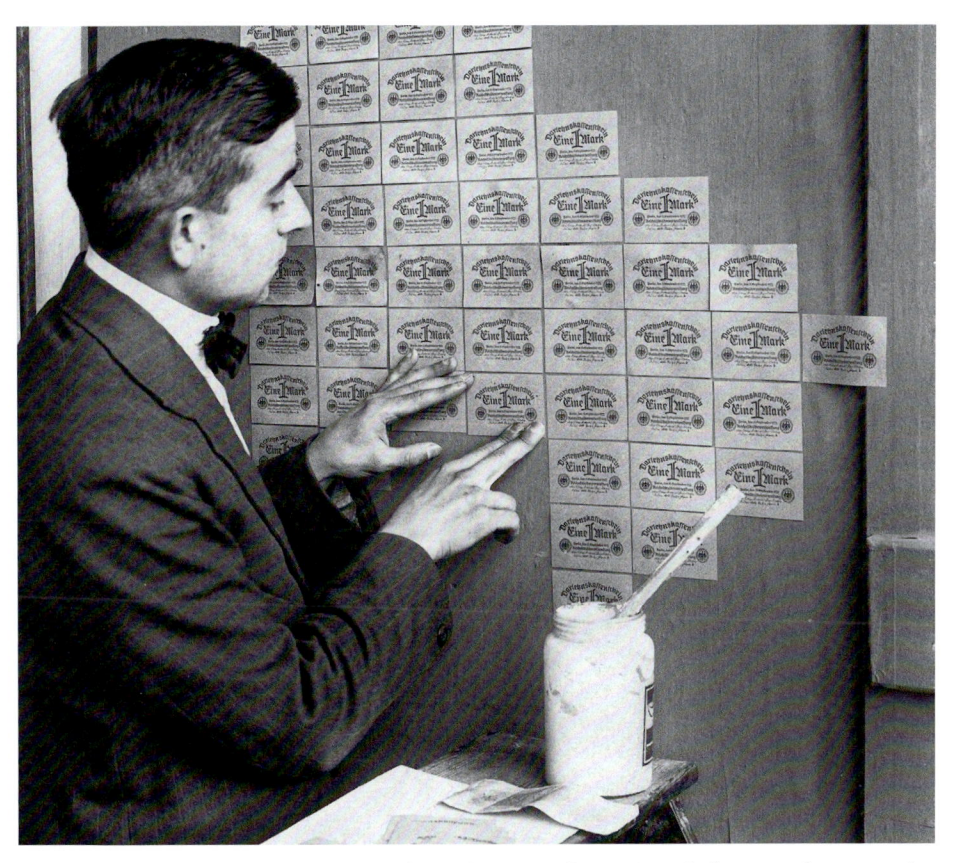

Ein Mann tapeziert eine Wand mit aufgrund einer Inflation inzwischen wertlos gewordenem Geld.

Deflation

Unter Deflation versteht man einen allgemeinen und anhaltenden Rückgang des Preisniveaus. Sie ist das Gegenteil der Inflation. Es werden zu viele Güter produziert, für die keine ausreichende Nachfrage besteht. Folglich vergrössert sich der Güterstrom gegenüber dem Geldstrom. Da für die steigende Gütermenge gleich viel Geld zur Verfügung steht, sind die Anbieter gezwungen, ihre Preise zu senken. Die Kaufkraft des Geldes steigt. Deflation ist ein höchst seltenes Ereignis, das in der Schweiz seit den 1930er-Jahren nicht mehr auftrat. Eine Deflation ist noch problematischer als eine Inflation und verursacht hohe volkswirtschaftliche Kosten. Zudem ist sie auch wesentlich schwerer zu bekämpfen als eine Inflation.

Definition der Deflation

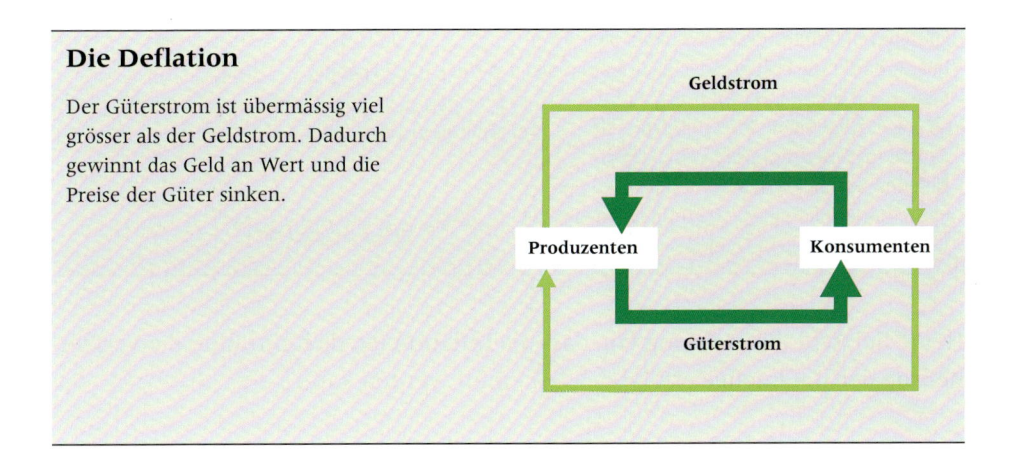

Die Deflation

Der Güterstrom ist übermässig viel grösser als der Geldstrom. Dadurch gewinnt das Geld an Wert und die Preise der Güter sinken.

Folgen der Inflation

Folgen für Einzelpersonen:

Sparflucht/Kapitalflucht
Sparen ist nicht mehr attraktiv. Wenn der Zins kleiner ist als die Teuerung, verliert der Sparer (z. B. Zins 4 %, Teuerung 5 %: Ein Radio, vor einem Jahr für Fr. 100.– gekauft, kostet jetzt Fr. 105.–. Mit dem Spargeld von Fr. 104.– kann das Radio nicht mehr gekauft werden). Folglich wird mehr konsumiert, oder das Geld wird in Sachwerten (Haus, Gold usw.) angelegt, was die Nachfrage noch mehr vergrössert.

Benachteiligte/Gläubiger
Das ausgeliehene Geld ist während einer gewissen Zeit gebunden und nicht frei verfügbar. Nach der Ausleihdauer erhält der Gläubiger das Geld zurück. Bei einer Inflation kann er sich mit dem zurückgezahlten Betrag weniger Güter kaufen als vorher und hat somit Geld «verloren».

Möglicher Kaufkraftverlust der Löhne
Wer als Lohn- oder Rentenbezüger den Teuerungsausgleich nicht erhält, verliert an Kaufkraft, d. h. er muss für das Gut oder die Dienstleistung mehr bezahlen.

Leichtere Tilgung der Schulden
Die Schulden verlieren an Wert. Eine Schuld von Fr. 1000.– ist bei laufend höheren Einkommen (bei vollem Teuerungsausgleich) leichter zurückbezahlt.

Folgen für Unternehmen und Staat:

Sinkende Staatsverschuldung
Höhere Einkommen ergeben mehr Steuern bzw. höhere Staatseinnahmen. Die Staatsschulden sinken.

Höhere Produktion
Die grosse Nachfrage nach Gütern erlaubt eine Steigerung der Produktion und damit eine Erhöhung der Gewinne.

Lohn-Preis-Spirale

① Dringend benötigte Arbeitskräfte werden mit höheren Löhnen bei der Stange gehalten.
② Höhere Lohnkosten verursachen aber höhere Produktionskosten, welche zu höheren Preisen auf dem Markt führen.
③ Folge: Allgemeine Preissteigerungen (Inflation/Teuerung) treten ein. Um die Inflation auszugleichen, fordern die Arbeitskräfte höhere Löhne ④. Dadurch wird die Lohn-Preis-Spirale in Gang gesetzt ⑤.

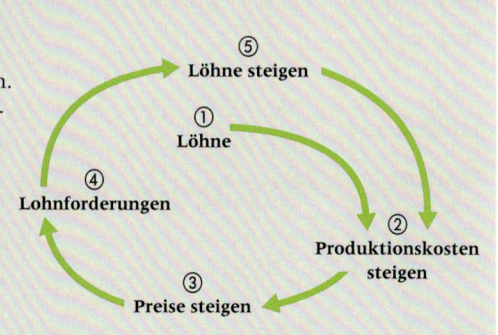

① Löhne
② Produktionskosten steigen
③ Preise steigen
④ Lohnforderungen
⑤ Löhne steigen

Heute herrscht die Meinung vor, dass die Inflation letztlich nur über die Verkleinerung der Geldmenge erfolgreich bekämpft werden kann.

Bekämpfung der Inflation/Deflation

Die Inflations- und Deflationsbekämpfung verursacht hohe Kosten. Bei der Bekämpfung der Inflation verkleinert die Nationalbank die Geldmenge, wodurch die Kaufkraft des Geldes steigt und die Inflationsrate sinkt. Allerdings führt dies zu steigenden Zinsen und damit verbunden zu sinkenden Investitionen, was schliesslich eine Rezession und Arbeitslosigkeit zur Folge haben kann. Extrem schwierig zu bekämpfen ist eine Deflation. Zwar können durch eine starke Ausweitung der Geldmenge die Zinsen bis auf null gesenkt werden – solange die Konsumierenden und Unternehmen aber weitere Preissenkungen erwarten, werden sie weder konsumieren noch investieren.

Der Landesindex der Konsumentenpreise (LIK) misst die Preisentwicklung der für die privaten Haushalte bedeutsamen Waren und Dienstleistungen. Er gibt an, in welchem Umfang die Konsumenten bei Preisveränderungen die Ausgaben erhöhen oder senken müssen, um das Verbrauchsvolumen konstant halten zu können.

Landesindex der Konsumentenpreise (LIK)

Entwicklung des Landesindex der Konsumentenpreise seit 2000

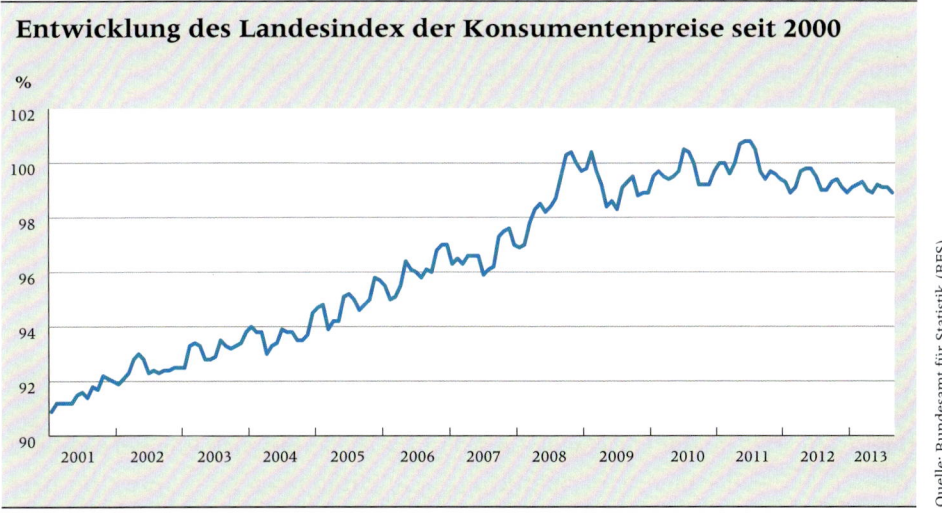

Quelle: Bundesamt für Statistik (BFS)

Die Anwendungen des Landesindexes und damit die an ihn gestellten Anforderungen sind äusserst vielfältig. Das Spektrum der Index-Anwendungen reicht von
- der Beurteilung der Wirtschaftslage im Zusammenhang mit der Geldpolitik,
- dem internationalen Vergleich der Wettbewerbsfähigkeit unseres Landes
- über die Indexierung von Löhnen, Renten und anderen Geldwerten
- bis hin zur Teuerungsbereinigung, beispielsweise zur Ermittlung des realen Wirtschaftswachstums und der realen Lohn- oder Umsatzentwicklung.

Zur Messung der Preisentwicklung – und damit zur Berechnung des LIK – wird ein sogenannter «Warenkorb» definiert, welcher die wichtigsten von den privaten Haushalten konsumierten Waren und Dienstleistungen beinhaltet. Der Warenkorb ist entsprechend den 12 wichtigsten Ausgabenkategorien der Haushalte unterteilt und gewichtet.

Warenkorb

Warenkorb und Gewichte 2014

- Sonstige Waren und Dienstleistungen 5,547%
- Restaurants und Hotels 8,544%
- Erziehung und Unterricht 0,863%
- Freizeit und Kultur 10,2010%
- Nachrichtenübermittlung 2,696%
- Verkehr 11,6%
- Gesundheitspflege 14,992%
- Nahrungsmittel und alkoholfreie Getränke 10,463%
- Alkoholische Getränke und Tabak 1,818%
- Bekleidung und Schuhe 3,788%
- Wohnen und Energie 24,955%
- Hausrat und laufende Haushaltsführung 4,533%

Quelle: Bundesamt für Statistik (BFS)

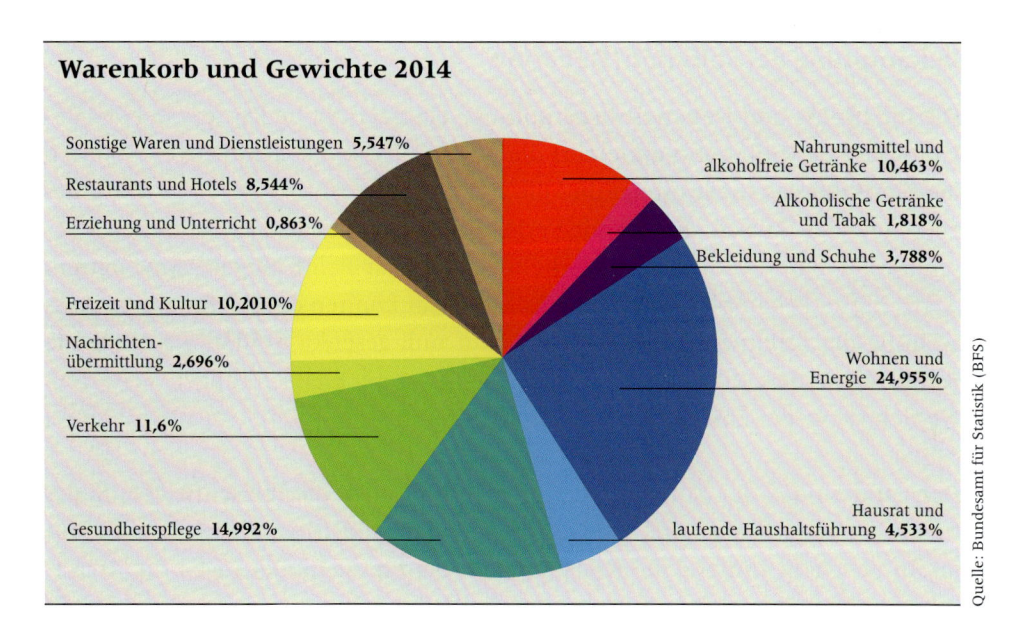

Die Preise der Waren und Dienstleistungen werden monatlich in ausgewählten Geschäften in der ganzen Schweiz erhoben. Dazu werden rund 50 000 Preise durch das vom Bundesamt für Statistik (BFS) beauftragte Marktforschungsinstitut GfK oder direkt vom BFS selbst erhoben. Die Erhebung findet direkt in den Verkaufsstellen vor Ort, per Telefon, Internet oder via Korrespondenzweg in der ersten Woche des Monats statt. Erfasst werden die im Inland bezahlten, effektiven Verkaufspreise (inkl. MWST, Gebühren oder allfälligen Aktionspreisen und Rabatten).

Rolle der SNB Die Aufgabe der Schweizerischen Nationalbank (SNB) ist es, die Geldpolitik im Gesamtinteresse der Schweiz zu führen. Die erste Zielgrösse ist die Inflation. Für die SNB gilt es, grosse Schwankungen des Geldwertes zu vermeiden (Inflationsrate < 2 %).

Das zweite Ziel ist eine ausgewogene konjunkturelle Entwicklung der Schweiz, d. h., es soll weder eine wirtschaftliche Überhitzung noch eine Rezession herrschen.

Wenn die SNB der Wirtschaft mehr Geld zur Verfügung stellen will, macht sie ihre Tauschgeschäfte mit den Banken günstiger und senkt die Zinsen, die ihr Banken für einen Kredit zahlen müssen. Damit verfügen Banken über mehr Reserven, mit denen sie wiederum ihren Kunden Kredite geben und so den Geldschöpfungsmechanismus in Gang setzen. Wenn die SNB das Geld verknappen will, erhöht sie den Zinssatz, und die Kredite werden teurer.

Die SNB führt die Geldpolitik im Gesamtinteresse der Schweiz aus.

Kapitel 7 | Arbeit und Markt

Nachhaltige Staatsfinanzierung

Die folgende Grafik zeigt, dass die Staatsverschuldung der Schweiz in den letzten 40 Jahren stark zugenommen hat:

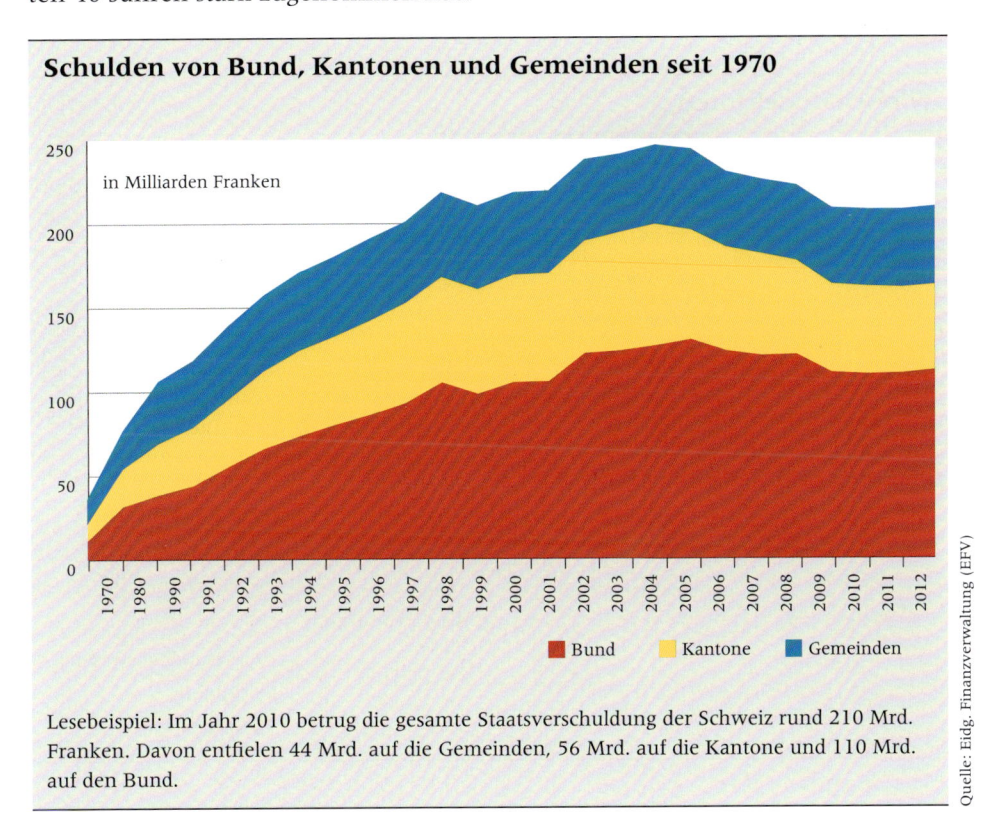

Staatsverschuldung

Schulden von Bund, Kantonen und Gemeinden seit 1970

in Milliarden Franken

■ Bund   ■ Kantone   ■ Gemeinden

Quelle: Eidg. Finanzverwaltung (EFV)

Lesebeispiel: Im Jahr 2010 betrug die gesamte Staatsverschuldung der Schweiz rund 210 Mrd. Franken. Davon entfielen 44 Mrd. auf die Gemeinden, 56 Mrd. auf die Kantone und 110 Mrd. auf den Bund.

Steigende Schulden sind nicht wünschenswert. Einerseits verliert der Staat dadurch Handlungsspielraum, andererseits werden die Schulden auf zukünftige Generationen abgewälzt. Allerdings ist es politisch einfacher, zusätzliche Ausgaben zu beschliessen, als Steuererhöhungen durchzusetzen. Um die steigende Verschuldung unter Kontrolle zu bringen, führte der Bund 2002 die Schuldenbremse ein. Diese besagt, dass in einer Hochkonjunktur ein Überschuss erwirtschaftet werden muss, in einer Rezession dagegen ein Defizit ausgewiesen werden darf. Die Bundesfinanzen sollen dadurch nachhaltig gestaltet werden.

Nachhaltige Staatsfinanzierung / Schuldenbremse

Verstanden?

7.60 Wann befindet sich eine Volkswirtschaft im Gleichgewicht?

7.61 Was versteht man unter Inflation?

7.62 Wer profitiert, wer verliert bei der Inflation?

7.63 Was ist eine Lohn-Preis-Spirale?

7.64 Was versteht man unter Deflation?

7.65 Wie wird eine Inflation bekämpft?

7.66 Was zeigt der Warenkorb auf?

7.67 Was zeigt der Landesindex der Konsumentenpreise auf?

7.68 Was ist die Rolle der SNB?

7.69 Wie hat sich die Staatsverschuldung der Schweiz ab dem Jahr 2000 entwickelt?

Wirtschaftssektoren

Die Arbeitnehmenden einer Volkswirtschaft lassen sich von der beruflichen Tätigkeit her in drei Produktionsbereiche (Wirtschaftssektoren) einteilen.

Wirtschaftssektoren

	1. Sektor (Primärsektor)	2. Sektor (Sekundärsektor)	3. Sektor (Tertiärsektor)
	Gewinn von Rohstoffen / Beschaffung von Naturgütern	Herstellung, Verarbeitung und Veredelung von Gütern	Verteilung von Gütern / Anbieten von Dienstleistungen
Branchen	• Landwirtschaft • Bergbau • Fischerei • Forstwirtschaft	• Handwerk • Industrie • Bauwirtschaft • Energie- und Wasserversorgung	• Banken • Gastgewerbe • Handel und Reparatur • Verwaltung • Gesundheitswesen • Bildung • usw.

Die Grenze zwischen den einzelnen Sektoren verläuft nicht scharf. So erbringen beispielsweise viele Industrieunternehmen auch Dienstleistungen (Beratung, Service), oder Bauern verkaufen ihre geernteten Kartoffeln gleich selbst.

Strukturwandel Das Erwerbsleben hat sich in den letzten 150 Jahren grundlegend verändert: Die Schweiz entwickelte sich von der Agrargesellschaft zum Industriestaat und schliesslich zur Dienstleistungsgesellschaft von heute.

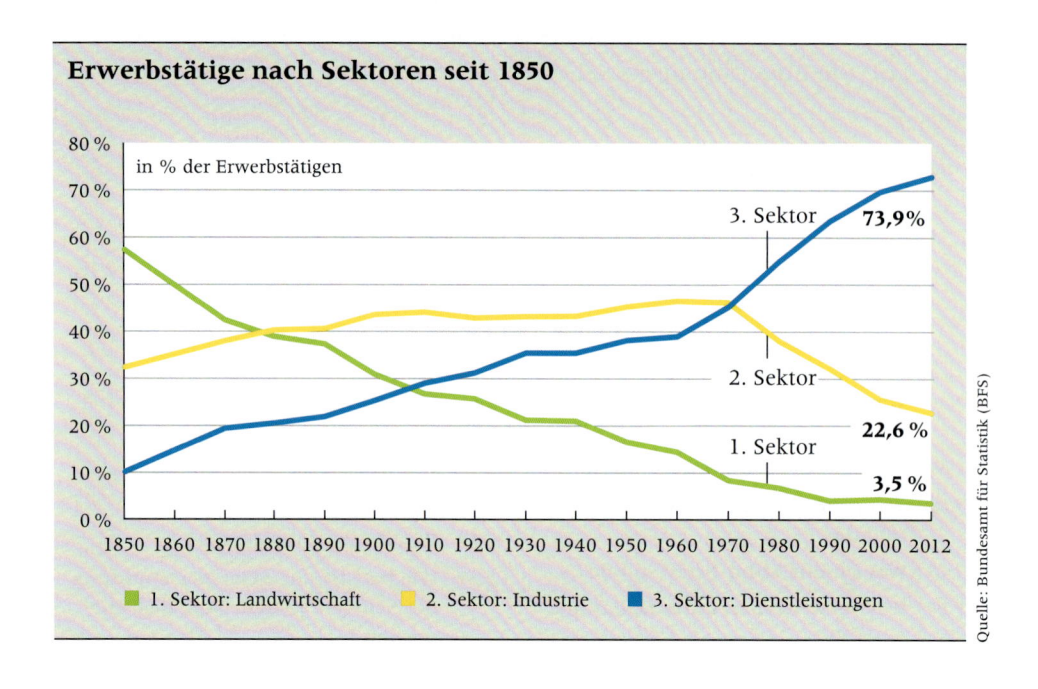

Erwerbstätige nach Sektoren seit 1850

- 1. Sektor: Landwirtschaft – 3,5 %
- 2. Sektor: Industrie – 22,6 %
- 3. Sektor: Dienstleistungen – 73,9 %

Quelle: Bundesamt für Statistik (BFS)

Kapitel 7 | Arbeit und Markt

Aufgrund der Aufteilung der Erwerbstätigen auf die drei Sektoren lassen sich Rückschlüsse auf die wirtschaftliche Struktur eines Staates ziehen.

Gesetzmässigkeiten

Wirtschaftsstruktur

Agrarwirtschaft	Industriewirtschaft	Dienstleistungswirtschaft
Ist der grösste Teil einer Volkswirtschaft im 1. Sektor, aber nur wenige im 2. Sektor und noch weniger im 3. Sektor beschäftigt, handelt es sich um ein Entwicklungsland. Die Bevölkerung beschäftigt sich hauptsächlich damit, ihren eigenen Nahrungsmittelbedarf zu decken. In diesem Fall spricht man von einer Agrarwirtschaft.	Die Modernisierung der Landwirtschaft durch den Einsatz von Maschinen und Chemie (Dünger, Schädlingsbekämpfung) erhöht die Produktion im 1. Sektor und setzt damit Arbeitskräfte frei. Je mehr Arbeitsplätze im 2. und 3. Sektor besetzt sind, desto industrialisierter ist ein Land. Man spricht von einer Industriewirtschaft.	Der hohe Einsatz von Sachkapital (Computer, Maschinen, Roboter) erhöht auch hier die Produktion und setzt im 2. Sektor Arbeitskräfte frei. Der Handel wächst, und es braucht mehr Arbeitskräfte im 3. Sektor – im Dienstleistungssektor. Sind mehr als 50 % der Beschäftigten einer Volkswirtschaft in diesem Sektor tätig, spricht man von einem hochentwickelten Land oder einer Dienstleistungswirtschaft.

Persönliche Beratung – sei es in der Versicherungsbranche oder im Reisebüro – ist ein wichtiger Bestandteil des Dienstleistungssektors.

Verstanden?

7.70 Was ist der Unterschied zwischen dem ersten und dem zweiten Wirtschaftssektor?

7.71 Wie hat sich der dritte Sektor im 21. Jahrhundert entwickelt?

7.72 Welche Vorteile hat der Produktionsstandort Schweiz gegenüber anderen Ländern?

Auswirkungen auf den Wirtschaftsstandort Schweiz

Der Produktionsfaktor Boden ist in der kleinen Schweiz nur sehr knapp vorhanden und unterliegt verschiedensten Interessenkonflikten. Die Schweizer Wirtschaft muss deshalb ihre Stärke in den zwei verbleibenden Produktionsfaktoren Arbeit und Kapital suchen, will sie international wettbewerbsfähig bleiben.

Statt im Produktionsfaktor Boden muss die Schweizer Wirtschaft ihre Stärke in anderen Sektoren suchen.

Stärken und Schwächen der Schweizer Wirtschaft

Stärken
+ politische Stabilität und Neutralität
+ hohe Lebensqualität
+ gut ausgebildete Fachkräfte
+ Arbeitsproduktivität
+ gute Infrastruktur
+ Verkehrslage
+ attraktives Steuerniveau für Unternehmen
+ Europas Wasserschloss

Schwächen
- fehlende Rohstoffe
- Lohnniveau
- kleiner Schweizer Markt
- Binnenlage
- unproduktiver Boden

7.8 Globalisierung

Unter Globalisierung (global = weltumspannend) versteht man die zunehmende weltweite Verflechtung in Lebensbereichen wie Wirtschaft, Politik, Kultur, Technologie, Kommunikation, Forschung, Umwelt usw. Weil die Welt quasi zusammenwächst, führt dies zu einer weltweiten gegenseitigen Abhängigkeit in diesen Bereichen. Spürbar ist die Globalisierung tagtäglich. Die verschiedenartigsten Medien lassen uns die ganze Welt sehen, mit unterschiedlichsten Transportmitteln ist praktisch jeder Punkt der Erde innerhalb weniger Stunden oder Tage erreichbar. Auf verschiedensten Gebieten (z.B. Kultur, Natur/Umwelt, Politik) wird global zusammengearbeitet. Besonders weit fortgeschritten ist die Zusammenarbeit in der Wirtschaft. Als wesentliche Ursachen der Globalisierung gelten nebst dem technischen Fortschritt denn auch die politischen Entscheidungen zur Liberalisierung des Welthandels.

Beispiele Globalisierung

Beispiel Kultur
Weltweit kann das Gleiche am Bildschirm verfolgt, das Gleiche gekauft (Handy), gegessen (Big Mac) oder getrunken (Coca-Cola) werden. Dabei spielt vor allem die Weltmacht USA eine führende Rolle. Eine «Veramerikanisierung» der Welt ist spürbar, z.B. durch McDonald's, die Popmusik, die Hollywood-Filmindustrie, aber auch durch die Welt- und Computersprache Englisch. Zudem tragen Reisen in fremde Länder und die z.T. hohen Ausländeranteile im eigenen Land zu einer Vermischung der Kulturen wesentlich bei.

Beispiel Wirtschaft
Handel: Der internationale Handel wird von immer grösserer Bedeutung. Um neue Absatzmärkte zu gewinnen, müssen die Unternehmen weltweit präsent und international tätig sein. Die Zahl dieser multinationalen Konzerne nimmt zu. Einzelne Unternehmen oder Branchen stehen in der Krise oder verschwinden, weltweit können Tausende von Arbeitsplätzen verloren gehen.
Finanzmärkte: Riesige Geldmengen können dank Computertechnologie innert Sekunden transferiert werden. An einem durchschnittlichen Tag werden in der Schweiz Devisen- und Kapitaltransaktionen von über 100 Milliarden Franken vorgenommen. Gibt es an der Börse von Tokio einen Kurssturz, hat das unmittelbar Auswirkungen auf die anderen internationalen Börsen.
Gütermärkte: Steigt der Rohölpreis, hat das sofort weltweit Preissteigerungen zur Folge.

Beispiel Natur/Umwelt
Die zunehmende Umweltbelastung bleibt nicht mehr nur ein nationales Problem. Ozonbelastung, Erwärmung der Atmosphäre, Folgen von Reaktorkatastrophen sowie der Ressourcenverschleiss, wie das Abholzen des Regenwaldes, knapper werdende Erdöl- und Wasservorräte, Leerfischen der Weltmeere oder die zunehmende Lärmbelastung, hervorgerufen durch den internationalen Verkehr (LKWs, Flugverkehr), sind zu grenzüberschreitenden Problemkreisen geworden. Diese stets dringlicher werdenden Probleme können nicht mehr von einem Staat allein gelöst werden.

Beispiel Politik
Veränderungen in den Bereichen Wirtschaft, Kultur und Umwelt haben unweigerlich gesellschaftliche Folgen wie Migration, Flüchtlingsströme, Ausländerpolitik, Entwicklungszusammenarbeit usw. Damit es nicht zu Spannungen innerhalb eines Staates oder einer Staatengruppe kommt, müssen politische Lösungen auf staatlicher und internationaler Ebene angestrebt werden. Dazu gehört auch die Verantwortung der führenden Staaten, weltweit politisch aktiv zu sein und gemeinsam nach Lösungen zu suchen. Dabei kann allerdings ein Teil der nationalen Unabhängigkeit verloren gehen. Denn der politische Spielraum der Nationalstaaten wird immer enger. Zum Beispiel können ansteckende Krankheiten wie die Vogelgrippe nicht bloss als eine nationale Angelegenheit betrachtet werden, sondern müssen international koordiniert bekämpft werden.

Wirtschaftliche Globalisierung

Zunahme des Warenhandels

Die Globalisierung der Wirtschaft hat sich in den letzten Jahrzenten beschleunigt. Besonders eindrücklich ist dies an der Zunahme des grenzüberschreitenden Warenhandels zu sehen:

Entwicklung des grenzüberschreitenden Warenhandels (1960–2012)

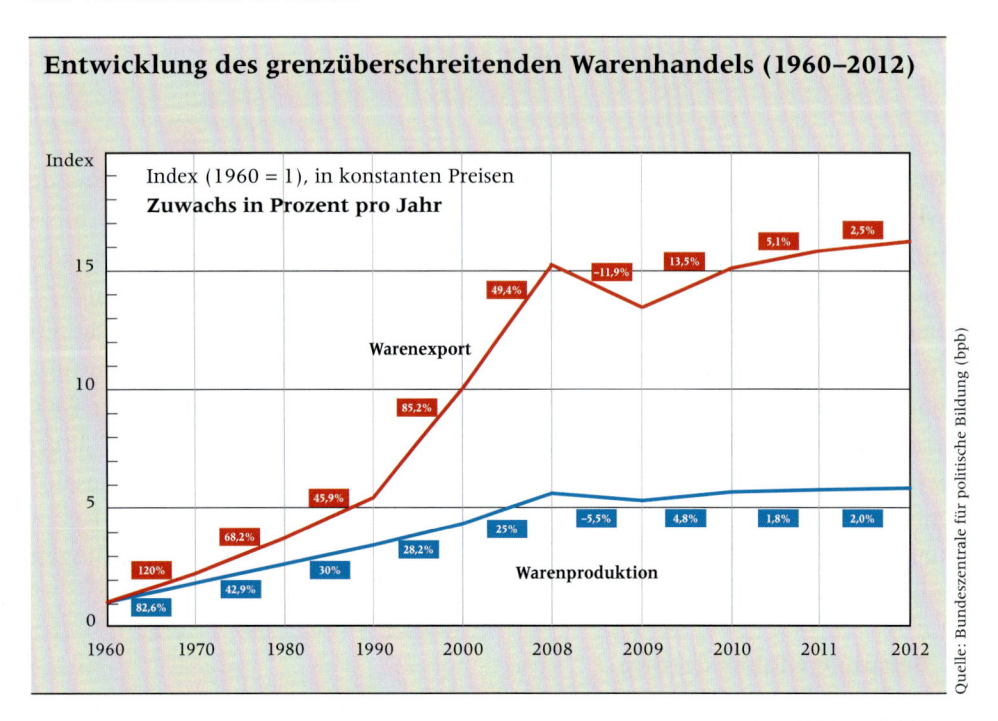

Index (1960 = 1), in konstanten Preisen
Zuwachs in Prozent pro Jahr

Warenexport: 82,6% | 120% | 42,9% | 68,2% | 30% | 45,9% | 28,2% | 85,2% | 25% | 49,4% | −5,5% | −11,9% | 4,8% | 13,5% | 1,8% | 5,1% | 2,0% | 2,5%

Warenproduktion

Jahre: 1960, 1970, 1980, 1990, 2000, 2008, 2009, 2010, 2011, 2012

Quelle: Bundeszentrale für politische Bildung (bpb)

Abbau von Handelsschranken

Diese Entwicklung ist auf den weltweiten Abbau von Handelsschranken zurückzuführen. So wurden in den letzten Jahrzehnten die Zölle gesenkt sowie der freie Güter-, Personen- und Kapitalverkehr gefördert. Zudem wurden die Transportmöglichkeiten schneller und günstiger.

Der globalisierte Gütermarkt hat zu einer weltweiten Spezialisierung geführt. Waren werden dort produziert, wo die Produktionsfaktoren günstig sind, gute Infrastruktur oder viel Know-how vorhanden ist. Jedes Land spezialisiert sich somit auf bestimmte Wirtschaftszweige.

Globalisierung der Finanzmärkte

Neben dem Gütermarkt hat sich auch ein weltumspannender Finanzmarkt entwickelt. Rund um die Uhr werden weltweit Kredite vergeben oder Devisen und Aktien gehandelt. Diese weltweite Vernetzung wird uns durch die Finanzmarktkrise seit 2007 schmerzlich vor Augen geführt: Eine Hypothekenkrise in den USA brachte die globale Finanzwelt und mit ihr die gesamte Wirtschaft in arge Schwierigkeiten. Renommierten Finanzinstituten und ganzen Industriezweigen musste mit Staatsgeldern unter die Arme gegriffen werden.

Globale Handelsblöcke

Im Zuge der wirtschaftlichen Globalisierung entstanden grosse Handelsblöcke. Ein solcher Block ist die EU, mit welcher die Schweiz wirtschaftlich eng verbunden ist.

Ziel eines jeden Wirtschaftsraumes ist es, die Wirtschaft der teilnehmenden Länder zu stärken. Zudem soll auch die Konkurrenzfähigkeit gegenüber den anderen Blöcken aufrechterhalten werden.

Kapitel 7 | Arbeit und Markt

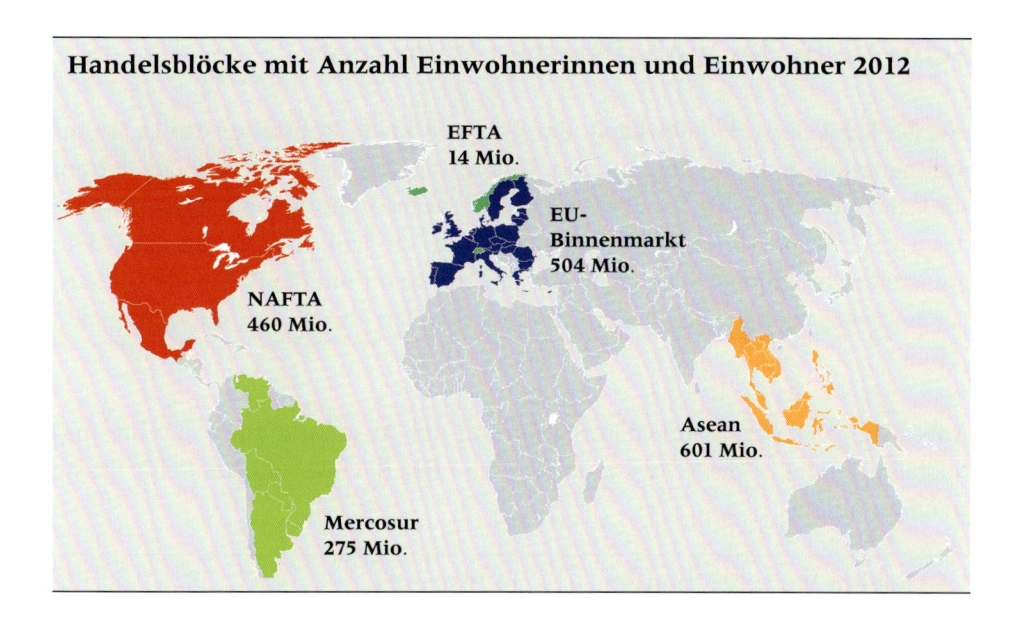

Handelsblöcke mit Anzahl Einwohnerinnen und Einwohner 2012

- EFTA 14 Mio.
- EU-Binnenmarkt 504 Mio.
- NAFTA 460 Mio.
- Asean 601 Mio.
- Mercosur 275 Mio.

Die wirtschaftliche Globalisierung hat in vielen Ländern zu steigendem Wohlstand geführt. Allerdings zeigen sich auch negative Folgen. So geraten beispielsweise die Löhne schlecht ausgebildeter Arbeitskräfte unter Druck, und auch die Umweltbelastung hat aufgrund der steigenden Warentransporte stark zugenommen. Zudem konnten Entwicklungsländer bisher kaum von der Globalisierung profitieren.

Folgen der wirtschaftlichen Globalisierung

Trotz Globalisierung ist die Armutsrate in Entwicklungsländern immer noch sehr hoch.

7.73 Was heisst «global»?
7.74 Wie ist die Globalisierung spürbar?
7.75 Wie ist die Zunahme des grenzüberschreitenden Warenhandels zu erklären?
7.76 Welches sind weltweit die vier grössten Handelsblöcke?

Verstanden?

Schweiz in der globalisierten Wirtschaft

Bedeutung des internationalen Handels

Für die Schweiz als kleines Land, das über fast keine Rohstoffe verfügt, ist der internationale Handel von zentraler Bedeutung. Die Schweiz ist eines der am stärksten globalisierten Länder überhaupt. Ohne Importe und Exporte hätte das Land nie das heutige Wohlstandsniveau erreicht. Die Erträge aus dem grenzüberschreitenden Wirtschaftsverkehr machen rund die Hälfte des BIP aus. Die Schweiz verdient also jeden zweiten Franken durch den internationalen Handel.

Die Schweiz im internationalen Vergleich

Aufgrund ihrer wirtschaftlichen Stärke und der Ausrichtung auf den internationalen Handel ist die Schweiz gemessen an der Bevölkerungszahl eine grosse Handelsnation:

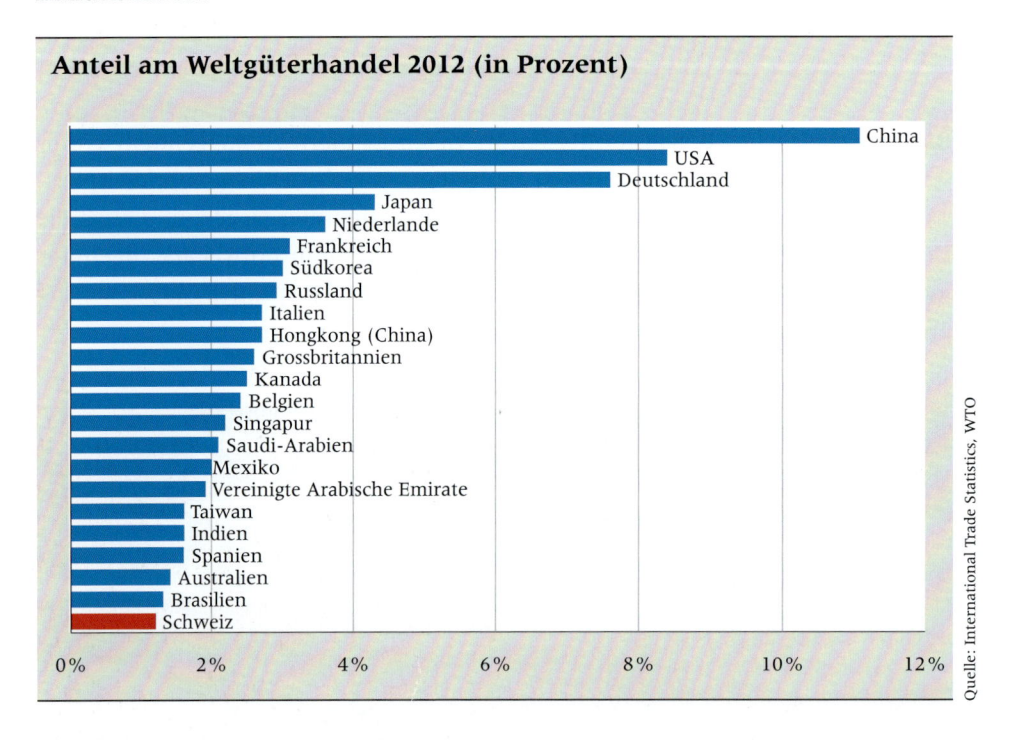

Anteil am Weltgüterhandel 2012 (in Prozent)

Quelle: International Trade Statistics, WTO

Importe und Exporte

Insgesamt führte die Schweiz 2011 Waren im Gesamtwert von 208 Milliarden Franken aus. Im Gegenzug wurden Waren im Wert von 184 Milliarden Franken importiert. Dies vor allem in Warengruppen Chemikalien, Maschinen und Elektronik sowie Instrumente und Uhren.

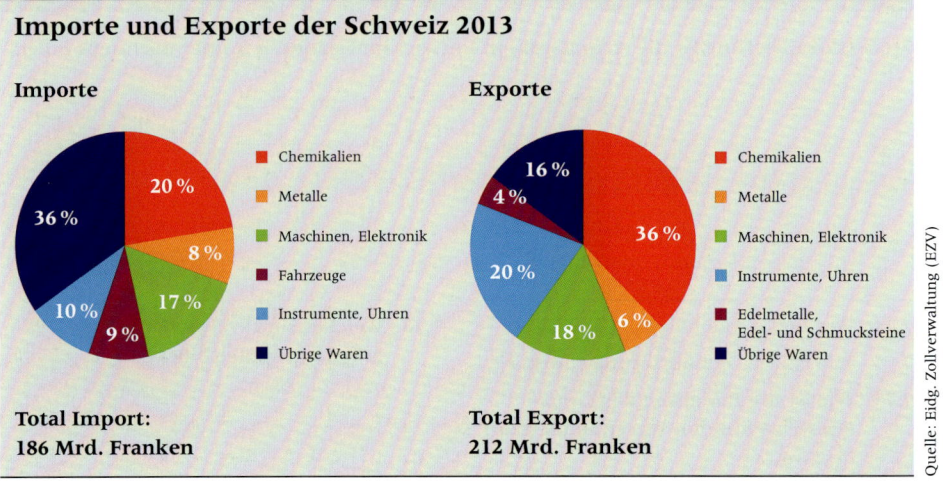

Importe und Exporte der Schweiz 2013

Importe (Total Import: 186 Mrd. Franken):
- Chemikalien: 20 %
- Metalle: 8 %
- Maschinen, Elektronik: 17 %
- Fahrzeuge: 9 %
- Instrumente, Uhren: 10 %
- Übrige Waren: 36 %

Exporte (Total Export: 212 Mrd. Franken):
- Chemikalien: 36 %
- Metalle: 6 %
- Maschinen, Elektronik: 18 %
- Instrumente, Uhren: 20 %
- Edelmetalle, Edel- und Schmucksteine: 4 %
- Übrige Waren: 16 %

Quelle: Eidg. Zollverwaltung (EZV)

Wichtige Exportgüter der Schweiz 2010

- Industriemaschinen 21,595
- Uhren 16,167
- Schmuck 5,144
- Eisen und Stahl 1,409
- Pharma 60,677
- Werkzeuge 2,035
- Elektronik 12,234

Exportvolumen in Milionen Franken

Die wichtigsten Handelspartner

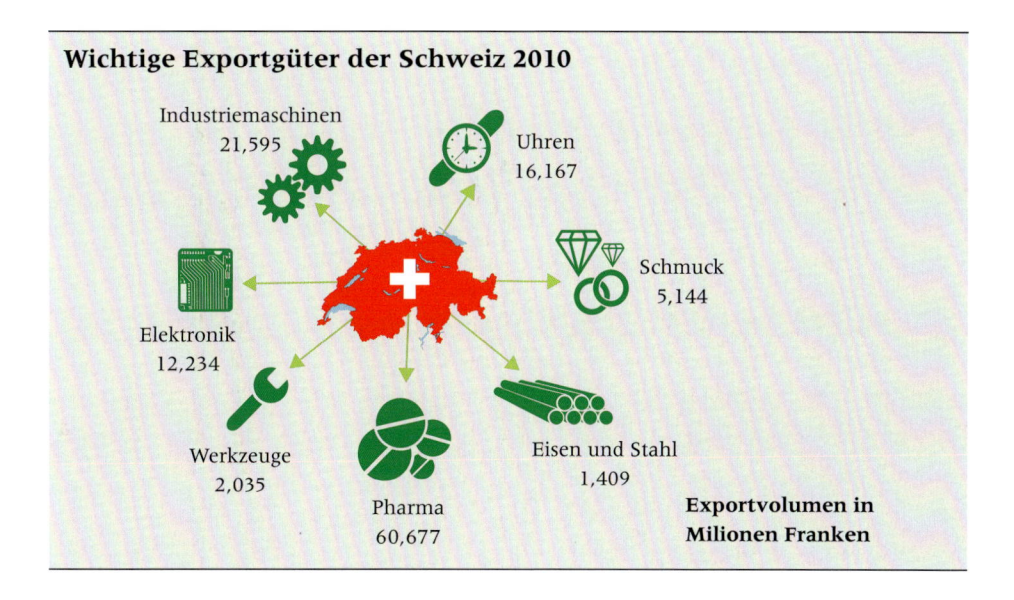

Die Schweiz treibt Handel mit fast allen Staaten der Erde. Durch die geografische Lage mitten in Europa ist klar, dass der wichtigste Handelspartner die Europäische Union ist.

Die wichtigsten Handelspartner der Schweiz 2013

Importe — EU total 73 %
- Deutschland 28 %
- Italien 10 %
- Frankreich 8 %
- Grossbritannien 4 %
- Österreich 4 %
- übrige EU-Staaten 18 %
- USA 6 %
- China 6 %
- Japan 2 %
- andere Länder 13 %

Exporte — EU total 55 %
- Deutschland 19 %
- Italien 7 %
- Frankreich 7 %
- Grossbritannien 5 %
- Österreich 3 %
- übrige EU-Staaten 14 %
- USA 12 %
- China 4 %
- Japan 3 %
- andere Länder 26 %

Quelle: Eidg. Zollverwaltung (EZV)

EU

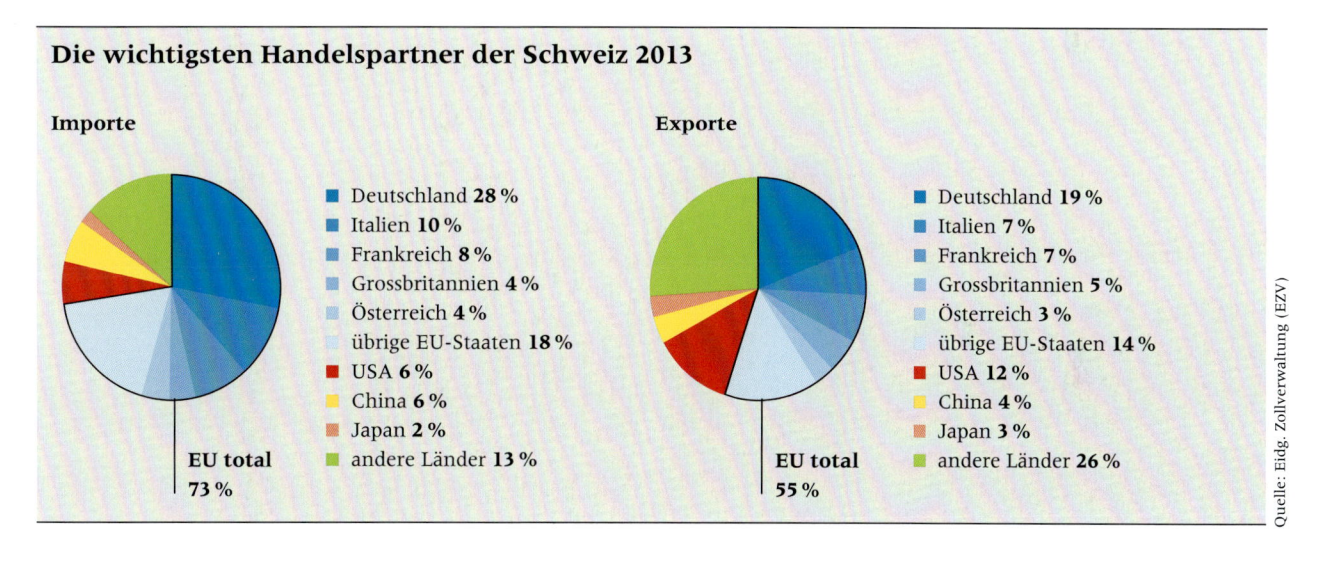

Die Bedeutsamkeit der EU drückt sich auch dadurch aus, dass knapp zwei Drittel der in der Schweiz lebenden Ausländerinnen und Ausländer Bürger der EU sind, nämlich über eine Million. Im Gegenzug leben rund 400 000 Schweizerinnen und Schweizer in der EU. 57 Prozent der Exporte gehen in die EU, und sogar 79 Prozent der Importe stammen aus dem europäischen Binnenmarkt. Das Handelsvolumen inklusive Dienstleistungen zwischen der Schweiz und der EU beträgt eine Milliarde Franken pro Tag!

Deswegen ist es wichtig, dass die Schweiz ihre guten Beziehungen zur Europäischen Union pflegt und weiter ausbaut.

Verstanden?

7.77 Wie wichtig ist der internationale Handel für die Schweiz?

7.78 Welches sind die wichtigsten Import- und Exportgüter der Schweiz?

7.79 Wie bedeutend ist die EU für die schweizerische Wirtschaft?

Politische Karten

9.1 Schweiz 282
9.2 Europa 283
9.3 Welt 284

Schweiz

1:1 500 000

Europa

1 : 50 000 000

Welt

1 : 150 000 000

Kapitel 9 | Politische Karten

Sprache und Kommunikation

10

Einleitung		288
10.1	Textsorten	289
10.2	Strukturwissen	310
10.3	PowerPoint-Präsentation	312
10.4	Lerntipps	314

Einleitung

Nicht nur in Ihrer Ausbildung, sondern auch im Berufsleben müssen Sie immer wieder Texte schreiben oder Präsentationen durchführen. Es ist deshalb wichtig, dass Sie die wichtigsten Textsorten kennen und problemlos eine gute PowerPoint-Präsentation erstellen können.

Eine systematische, kurze Beschreibung der wichtigsten Textsorten erlaubt es Ihnen, sich schnell einen Überblick zu verschaffen. Die präzisen Anleitungen und Tipps sollen Ihnen helfen, einfach und unkompliziert Texte zu verfassen.

Die Anleitung für PowerPoint-Präsentationen bzw. Transparentfolien zeigt Ihnen, wie Sie Ihre Vorträge wirkungsvoll unterstützen können.

10.1 Textsorten

Im Folgenden werden elf Textsorten systematisch beschrieben. Es handelt sich um Textsorten, die für Schule und Beruf unentbehrlich sind:

Bericht	290
Beschreibung	291
E-Mail	294
Erörterung	295
Brief	296
Kommentar	299
Interview	301
Leserbrief	303
Reportage	304
Umfrage	305
Zusammenfassung	309
Dokumentation	310

Der Bericht

Ein Bericht informiert in sachlicher Form über ein Geschehen, ein Ereignis oder einen Sachverhalt. Die Informationen sind möglichst objektiv, d.h. auf Tatsachen beruhend, exakt und verständlich dargestellt. Auch Detail- und Hintergrundinformationen werden in einem Bericht dargelegt. Der Bericht beantwortet sogenannte W-Fragen (siehe unten), wertet aber nicht.
Beispiele: Augenzeugenbericht (z.B. Unfall), Erlebnisbericht (z.B. Reise, Konzert), Rechenschaftsbericht (z.B. Jahresbericht einer Firma), Tatsachenbericht (z.B. Polizeirapport).

Vorgehen Bericht

1. Genaue Beobachtung des Geschehens
Beobachtungen stichwortartig auflisten
Der Bericht gibt Antwort auf folgende W-Fragen:

Was?	Was ist passiert? *(Hauptgeschehen)*
Wer?	Wer war beteiligt? Wer war Verursacher/in? Wer war betroffen? *(Hauptbeteiligte)*
Wo?	Wo ist es passiert? *(Ort des Geschehens)*
Wann?	Wann? Wann ist es passiert? *(Zeitpunkt, Dauer)*
Wie?	Wie ist es passiert? *(Hintergründe)*
Warum?	Warum? Warum ist es passiert? *(Ursachen, Motive)*

2. Zeitliche Reihenfolge überprüfen
- Stichworte zu den einzelnen Teilereignissen in ihrer zeitlichen Abfolge sortieren
- bei Sachverhalten die Ereignisse nach Wichtigkeit ordnen

3. Bericht verfassen
- In der Einleitung *(Lead)* werden die wichtigsten W-Fragen *(was? wer? wo? wann?)* kurz und knapp beantwortet.
- Im Hauptteil wird der tatsächliche Verlauf des Ereignisses *(wie?)* zeitlich geordnet *(chronologisch)* beschrieben.
- Am Schluss können mögliche Ursachen und Folgen *(warum?)* erwähnt werden.

Beispiel: Unfallbericht in Tageszeitung

Knabe bei Kollision schwer verletzt

Rorschach – Ein siebenjähriger Knabe ist am Donnerstagmittag bei einem Unfall in Rorschach schwer verletzt worden. Er hatte auf der Löwenstrasse überraschend die Strasse betreten. Dabei wurde er von einem Personenwagen erfasst und auf das Trottoir geschleudert.

Der Unfall ereignete sich laut Polizei-Bericht um 13 Uhr. Der Knabe lief auf dem Trottoir Richtung Dorf. Als sich ein Personenwagen näherte, betrat er unerwartet die Fahrbahn. Der Fahrer konnte nicht mehr rechtzeitig bremsen und erfasste den Knaben mit dem rechten Kotflügel. Er musste mit schweren Verletzungen von der Rega ins Ostschweizer Kinderspital geflogen werden.

Der Automobilist war vermutlich alkoholisiert. Eine Blutentnahme wurde durch die Polizei am Ort des Unfalls angeordnet und im Kantonsspital durchgeführt. Genaue Resultate werden in zwei Tagen erwartet.

St. Galler Tagblatt, 11.1.20..

Folgende Kriterien gelten für einen Bericht:
- klare Gliederung des Textes (Beantwortung der W-Fragen)
- klare zeitliche Abfolge
- sachliche, genaue Formulierungen
- keine persönliche Meinung oder Wertung (auch nicht in Form einzelner Worte/Ausdrücke)
- *Zeitform:* Präteritum (Vergangenheit)

Verschiedene Formen von Beschreibungen

Eine Beschreibung stellt eine Wirklichkeit sachlich, anschaulich und informativ dar. Die Leserin oder der Leser soll sich über das Beschriebene eine klare und richtige Vorstellung machen können. Die Beschreibung informiert über einen Gegenstand (z. B. Objekt, Bild, Landschaft), einen Vorgang (z. B. Bedienungsanleitung) oder eine Person (z. B. Steckbrief, Selbstporträt) – entsprechend unterscheidet man folgende drei Formen von Beschreibungen.

Die Gegenstandsbeschreibung

Mit der Gegenstandsbeschreibung werden die Merkmale und Eigenschaften eines Gegenstandes sachlich und exakt dargestellt.
Beispiele: Objekt, Bild usw. Eine besondere Art der Gegenstandsbeschreibung stellt die Bildbeschreibung dar.

Vorgehen Gegenstandsbeschreibung

1. Erfassen des zu beschreibenden Gegenstandes
- genaues Beobachten
- Erfassen der wesentlichen Merkmale *(Fachausdrücke)*
- Beobachtungen stichwortartig auflisten, Fachbegriffe verwenden

2. Sinnvolle und klare Gliederung des Textes vornehmen
Gliederung nach folgenden Grundsätzen und Kriterien:
- vom Allgemeinen *(z. B. Grösse, Form, Farbe usw.)* zum Besonderen *(z. B. Material, Gewicht, Merkmale usw.)*
- von aussen nach innen *(z. B. Fotoapparat)*
- von unten nach oben *(z. B. Baum)*
- von oben nach unten *(z. B. Teddybär)*
- vom Vordergrund zum Hintergrund *(z. B. Schaufenster)*
- vom Grossen zum Kleinen *(z. B. Fahrrad, Gestell, Schraube)*
- vom Bedeutenden zum Unbedeutenden

3. Text verfassen
- beim Abfassen der Gegenstandsbeschreibung räumliche und logische Reihenfolge einhalten

Beispiel: Beschreibung Spielzeug-Baustein

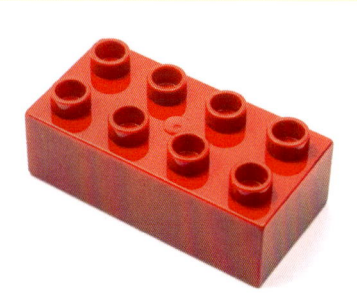

Ein Spielzeug-Baustein
Der vor mir liegende Spielzeug-Baustein der Marke Lego aus Hartplastik ist rechteckig. Alle Kanten sind leicht abgerundet. Seine Farbe ist ein helles Rot. In der Länge misst er 6,3 und in der Breite 3 Zentimeter. Auf der oberen Seite des Steins befinden sich acht runde Noppen, welche im Innern je den Namen «Lego» eingestanzt haben. Die Noppen dienen dazu, mehrere Steine zusammenzusetzen. Auf der Unterseite des Steins befinden sich in der Mitte drei grosse Löcher, worin andere Steine verankert werden können. Ihre Öffnung ist je ein Zentimeter breit. Der Baustein fühlt sich in der Hand glatt an und hat klare Konturen.

Folgende Kriterien gelten für eine Gegenstandsbeschreibung:
- klare Gliederung des Textes
- sachliche, genaue Formulierungen
- Fachbegriffe verwenden (z. B. treffende Nomen)
- aussagekräftige Adjektive und Verben verwenden
- einfacher und übersichtlicher Satzbau
- *Zeitform:* Präsens (Gegenwart)

Die Vorgangsbeschreibung

Mit einer Vorgangsbeschreibung werden wiederholbare Vorgänge beschrieben, welche stets in gleicher Weise ablaufen.

Beispiele: Gebrauchsanweisung, Bedienungs-, Spiel-, Bastelanleitung, Kochrezept.

Vorgehen Vorgangsbeschreibung

1. Erfassen des zu beschreibenden Vorgangs
- genaues Beobachten der Teilvorgänge
- Fragen beantworten: Was wird zuerst gemacht? Was geschieht danach? Was läuft möglicherweise gleichzeitig ab?
- Beobachtungen stichwortartig auflisten, Fachbegriffe verwenden

2. Sinnvolle und klare Gliederung vornehmen
- Stichworte ordnen nach zeitlichem (chronologischem) Ablauf der Teilvorgänge

3. Text verfassen
- einzelne Teilvorgänge nacheinander im logischen zeitlichen Ablauf beschreiben

Beispiel: Bedienungsanleitung

Einsetzen der SIM-Karte in ein Smartphone

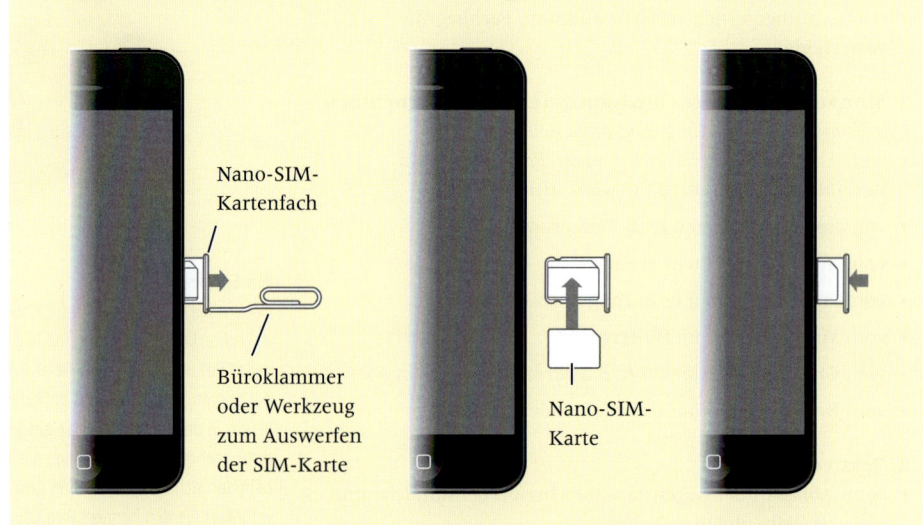

Nano-SIM-Kartenfach

Büroklammer oder Werkzeug zum Auswerfen der SIM-Karte

Nano-SIM-Karte

Installieren der SIM-Karte: Führen Sie eine aufgebogene Büroklammer oder das Werkzeug zum Auswerfen der SIM-Karte in die Öffnung des SIM-Kartenfachs ein. Ziehen Sie das SIM-Fach heraus und legen Sie die SIM-Karte wie hier gezeigt in das Fach ein. Richten Sie das Fach mit der SIM-Karte aus und setzen Sie es vorsichtig wieder ein.

Folgende Kriterien gelten für eine Vorgangsbeschreibung:
- klare Gliederung des Textes nach zeitlichem Ablauf (Teilvorgänge)
- sachliche, genaue Formulierungen (Fachbegriffe)
- kurze, einfach formulierte Sätze
- *Zeitform:* Präsens (Gegenwart)

Die Personenbeschreibung

Personenbeschreibungen dienen dazu, Menschen möglichst wahrheitsgetreu darzustellen. Dabei werden, je nach Zweck der Beschreibung, äussere und überprüfbare Merkmale und/oder auch charakterliche Züge der betreffenden Personen beschrieben.
Beispiele: Personalblatt als Teil einer Bewerbung, Steckbrief für vermisste Person, Selbstporträt, Charakterisierung.

Vorgehen Personenbeschreibung

1. Erfassen der zu beschreibenden Person
- genaues Beobachten der äusseren, sichtbaren Merkmale
- Beobachtungen stichwortartig auflisten

2. Sinnvolle und klare Gliederung vornehmen
Stichworte nach folgenden Grundsätzen ordnen:
- wesentliche bis unwesentliche Merkmale *(Personalien, Gestalt, Grösse, Schmuckstücke usw.)*
- von oben nach unten *(Kopf, Körper, Arme, Beine, Kleidung, Schuhe usw.)*

3. Text verfassen
- wichtige Daten der Person zuerst nennen: Name, Geschlecht, Alter, Grösse u.a.
- einzelne Merkmale nacheinander im logischen Ablauf beschreiben
- als Schluss einen Gesamteindruck der Person vermitteln

Beispiel: Selbstporträt

Bettina Kaderli

Wil
19 Jahre
1,58 cm
blonde Haare
Fachangestellte Gesundheit (FAGE)
Hobby: Kunstturnen

Aufgewachsen bin ich zusammen mit zwei Geschwistern auf einem Bauernhof im Toggenburg. Meine Kindergarten- und Schulzeit verbrachte ich bis zur 2. Sekundarschule im Toggenburg, dann wechselte ich nach Wil, weil ich die Aufnahmeprüfung ins Nationalkader des Kunstturnens geschafft hatte. Zurzeit absolviere ich eine Lehre als Fachangestellte Gesundheit (FAGE) im letzten Lehrjahr. Ich bin ein zielbewusster, selbstkritischer, aufgestellter Mensch, der immer was los haben muss. Ein besonderes Merkmal von mir ist ein kleines Nasenpiercing, welches ich mir letzten Sommer am rechten Nasenflügel einsetzen liess.
Wenn ich nicht in der Halle am Trainieren bin, halte ich mich sehr gerne im Freien auf, am liebsten zusammen mit Kollegen, denn die sind mir auch sehr wichtig.

Charakterisierung
Um von einer Person ein Gesamtbild zu erhalten, werden neben den äusseren Merkmalen auch geistige und seelische Eigenschaften sowie Verhaltens- und Handlungsweisen beschrieben. *Beispiele:* Gratulationsrede, Nachruf usw.

Selbstporträt
Die eigene Person wird beschrieben mit den äusseren Merkmalen. Aber zusätzlich werden auch Hobbys, Gefühle und Charaktereigenschaften erwähnt (siehe Beispiel).

Folgende Kriterien gelten für eine Personenbeschreibung:
- klare Gliederung des Textes (Hauptmerkmale, Grundsatz: von oben nach unten)
- sachliche, genaue Formulierungen
- *Zeitform:* Präsens (Gegenwart)

Die E-Mail

E-Mails dienen dazu, Mitteilungen ohne grossen Aufwand zu verfassen und schnell an einen oder mehrere Adressaten gleichzeitig zu senden. Sie verlangen daher auch eine rasche Antwort. Beim Abfassen von E-Mails gelten, wie auch bei Geschäftsbriefen, bestimmte Normen und die sogenannte E-Mail-Netiquette (Benimmregeln im elektronischen Datenaustausch).

Formale E-Mail-Normen

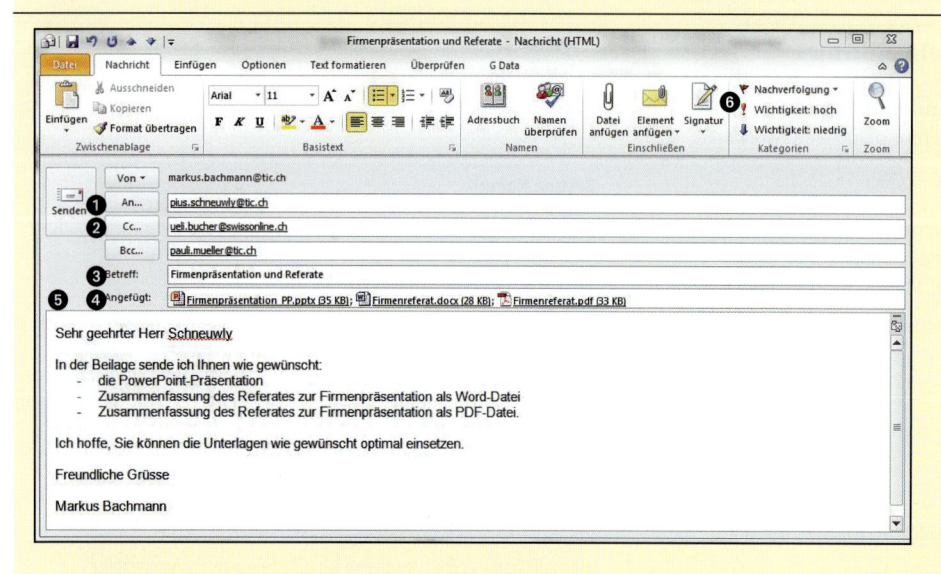

❶ **Empfängeradresse:** beim Versand an mehrere Adressaten verbergen (Zeile: Bcc)

❷ **Kopie an:** Funktion sparsam einsetzen

❸ **Betreff:** kurzer, konkreter Titel, Betreff immer setzen

❹ **Beilagen:** Dateien, Fotos usw. bei mehr als 4 MB Dateigrösse komprimieren (je nach Stand der Technik), Beilagen im E-Mail-Text kurz beschreiben

❺ **E-Mail-Text:** kurz halten, pro Mail ein Thema, keine vertraulichen oder geheimen Informationen

❻ **Zusatzfunktionen:** z. B. Priorität festlegen (zurückhaltend einsetzen), signieren usw.

Umgang mit E-Mails als Empfänger/in

- Mailbox regelmässig leeren und bearbeiten
- eingegangene Mails sortieren
- Mails zügig beantworten
- Firewall und Antiviren-Software installieren und stets aktualisieren
- keine Virenwarnungen, Kettenbriefe, Serienmails usw. weiterleiten
- keine Anhänge aus unbekannten Quellen öffnen (Virengefahr)
- Spam (Werbemail) direkt löschen

Folgende Kriterien und Benimmregeln gelten allgemein für eine E-Mail:
- kurzer, knapper Sprachstil, keine Floskeln
- Absätze mittels Leerzeilen trennen
- Höflichkeit im Ausdruck (Anrede, Gruss, Dank usw.)
- nicht in GROSSBUCHSTABEN schreiben (gilt als aufdringlich)
- nicht nur in kleinbuchstaben schreiben (vermindert Lesbarkeit)
- mit Formatierungen sparsam umgehen (grosse, farbige, fette Schrift)
- formale und grammatikalische Fehler vermeiden
- keine Emoticons (z. B. :'-(für weinen), keine Logos oder andere Verzierungen bei geschäftlichen E-Mails beifügen

Die Erörterung

Eine Erörterung stellt eine vertiefte gedankliche Auseinandersetzung mit einem Thema, einer Sachlage oder einem Problem in schriftlicher Form dar. Es werden logische, überzeugende Argumente aufgeführt, meist in Form von Vor- und Nachteilen, um einen sachlichen Beitrag zur Lösungsfindung zu leisten. Man unterscheidet zwei Arten von Erörterungen:

Lineare, eingliedrige Erörterung bei einer Sach- oder Wertfrage: Es werden nur Argumente für eine Seite eines Problems aufgeführt, und zwar in der Reihenfolge ihrer Wichtigkeit.	**Zweigliedrige (Pro-Kontra)** Erörterung bei einer Entscheidungsfrage: Es werden zu zwei gegensätzlichen Positionen Argumente aufgeführt. Am Schluss wird die Meinung der schreibenden Person sichtbar (pro oder kontra).

Vorgehen Erörterung

1. Disposition erstellen
- Klarheit über Thema und Themenstellung verschaffen: Art der Erörterung abklären (siehe oben)
- themenorientiert Argumente, Fakten usw. sammeln
- Ursachen, Folgen und Wirkungen suchen und auflisten
- Mindmap, Cluster, Stichwortliste erstellen
- Stichworte gliedern (evtl. Pro-Kontra-Liste erstellen), Reihenfolge der Argumente festlegen

2. Erörterung verfassen
Einleitung:
- kurze Einführung in Entscheidungsfrage (Fakten, Statistiken, Aktualität, Definition Schlüsselbegriff)

Hauptteil:
- anhand der Disposition und/oder einer Pro-Kontra-Liste einzelne Argumente in logischer Abfolge in ganzen Sätzen auflisten
- zuerst die Argumente aufführen, welche nicht der eigenen Meinung entsprechen; danach jene Argumente bringen, welche die eigene Meinung belegen
- Behauptungen begründen und belegen
- klare Trennung oder Überleitung machen zwischen den einzelnen Argumenten

Schluss:
- Die eigene Meinung wird in kurzer Form dargelegt und begründet.

Beispiel: Pro-Kontra-Erörterung (gekürzt)

Todesstrafe: Ja oder nein?

Im Jahr 2012 wurden allein in den USA 43 Todesurteile vollzogen. Die Todesstrafe stellt die extremste Art einer Strafe dar.

Für die Todesstrafe spricht, dass sie potenzielle Straftäter von ihrer Tat abschrecken soll. Auch spart der Staat Kosten, wenn er ein Todesurteil vollstreckt, anstatt den Täter/die Täterin ein Leben lang in einer Haftzelle festzuhalten. [...]
Gegen die Todesstrafe spricht die Tatsache, dass ein vollstrecktes Todesurteil nie mehr rückgängig gemacht werden kann. Wenn sich zu einem späteren Zeitpunkt die Unschuld eines Angeklagten herausstellen sollte, kann man ihn nicht mehr lebendig machen. Ein Todesurteil verstösst zudem gegen das Grundrecht auf Leben gemäss der UNO-Charta der Menschenrechte. [...]

Nach meiner Meinung gibt es keine Straftat, welche die Todesstrafe rechtfertigt. Wir Menschen dürfen nicht Gott spielen. Auch eine lebenslange Haftstrafe ohne Aussicht auf Freilassung stellt eine ausserordentlich harte Strafe dar.

Folgende Kriterien gelten für eine Erörterung:
- sachliche, objektive Sprache
- klarer Aufbau: Einleitung, Hauptteil, Schluss
- logische Abfolge der Argumente; neuer Gedanke – neuer Abschnitt
- Reihenfolge der Argumente beachten
- am Schluss persönliche Meinung darlegen (Bsp.: Ich bin für..., wegen...)
- *Zeitform:* Präsens (Gegenwart) und Präteritum (Vergangenheit)

Briefe gestalten

Ein Brief ist ein schriftliches Kommunikationsmittel zwischen Personen und/oder Behörden, welches eine Absicht, Mitteilung oder Aufforderung beinhaltet. Briefe im öffentlichen Leben (Geschäftsbriefe) werden von Personen an Firmen oder Behörden geschrieben und umgekehrt. Beispiele für Geschäftsbriefe sind: Offerten, Mahnungen, Mängelrügen, Anträge.

Privatbriefe schreiben Personen, welche einander kennen. Beispiele für Privatbriefe sind z. B. Geburtstagseinladungen, Liebesbriefe.

Im Gegensatz zu Privatbriefen orientiert man sich bei Geschäftsbriefen an bestimmten Normen.

Formale Briefnormen

Die äussere Form des Briefes nimmt einen wichtigen Stellenwert ein. Jeder Brief ist eine Visitenkarte des Absenders. Saubere, übersichtliche Darstellung und sprachliche Ausdrucksfähigkeit beeinflussen den Adressaten wesentlich.

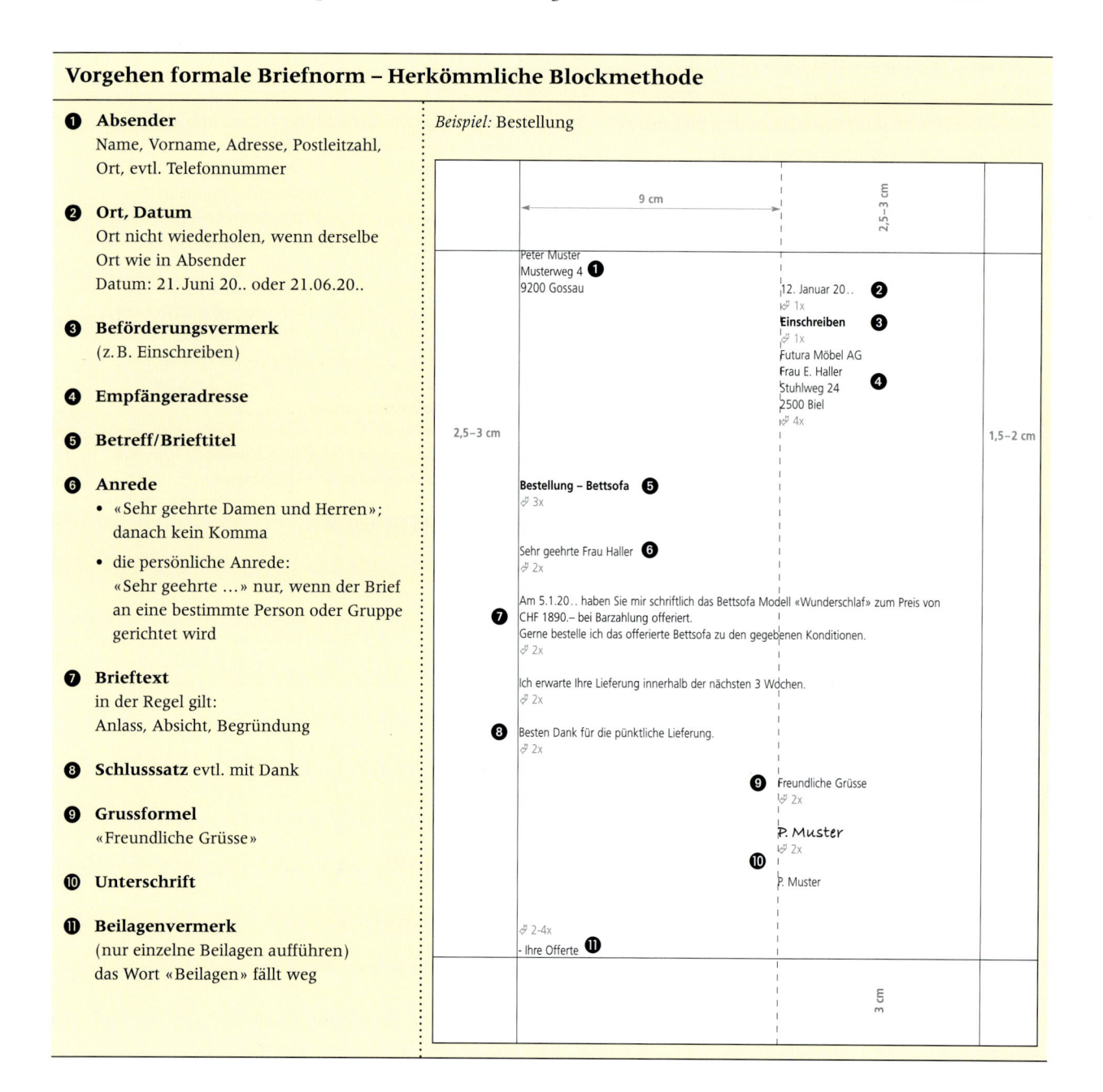

Vorgehen formale Briefnorm – Herkömmliche Blockmethode

❶ Absender
Name, Vorname, Adresse, Postleitzahl, Ort, evtl. Telefonnummer

❷ Ort, Datum
Ort nicht wiederholen, wenn derselbe Ort wie in Absender
Datum: 21. Juni 20.. oder 21.06.20..

❸ Beförderungsvermerk
(z. B. Einschreiben)

❹ Empfängeradresse

❺ Betreff/Brieftitel

❻ Anrede
- «Sehr geehrte Damen und Herren»; danach kein Komma
- die persönliche Anrede: «Sehr geehrte …» nur, wenn der Brief an eine bestimmte Person oder Gruppe gerichtet wird

❼ Brieftext
in der Regel gilt: Anlass, Absicht, Begründung

❽ Schlusssatz evtl. mit Dank

❾ Grussformel
«Freundliche Grüsse»

❿ Unterschrift

⓫ Beilagenvermerk
(nur einzelne Beilagen aufführen)
das Wort «Beilagen» fällt weg

Beispiel: Bestellung

Peter Muster
Musterweg 4 ❶
9200 Gossau

12. Januar 20.. ❷

Einschreiben ❸

Futura Möbel AG
Frau E. Haller
Stuhlweg 24 ❹
2500 Biel

Bestellung – Bettsofa ❺

Sehr geehrte Frau Haller ❻

Am 5.1.20.. haben Sie mir schriftlich das Bettsofa Modell «Wunderschlaf» zum Preis von CHF 1890.– bei Barzahlung offeriert. ❼
Gerne bestelle ich das offerierte Bettsofa zu den gegebenen Konditionen.

Ich erwarte Ihre Lieferung innerhalb der nächsten 3 Wochen.

❽ Besten Dank für die pünktliche Lieferung.

❾ Freundliche Grüsse

P. Muster
❿
P. Muster

- Ihre Offerte ⓫

Briefe schreiben

Ein erfolgreicher Geschäftsbrief ist vom Text her kurz und in den Aussagen präzise. Der Empfänger weiss auf einen Blick, welche Absicht der Briefschreiber hat oder zu welchen Tätigkeiten er selbst aufgefordert wird. Dabei gilt es, den richtigen Ton zu treffen.

Inhaltliche Briefnormen

Inhaltlich besteht ein Brief im Wesentlichen aus drei Textbausteinen: Anlass, Absicht und Begründung (evtl. Schlusssatz mit Dank).

Vorgehen formale Briefnorm – Moderne Blockmethode

1. Schreibanlass analysieren
- Privat- oder Geschäftsbrief?
- Briefabsicht festlegen
- genauen Adressaten ermitteln

2. Briefdisposition
stichwortartig eine Disposition erstellen mit den Textbausteinen:
- *Anlass:*
  auf den Sachverhalt oder eine Ausgangslage Bezug nehmen
- *Absicht:*
  Diese muss unmissverständlich als Satz zum Ausdruck kommen. Wenn nötig, Termin setzen.
- *Begründung:*
  überzeugende Argumente aufführen (davon hängt oft der Erfolg des Briefes ab)
- *Schlusssatz:*
  evtl. Dank aussprechen für das Entgegenkommen; eine positive Antwort usw.
- Grussformel, Unterschrift
- Beilagen, falls erforderlich

3. Brief verfassen
- mit PC oder handschriftlich (siehe nächste Seite)
- Kontrolle bezüglich:
  klare Formulierung, saubere Darstellung
  inhaltliche Vollständigkeit, logischer Aufbau

Beispiel: Moderne Blockmethode, Mängelrüge

Peter Muster
Musterweg 4
7320 Sargans

Einschreiben

Futura Möbel AG
Stuhlweg 24
2500 Biel

12. Januar 20..

Bettsofa – Ihre Lieferung vom 10. Januar 20..

Sehr geehrte Damen und Herren

Am letzten Dienstag habe ich das bestellte Bettsofa «Wunderschlaf» erhalten. Besten Dank für die pünktliche Lieferung.

Beim Auspacken und Zusammenstellen des Möbels sind mir folgende Mängel aufgefallen (siehe Fotos):
– ein Metallbein weist starke und tiefe Kratzer auf
– der Stoffbezug an der Sofa-Hinterseite hat einen kleinen Riss

Das Bettsofa kann ich in diesem Zustand leider nicht annehmen.
Ich mache Ihnen folgende Vorschläge: das zerkratzte Metallbein wird von Ihnen innerhalb von 10 Arbeitstagen ersetzt. Zudem gewähren Sie mir einen Rabatt von 10% auf den Kaufpreis wegen des zerrissenen Stoffbezugs.

Bitte lassen Sie mich wissen, ob Sie mit meinem Vorschlag einverstanden sind. Gerne erwarte ich Ihre Antwort bis zum 20. Januar 20..

Freundliche Grüsse

P. Muster
P. Muster

– 2 Fotos

Folgende Kriterien gelten für Geschäftsbriefe:
- weisses, unliniertes Blatt Format A4 benutzen
- Rand- und Zeilenabstände (Zeilenabstand 1) beachten; Schrift Arial oder Times New Roman (Schriftgrösse 10–12 Punkte)
- kurze und präzise Textbausteine (Anlass, Absicht, Begründung, evtl. Dank)
- formale und grammatikalische Fehler sowie Korrekturen (bei handschriftlichen Briefen) vermeiden
- treffender, kurzer Brieftitel
- sachlicher Stil, keine Floskeln oder Beleidigungen
- in höflichem, aber bestimmtem Ton schreiben
- Höflichkeitsform gross schreiben (Bsp.: Wir bitten Sie, uns umgehend …)

Der Kommentar

Welche kommunikative Absicht steckt hinter einem Kommentar?

Wer einen Kommentar schreibt, nimmt Stellung zu strittigen und kontrovers geführten Fragestellungen aus Politik, Wirtschaft und Gesellschaft. Er oder sie vertritt einen klaren Standpunkt und ermöglicht den Mitmenschen damit Orientierung. Der Kommentar gehört zu den meinungsbetonten Textsorten.

> **Welche Beispiele von Kommentaren gibt es?**
> - Schluss einer Erörterung
> - Leserbrief
> - Kommentar in Printmedien

Wie schreibe ich einen Kommentar?

Informationen zum Thema, Sachverhalt oder Ereignis einholen. **Vorbereitung**
Nach Motiven und Wirkungen fragen: Warum?

Einleitung	Kurze Darstellung des Sachverhalts; der Einstieg darf originell sein und zum Weiterlesen animieren.	**Aufbau**
Hauptteil	• Den persönlichen Standpunkt unmissverständlich kundtun • Argumentationskette auflisten, welche die eigene Meinung bestärkt (Reihenfolge der Argumente gut überlegen, das schlagkräftigste Argument kommt zuletzt)	
Schluss	Gesamturteil, Wertung, Appell, Lösungsansatz formulieren	

Hilfreicher als Behauptungen sind Fragen, die zum Nachdenken anregen: «Ist es nicht so, dass …?» **Sprache/Stil**
Keine überheblichen und beleidigenden Formulierungen, keine Verallgemeinerungen und Floskeln verwenden.

Präsens (Gegenwart) **Zeitform**

Tipps und Hinweise zur Sprache

Andere Formulierungen für «Ich meine, dass …»?		
• Meiner Meinung nach	• Ich vertrete die Meinung	• Ich denke
• Meiner Einschätzung nach	• Ich bin der Meinung	• Ich glaube
• Nach meinem Dafürhalten	• Ich bin überzeugt	• Ich nehme an, dass
• Meines Erachtens	• Ich bin der Ansicht	• Es scheint mir plausibel, dass
	• Ich finde, dass	

Das Interview

Mit einem Interview erhalten Sie von einer ausgewählten Person kompetente Auskunft über das gewünschte Sachgebiet oder über die Person selbst. Interviews wirken durch ihre Unmittelbarkeit authentisch (glaubwürdig) und lebendig. Bereiten Sie sich gut vor und führen Sie Interviews mit Vorteil zu zweit durch (Aufgabenteilung).

Vorbereitung	
Inhalte: **Ziel und Zweck**	• Absicht und Leittitel/Leitgedanke des Interviews formulieren; sich sachkompetent machen
	• kompetente Person suchen, die zum Thema aussagen kann und will
	• Vorgespräch führen: Kontakt aufnehmen; sich vorstellen; Thema, Absicht und Dauer des Interviews bekannt geben; Termin und Ort vereinbaren; evtl. Fragen vorgängig zustellen
Form: **Fragestellungen**	• Frageliste erstellen (W-Fragen! Siehe Tipps zur Fragetechnik auf nächster Seite) und daraus die ergiebigsten und treffendsten Fragen auswählen, logisch ordnen und als Leitfragen (etwa 10–15 Fragen) notieren. Diese bilden den Gesprächsleitfaden (= Gerüst). Grundsätzliches am Anfang fragen.
Material/Kleidung	• Aufnahmegeräte, Fotoapparat, Schreibutensilien prüfen; auf passende Kleidung achten

Durchführung	
Begrüssung **Warm-up**	• begrüssen; sich vorstellen; «Smalltalk», um sich kennenzulernen; für Audioaufnahmen um Erlaubnis fragen
Gesprächsführung	• sich am Gesprächsleitfaden orientieren, aber keine sture Reihenfolge einhalten; kein reines Abfragen, auf den Gesprächspartner eingehen
	• Nachhaken – Folgefragen stellen
	• laufend Notizen machen
Dank	• sich am Schluss bedanken; allenfalls eine Kopie des Interviews zusichern

Darstellung/Dokumentation	
Titel	• Thema treffend zum Ausdruck bringen
Einleitung	• Bei einem Sachinterview steht ein Lead (kurze, prägnante Aussage zum Gesamtinterview). Der Steckbrief des Interviewpartners (evtl. mit Bild) erscheint in der Regel in einem Kästchen. Das Personeninterview beginnt mit der Vorstellung der Person.
Hauptteil	• grafische Unterscheidung zwischen Frage und Antwort

	Falls das Interview Teil einer Dokumentation ist, gilt zusätzlich:
Einleitung	• genauer Hinweis, wer mit wem das Gespräch wann und worüber geführt hat; Interviewvorbereitungen und Einbettung in das Dokumentationsthema aufzeigen; Begründung der Wahl des Interviewpartners; Absicht des Interviews
Schluss	• kurzes Fazit, inhaltliche Schlüsse und Erkenntnisse ziehen; wenn nötig, die eigenen Erfahrungen und Erlebnisse während des Interviews festhalten
Anhang	• im Anhang allenfalls das ganze Interview aufführen

Tipps zur Fragetechnik:
- möglichst W-Fragen stellen (wer, wo, was, warum, wie, seit wann?)
- offene statt geschlossene Fragen
- kurze, verständliche Fragen formulieren
- nur eine Frage auf einmal stellen
- Augenkontakt herstellen
- Pausen ertragen
- aufmerksam zuhören, ausreden lassen
- Gesprächsleitfaden im Auge behalten
- sich dem Sprachniveau des Partners anpassen
- mit Anschluss- und W-Fragen nachhaken; sich nicht zu schnell zufrieden geben; mit W-Fragen nachstossen; Details erzählen lassen

Der Leserbrief

Im Leserbrief äussert eine Leserin oder ein Leser die ganz persönliche Meinung zu einem Bericht in einem Printmedium, zu einem umstrittenen aktuellen Thema in der Gesellschaft oder zu einem anderen Leserbrief. Der Text wird kurz und prägnant gehalten und behandelt in der Regel ein einziges Thema. Der Leserbrief will zum Nachdenken anregen und hat deshalb appellativen, mahnenden Charakter. Er deckt Missstände auf, überzeugt mit Argumenten und schlägt persönliche Lösungen der Verfasserin oder des Verfassers vor.

Der Leserbrief wird vor allem in Printmedien (z.B. Zeitung) verwendet als beliebte Möglichkeit der Leserschaft, eigene Meinungen einem grösseren Publikum darzulegen.

Vorgehen Leserbrief

1. Vorbereitende Arbeiten
- vertieftes Studium des veröffentlichten Artikels/Leserbriefes oder des aktuellen Themas
- Absichten, welche mit dem Leserbrief erreicht werden sollen, in Stichworten notieren und in wenigen Kernsätzen formulieren

2. Disposition erstellen
- *Einleitung:*
  auf Thema, Zeitungsartikel oder anderen Leserbrief hinweisen
- *Hauptteil:*
  zwei bis drei Hauptinhalte festlegen, eine oder mehrere Behauptungen aufstellen und diese kurz und prägnant begründen
- *Schluss:*
  Schlussfolgerung (Lösung/en)

3. Leserbrief verfassen
Sich auf das Wesentliche beschränken: Kurze Leserbriefe haben grössere Chancen, veröffentlicht zu werden.

Beispiel: Leserbrief zum Unfallbericht

Alkohol am Steuer – nie!
Ausgabe vom 11.1.20..
«Knabe bei Kollision schwer verletzt»

Da wird gemäss Bericht vom 11.1.20.. mitten am Nachmittag und mitten im Dorf ein Kind von einem Auto erfasst und schwer verletzt. Vielleicht wird es für immer bleibende Schäden davontragen. Auch in meinem Bekanntenkreis wurde ein Kind angefahren, welches jetzt querschnittgelähmt ist.

Wieso passieren solche Unfälle? Weil unverantwortliche Mitmenschen sich alkoholisiert hinter das Steuerrad klemmen und losfahren. Ohne auf mögliche Folgen zu achten, werden alltägliche Sorgen oder Frust am Arbeitsplatz mit (zu viel) Alkohol weggespült.

Diese sinnlosen Unfälle müssen gestoppt werden. Wir brauchen eine Gesetzgebung, welche null Promille vorschreibt, vermehrte Polizeikontrollen und verschärfte Strafen gegen alkoholisierte Autolenker/innen. Meine klare Forderung lautet daher: null Alkohol am Steuer und null Toleranz gegenüber alkoholisierten Autolenkerinnen und Autolenkern.

Yassif Junkovic, Amriswil

Folgende Kriterien gelten für einen Leserbrief:
- vollständige Absenderadresse angeben
  (anonyme Briefe werden nicht veröffentlicht)
- treffenden Titel setzen
- sich auf ein Thema beschränken
- klar, prägnant und pointiert (zugespitzt) formulieren
- persönliche Meinung, Wertung klar zum Ausdruck bringen
- keine persönlichen oder unsachlichen Angriffe machen
- *Zeitform:* Präteritum (Vergangenheit) und/oder Präsens (Gegenwart) und/oder Futur (Zukunft)

Die Reportage

Eine Reportage berichtet dokumentarisch, aber mit persönlichen Eindrücken der schreibenden Person, über ein aktuelles Ereignis in Politik, Wirtschaft, Kultur usw. Im Gegensatz zum Bericht verbindet die Reportage Information mit Unterhaltung und vermittelt dabei das Gefühl, direkt beim Geschehen dabei zu sein. Die Informationen werden um persönliche und interessante Einzelheiten, Hintergründe, Augenzeugenberichte, Eindrücke und Meinungen von direkt beteiligten Personen erweitert. Eine Reportage lebt von der wiedergegebenen Atmosphäre und von der Originalität. Sie benötigt vertiefte Themen-Recherchen. In ihr mischt sich viel Sachlichkeit mit etwas persönlicher Sicht.

Verschiedene Elemente einer Reportage sind: Bericht, Kommentar, Interview, Statistik, Foto u.a. Reportagen finden vor allem Anwendung in Printmedien (Zeitung, Zeitschrift), in Radio und Fernsehen. Beispiele für Reportagen sind: Sport-, Konzert-, Erlebnis-, Auslandreportage usw.

Vorgehen Reportage

1. Recherchen vor dem Ereignis
- abklären:
  Ort, Zeit, Hintergründe, Statistiken usw. des Ereignisses
- bereitlegen:
  Schreibmaterial, Fotoapparat, Aufnahmegerät usw.

2. Recherchen während des Ereignisses
- Stichworte zum Ereignis auflisten, Mindmap erstellen
- Hintergründe/Zusammenhänge recherchieren
- Interviews führen und aufzeichnen
- Fotos und Tonaufnahmen machen

3. Reportage verfassen
Titel setzen, der Interesse hervorruft
- *Einleitung:*
  direkt und gezielt ins Ereignis hineinführen; Beispiel: Zitat einer betroffenen Person, Stimmung vor Ort usw.
- *Hauptteil:*
  Elemente wie Bericht, Kommentar, Interview, Statistik, Foto mit passender Bildlegende geschickt und lebendig mischen; Handlung chronologisch aufbauen, evtl. Zwischentitel setzen
- *Schluss:*
  evtl. überraschende Aussage, abschliessende Bemerkung usw.

Beispiel: Sportreportage (Ausschnitte)

Erleichterung bei Real-Stars
AS Roma: Real Madrid 0:3 (0:1)

Im Vorfeld der Champions League Partie in Rom waren die Erwartungen an die Madrilenen durch verschiedene Spieleraussagen hochgeschraubt worden. Den Worten folgten jetzt überzeugende Taten.

«Wir spielen in Rom um unser Leben», erkannte Reals Innenverteidiger Pepe den Ernst der Lage vor der entscheidenden Partie um die Achtelfinalqualifikation in der Champions League. […]

Distanzschüsse überwogen
Nur selten zeigten die Stars in Weiss schnelle, gefährliche Kombinationen so wie beim aus dem Nichts entstandenen 0:1, als Cristiano Ronaldo überraschend aus 17 Metern einen Gewaltschuss aufs Roma-Tor abfeuerte. […]
Nach einem technischen Kabinettstück erzielte der eigensinnige Portugiese auch das 0:3 Schlussresultat gegen ein über weite Strecken kraftloses Roma.
Ronaldo, nach dem Spiel über die nahe sportliche Zukunft der Madrilenen befragt, antwortete selbstsicher: «Jetzt rückt ein Finalspiel mit Beteiligung von Real in greifbare Nähe.»

Folgende Kriterien gelten für eine Reportage:
- lebendiger Schreibstil (treffende Adjektive, Verben)
- aus Ich-Perspektive berichten (ohne Verwendung der Ich-Form), um der Leserschaft das Gefühl der Beteiligung zu vermitteln
- direkte Rede (Interviews) als bereicherndes Element einbauen
- *Zeitform*: Präteritum (Vergangenheit) und Präsens (Gegenwart)

Die Umfrage

Mit einer Umfrage gewinnen Sie einen Eindruck über Meinungen, Erfahrungen, Verhaltensweisen und Ansichten bestimmter Leute zu einem Thema. Zuerst erfassen und quantifizieren Sie diese Äusserungen mit einem Fragebogen. Dann werden die Informationen ausgewertet und analysiert. Damit die Umfrage zum gestellten Thema aussagekräftige Resultate liefert, müssen Sie dem Fragebogen, der Analyse und der Auswertung besondere Beachtung schenken.

Wer eine Umfrage durchführen will, hat sich in der Regel bereits inhaltlich in ein Thema eingearbeitet. Trotzdem muss man sich überlegen, was genau man dabei erfahren möchte.

Vorbereitung	
Ziel und Zweck	• Bestimmen Sie Ziel und Zweck. Legen Sie fest, was Sie genau herausfinden möchten. • Zielpublikum: Wer soll befragt werden? Alter, Geschlecht, spezielle Personengruppen (berufliche und gesellschaftliche Stellung usw.). Je nachdem ergeben sich andere Fragen. • Eine (mündliche) Strassenumfrage ist weniger ergiebig als eine schriftliche Umfrage mit Fragebogen. Denn die Passanten haben in der Regel wenig Zeit, und die Fragen dürfen nicht zu komplex sein.

Ein überlegt zusammengestellter Fragebogen verbessert die Umfrageergebnisse wesentlich. Warum stelle ich die Frage? Ist sie wirklich wichtig? Wie formuliere ich die Frage? Welche Art von Frage- und Antwortvorgaben ist angemessen?

Fragetechnik	
Formulierung	• mit Vorteil geschlossene Fragen formulieren: Solche Fragen geben die Antworten zur Auswahl vor, z.B. «oft – selten – nie». Dadurch können später die Antworten einfacher und besser ausgewertet werden. • in jeder Frage nur einen Sachverhalt behandeln • die Fragen knapp und verständlich formulieren

Beispiel: Strassenumfrage

Fragebogen: Jugendliche und Alkohol
200 Befragte in der Stadt St. Gallen Januar 2013

Geschlecht	weiblich			männlich		
Alter	14–16		16–18		18–20	
1. Welches sind deine Lieblingsgetränke?	Bier	Spiritus	Alcopops	Wein	andere	
2. Hast du schon einmal Alkohol getrunken?	Ja			Nein		
3. In welchem Alter hast du das erste Mal getrunken?	9 10 11 12 13 14			15 16 17 18 19 20		
4. Warst du schon einmal betrunken?	Ja			Nein		
5. Wenn ja, wie alt warst du, als du das erste Mal betrunken warst?	9 10 11 12 13 14			15 16 17 18 19 20		
6. Wissen deinen Eltern, dass du trinkst?	Ja			Nein		
7. Wie oft trinkst du? (Anzahl/Mt.)	1–5		6–10	11–15	mehr	

Hinweise
- *Inhalt:* bei der Auswahl der Fragen auf inhaltlichen Zusammenhang (Kohärenz) achten; nicht einfach einen Fragekatalog erstellen, sondern gezielte, allenfalls sich ergänzende Fragen zum Thema stellen
- *Umfang:* für eine (mündliche) Umfrage auf der Strasse nicht mehr als 5 Fragen stellen
- *Erprobung:* unbedingt einen Testlauf bei mehreren Personen durchführen

Durchführung	
Mündliche Umfrage: Wahl des Standorts	• den Umfrageort bewusst wählen: Wartende Personen sind auskunftsbereiter als eilende oder Lasten tragende. Personen innerhalb einer Gruppe lassen sich in der Regel leichter ansprechen als Einzelpersonen. Umfragen in Shoppingzentren, Bahnhöfen und an Haltestellen sind meistens ohne spezielle Bewilligung verboten. • Personen freundlich ansprechen, Anliegen kurz und knapp mitteilen; «Türöffnerfrage»: «Darf ich Sie kurz zum Thema … etwas fragen?»; «Was halten Sie von …?» • Antworten sofort protokollieren/notieren; sich am Schluss bedanken
Ansprechen Notizen	• Die Fragen müssen unmissverständlich klar sein, da ein Nachfragen schwierig ist.
Schriftliche Umfrage: E-Mail/Brief	• Ein kurzer Begleitbrief erklärt die Absicht der Umfrage. Termin setzen!

Kapitel 10 | Sprache und Kommunikation

Auswertung

Tabellen
Antworten auf einer Strichliste auszählen oder in eine Excel-Tabelle eingeben

Diagramme, grafische Darstellung
Geeigneten Diagrammtyp wählen. Jede Grafik hat einen Titel, beschriftete Achsen, deklarierte Einheiten und, wo nötig, eine Legende bzw. Erläuterungen. Auf geeignete Masseinheiten achten. Übernommene Grafiken haben zusätzlich eine Quellenangabe.

Lieblingsgetränke Jugendlicher zwischen 14 und 20 Jahren
100% = 200 Befragte Stadt St. Gallen 2014

1. Welches sind deine Lieblingsgetränke?

Bier	Spiritus	Alcopops	Wein	andere
40	30	106	8	16

Lieblingsgetränke Jugendlicher zwischen 14 und 20 Jahren
100% = 200 Befragte Stadt St. Gallen 2014

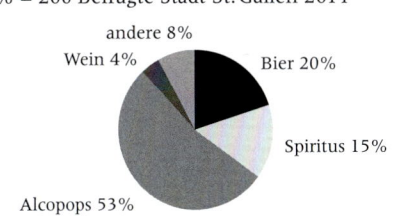

- andere 8%
- Wein 4%
- Bier 20%
- Spiritus 15%
- Alcopops 53%

Das Kreisdiagramm zeigt die Lieblingsgetränke der Männer und Frauen im Alter von 14 bis 20 Jahren. Auffallend ist der hohe Anteil alkoholischer Getränke (92%). Über die Hälfte der Befragten bevorzugen Alcopops.

Analyse	• Zuerst stellt man fest, welche Aussagen aus dem Zahlenmaterial und den Diagrammen gemacht werden können.
Begleittext/ Interpretation	• Zu jeder Grafik gehört ein Text mit 2–3 treffenden Aussagen, welche die einzelnen Umfrageergebnisse erklären und erläutern. Persönliche Vermutungen und Annahmen als solche bezeichnen.

Verarbeitung

Titel	• Thema treffend zum Ausdruck bringen
Einleitung	• Beschreibung der Umfrageanlage: Zweck, Ort und Zeit der Umfrage; befragte Personen, falls das im Hauptteil nicht zum Ausdruck kommt
Hauptteil	• Diagramme/Grafiken, Tabellen mit Erläuterungen und Interpretationen (siehe oben)
Schluss	• kurzes zusammenfassendes Fazit und, wenn nötig, die eigenen Erfahrungen und Erlebnisse während der Umfrage festhalten
Anhang	• Hier befinden sich die Umfrageblätter, allenfalls Originale.

Diagrammtypen

Diagramme sind zeichnerische Darstellungen von Zahlenwerten und Grössenverhältnissen in anschaulicher, leicht überblickbarer Form. Sie visualisieren Sachverhalte in Form von Kreisen, Linien, Balken, Säulen oder ähnlichen Elementen. Eine gute Darstellung muss aus sich selbst heraus verständlich sein, d.h. alle zum Verständnis notwendigen Informationen beinhalten. Dennoch ist stets eine Erläuterung im Text erforderlich. Grafische Darstellungen haben stets einen Titel, einen erläuternden Text und allenfalls eine Quellenangabe.

Kreisdiagramm

Mit dem Kreis- oder Kuchendiagramm können die verschiedenen Anteile an einem Ganzen dargestellt werden. Dadurch werden auch die Verhältnisse der einzelnen Anteile zueinander aufgezeigt.
- nicht mehr als 8 Anteile im Kreis aufführen
- Die Gesamtmenge muss im Diagramm ersichtlich sein.

Beispiele: Anteile von Bevölkerungsgruppen an der Gesamtbevölkerung, Anteile der Länder am Gesamtexport, Verwendung des Einkommens

Darstellung von Anteilen eines Ganzen

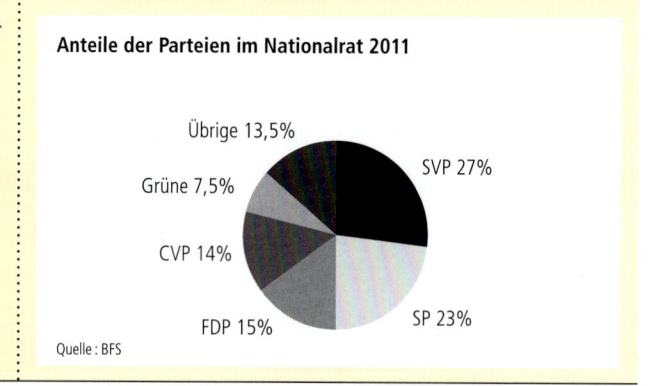

Anteile der Parteien im Nationalrat 2011

- Übrige 13,5%
- SVP 27%
- Grüne 7,5%
- CVP 14%
- FDP 15%
- SP 23%

Quelle: BFS

Säulen- und Balkendiagramm

Säulen- und Balkendiagramme eignen sich gut für Grössenvergleiche oder Rangfolgen. Entscheidend dabei ist der Vergleich. Alle Säulen bzw. Balken müssen gleich breit sein und pro Rubrik die gleiche Farbe haben.
Säulendiagramme (= vertikale Darstellung) haben in der Regel auf der x-Achse als Einheit die Zeit (Zeitreihen), Balkendiagramme (= horizontale Darstellung) werden eingesetzt, um Grössen zu vergleichen, und sollten deshalb nach Grösse sortiert werden.

Beispiele: Grössen von Unternehmen, Steuerbelastung im nationalen Vergleich, Lohnvergleiche

Darstellung von Grössenvergleichen und Rangfolgen

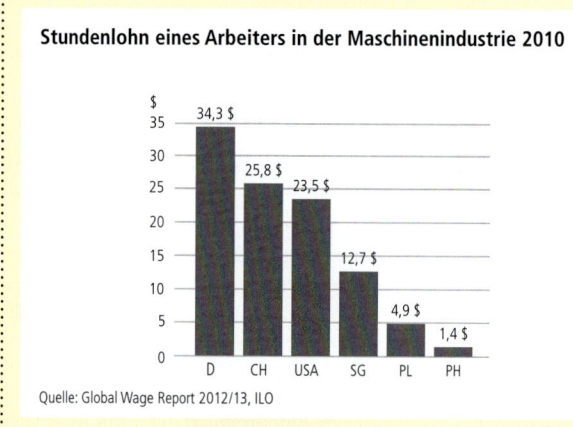

Stundenlohn eines Arbeiters in der Maschinenindustrie 2010

- D: 34,3 $
- CH: 25,8 $
- USA: 23,5 $
- SG: 12,7 $
- PL: 4,9 $
- PH: 1,4 $

Quelle: Global Wage Report 2012/13, ILO

Kurven- oder Liniendiagramm

Mit Kurvendiagrammen lassen sich am besten Entwicklungen in ihrem zeitlichen Verlauf darstellen. Auf der x-Achse wird die Zeit eingetragen. Die Zeitintervalle müssen gleich gross sein. Oft werden im gleichen Diagramm zu Vergleichszwecken mehrere Kurven eingezeichnet.

Beispiele: Wirtschaftswachstum, Bevölkerungsentwicklung, Exportentwicklung, Inflationsraten

Darstellung von Entwicklungen

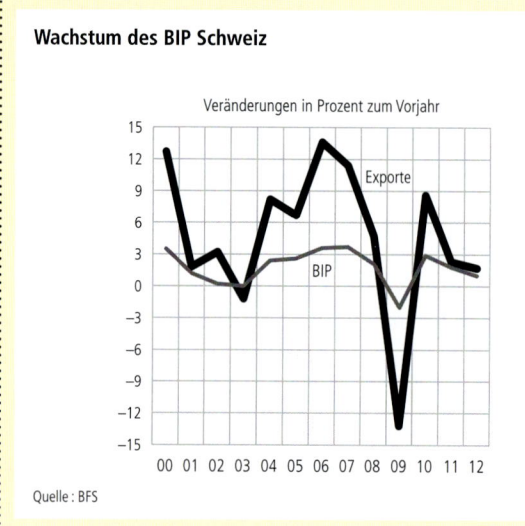

Wachstum des BIP Schweiz

Veränderungen in Prozent zum Vorjahr

Exporte, BIP, 00–12

Quelle: BFS

Die Zusammenfassung

Eine Zusammenfassung ist eine knappe und sachliche Wiedergabe wesentlicher Inhalte eines Textes. Sie gibt einen Überblick über die Zusammenhänge, indem sie sich auf jene Elemente der Vorlage beschränkt, die für das Verständnis wichtig sind. Nach der Lektüre einer Zusammenfassung soll die Leserin bzw. der Leser die Sachverhalte des Originaltextes nachvollziehen können.

Vorgehen Zusammenfassung

1. Gesamttext erfassen
- Länge des Textes erfassen
- Textüberschrift und alle Untertitel lesen
- Einleitung bzw. erste Sätze lesen

2. Text genau lesen und markieren
- Schlüsselwörter und wichtige Textpassagen unterstreichen bzw. markieren (siehe Beispiel)
- Randnotizen (Stichworte) machen (siehe Beispiel)
- evtl. Mindmap erstellen
- Tipp: Überschrift zu jedem Textabsatz setzen

3. Gliedern und bündeln
- markierte Inhalte abschnittweise bündeln
- Kontrollfragen stellen: wer? wann? wo? was? wie? warum?

4. Text in eigenen Worten schreiben
- mithilfe der Schlüsselwörter, Notizen und Randbemerkungen den Text in eigenen Worten schreiben, keine wörtliche Textwiedergabe
- Eine Zusammenfassung sollte in der Regel höchstens ein Drittel des Originaltextes umfassen. Je kürzer eine Zusammenfassung sein soll, desto weniger Einzelheiten werden aufgeführt.

Beispiel: Zusammenfassung einer Erzählung

Das Erbteil (Originaltext)
Ein reicher Mann, der auf dem Sterbebette lag, hatte seine beiden Söhne um sich versammelt und versuchte, sein Hab und Gut unter ihnen zu verteilen. Aber er merkte bald, dass er damit nur Zwietracht unter ihnen säte; denn einer neidete dem andern, was ihm zufiel, und schliesslich glaubte sich jeder in seinem Erbteil benachteiligt. Da liess der reiche Mann den Notar rufen, übergab ihm das Verzeichnis seiner Hinterlassenschaften und verfügte als seinen letzten Willen: «Nach meinem Tode soll mein ältester Sohn meine Besitztümer so in zwei Hälften teilen, wie es ihm rechtens erscheint. Mein jüngster aber soll davon zuerst die Hälfte wählen, die er haben möchte. Danach müssten sie wohl beide zufrieden sein.» So entschied der Vater, und so wurde es rechtsgültig.

Randnotizen: beide Söhne / Erbteil / zwei Hälften / beide zufrieden

Zusammenfassung 1 (in 4 Sätzen):
Das Erbteil
Ein reicher Mann ruft seine beiden Söhne an sein Sterbebett. Er verfügt, dass der ältere Sohn das Erbe in zwei gerechte Hälften teilen soll. Der jüngere Sohn darf im Gegenzug seine Hälfte zuerst auswählen. Auf diese Weise sind beide Söhne zufrieden mit der Erbverteilung.

Zusammenfassung 2 (in 2 Sätzen):
Das Erbteil
Mit einem geschickten Vorgehen verteilt ein reicher Mann sein Erbe unter die beiden Söhne. Der Ältere macht zwei ihm gerecht erscheinende Hälften und der Jüngere wählt zuerst seinen Erbteil aus.

Folgende Kriterien gelten für eine Zusammenfassung:
- sachlicher, kurzer Stil (auf Spannung und Lebendigkeit verzichten)
- indirekte statt direkte Rede
- eigene Formulierung brauchen (keine wörtlichen Textwiedergaben)
- keine persönliche Wertung einfliessen lassen (Bsp.: Ich denke, dass …)
- keine Ich-Form verwenden
- zeitlich geordnete (chronologische) Wiedergabe der Handlung
- *Zeitform*: Gegenwart (Präsens)

Die Dokumentation

Eine Dokumentation ist in der Regel eine schriftliche Zusammenstellung über ein Produkt, eine Arbeit, einen Prozess oder eine Dienstleistung. Sie bezweckt, die Leserin oder den Leser über deren Inhalt sachlich und in möglichst übersichtlicher und ansprechender Weise zu informieren. Eine Dokumentation besteht aus einer gezielten und angemessenen Auswahl aus Texten, Zeichnungen, Bildern, Grafiken, Tabellen. Diese Art des Zusammenstellens und Festhaltens von Information ist bei Projekt- oder Vertiefungsarbeiten, Diplom- oder Maturaarbeiten von zentraler Bedeutung. Eine Dokumentation hat formale Kriterien zu erfüllen.

Grundlegende Gestaltungsmerkmale

Produkt/Erscheinung
- gebunden, besonders geeignet ist die Spiralbindung
- einseitig bedruckt auf weissem Papier
- einheitliches Papierformat (in der Regel A4)

Schrift
- Schriftart, die dem Inhalt angemessen ist (höchstens 2 Schriften):
- Titel: serifenlos (z. B. Arial oder Helvetica), keine Grossbuchstaben
- Text: Serifenschrift (z. B. Times New Roman) oder serifenähnliche Schrift
- Schriftgrösse 10–12 Punkte; pro Seite maximal 3 Schriftgrössen verwenden
- Zeilenabstand höchstens 1,5, optimaler Zeilenabstand zwischen 1 und 1,5
- wenig Auszeichnungen (fett, kursiv, unterstrichen, gesperrt usw.), Verzicht auf Kontur- oder Schattenschrift

Gestaltung
- einheitlicher Satzspiegel: Ränder, Fuss- und Kopfzeilen, Spaltenzahl
- einheitliche Gestaltung der Titel und Untertitel
- angemessene und gleichmässige Kapitelabstände
- Kapitel- und fortlaufende Seitennummerierung (Deckblatt, Vorwort und Anhang werden nicht nummeriert)

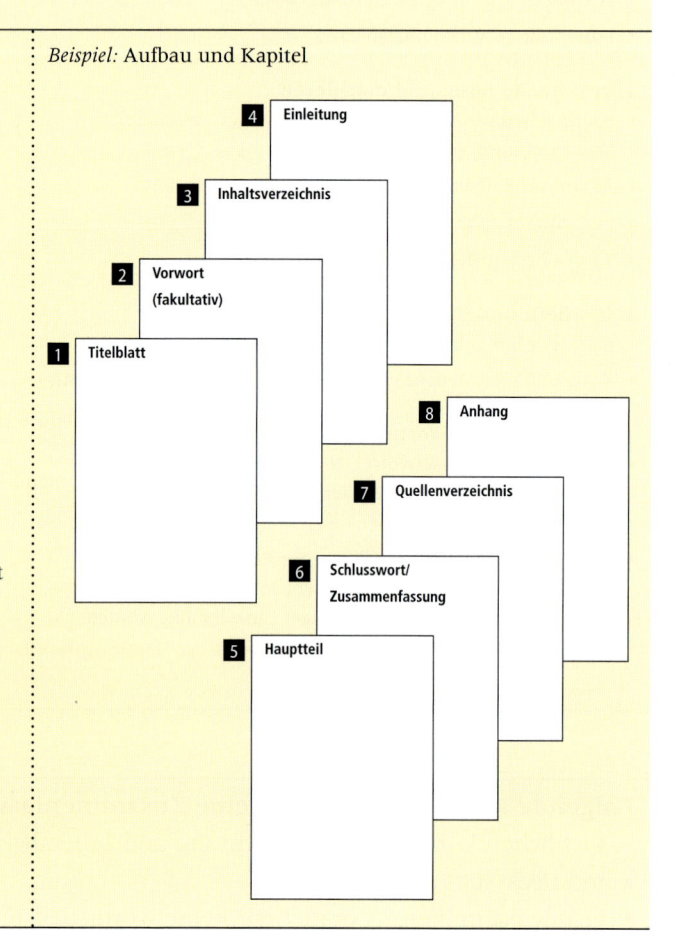

Beispiel: Aufbau und Kapitel

1. Titelblatt
2. Vorwort (fakultativ)
3. Inhaltsverzeichnis
4. Einleitung
5. Hauptteil
6. Schlusswort/Zusammenfassung
7. Quellenverzeichnis
8. Anhang

Folgende Kriterien gelten für eine Dokumentation:
Dokumentationen unterliegen inhaltlichen Kriterien oder Vorgaben, die in der Regel von der Auftraggeberin bzw. vom Auftraggeber formuliert werden. Selbstverständlich müssen diese in der Dokumentation hundertprozentig umgesetzt werden.

Layout und Textelemente

Ein klug gewähltes, einheitliches Layout erhöht die Lesbarkeit und die Lesefreundlichkeit. Dabei müssen folgende Elemente besonders berücksichtigt werden:

Layout und Textelemente	
Satzspiegel	• Der Satzspiegel ist der Druckbereich des Blattes. Um den Satzspiegel herum müssen genügend weisse Flächen sein: Randbreite links 3 cm, rechts 2 cm, oben und unten je 2,5 cm. In der Regel wird einspaltig geschrieben.
Kopfzeile	• Sie ist nicht zwingend erforderlich. Mögliche Inhalte: Hauptthema oder Logo auf der linken Seite, Kapitel oder Seitenzahl auf der rechten Seite; mit einer Linie vom Satzspiegel trennen.
Titel/Untertitel	• Sie enthalten zentrale Aussagen über den Text und haben eine Leit- und Informationsfunktion. • Substantive oder substantivierte Wendungen verwenden (falsch: Wie häufig ist Alkoholmissbrauch in der Schweiz? richtig: Häufigkeit des Alkoholmissbrauchs in der Schweiz) • Titel verschiedenen Grades müssen sich grafisch voneinander unterscheiden.
Ausrichtung Aufteilung	• Blocksatz bevorzugen (nur, wenn eine Zeile mehr als 50 Anschläge hat, es entstehen sonst weisse Löcher; unbedingt manuell trennen, sonst Flattersatz verwenden) • keine Zeile mit mehr als 70 Anschlägen, Silbentrennung nicht vergessen • Hauptkapitel auf einer neuen Seite beginnen • auf angemessene und gleiche Kapitelabstände sowie auf genügend weisse Flächen achten • Wichtige Inhalte optisch hervorheben: mittels Rahmen oder einem grafischen Kästchen (grau oder hellfarbig) oder mittels Aufzählungsstrichen statt als Fliesstext
Illustrationen	• Den Text mit aussagekräftigen und qualitativ guten Illustrationen veranschaulichen. Bilder, Zeichnungen und Fotos haben eine Legende und als Quellenangabe eine fortlaufende Abbildungsnummer. Diese wird im Quellenverzeichnis als Bildnachweis aufgeführt. Diagramme und Tabellen haben einen Titel, eine Legende und eine Quellenangabe direkt bei der Tabelle. Legenden werden meist in einer anderen Schrift dargestellt. Illustrationen nicht als blosse Lückenfüller einsetzen.
Sprache	• sachlicher, präziser und fachbezogener Sprachstil • logischer Satzbau, kurze Sätze • grammatikalisch und orthografisch fehlerfrei (Korrektur lesen)
Quellenangaben	• Texte, Grafiken und Tabellen, die nicht von der Verfasserin oder vom Verfasser stammen, sind in jedem Fall mit einer Quellenangabe zu versehen. Dies gilt vor allem für Zitate und abgeschriebene Texte, ob gekürzt oder zusammengefasst. Sie müssen mit fortlaufenden Ziffern im Text gekennzeichnet und im Quellenverzeichnis aufgeführt werden. Alle Texte in einer Dokumentation, die aus den gleichen Quellen stammen, haben stets die gleiche Nummer. Fussnoten werden im Text keine mehr angefügt. Sie werden nur noch in wissenschaftlichen Arbeiten verwendet.
Zitate	• Zitate werden zusätzlich in Anführungs- und Schlusszeichen gesetzt.
Fusszeile	• Enthält in der Regel die Seitenzahl, eingemittet oder rechts. Sie kann als Gestaltungsmittel eingesetzt werden, jedoch ohne das Wort «Seite». Weitere Angaben wie Namen, Datum sind unnötig. Die Fusszeile ist mit einer Linie vom Satzspiegel zu trennen.

10.2 Strukturwissen

Strukturieren ist eine Form der Informationsverarbeitung. Strukturierung erhöht die Übersicht, fördert Klarheit, veranschaulicht Zusammenhänge und unterstützt die Merkfähigkeit. Das so erarbeitete Strukturwissen (geordnetes, vernetztes Wissen) ist Voraussetzung, um beispielsweise Informationen richtig einzuschätzen und einzuordnen. Je nach Thema und Inhalt eignen sich verschiedene Darstellungsmöglichkeiten.

Mindmap

Mindmapping ist eine hierarchische «Gedankenkarte», eine Visualisierung von Gedanken. Sie zeigt sachlogisch und einprägsam Zusammenhänge auf. Diese Technik eignet sich zur Darstellung von Problemanalysen, fördert Lösungsideen und dient zum Memorieren.

Mindmap

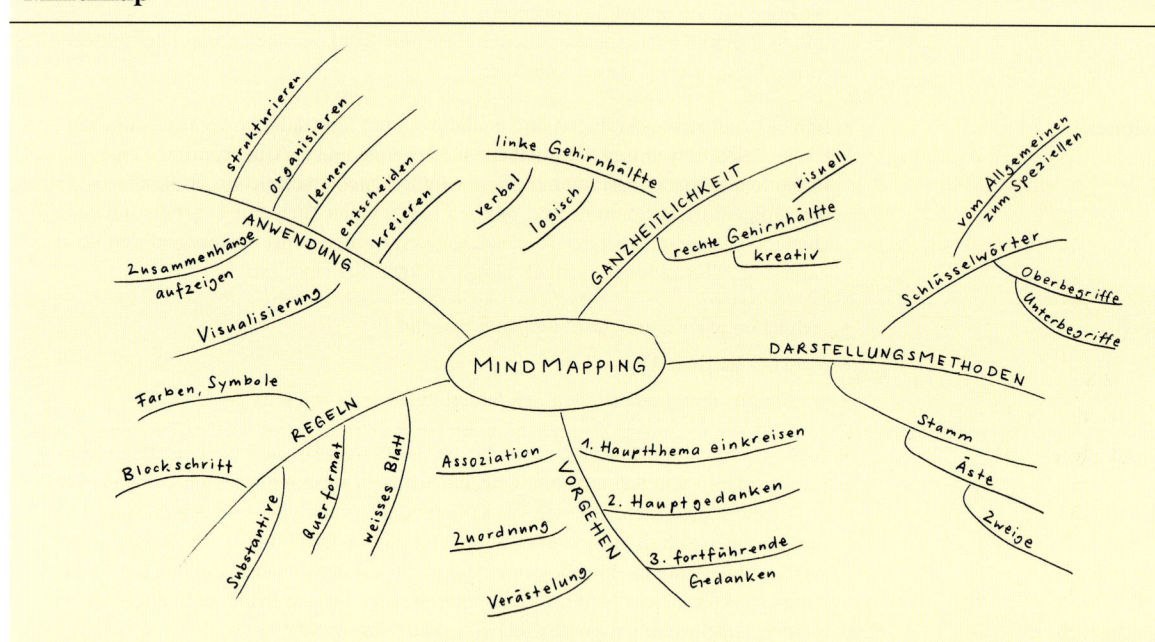

Zweige: zu den jeweiligen Hauptgedanken fortführende Gedanken (Assoziationen, Verknüpfungen) als Zweige zuordnen; diese wiederum in weitere Verästelungen unterteilen

Beschriftung: Substantive in Blockschrift verwenden, höchstens 1–2 Worte pro Ast einsetzen, Farben, Ziffern, Zeichnungen verbessern die Lesbarkeit und Einprägsamkeit

Hauptgedanken: vom zentralen Thema aus die Hauptgedanken als Hauptäste nach aussen ziehen

Blatt: weisses unliniertes A4-Blatt, oder noch besser A3-Querformat verwenden

Thema: Das Thema (Kernwort) steht in Grossbuchstaben eingekreist in der Mitte.

Baumstruktur

Sie verdeutlicht den hierarchischen Aufbau, z. B. Rangordnung.

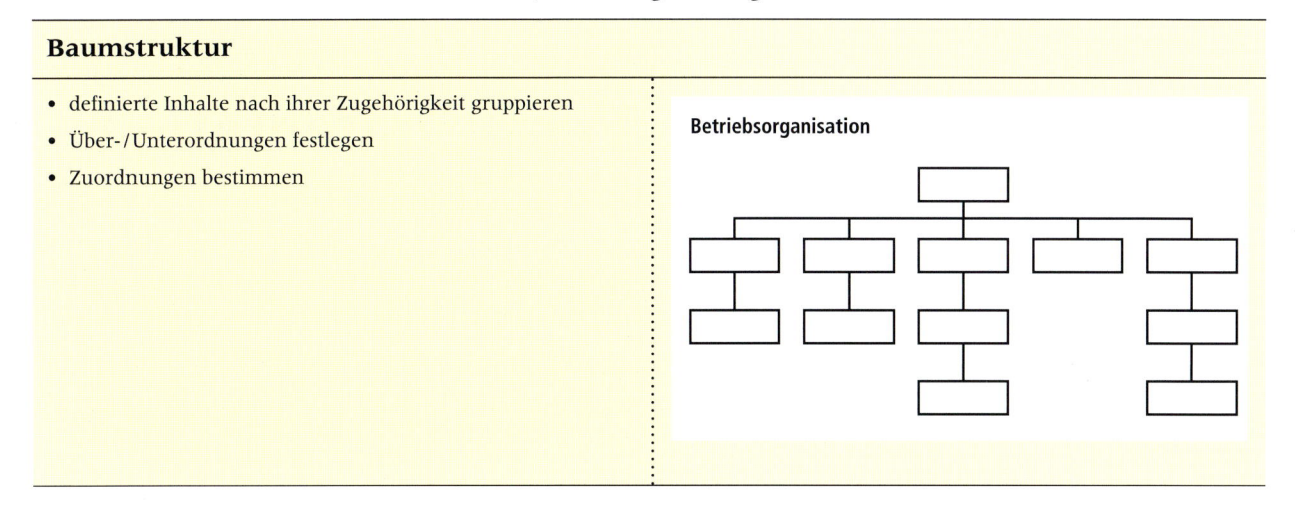

Baumstruktur

- definierte Inhalte nach ihrer Zugehörigkeit gruppieren
- Über-/Unterordnungen festlegen
- Zuordnungen bestimmen

Betriebsorganisation

Dezimalstruktur

Sie ist eine textlich dargestellte Hierarchie und ordnet Inhalte in ihre sachlogische, lineare Reihenfolge, z.B. Inhaltsverzeichnisse.

Dezimalstruktur

- definierte Inhalte auflisten
- logische Reihenfolge festlegen
- Titel und Untertitel festlegen, nummerieren und grafisch hervorheben

1. Einleitung
2. Begriffe
   2.1 Definition
3. Ursachen
4. Auswirkungen

Tabelle (Matrix)

Tabellen bzw. Kreuztabellen, sogenannte Matrixtabellen, ermöglichen Vergleiche verschiedener Elemente. Sie dienen vor allem als Grundlage für Analysen und Entscheidungen.

Tabelle (Matrix)

- Elemente (Kriterien usw.) wählen, welche auf die Waagrechte bzw. Senkrechte gehören
- Auf Einheitlichkeit achten (Welche Grössen auf welche Achsen?). Die Zeitachse ist stets auf der Waagrechten (x-Achse).

Unternehmenskonzept

	Leistungen	Finanzen	Soziales
Ziele	Bedürfnisse	Gewinn	Verantwortung
	Produkte	Kapital	Shareholder
	Dienste	Shareholder	
Mittel	Personal	Kapitalbedarf	Arbeitszeitmodelle
	Qualifikation	Kapitalstruktur	Kinderkrippen
	Betriebsmittel		

10.3 PowerPoint-Präsentation

Für die Gestaltung von PowerPoint-Folien sollten folgende Punkte beachtet werden:

Vorgehen PowerPoint-Präsentation

- Handeln Sie nach dem Grundsatz: eine Aussage pro Folie.
- Ziehen Sie eine einheitliche und schlichte Gestaltung durch.
- Benutzen Sie Querformate (Breite 24 cm, Höhe 18 cm).

Zentrale Aufgaben der Berufsbildung

❷ SBFI

- Berufs- und Arbeitsmarktfähigkeit
- Berufsbildung als Element des gesamten Bildungssystems
- Angebote auf ganzer Breite der Begabtenskala
- Durchlässigkeiten zwischen allen Berufen und Bildungszweigen
- Verbundaufgabe zwischen Bund, Kantonen und Organisationen der Arbeitswelt

❶ **Folientitel:**
kurzer, beschreibender Titel («knackige» Überschrift), Schriftgrösse mindestens 32 Punkte

❷ **Folien-Anordnung:**
grafische Elemente an Führungslinien platzieren; wiederkehrende Elemente (Logos, Titel, Aufzählungen usw.) stets am gleichen Ort platzieren (mit Vorteil Masterfolie erstellen); Verzicht auf ClipArts, sie wirken plump

❸ **Textumfang:**
8 × 8 Stichwörterregel; bei reinen Textfolien maximal 8 Stichwörter in maximal 8 Zeilen

❹ **Schriftgrösse:**
20-Punkte-Schrift (Arial, Verdana), Schriftfarbe kontrastreich zum Hintergrund

❺ **Hintergrund:**
kontrastreich, eher hell; genügend leere Flächen/Rand; sparsam mit Farben, keine aufdringlichen Elemente

Merkpunkte für eine PowerPoint-Präsentation
- bei der Herstellung mit Folienmaster arbeiten
- Textblöcke, Logos usw. dezent einfliessen lassen
- nur Wesentliches durch Animationen markieren, nicht übertreiben
- auf Töne oder Geräusche verzichten
- dezente Folienübergänge verwenden
- Bildqualität und Bildgrösse beachten
- Anzahl Folien auf Präsentationsdauer abstimmen
- Stichworte statt ganze Sätze verwenden

10.4 Lerntipps

Im Bereich Lerntechniken/Lernstrategien ist in den letzten Jahrzehnten viel geforscht worden. Folgende Lerntipps haben sich als nützlich herausgestellt und unterstützen eine erfolgreiche Informationsaufnahme:

Lerntipps	
Lernstoff strukturieren	Sich einen Überblick verschaffen – übersichtliche Zusammenfassungen sind sehr gut geeignet, Zusammenhänge aufzeigen (z.B. Mindmap, Schema). *Der Prüfungsstoff wird in unserem Hirn strukturiert abgelegt und kann so einfacher wieder abgerufen werden.*
Lernstoff portionieren und verteilt lernen	«Verdaubare» Portionen bilden – Lernplan mit fixen Lernzeiten erstellen – verteilt lernen. *Mehrmaliges Lernen erhöht die Behaltensquote massiv – Neuronenmuster werden «eingebrannt».*
Verschiedene Eingangskanäle (Sinne) gebrauchen	Lesen, anstreichen, herausschreiben – Lernstoff mit eigenen Worten wiederholen – Lernstoff jemandem mit eigenen Worten erklären. *Je mehr Eingangskanäle benutzt werden, umso vielfältiger wird der Lernstoff im Hirn gespeichert und kann auf verschiedenen Wegen wieder abgerufen werden.*
Neuen Lernstoff mit Bekanntem verknüpfen	Zusammenhänge zum Vorwissen herstellen – was kenne ich schon? *Wenn Neues im Gehirn an schon Bekanntes, gut Gespeichertes angehängt wird, kann über das Bekannte auch das Neue gefunden werden.*
Nur Verstandenes lernen	Mit Einsicht lernen (Zusammenhänge, Abläufe). *Unverstandenes, auswendig gelernt, ist schwierig wiederzufinden.*
Aktive Teilnahme am Unterricht	Zuhören – mitdenken – mitreden – Fragen stellen – sich selbst motivieren – Lernen im Vorgriff (sich im Vorfeld mit neuen Unterrichtsthemen befassen).
Motivation	Erreichbare, nahe Ziele setzen – Belohnungen bei Erreichen des Zieles. Desinteresse abbauen – neugierige Haltung aufbauen – Antipathien zu Einzelpersonen abbauen.
Arbeitsplatz	Aufgeräumt – Lernzeiten ohne Störungen.

Stichwortverzeichnis

A
Absichtliche Täuschung 44
Absolutes Mehr 97
Agrarwirtschaft 251
Aktie 278
Alkohol 116
Allgemeinverbindlicherklärung (AVE) 229
Alte Eidgenossenschaft 78
Alters- und Hinterlassenenversicherung (AHV) 128 f.
Altersvorsorge 128 ff.
Amnesty International 167
Anfechtbarer Vertrag 43 f.
Anfrage 46
Angebot 63
Angebotskurve 63
Antragsdelikt 29
Arbeit 69
Arbeitgeberverband 110
Arbeitnehmerverband 110
Arbeitslosengeld 130, 268
Arbeitslosenversicherung (ALV) 130, 268
Arbeitslosigkeit 180, 242, 267 f.
Arbeitsmarkt 181
Arbeitsvertrag 215 ff.
Arbeitszeit 15, 227
Arbeitszeugnis 222, 262
Armut 170 ff.
Arztzeugnis 221
Assimilation 181
Asyl 182 f.
Aufbewahrungspflicht 50
Auslandschweizer 179

B
Balkendiagramm 306
Bank 67
Banküberweisung 40
Barkauf 53
Barkredit 55
Baumstruktur 313
Bedürfnis 61 f.
Bericht 290
Berufsbildung 9 f.
Berufsfachschule 9 f.
Berufsmatura 10, 16 f.
Beschreibung 291
Besitz 53
Bestellung 47
Besteuerungsformen 270
Betreibung 50 ff.

Bevölkerungsentwicklung 173 f.
Bewegungsarmut 117
Bewerbungsschreiben 262
Bilaterale Verträge 162 ff.
Bildungssystem Schweiz 10
Biogas 145
Biokapazität 137
Boden 69
Bonus-Malus-Regelung 136
Brief 296 ff.
Bruttoinlandprodukt (BIP) 70 f.
Bruttolohn 35
Budget 37 f.
Bundesgericht 93
Bundeskanzlei 92
Bundesrat 91
Bundesstaat 84 ff.
Bundesverfassung 79, 81 f.
Bundesverwaltung 92
Bürgerlich-Demokratische Partei (BDP) 108

C
Christlichdemokratische Volkspartei (CVP) 107

D
Dauerauftrag 40
Debitkarte 41
Deflation 245 ff.
Demokratie 85 ff.
Departemente 92
Dezimalstruktur 313
Diagrammtypen 305 ff.
Dienstleistungswirtschaft 251
Direkte Steuern 270
Dokumentation 310
Doppeltes Mehr 97
Drohung 44

E
E-Banking 40
Ehe 193 ff.
Eigentum 53 ff.
Eigentumsvorbehalt 55
Einbürgerung 183
Einfache Schriftlichkeit 43
Einfacher Auftrag 230
Einfacher Wirtschaftskreislauf 66
Einheitsstaat 84
Einkommensverteilung 72
Einzelarbeitsvertrag (EAV) 217 f.

E-Mail 294
Emigration 178 f.
Energie 139
Energielabel 60
Energiequellen 144 f.
Entwicklungsländer 171
Entwicklungspolitik 171 f.
Entwicklungszusammenarbeit (EZA) 172 f.
Erbrecht 201 f.
Erdgas 145
Erdöl 145
Erdwärme 145
Ernährung 117, 120 f.
Erörterung 295
Errungenschaftsbeteiligung 199 f.
Ersatzlieferung 48
Erster Weltkrieg 80
Erweiterter Wirtschaftskreislauf 67 f.
Erwerbsersatzordnung (EO) 130
Ethik 22
EU-Binnenmarkt 154
Euro 155
Europäische freihandelsassoziation (EFTA) 160
Europäische Gemeinschaft (EG) 159
Europäische Gemeinschaft für Kohle und Stahl (EGKS) 155
Europäische Kommission 158
Europäische Union (EU) 151 ff.
Europäische Verfassung 158
Europäische Wirtschaftsgemeinschaft (EWG)
Europäischer Rat
Europäischer Wirtschaftsraum (EWR) 156, 159
Europäisches Parlament 158
Evangelische Volkspartei (EVP) 108
Exekutive 88, 91
Exporte 256 f.

F
Fairtrade 59 f.
Familienname 193, 196
FDP. Die Liberalen 107
Feiertage 221
Ferien 16 f., 220 f.
Fixe Kosten 37
Fixkauf 48
Föderalismus 84
Fonds 279
Fragebogen 303

Fraktion 90
Franchise 125 f.
Frauenstimmrecht 80, 190
Freiheitsrechte 94
Freiheitsstrafe 29
Fristlose Auflösung 13, 224 f.

G
Garantie 48 f.
Gegenstandsbeschreibung 291
Geistiges Wohlergehen 121
Geldanlagemöglichkeiten 276 ff.
Geldstrafe 29
Geldstrom 66, 244 f.
Gemeinnützige Arbeit 30
Generalstreik 80
Gesamtarbeitsvertrag (GAV) 216, 229
Geschlechtskrankheiten 118, 189
Gesetzgebungsprozess 104
Gesundheit 119 ff.
Gesundheitsförderung 122
Gewährleistung 48 f.
Gewaltenteilung 88 ff.
Gewaltmonopol 83
Gewerkschaften 110
Gleichberechtigung 190 f.
Gleichstellung 191
Globale Hektare 137
Globalisierung 253 ff.
Gratifikation 219
Greenpeace 168
Grundrechte 94
Grundversicherung 124, 126
Grüne Partei der Schweiz (GPS) 108
Grünliberale Partei Schweiz (GLP) 108
Güterarten 63
Güterstrom 66, 244 f.

H
Haftpflichtversicherung 135 f.
Handelsblock 254 f.
Handelsschranke 254
Handlungsfähigkeit 26
Handlungsunfähigkeit 27
Hausratversicherung 134
Haustürkauf 47
Heimat 75 ff.
Helvetische Republik 78
HIV-Test 189

I
Immigration 180
Importe 256 f.
Indirekte Steuern 270
Industriewirtschaft 251
Inflation 244 ff.
Initiative 102 f.
Initiativrecht 79
Instanzenweg 93
Integration 77, 181
Interessengruppe 105 ff.
Internationale Konferenzen 169
Internationale Organisationen 165 ff.
Internationales Komitee vom Roten
 Kreuz (IKRK) 167
Interview 301 f.
Invalidenversicherung (IV) 129

J
Judikative 88 f.
Jugendarbeitslosigkeit 267 f.
Jugendstrafrecht 30 f.
Juristische Person 26

K
Kapital 69
Kapitaldeckungsverfahren 131 f.
Karten 282 ff.
Kaskoversicherung 133
Kaufkraftverlust 244, 246
Kaufvertrag 45 ff.
Kausalhaftung 136
Kaution 205
Kernenergie 145
Kindesverhältnis 196 f.
Kleindarlehen 55
Klimaveränderung 142 ff.
Kollegialitätsprinzip 91
Kommentar 299 f.
Kommunikation 20
Konflikt 18 f.
Konfliktbewältigung 18
Konfliktfallregelung 19
Konjunktur 240 f.
Konjunkturzyklus 240
Konkordanz 91
Konkordanzdemokratie 86
Konkubinat 192
Konkurrenzdemokratie 86
Konsumkreditvertrag 54 f.
Konten 277
Konzentration 236 f.
Körperliches Wohlergehen 120 f.
Krankenversicherung 124 ff.
Krankheit 118, 220 f.
Kreditfähigkeit 55
Kreditkarte 40
Kreditkauf 54
Kreisdiagramm 306
Kumulieren 99
Kundenkarte 41
Kündigung 13, 209, 223 ff.
Kündigungsfrist 13, 209, 223
Kurvendiagramm 306
Kyoto-Protokoll 148

L
Landesindex für Konsumentenpreise
 (LIK) 247
Lastschriftverfahren (LSV) 40
Leasing 55 ff.
Lebenslauf 262
Lebensmittellabel 59
Lebensversicherungen 132
Legislative 88 f.
Lehrbetrieb 9
Lehrvertrag 12 ff.
Lehrzeugnis 15

Leistungsfähigkeit 236 f.
Lerntipps 316
Leserbrief 303
Lieferung 48 f.
Liniendiagramm 306
Lobby 111
Lohn 15, 35
Lohnabzüge 15, 35
Lohnfortzahlungspflicht 15, 219
Lohn-Preis-Spirale 246
Lorenzkurve 72

M
Mahnkauf 48
Majorzwahl 98
Mängel 206 f.
Mangelhafte Lieferung 48 f.
Mängelliste 205
Mängelrüge 48
Markt 64 f.
Marktgleichgewicht 64 f.
Marktversagen 239
Marktwirtschaft 238 f.
Massenmedien 89
Mediation 78
Mehrwertsteuer (MWST) 273
Menschenrechte 94
Mietende 209 f.
Mieterschutz 211 f.
Miet-Kauf-Vertrag 58
Mietvertrag 205
Mietzins 206
Migration 77, 170 ff., 175 ff.
Migrationsgründe 175
Migrationsströme 176
Millenniumsziele 172
Minderung 48
Mindmap 312
Ministerrat der EU 157
Mobbing 233 f.
Moral 22
Motorfahrzeughaftpflichtversicherung
 135 f.
Mündlicher Vertrag 43

N
Nachfrage 61 f.
Nachfragekurve 62
Nachhaltigkeit 147 f.
Nationalrat 89
Natürliche Person 26
Nettolohn 35
Neutralität 79
Nichtiger Vertrag 43
Nichtregierungsorganisationen (NGO)
 111, 167
Normalarbeitsvertrag 216
North Atlantic Treaty Organization
 (NATO) 166
Nutzen 62

O
Obligation 277 f.
Obligationenrecht (OR) 24, 215

Öffentliche Beurkundung 43
Öffentliches Recht 23
Offerte 46
Offizialdelikt 29
Ökologischer Fussabdruck 137 f.
Osterweiterung 155
Ozonloch 144

P
Panaschieren 99
Parlament 89 f.
Parlamentarische Kommission 90
Partei 105 ff.
Partnerschaft 195
Pensionskasse 131
Personalblatt 262
Personenbeschreibung 293
Personenfreizügigkeit 162, 180
Personenrecht 26 f.
Personenversicherung 124 ff.
Persönliche Risiken 116 ff.
Pfändung 50 ff.
Pflichten der Arbeitgebenden 219 ff.
Pflichten der Arbeitnehmenden 217 f.
Pflichten der Berufsbildenden 17
Pflichten der Lernenden 14
Planwirtschaft 238
Politische Rechte 95
PowerPoint-Präsentation 314 f.
Praktikum 268
Preisbildung 64
Private Vorsorge 131 f.
Privates Recht 24
Privathaftpflichtversicherung 136, 205
Probezeit 13, 217
Produktionsfaktor 69
Proporzwahl 98 ff.
Prozessarten 93
Pull-Faktoren 175
Push-Faktoren 175

Q
Qualifikationsverfahren 16
Qualifizierte Schriftlichkeit 43
Qualifiziertes Mehr 97
Quittung 49 f.

R
Rechte der Lernenden 15
Rechtsfähigkeit 26
Rechtsgrundsätze 24 f.
Rechtsnorm 22 f.
Rechtsordnung 22 f.
Rechtsschutzversicherung 133
Referendum 101 f.
Referendumsrecht 79
Reformation 78
Regionales Arbeitsvermittlungszentrum (RAV) 130, 267
Regress 135
Relatives Mehr 97
Religiöse Erziehung 26
Rendite 276 f.
Reportage 304

Ressourcenverbrauch 140 f.
Restauration 79
Risiko 115 ff.,
Risikomanagement 115
Römer Verträge 153
Rücktrittsrecht 47, 53 ff.

S
Sachversicherungen 133 f.
Säulendiagramm 206
Scheidung 198 f.
Schriftlicher Vertrag 43
Schulden 37 f.
Schuldenbremse 249
Schuldenfalle 38 f.
Schweizerische Nationalbank (SNB) 248
Schweizerische Volkspartei (SVP) 107
Schweizerisches Strafgesetzbuch 23
Selbstbehalt 125
Session 90
Sexualität 187 ff.
Sexuelle Belästigung 234
Sexuelle Gesundheit 188
Sexuelle Orientierung 187 f.
Sitte 22
Smartspider 106
Solidarhaftung 205
Solidaritätsprinzip 123
Sonnenenergie 145
Souveränität 83
Sozialdemokratische Partei der Schweiz (SPS) 107
Soziale Umwelt 76
Soziales Wohlergehen 121 f.
Sozialversicherungsbeiträge 35
Sperrfrist 224
Staat 83 ff.
Staatenbund 84
Staatsbürgerliche Pflichten 95
Staatsbürgerliche Rechte 95
Staatsfinanzierung 249, 269 ff.
Staatsform 84
Staatsversagen 239
Staatsverschuldung 249
Ständemehr 97
Ständerat 89
Stellenbewerbung 262 f.
Stellensuche 261
Steuererklärung 274
Steuerprogression 271
Steuerveranlagung 275
Stille Wahl 98
Stimmrecht 96
Strafe 29
Strafmass 28
Strafprozess 23
Strafrecht 28
Stress 235
Strukturwandel 250
Strukturwissen 312 ff.
Submissionsgesetz 162

T
Tabak 116
Tabelle (Matrix) 313
Taggelder 130
Territorium 83
Testament 201
Textsorten 289 ff.
Travel Cash Karte 41
Treibhauseffekt 142 f.
Trennung 199
Trinkwasser 140 f.

U
Überbetriebliche Kurse 9, 17
Überstunden 14 f., 218, 227
Übervorteilung 44
Umfrage 305 ff.
Umlageverfahren 128 f.
Umweltpolitische Instrumente 146
Umzug 203 f.
Unbestellte Ware 47
Unfall 118, 127, 220
Unfallversicherung 127
United Nations Organization (UNO) 165 f.
Untermiete 208
Unterversicherung 134
Urteilsfähigkeit 26 f.

V
Variable Kosten 37
Verbände 110 f.
Vereinigte Bundesversammlung 90
Verhütungsmittel 188 f.
Verjährung 44
Verlobung 193
Verrechnungssteuer 272
Verschuldung 38 f.
Vertrag von Lissabon 155, 158 f.
Vertrag von Maastricht 154
Vertragsformen 42 f.
Vertragsinhalt 43 f.
Vertragsrecht 42 ff.
Verwahrung 30
Vier Botschaften 20
Vier Ohren 20 f.
Volksmehr 97
Volljährigkeit 26
Vorgangsbeschreibung 292
Vorstellungsgespräch 265 f.

W
Wachstum 71, 240
Wahlrecht 96
Wandelung 48
Warenkorb 247 f.
Wasser 140 f.
Wasserkraft 145
Werkvertrag 231 f.
Wertschriften 277 f.
Wesentlicher Irrtum 44, 46
Wettbewerb 64, 239
Widerrufsrecht 47
Windenergie 145

Wirtschaftsaktivität 70 ff.
Wirtschaftsformen 238
Wirtschaftskreislauf 66 ff.
Wirtschaftspolitik 240 ff
Wirtschaftssektor 250
Wirtschaftsstandort Schweiz 252
Wissen 69
Wohlergehen 119 ff.
Wohlfahrt 70
Wohlstand 70 ff., 170 ff., 240

Wohnen 203 ff.
Wohnungssuche 203 f.
Working Poor 242 f.
World Economic forum (WEF) 169
World Trade Organization (WTO) 166
World Wide fund for Nature (WWF) 168

Z
Zahlung 49
Zahlungsverkehr 40 ff.

Zahlungsverzug 49
Zauberformel 80
Zins 276
Zivilgesetzbuch (ZBG) 24
Zivilprozess 24
Zusammenfassung 309
Zusatzversicherung 126
Zweiter Weltkrieg 80

Bildnachweis Gesellschaft C

- Aids Hilfe Schweiz: S. 189
- Bläuer Kurz, Bern: S. 116 (erstes von oben)
- Bundesamt für Gesundheit (BAG): S. 116
- Bundesbehörden der Schweizerischen Eidgenossenschaft: S. 91
- Comstock Images: S. 42
- EKB VISA: S. 40
- European Communities: S. 162
- Europäisches Parlament: S. 158
- Fotoagentur Ex-Press AG: S. 180
- Gerster Richard, Richterswil: S. 253 (drittes und viertes von oben)
- Goodshoot: S. 53
- Greenpeace: S. 168
- Haupt, Cyrill: S. 77
- kiwanee / Wikimedia Commons: S. 279
- istockphotos: S. 14, 38, 144, 145, 172, 196, 206, 224 (rechts), 228, 240, 248
- JUSO-Schweiz: S. 102
- Kaufmann Beatrice, Zürich: S. 267
- Keystone: S. 68, 79, 80, 94, 103, 113, 134, 149, 161, 175, 176, 182, 245, 272
- Max-Havelaar-Stiftung (Schweiz): S. 60
- Parlamentsdienste Bern: S. 73, 90
- Photocase: S. 278
- Post Finance: S. 41
- Rosenthal, Joe / The U.S. National Archives and Records Administration: S. 89
- SBB: S. 163
- Schwander Philipp, Bern: S. 9, 29, 33, 205, 218
- Thinkstock: S. 7, 15, 31, 75 (links), 76, 76, 119, 122, 133, 145 (alle), 147, 152, 164, 208, 215, 220, 222, 226, 231, 233, 235, 237, 243, 251, 255, 259, 265, 270, 224 (links)
- Tici23 / Wikimedia Commons: S. 75 (rechts)
- Travel Cash: S. 41
- Ullstein Bild: S. 151, 179, 198, 203, 213, 225
- United States Senate: S. 86
- Woodtli Wiggenhauser Eva, Zürich: S. 253 (zweites von oben)
- Zienowicz, Alina: S. 160